AF625079

DR. MICHAEL P. NICHOLS

DIE MACHT DES ZUHÖRENS

DR. MICHAEL P. NICHOLS

DIE MACHT DES ZUHÖRENS

Wie man richtiges Zuhören lernt und Beziehungen stärkt

Unimedica

Dr. Michael P. Nichols
Die Macht des Zuhörens
Wie man richtiges Zuhören lernt und Beziehungen stärkt
1. deutsche Auflage 2018
2. deutsche Auflage 2019
3. deutsche Auflage 2021
4. deutsche Auflage 2025
ISBN: 978-3-96257-038-5
© 2018, Narayana Verlag GmbH

Titel der Originalausgabe:
The Lost Art of Listening
How Learning to Listen Can Improve Relationships
Copyright © 2009 Michael P. Nichols
Published by arrangement with The Guilford Press

Übersetzung aus dem Englischen: Julia Augustin
Layout und Satz: Narayana Verlag GmbH
Coverlayout: © Marie Wölk
Coverfotos: Ohr © Gomolach - Bigstockphoto.com, Blaue Linien © Bella D. - Bigstockphoto.com. Abbildungen Inhalt: Ohr © Dn Br - shutterstock.com; Autor © Dr. Michael P. Nichols

Herausgeber:
Unimedica im Narayana Verlag GmbH
Blumenplatz 2, D-79400 Kandern
Tel.: +49 7626 974970–0
E-Mail: info@unimedica.de
www.unimedica.de

Alle Rechte vorbehalten. Ohne schriftliche Genehmigung des Verlags darf kein Teil dieses Buches in irgendeiner Form – mechanisch, elektronisch, fotografisch – reproduziert, vervielfältigt, übersetzt oder gespeichert werden, mit Ausnahme kurzer Passagen für Buchbesprechungen.
Sofern eingetragene Warenzeichen, Handelsnamen und Gebrauchsnamen verwendet werden, gelten die entsprechenden Schutzbestimmungen (auch wenn diese nicht als solche gekennzeichnet sind).
Die Empfehlungen dieses Buches wurden von Autor und Verlag nach bestem Wissen erarbeitet und überprüft. Dennoch kann eine Garantie nicht übernommen werden. Weder der Autor noch der Verlag können für eventuelle
Der Verlag schließt im Rahmen des rechtlich Zulässigen jede Haftung für die Inhalte externer Links aus. Für Inhalte, Richtigkeit, Genauigkeit, Vollständigkeit, Qualität und/oder Verwendbarkeit der dargestellten Informationen auf den verlinkten Seiten sind ausschließlich deren Betreiber verantwortlich. Nachteile oder Schäden, die aus den im Buch gegebenen Hinweisen resultieren, eine Haftung übernehmen.

INHALT

›››››››››››››››››››››››››

TEIL 1
DER WUNSCH, VERSTANDEN ZU WERDEN

TEIL 2
DIE WAHREN GRÜNDE FÜR DAS NICHT-ZUHÖREN

TEIL III
ZUEINANDER DURCHDRINGEN

TEIL IV
ZUHÖREN IM KONTEXT

EINFÜHRUNG

»»»»»»»»»»»»»»»»»»»»»»»»

Nichts verletzt uns so stark wie das Gefühl, dass die Menschen, die uns wichtig sind, uns nicht wirklich zuhören. Dem Bedürfnis, unserem Gegenüber unsere Gefühle verständlich zu machen, entwachsen wir nie. Darum hat ein offenes Ohr auch so eine große Bedeutung für zwischenmenschliche Beziehungen, und darum schmerzt es auch so, nicht angehört und verstanden zu werden.

Meine Gedanken über das Zuhören habe ich während meiner fünfunddreißigjährigen Tätigkeit als Psychoanalytiker und Familientherapeut gesammelt, verdichtet und strukturiert. Beim Schlichten von Auseinandersetzungen zwischen vertrauten Partnern und der Beratung von Eltern, die die Kommunikation mit ihren Kindern verbessern wollten, sowie bei meinem eigenen Ringen darum, mir meine Empathie zu bewahren, wenn meine Patienten gegen ihre Dämonen kämpften, kam ich zu dem Schluss, dass viele Konflikte in unserem Leben sich mit einer einfachen Tatsache erklären lassen: Wir hören einander nicht richtig zu.

Zu reden ohne zuzuhören ist, als würden Sie ein elektrisches Kabel zerschneiden und hoffen, dass trotzdem irgendwo ein Licht angeht. Meistens wollen wir diese Verbindung natürlich nicht absichtlich kappen. Tatsächlich sind wir stattdessen oft ratlos und bestürzt, wenn wir das Gefühl haben, völlig im Dunkeln zu tappen.

Unsere moderne Gesellschaft hat Konzepte des Individualismus entwickelt, die uns zeigen, wie wir uns von innen heraus selbst finden und von den kommunikativen Strukturen unabhängig erklären können, die uns geformt haben. Während wir als Kinder auf fremde Hilfe angewiesen waren und daher auf uns aufmerksam machen mussten, ist es so, als würden wir uns als Erwachsene hiervon immer weiter verabschieden, wie von Stützrädern, die wir nicht mehr benötigen. Nun soll dies nicht bedeuten, dass wir nicht autonom sein können – wenn autonom selbstbestimmt bedeuten soll und heißt, dass wir für uns allein denken und handeln können. Der menschlichen Natur aber können wir nicht entkommen und glauben, dass wir auch ohne Gespräche sicher und zufrieden leben könnten – ohne Gespräche im weitesten Sinne, die den Austausch mit anderen Menschen meinen.

Die Zwänge und Belastungen unseres modernen Alltags haben dazu geführt, dass unsere Aufmerksamkeitsspanne sich immens verkleinert und die Qualität des Zuhörens in unserem Leben abgenommen hat. Wir leben in hektischen Zeiten, in denen das Abendessen schnell in die Mikrowelle geschoben wird und das Mithalten mit den neuesten Büchern und Filmen nur noch darin besteht, deren Rezensionen zu lesen. Nur dafür reicht unsere Zeit noch. Wir rennen ständig neuen Verpflichtungen hinterher und gleichzeitig alten davon. Dadurch haben wir jede Menge Übung darin, nicht zuzuhören. Wenn wir im Auto sitzen und das Radio läuft, kommt manchmal etwas Interessantes, und wir hören zu. Andere Male müssen wir uns auf den Verkehr konzentrieren oder werden von unseren Gedanken abgelenkt, und es vergehen Minuten, ohne dass wir hören, was eigentlich gesagt wird. Wenn wir fernsehen und die Werbung kommt, bekommen wir die meiste Zeit überhaupt nichts mehr mit.

Wir werden dank Fernsehen, E-Mails, Internet, Smartphones, iPads, MP3-Playern und der Gesamtheit der sozialen Medien mit derartig vielen Informationen bombardiert, dass unsere Aufmerksamkeit ständig in kleine Stückchen zerhackt wird. Wir reden uns gern ein, wir seien gute „Multitasker". Wir checken unsere E-Mails, während wir telefonieren. Wir blättern durch Kataloge, während wir fernsehen. Wir machen uns vor, dass wir mehr als eine Sache auf einmal erledigen können. In Wahrheit aber machen wir nur eine halbe Sache nach der nächsten.

Wir haben unbegrenzten Zugang zu Informationen gewonnen, dabei aber etwas sehr Wichtiges verloren: die Gewohnheit, unsere Aufmerksamkeit zu konzentrieren. Ob Popmusik im Fitness-Studio oder Werbung in TV und Radio, wir werden unablässig mit so viel Krach beschallt, dass wir Experten darin geworden sind, Dinge auszublenden. Wenn eine Fernsehsendung uns nicht in den ersten zwei Minuten fesselt, wechseln wir den Sender. Wenn wir jemandem zuhören, der nicht sofort ein Thema bedient, das uns interessiert, schalten wir ab.

In der begrenzten Zeit, die wir noch für unsere Familie und Freunde reservieren, werden Unterhaltungen oft schon von vornherein vom Einfluss angenehmer und passiver Ablenkungen bestimmt. Zu müde zum Reden und Zuhören lassen wir uns lieber vom beruhigenden Charme elektronischer Geräte einlullen, die Bilder an die Wand werfen, Musik abspielen oder piepsende und blinkende Videospiele über den Bildschirm wuseln lassen. Ist es dieser Lebensstil, der dazu geführt hat, dass wir das Zuhören verlernt haben? Vielleicht. Vielleicht ist diese moderne Herangehensweise an das Leben aber auch eine Auswirkung und nicht die Ursache des Niedergangs dieses bedeutungsvollen zwischenmenschlichen Austauschs. Vielleicht führen wir dieses Leben, weil wir irgendeine Art von Trost suchen, etwas, um der gedämpften Stimmung entgegenzuwirken, die wir empfinden, wenn uns keiner zuhört.

Darüber, wie wir die Fähigkeit des Zuhörens verloren haben, lässt sich sicherlich streiten. Doch es lässt sich nicht darüber streiten, dass dieser Verlust uns mit einer immer größer werdenden Leere in unserem Leben zurücklässt. Diese Leere kann sich als vages Gefühl von Missbehagen, Traurigkeit oder Verlust bemerkbar machen. Wir vermissen das tröstliche Gefühl, jemandem ein offenes Ohr zu leihen und gleichzeitig selbst in diesen Genuss zu kommen, wissen aber nicht, was falsch läuft und wie wir das Problem beheben können. Mit der Zeit macht dieser Mangel an gegenseitigem Zuhören unsere wichtigsten Beziehungen immer ärmer. Wir verletzen einander unnötig, indem wir nicht anerkennen, was der andere zu sagen hat. Unabhängig vom Platz des Geschehens empfinden wir dieses versagte Zuhören als mangelndes Interesse.

Konflikte verschwinden nicht automatisch, wenn wir die Sichtweise des anderen anerkennen. Tun wir dies aber nicht, werden sie mit ziemlicher Sicherheit noch größer. Warum nehmen wir uns also nicht die Zeit, einander zuzuhören? Weil die Kunst des Zuhörens keine so einfache Sache ist.

Oft ist sie eine Last. Nicht die Art des Zuhörens, die wir dem anderen als oberflächliche Aufmerksamkeit und als Teil des alltäglichen Gebens und Nehmens zugestehen, sondern die anhaltende Aufmerksamkeit des *genauen* Zuhörens – die Art, die eine mühsame und uneigennützige Selbstbeherrschung erfordert. Um gut zuzuhören, müssen wir uns selbst zurücknehmen und das Bedürfnis unseres Gesprächspartners nach Aufmerksamkeit über das unsere stellen.

Einigen Menschen kann man leichter zuhören als anderen. Dennoch finden alle Unterhaltungen immer zwischen zwei Menschen statt, die beide zu einem Ergebnis beitragen. Leider tendieren wir zu Schuldzuweisungen, wenn wir es nicht schaffen, zueinander durchzudringen. Es ist seine Schuld: Er ist egoistisch und unsensibel. Oder es ist meine Schuld: Ich bin zu abhängig oder kann mich nicht gut genug ausdrücken.

Die meisten Verständnisprobleme hängen nicht mit Egoismus oder bösen Absichten zusammen, sondern mit dem eigenen Bedürfnis, selbst etwas zu sagen. Wir konzentrieren uns darauf, auf das Gesagte zu reagieren, statt darauf, zuzuhören, was die andere Person uns eigentlich mitteilen möchte. Emotionale Reaktionen sorgen dafür, dass wir antworten, ohne nachzudenken, und unser Verständnis und unser Wohlwollen verdrängen. Jeder von uns hat seine eigene charakteristische Art, defensiv zu reagieren. Wir hören nicht, was gesagt wird, weil irgendetwas in der Aussage des Sprechers bei uns Verletzungen, Wut oder Ungeduld auslöst.

Leider können all die Ratschläge dieser Welt zum „aktiven Zuhören" nicht viel gegen die ärgerliche Tendenz ausrichten, in Gesprächen defensiv zu reagieren. Um zu besseren Zuhörern zu werden und unsere Beziehungen zu stärken, müssen wir die emotionalen Tretminen, die uns wütend werden lassen und zu Missverständnissen und Konflikten führen, identifizieren und zu kontrollieren lernen.

Wenn diese Aufgabe Ihnen zu gewaltig erscheint, erinnern Sie sich daran, dass die meisten von uns zu weit mehr in der Lage sind, als sie sich selbst eingestehen. Wir konzentrieren uns stark bei der Arbeit, und die meisten von uns können mit ein paar Freunden ehrliche und offene Gespräche führen. Die Gespräche mit Freunden sind ein gutes Beispiel dafür, wie Konversationen sein können: sicher genug, um über wichtige Dinge zu sprechen, interessiert genug, um richtig zuzuhören, ehrlich genug, um die Wahrheit zu sagen, und taktvoll genug, um zu wissen, wann besser nicht. Auch andere Beziehungen können so sein.

Während ich dieses Buch schrieb, habe ich selbst versucht, ein besserer Zuhörer zu werden – sowohl privat wie auch bei meiner Arbeit. Ich habe versucht, den Beschwerden meiner Frau etwas besser zuzuhören, ohne defensiv zu reagieren, und die Meinungen meiner Kinder erst anzuhören, bevor ich meine eigene loswerden musste. Trotzdem hatte ich einige Unterhaltungen, aus denen ich verletzt und mit einem Gefühl der Niederlage herausging. Meine Frau sagte mir mit harschen Worten, dass ich ihr nicht genug im Haushalt helfen oder ihr nicht zuhören würde, wodurch ich mich angegriffen fühlte. Oder ich rief meine Lektorin einmal zu oft an, um mich über die Last des Schreibens zu beschweren, und sie gab *mir* das Gefühl, eine jammernde Belastung zu sein. Oder mein Freund Rich bezeichnete mich mit dem anatomischen Begriff des Körperteils, auf dem wir sitzen, weil ich mich so verhielt, als gebühre mir besonders viel Aufmerksamkeit. In diesen Momenten hörte ich dem anderen Menschen nicht nur nicht zu, das heißt ich hörte nicht, was er sagte, und erkannte es auch nicht an, sondern ich fühlte mich dabei auch angegriffen und wurde wütend, und hatte darüber hinaus keinerlei Lust mehr, ein weiteres Mal mit diesem Menschen zu sprechen – *niemals wieder, solange ich lebe.*

Ich bin mir sicher, Sie wissen, wie schmerzhaft solche Missverständnisse sein können. Wenn meine Frau „mich anschrie", meine Lektorin „gemein zu mir war" und mein Freund „auf mir herumhackte", reagierte ich verletzt und zog mich zurück. Besonders schmerzhaft machte diese Situationen, dass sie herbe Rückschläge waren, da ich ja glaubte, bereits auf dem Weg zu einem besseren Zuhörer zu sein. Stattdessen katapultierten sie mich wieder zurück an meinen Anfangspunkt. Anstatt davon auszugehen, dass diese Gespräche einfach nicht gut gelaufen waren und einer Überprüfung bedurften, fühlte ich mich vernichtet und minderwertig. Wie konnte jemand wie ich, der selbst nicht mit den Menschen in seinem eigenen Leben klarkam, die Unverfrorenheit haben, ein Buch über richtiges Zuhören zu schreiben? Wie sollte gerade ich in der Lage sein, anderen etwas über die richtige Art der Kommunikation beizubringen?

Vielleicht wissen Sie, wie sich das anfühlt. Wir versuchen, unser Leben zu ändern, sei es unsere Ernährung, unsere Arbeitsgewohnheiten oder unsere Fähigkeit, zuzuhören, und wir müssen Niederlagen einstecken, die dazu führen, dass wir die Hoffnung aufgeben und die Flinte ins Korn werfen wollen. Plötzlich scheinen all die Fortschritte, die wir glaubten, gemacht zu haben, nur noch eine Illusion zu sein. Wenn ich einen Ratgeber über das Zuhören gelesen und all diese Rückschläge eingesteckt hätte, dann hätte ich vielleicht aufgegeben. Aber da ich dieses Buch selbst *schrieb*, bemühte ich mich, nachdem ich zurückgezogen meine Wunden geleckt hatte, wieder auf den Menschen zuzugehen, mit dem ich mich gestritten hatte – aber diesmal mit dem festen Vorsatz, mir seine oder ihre Sicht der Dinge anzuhören, bevor ich meine darlegte. Während dieses Prozesses lernte ich wahrzunehmen, wie meine Beziehungen verschiedene Zyklen von Nähe und Distanz durchliefen, und, was noch wichtiger war, wie ich diese Zyklen durch die Qualität meines eigenen Zuhörens beeinflussen konnte.

Mit diesem Buch möchte ich Sie einladen, darüber nachzudenken, wie wir miteinander sprechen und wie wir einander zuhören, warum das Zuhören so eine zentrale Rolle in unserem Leben spielt, wie wir aufmerksam zuhören und uns dabei wirklich in die Erfahrungswelt unseres Gegenübers hineinversetzen können, und wie wir es vermeiden, dass unser Zuhören durch schlechte Gewohnheiten beeinträchtigt wird. Zu den Geheimnissen einer erfolgreichen Kommunikation gehört Folgendes:

- Wie kommt es zu einem echten Dialog und keinem bloßen Nacheinander-Reden?
- Wie kann ich hören, was andere Menschen tatsächlich meinen, und nicht nur das, was sie sagen?
- Wie kann ich mit einer Person in Verbindung kommen, die nie zuzuhören scheint?
- Wie lassen sich Streitigkeiten reduzieren?
- Wie kann ich um Unterstützung bitten, ohne ungebetene Ratschläge zu bekommen?
- Wie kann ich verschlossene Menschen dazu bringen, sich zu öffnen?
- Wie kann ich eine andere Meinung vertreten, ohne dass sich andere Menschen kritisiert fühlen?
- Wie kann ich sicherstellen, dass bei hitzigen Diskussionen beide Seiten gehört werden?
- Wie Redner ihre eigene Botschaft abschwächen

- Wie wirkt sich die Art einer Beziehung auf das Zuhören aus?
- Wie kann ich Menschen dazu bringen, mir zuzuhören?

Die Macht des Zuhörens ist in vier Teile gegliedert. Teil I erklärt, warum das Zuhören in unserem Leben so wichtig ist – weitaus wichtiger, als uns oft bewusst ist –, und dass weder Stress noch Überarbeitung, sondern ein Mangel an einfühlsamer Zuwendung dazu führt, dass viele Menschen ihre Begeisterungsfähigkeit und ihren Optimismus verlieren. Teil II untersucht die heimliche Voreingenommenheit, unbewussten Bedürfnisse und emotionalen Reaktionen, die die wahren Gründe dafür sind, warum Menschen einander nicht zuhören. Wir werden sehen, was Zuhörer zu defensiv werden lässt, um wirklich zu hören, was ihr Gegenüber sagt, und warum Sie manchmal nicht gehört werden, obwohl Sie etwas Wichtiges zu sagen haben.

Nachdem wir uns die größten Hindernisse auf dem Weg zum richtigen Zuhören angesehen haben, geht es in Teil III darum, wie Sie Ihre eigenen emotionalen Reaktionen verstehen und kontrollieren können, um ein besserer Zuhörer zu werden. Außerdem erkläre ich Ihnen, wie Sie sich bei anderen Menschen Gehör verschaffen, und zwar auch in sehr schwierigen Situationen. Abschließend sehen wir uns in Teil IV an, wie das Zuhören in verschiedenen Arten von Beziehungen abläuft, d. h. in Paarbeziehungen, Familienbeziehungen, Beziehungen zu Kindern und Beziehungen zwischen Freunden und Kollegen. Ich zeige Ihnen, wie das Zuhören durch die jeweilige Dynamik dieser verschiedenen Beziehungsarten erschwert wird, und wie Sie dieses Wissen nutzen können, um zueinander durchzudringen.

Am Ende jedes Kapitels finden Sie eine Reihe von Übungen, die Sie dabei unterstützen sollen, besser zuzuhören. Das Praktizieren dieser Übungen wird Ihnen dabei helfen, die passive Leseerfahrung in einen aktiven Prozess umzuwandeln, der Ihre Fähigkeit, zuzuhören, merklich verbessern wird.

Wir mögen es für selbstverständlich halten, doch die große Bedeutung des Zuhörens kann nicht genug gewürdigt werden. Das Geschenk unserer Aufmerksamkeit und unseres Verständnisses gibt anderen Menschen das Gefühl, anerkannt und wertgeschätzt zu werden. Unsere Fähigkeit, zuzuhören, und zwar *gut* zuzuhören, schafft eine gemeinsame Atmosphäre des guten Willens. Richtiges Zuhören ist auch der beste Weg, um die Gesellschaft anderer Menschen zu genießen, von ihnen zu lernen und die gemeinsam verbrachte Zeit zu schätzen. Ich hoffe, dieses Buch hilft uns allen dabei, einen großen Schritt in Richtung gegenseitiger Achtung und Zuneigung aufeinander zuzugehen.

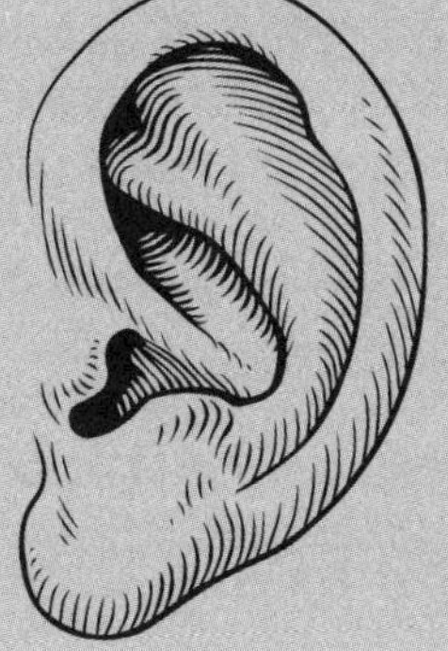

Teil I

Der Wunsch, verstanden zu werden

KAPITEL 1

»»»»»»»»»»»»»

„HAST DU GEHÖRT, WAS ICH GESAGT HABE?”

Warum Zuhören so wichtig ist

Manchmal scheint es so, als ob niemand mehr richtig zuhört.

„Er erwartet, dass ich mir seine Probleme anhöre, fragt aber nie nach meinen.”

„Sie beschwert sich ständig.“

„Ich finde nur dann heraus, was in seinem Leben los ist, wenn ich zufällig mitbekomme, was er anderen Menschen erzählt. Warum erzählt er *mir* diese Dinge nicht?”

„Mit ihr kann ich nicht reden, weil sie an allem herumkritisiert.“

Ehefrauen beschweren sich darüber, dass ihre Ehemänner sie als selbstverständlich betrachten. Ehemänner beschweren sich, dass ihre Frauen ständig nörgeln oder Ewigkeiten brauchen, um zum Punkt zu kommen. Sie fühlt sich in der Beziehung nicht geachtet. Er vertraut der Beziehung nicht.

In der menschlichen Erfahrung sind nur wenig treibende Kräfte so stark wie der Wunsch, verstanden zu werden. Wenn uns jemand zuhört, haben wir das Gefühl, ernst genommen zu werden, dass unsere Gedanken und Gefühle anerkannt werden und dass es wichtig ist, was wir zu sagen haben.

Der Wunsch nach Gehör entspringt unserem Bedürfnis, unserer Isolation zu entfliehen und den Raum, der uns trennt, zu überbrücken. Wir gehen auf andere zu und versuchen, die Distanz zwischen uns zu verkleinern, indem wir offenbaren, was sich in unseren Gedanken und in unserem Herzen abspielt, und hoffen dabei auf Verständnis. Dieses Verständnis zu bekommen, sollte eigentlich recht einfach sein. Das ist es aber nicht.

Joan hatte ein Kostüm entdeckt, das sie sich gern für die Arbeit kaufen wollte, war sich aber nicht sicher, ob sie wirklich das Geld dafür ausgeben sollte. „Schatz“, sagte sie, „ich habe ein sehr schönes Kostüm im Outlet-Geschäft gesehen.“ „Das ist schön“, sagte Henry und sah weiter fern.

Justin war niedergeschlagen, weil er einen kleineren Autounfall mit Blechschaden hatte, wollte Denise aber nichts davon erzählen, damit sie ihm deswegen nicht in den Ohren lag. Also sagte er nichts und machte sich Gedanken darüber, wie er den Schaden schnellstmöglich reparieren lassen könnte. Denise spürte Justins Distanz und nahm an, dass er aus irgendeinem Grund über sie verärgert war. Sie wollte aber keinen Streit provozieren, also sagte sie ebenfalls nichts.

Die Essenz guten Zuhörens ist Empathie, die nur dann erreicht werden kann, wenn wir nicht uns selbst in den Vordergrund stellen, sondern in die Erfahrungswelt eines anderen Menschen eintauchen. Ein Teil Intuition und ein Teil Anstrengung – das ist der Stoff, aus dem menschliche Verbindungen entstehen.

Die Empathie eines Zuhörers – das Verstehen des Gesagten *und das Zeigen, dass es verstanden wurde* – führt zu einer verständnisvollen Verbundenheit, die uns jemandem nahebringt, der uns anhört und dem wir wichtig sind und der bestätigt, dass unsere Gefühle legitim und nachvollziehbar sind. Die Macht des empathischen Zuhörens ist gleichzeitig die Macht, die Beziehungen verwandeln kann. Wenn tief empfundene, aber nicht ausgedrückte Gefühle plötzlich Gestalt in Worten annehmen und abgeklärt zu uns zurückkommen, ist das Ergebnis ein ermutigendes Gefühl des Verstandenwerdens und eine dankbare Empfindung geteilter Menschlichkeit mit dem, der uns versteht.

Zuhören ist unverzichtbar für erfolgreiche Beziehungen.

Das Zuhören stärkt unsere Beziehungen, indem es unsere Verbindung miteinander festigt, aber es stärkt außerdem auch unser Selbstwertgefühl. In Gegenwart eines aufmerksamen Zuhörers können wir unsere Gedanken ordnen und herausfinden, was wir fühlen. Wenn wir unsere Erfahrung jemandem mitteilen, der uns zuhört, können wir auch uns selbst besser zuhören. Unser Leben wird durch den Dialog mit anderen geprägt.

Es tut weh, nicht gehört zu werden

Unser Bedürfnis, ernst genommen zu werden und Antworten zu bekommen, wird täglich enttäuscht. Eltern beschweren sich, dass ihre Kinder nicht zuhören. Kinder beschweren sich, dass ihre Eltern sie ausschimpfen, um ihre Sicht der Dinge bestätigt zu bekommen. Sogar Freunde, die normalerweise eine zuverlässige Quelle von mitfühlendem Verständnis sind, sind heutzutage zu beschäftigt, um einander zuzuhören. Und während wir teils schon im privaten Bereich das Gefühl haben, keine Sympathie und kein Verständnis entgegengebracht zu bekommen, haben wir schon längst gelernt, im öffentlichen Raum erst recht keine Freundlichkeit und auch keine Aufmerksamkeit zu erwarten.

Unser Recht, angehört zu werden, wird auf unzählige Arten verletzt, an die wir uns nicht immer erinnern, verletzt von anderen Menschen, denen es nicht immer bewusst ist. Das macht es nicht weniger schmerzhaft.

Als ich einem befreundeten Psychiater erzählte, dass ich Erfahrungsberichte zum Thema „Es tut weh, nicht gehört zu werden" sammelte, schickte er mir folgendes Beispiel:

„Ich rief einen Freund an und hinterließ eine Nachricht mit der Frage, ob wir uns nicht zu einer bestimmten Zeit treffen könnten. Er antwortete nicht, und ich fühlte mich etwas angespannt und verwirrt. Sollte ich ihn nochmals anrufen, um ihn daran zu erinnern? Schließlich weiß ich, dass er immer sehr beschäftigt ist. Sollte ich einen oder zwei Tage warten und darauf hoffen, dass er antwortet? Hätte ich ihn gar nicht erst fragen sollen? Das Ganze ließ mich mit einem unschönen Gefühl zurück."

Zuerst fiel mir an diesem Beispiel auf, wie schon eine kleine Sache wie eine unbeantwortete Nachricht auf dem Anrufbeantworter dazu führen kann, dass jemand sich vernachlässigt und unwohl fühlt. Dann traf es mich wie ein Schlag, als ich feststellte, dass mein Freund über *mich* sprach! Plötzlich fühlte ich mich verlegen, und dann defensiv. Der Grund dafür, dass ich meinem Freund nicht geantwortet hatte, spielt keine Rolle. (Wir haben immer Gründe dafür, nicht zu antworten.) Entscheidend ist, dass meine unterlassene Antwort dazu führte, dass mein Freund verletzt und verwirrt war, und ich davon nicht einmal die geringste Ahnung hatte.

Wenn schon in so einem Fall Gefühle verletzt werden, wie viel mehr schmerzt es dann, wenn einem Redner eine Angelegenheit sehr wichtig und sie seiner Ansicht nach dringend ist?

Zuhören ist etwas so Grundlegendes, dass wir es als selbstverständlich voraussetzen. Leider glauben die meisten von uns, dass sie bessere Zuhörer sind, als es eigentlich der Fall ist.

Wenn Sie von einer Geschäftsreise zurück nach Hause kommen und darauf brennen, ihrem Partner davon zu erzählen, aber sein Blick schon nach einer Minute desinteressiert in die Ferne schweift, fühlen Sie sich verletzt und betrogen. Wenn Sie Ihre Eltern anrufen, um ihnen einen persönlichen Erfolg mitzuteilen, und diese nicht wirklich viel Interesse zeigen, fühlen Sie sich ernüchtert und vielleicht sogar töricht, weil Sie sich selbst erlaubt haben, auf Anerkennung zu hoffen.

So wie es schmerzt, wenn jemand Ihnen nicht zuhört, wenn Sie ihm etwas Aufregendes mitteilen wollen, schmerzt es auch, wenn Sie das Gefühl haben, dass jemand Ihnen nicht zuhört, der Ihnen viel bedeutet, jemand, von dem Sie eigentlich erwarten, dass Sie ihm wichtig sind.

An der Universität war Derek Rogers bester Freund. Sie absolvierten beide ein Masterstudium in Politikwissenschaft und teilten ihre große Leidenschaft für Politik. Zusammen verfolgten sie jedes einzelne Detail der Watergate-Untersuchungen und genossen jede neue Enthüllung, als wäre sie ein wunderbar böser und morbider Cartoon von Charles Addams. Doch so groß ihre geteilte zynische Freude über den Untergang der Nixon-Regierung auch war, ging ihre Freundschaft doch weit über das Politische hinaus.

Roger erinnerte sich an das großartige Gefühl, sich stundenlang mit Derek zu unterhalten. Diese Gespräche wurden von der Dynamik einer sehr tiefen und unerklärlichen Sympathie füreinander beflügelt. Da war das Glück, alles sagen zu können, was er wollte, und das Glück, Derek das sagen zu hören, was er schon immer gedacht, aber noch nicht in Worte gefasst hatte. Anders als die meisten von Rogers anderen Freunden sah Derek ihre Unterhaltungen nicht als Wettbewerb an. Er hörte wirklich zu.

Als sie ihre Universitätsausbildung in unterschiedlichen Städten abschlossen, erhielten sie ihre enge Freundschaft aufrecht. Roger besuchte Derek oder Derek Roger mindestens einmal im Monat. Sie spielten Billard, gingen ins Kino oder chinesisch essen. Danach blieben sie einfach wach und redeten, egal, wie spät es wurde.

Dann heiratete Derek, und die Dinge änderten sich. Derek wurde weder distanzierter, wie es bei manchen Freunden der Fall ist, wenn sie heiraten, noch hatte Dereks Ehefrau ein Problem mit Roger. Die Distanziertheit, die Roger empfand, war eine kleine Sache, die allerdings einen großen Unterschied bewirkte.

„Es ist schwer zu beschreiben, aber ich fühle mich oft seltsam und enttäuscht, wenn ich mit Derek spreche. Er hört zwar zu, aber irgendwie scheint er nicht mehr richtig interessiert zu sein. Er stellt keine Fragen. Früher nahm er immer Anteil und hat die Dinge nicht einfach nur zur Kenntnis genommen. Das macht mich traurig. Ich freue mich immer noch über das, was in meinem Leben passiert, aber wenn ich Derek davon erzähle, fühlt es sich so an, als ob da keine Verbindung mehr ist, und ich mit diesen Dingen allein bleibe."

Rogers Klage sagt etwas ganz Entscheidendes über das Zuhören aus. Was wir wollen, ist nicht nur, nicht unterbrochen zu werden. Manchmal scheint es nur so, als ob Leute zuhören, und sie tun es nicht wirklich. Einige Menschen können gut still bleiben, während andere sprechen. Manchmal verrät sich ihr Desinteresse dadurch, dass sie in der Gegend umherschauen oder ständig ihr Gewicht verlagern. Ein anderes Mal zeigen manche Zuhörer keine Anzeichen von fehlender Aufmerksamkeit, und trotzdem wissen wir, dass sie nicht wirklich hören, was wir sagen. Es fühlt sich so an, als sei es ihnen egal.

Dereks passives Interesse war für Roger besonders schmerzhaft, da sie zuvor eine so enge Freundschaft verband. Die Freunde waren in einer Sackgasse gelandet: Roger konnte sich seinem Freund gegenüber nicht mehr so öffnen wie früher, und Derek war von der Distanz überrascht, die sich zwischen ihnen beiden entwickelt hatte.

Eine Freundschaft ist etwas Freiwilliges, also ist auch das Sprechen darüber freiwillig. Roger wollte sich bei Derek nicht beschweren oder Forderungen stellen. Und abgesehen davon: Wie sagt man einem Freund, dass man das Gefühl hat, dass sich der andere nicht mehr für einen interessiert? Also sprach Roger nie mit Derek darüber, dass er das Gefühl hatte, dass sie sich entfremdet hatten. Das ist sehr schade, denn wenn eine Beziehung sich ernstlich verschlechtert, ist das Sprechen darüber wahrscheinlich der einzige Weg, die Dinge wieder in Ordnung zu bringen.

Es verletzt uns besonders, wenn uns in den Beziehungen nicht zugehört wird, auf die wir zählen, wenn wir verstanden werden wollen.

Nach einer Weile lernen die meisten von uns ziemlich gut, so zu tun, als seien sie erwachsen und könnten viele Kränkungen und Missverständnisse einfach von sich abschütteln. Wenn wir dabei die eine oder andere Schramme davontragen, ist das eben der Preis dafür, in dieser Welt zurechtzukommen. Manchmal verletzen uns unbeantwortete Fragen aber so stark, dass es dazu führen kann, dass wir uns aus Beziehungen zurückziehen, mitunter sogar jahrelang.

Als eine Frau erfuhr, dass ihr Mann eine Affäre hatte, empfand sie dies so, als hätte ihr jemand mit voller Wucht einen Stoß in den Magen versetzt. In ihrer Trauer und Wut wandte sie sich an die Person, der sie am nächsten stand – ihre Schwiegermutter. Die Schwiegermutter versuchte, Verständnis zu zeigen und für ihre Schwiegertochter da zu sein. Dies war nicht leicht für sie, denn es war mitunter schwierig, all diesen harten Dingen zuzuhören, die ihre Schwiegertochter über ihren Sohn sagte. Trotzdem versuchte sie es. Doch anscheinend reichte ihre Unterstützung nicht aus. Die Krise wurde überwunden und das Paar versöhnte sich. Die Schwiegertochter aber, die das Gefühl hatte, ihre Schwiegermutter sei nicht für sie da gewesen, als sie sie am meisten brauchte, sprach nie wieder mit ihr.

Die Schwiegermutter in diesem traurigen Beispiel stand aufgrund des hartnäckigen Schweigens ihrer Schwiegertochter vor einem Rätsel. Die Reaktionen anderer Menschen erscheinen uns selbst oft unangemessen. Aus ihrer Sicht aber ist ihr Verhalten logisch und angemessen, da sie das Gefühl haben, durch (unser) fehlendes Verständnis verletzt worden zu sein.

Zuhören heißt aufmerksam zu sein, Interesse zu zeigen, anderen Fürsorge entgegenzubringen, sich die Dinge zu Herzen zu nehmen, wertzuschätzen, anzuerkennen, berührt zu sein, zu würdigen. Zuhören ist so bedeutsam für die menschliche Existenz, dass es oft übersehen wird, bzw. es tritt in so vielen Formen in Erscheinung, dass es selten als das allumfassende Bedürfnis erkannt wird, das es wirklich ist. Manchmal erkennen wir, so wie Roger, die oben erwähnte Schwiegertochter und so viele andere Menschen auch, erst dann, wie wichtig es uns ist, wirklich angehört zu werden, wenn wir das Gefühl haben, darum betrogen worden zu sein.

Dann und wann aber wird uns bewusst, wie viel es bedeutet, wenn uns zugehört wird. Sie können sich nicht entscheiden, ob Sie eine neue Stelle annehmen sollen oder nicht, also rufen Sie eine alte Freundin an, um sich mit ihr zu beraten. Sie sagt Ihnen nicht, was Sie tun sollen, aber allein die Tatsache, dass Sie sie anhört, Ihnen richtig zuhört, hilft Ihnen dabei, die Dinge klarer zu sehen. Ein anderes Mal lernen Sie jemanden kennen, den Sie so sehr mögen, dass Sie es nach einem wunderbaren Essen in einem Restaurant wagen, ihn zu sich nach Hause auf einen Kaffee einzuladen. Wenn er erwidert: „Nein danke, ich muss morgen früh raus“, fühlen Sie sich zurückgewiesen. Sie sind davon überzeugt, dass er Sie nicht mag, und fangen an, ihm aus dem Weg zu gehen. Ein paar Tage später aber fragt er Sie, was los ist, und Sie gehen erneut ein Risiko ein und sagen ihm, dass Ihre Gefühle verletzt sind. Zu Ihrer großen Erleichterung hört er Ihnen zu und akzeptiert, was Sie sagen, statt mit Ihnen zu streiten. „Ich kann verstehen, warum du so empfunden hast, aber ich würde dich wirklich gern wiedersehen.“

Warum kann es nicht immer so sein? Ich rede, du hörst zu. Es ist doch ganz einfach, oder nicht? Leider ist es das nicht. Das Reden und Zuhören führt zu einer einzigartigen Beziehung, bei der die redende und die zuhörende Person ständig die Rollen wechseln und versuchen, sich selbst in Position zu bringen, während einer mit dem Bedürfnis des anderen wetteifert. Wenn Sie daran Ihre Zweifel haben, probieren Sie es einmal selbst aus. Erzählen Sie jemandem von einem Problem, das Sie haben, und warten Sie, wie lange es dauert, bis der andere Sie unterbricht, um ein ähnliches Problem zu schildern, das er selbst einmal hatte, oder gleich einen Ratschlag erteilt – einen Ratschlag, der ihm besser hilft als Ihnen in Ihrer momentanen Situation.

Ein Mann wollte bei der Therapie seine Beziehung zu seinem distanzierten Vater ergründen, als er sich plötzlich an die glücklichen Zeiten erinnerte, die beide zusammen beim Spielen mit seiner Modelleisenbahn verbracht hatten. Es war ein Spielzeug der Marke Lionel, das zuvor seinem Vater und davor seinem Großvater gehört hatte, bevor er selbst es bekam. Überwältigt von dieser Erinnerung wurde er immer vergnügter und dachte daran zurück, wie stolz er gewesen war, diese Familientradition mit seinem Vater zu teilen. Als die Freude des Mannes während des Erzählens immer größer wurde, unterbrach ihn sein Therapeut plötzlich, um über *seine* Modelleisenbahn und darüber zu berichten, wie er die anderen Kinder aus der Nachbarschaft dazu gebracht hatte, alle ihre Schienen zu ihm nach Hause zu bringen und dort im Keller eine riesige Zugstrecke aufzubauen. Nachdem sich der Therapeut ausführlich darüber ausgelassen hatte, konnte der Patient seinen Unmut über die Unterbrechung nicht länger unterdrücken. „Warum erzählen Sie mir jetzt etwas über *Ihre* Eisenbahn?!“, polterte er. Der Therapeut zögerte. Dann erwiderte er monoton mit dieser typischen beherrscht-ausgeglichenen Stimme, die wir dafür aufheben, wenn wir besonders reflektiert erscheinen wollen: „Ich habe nur versucht, freundlich zu sein.“

Es braucht zwei Menschen, um ein Gefühl zu teilen – einen, der spricht, und einen, der zuhört.

Der Therapeut hatte einen allzu häufigen Fehler begangen (gut, eigentlich waren es gleich mehrere, aber wir haben gerade die „Sei nett zu Therapeuten“-Woche). Er ging davon aus, dass das Teilen seiner eigenen Erfahrung das Gleiche wie Empathie sei. Eigentlich aber richtete er dadurch den Fokus auf sich selbst, was dazu führte, dass sich sein Patient ignoriert, missverstanden und nicht genügend gewürdigt fühlte. Das war es, was so schmerzte.

Wie es so oft mit häufig gebrauchten Worten der Fall ist, kann die Worthülse *Empathie* die Kraft des Verstehens und Würdigens der inneren Erfahrungswelt eines anderen Menschen nicht wirklich adäquat ausdrücken. Empathisches Zuhören ist wie das genaue Lesen eines Gedichts: Es erfordert das Aufnehmen der Worte und das Ergründen, was mit diesen Worten gemeint ist. Der Unterschied zwischen Gedicht und Empathie besteht darin, dass Empathie zwar in aktiver Weise schöpferisch, aber grundlegend rezeptiv und nicht kreativ ist. Wenn wir in Kontakt mit einem Kunstwerk kommen, hat unsere eigene individuelle Antwort darauf ihre eigene Gültigkeit. Wenn wir aber jemandem zuhören, der uns etwas sagen möchte, geht es um Verständnis, und nicht um die eigene Kreativität.

Zeuge sein

Zuhören hat nicht nur ein Ziel, sondern zwei: Informationen aufzunehmen und Zeuge der Erfahrungen eines anderen Menschen zu sein. Indem die Person, die uns zuhört, für eine bestimmte Zeit aus ihrem eigenen Bezugsrahmen heraus und in den unsrigen tritt, würdigt und bestätigt sie uns. Diese Bestätigung ist essentiell, um das aufrechtzuerhalten, was wir als Respekt bezeichnen. Wenn uns keiner zuhört, sind wir in der Einsamkeit unserer eigenen Herzen eingeschlossen.

Eine sechsunddreißigjährige Frau war von einem kleinen Zwischenfall so verunsichert, dass sie sich fragte, ob sie eine Psychotherapie bräuchte. Marnie, Vizepräsidentin einer Politik-Beratungsgesellschaft, hatte ein Treffen mit dem Vizegouverneur ihres Bundesstaates organisiert, um diesem einen von ihr ausgearbeiteten Vorschlag zu unterbreiten, der die Regulierung eines großen staatlichen Industriesektors enthielt. Notgedrungen lud sie auch ihren Vorgesetzten zu diesem Meeting ein, obwohl sie ohne diesen eine erfolgreichere Präsentation hätte halten können. Der Vorgesetzte wiederum hatte den Cheflobbyisten des Instituts dazu eingeladen, der die Gesetzgeber später von der Notwendigkeit der vorgeschlagenen Regulierung überzeugen sollte. Das Meeting begann, wie Marnie befürchtet hatte, damit, dass ihr Vorgesetzter sich in einer unbestimmten philosophischen Diskussion verlor, die sich im Kreis drehte, ohne wirklich zum Punkt zu kommen. Als er fertig war, drehte er sich zu dem Lobbyisten, nicht aber zu Marnie um, damit dieser den eigentlichen Vorschlag vorstellte. Marnie war komplett vor den Kopf gestoßen. Der Lobbyist begann zu reden, und fünfzehn Minuten später war das Meeting vorbei, ohne dass Marnie dazu gekommen wäre, auch nur ein Wort zu sagen – zu *ihrem eigenen* Vorschlag.

Marnie brannte darauf, ihrem Mann alles zu erzählen. Leider war dieser gerade in Europa, wo er noch die nächsten drei Tage bleiben würde. An die Geschäftsreisen ihres Mannes war sie gewöhnt, nicht aber daran, wie alleingelassen sie sich fühlen würde. Sie musste einfach mit ihm reden. Im weiteren Verlauf des Abends wuchs Marnies Enttäuschung immer mehr und verwandelte sich schließlich in etwas anderes. Statt einfach nur frustriert zu sein, begann sie plötzlich, sich unzulänglich zu fühlen. Warum war sie so sehr von ihrem Mann abhängig? Warum bekam sie ihre Gefühle nicht allein in den Griff?

Marnie schlussfolgerte, dass ihr Problem ihre eigene Unsicherheit sei. Wenn sie selbstsicherer wäre, bräuchte sie andere nicht so sehr. Sie wäre nicht so verletzlich, sondern käme bestens allein zurecht.

Marnies Problem – ihr dringender Wunsch nach einem Zuhörer – und ihr Glaube, wenn sie selbstbewusster erzogen worden wäre, brauchte sie überhaupt niemanden, der ihr zuhört, ist weit verbreitet. Jemanden zu brauchen, der uns zuhört und bestärkt, kann uns glauben lassen, dass wir nicht so stark auf andere angewiesen wären, wenn wir ein größeres Selbstwertgefühl hätten. Dann gelänge es anderen nicht, uns so sehr zu enttäuschen.

Wird uns zugehört, hilft uns das, mit einem Gefühl der Sicherheit aufzuwachsen. Doch entgegen der Vorstellung, die einige Menschen haben, werden wir nie zu „fertigen Produkten", so wie Statuen oder Denkmäler. Ganz im Gegenteil – so wie alle anderen Lebewesen brauchen auch Menschen nicht nur Hege und Pflege, um erwachsen und stark zu werden, sondern auch später, um ihre Stärke und Vitalität aufrechtzuerhalten. Das Zuhören kräftigt uns und stärkt unseren Selbstwert.

Je unsicherer wir sind, umso mehr Bestätigung brauchen wir. Dennoch brauchen alle von uns Aufmerksamkeit, egal wie selbstsicher und angepasst wir auch sein mögen, um auf dieser Welt zu bestehen. Falls das nicht besonders offensichtlich zu sein scheint, müssen Sie nur einmal darauf achten, wie jeder von uns seine eigene bevorzugte Weise hat, bestimmte Nachrichten zu verkünden. Wenn meine Frau Neuigkeiten hat, wird sie mich zum Beispiel bei der Arbeit anrufen oder mir diese mitteilen, sobald sie nach Hause kommt. Ich tue das nicht. Wenn ich gute Neuigkeiten habe, dann hamstere ich sie und spare sie mir auf, bis ich sie mit Fanfarengetöse zum Besten geben kann, damit sie auch gebührend gewürdigt werden.

Einmal hatte ich Monate lang darauf hingearbeitet, einen Buchvertrag an Land zu ziehen. Meine Frau wusste, dass ich an dem Buch arbeitete, aber ich sagte ihr nicht, dass ich einen Vertrag in Aussicht hatte. Voller Hoffnung und Ungeduld versuchte ich, meine eigenen Erwartungen nicht zu groß werden zu lassen, hatte dabei aber dennoch überzogene Fantasien davon, wie ich die gute Nachricht bekommen – nein, wie ich sie selbst verkünden würde! Es endlich meiner Frau sagen zu können, das würde das i-Tüpfelchen sein. Keinesfalls wollte ich es ihr einfach direkt sagen. Ich wollte, nein, ich brauchte großes Tamtam für diese Verkündung. An dem Tag, als ich den

Vertrag endlich bekam, war ich völlig aus dem Häuschen. Das Beste daran aber war die Vorfreude, es meiner Frau bald verraten zu können. Also rief ich sie bei der Arbeit an und sagte ihr, dass ich eine Überraschung für sie hätte: Ich würde sie zu einem schicken Abendessen ausführen. Sie willigte ein und stellte keine weiteren Fragen. (Sie kennt mich ja auch erst seit dreißig Jahren.)

Als ich nach Hause kam, trug meine Frau schon ein Seidenkleid und war zum Ausgehen bereit. Sie sah, dass ich aufgeregt war, wartete aber geduldig darauf, den Grund dafür zu erfahren. Im Restaurant bestellte ich eine Flasche Champagner. Als die Flasche unseren Tisch erreichte, fragte sie mich, immer noch geduldig: „Möchtest du mir etwas sagen?" Ich zog meinen Vertrag aus der Tasche und präsentierte ihn ihr mit der Kunstfertigkeit eines Zehnjährigen, der stolz sein Zeugnis herumzeigt. Sie sah, was es war, und auf ihrem Gesicht erstrahlte ein großes Lächeln. Dieser Anblick – ihre Liebe und ihr Stolz – war unbeschreiblich schön. Zu meinem eigenen Lächeln gesellten sich ein paar Tränen.

Was wir nicht alles auf uns nehmen, um solche Momente zu genießen. Diejenigen von uns, die glauben, für ihre Ankündigungen besondere Gelegenheiten schaffen zu müssen, haben trotzdem jede Menge mit denen gemein, die nicht so planen. Der Zeitraum, den wir damit verbringen, auf das Verkünden unserer Nachricht zu warten, ist mit nervöser Vorfreude aufgeladen. Wir fühlen, wie die Spannung immer größer wird. Diese Spannung hat mit einem aufflackernden Impuls zu tun: dem Drang, etwas zu gestehen, jemanden zu konfrontieren, anzugeben oder etwas vorzuschlagen, um eine Wirkung auf die andere Person zu erzielen und eine Reaktion hervorzurufen. Unsere Aufregung entspringt der Hoffnung auf eine positive Antwort; unsere Angst entspringt der Furcht vor Zurückweisung oder Gleichgültigkeit.

Welche Person Sie auswählen und welche Dinge Sie ihr anvertrauen, sagt etwas über Ihre Beziehung zu sich selbst und zu den anderen Menschen in Ihrem Leben aus. Wie Sie Ihr Selbst nach außen präsentieren, hängt mit Stolz und Scham zusammen, und damit, wen Sie auswählen, diese Dinge mit Ihnen zu teilen. Bei wem fühlen Sie sich sicher genug, um zu weinen? Sich zu beschweren? Sich aufzuregen? Anzugeben? Etwas wirklich Peinliches zu gestehen?

Ein guter Zuhörer ist ein Zeuge und nicht der Richter Ihrer Erfahrungen.

Sobald Sie loswerden können, was Sie bewegt, und dies angehört und gewürdigt wird, fühlen Sie, wie eine Last von Ihnen abfällt. Es ist fast so, als würden Schmerzen plötzlich nachlassen. Wenn dies recht schnell geschieht, so wie es bei alltäglichen Gesprächen oft der Fall ist, werden Sie sich Ihres Bedürfnisses, verstanden zu werden, wahrscheinlich kaum bewusst werden. Doch die Enttäuschung, die Sie empfinden, wenn Sie nicht angehört werden, und der Druck, der entsteht, wenn Sie darauf warten und hoffen, angehört zu werden, sind klare Zeichen dafür, wie wichtig es ist, dass man Ihnen zuhört. Es gibt Momente, in denen wir all das, was wir denken, auch ausdrücken und teilen müssen; Momente, in denen Ignoranz und Stille schmerzen, und das Aussprechen von Dingen der Versuch ist, diesen Schmerz loszuwerden.

Angehört zu werden bedeutet, ernst genommen zu werden

Der Wunsch nach Gehör – etwas, das wir für selbstverständlich halten – ist einer der stärksten menschlichen Beweggründe. Das Gehörtwerden ist das Medium, durch das wir uns selbst als versteh- und annehmbar wahrnehmen – oder eben nicht. Die Menschen, die uns zuhören, sind uns wichtig. Wir lieben sie oftmals sogar. Trotzdem benutzen wir sie, zumindest für einen gewissen Zeitraum.

Wenn wir von dem Bedürfnis nach Anerkennung gesteuert werden, sehen wir andere als *Selbstobjekte*. Als Selbstobjekte bezeichnete der Psychoanalytiker Heinz Kohut treffend andere uns zugewandte Menschen, die wir nicht als unabhängige Personen mit eigenen Zielen und Interessen wahrnehmen, sondern als Menschen, die für uns da sind.[1]

XXXXXXXXXXXXXXXXXXXXXXXXXXXXXXXXXXXXXXXXXXX

„Rate mal!"

Erinnern Sie sich an das letzte Mal, als Ihnen etwas wirklich Wunderbares passiert ist? Wissen Sie noch, wie Sie darauf warteten, es schnell jemandem zu erzählen? Wen haben Sie sich dafür ausgesucht, und wie lief Ihr Gespräch ab?

XXXXXXXXXXXXXXXXXXXXXXXXXXXXXXXXXXXXXXXXXXX

Vielleicht erinnert Sie die Vorstellung, dass Zuhörer als Selbstobjekte benutzt werden, an diese Langweiler, die immer nur über sich selbst reden und sich nicht darum zu scheren scheinen, was Sie zu sagen haben. Sollten sie zuhören, tun sie es bestenfalls halbherzig. Sie warten eigentlich nur auf die Gelegenheit, das Gespräch wieder auf sich selbst lenken zu können.

Fehlende Anerkennung kann vor allem dann besonders schmerzhaft sein, wenn es die Interaktion zwischen uns und unseren Eltern betrifft. Es ist kaum auszuhalten, wenn sie uns nicht als eigenständige Menschen ansehen, als Individuen mit eigenen berechtigten Ideen und Zielen.

Dabei zuzusehen, wie unsere Eltern anderen Leuten in unserer Gegenwart aufmerksam zuhören, kann besonders ärgerlich sein. Warum können sie *uns* nicht ein bisschen von dieser Beachtung zeigen? Der Schriftsteller Harold Brodkey hat diese aufwühlende Erfahrung in seinem Roman *Die flüchtige Seele* mittels eines Gesprächs zwischen einer jungen Frau und ihrem Freund beschrieben. Der Freund spricht zuerst:

> „Hört dein Vater eigentlich je zu, oder spult er nur Monologe ab?"
> „Er spult nur Monologe ab. Lässt er dich auch nicht zu Wort kommen?"
> „Nur wenn ich darauf bestehe. Dann halten wir abwechselnd Monologe."
> „Tja, mehr ist eben nicht drin. In letzter Zeit spricht er mehr mit dir als mit mir. [...]"
>
> (Harold Brodkey, *Die flüchtige Seele*. Reinbek bei Hamburg: Rowohlt Verlag GmbH,1997, S. 386)

Natürlich redet der Vater der jungen Frau mehr mit ihrem Freund als mit ihr. Der Freund ist ein neues Publikum, frisches Blut.

Die Leute, die uns durchweg am meisten verletzen, sind die, deren Beziehung zu uns wir für etwas Besonderes halten, und die uns das Gefühl geben, dass unsere Aufmerksamkeit und unser Verständnis ihnen besonders wichtig sind – bis wir herausfinden, wie schnell und leicht sie ihre Aufmerksamkeit jemand anderem zuwenden. Gerade noch sind sie dabei, uns etwas Wichtiges anzuvertrauen, da erblicken sie auch schon jemand anderen und brechen das Gespräch ab, um plötzlich mit dieser Person zu reden. Wir erkennen, dass dieses besondere Verständnis, von dem wir glaubten, dass es nur zwischen uns existiere, auch mit Dutzenden anderen Leuten geteilt wird. Soviel zu unserem Sonderstatus als Eingeweihte! Was an dieser Promiskuität unserer intimen Vertrauten so schmerzt, ist nicht, dass sie uns benutzen, sondern dass sie uns des Gefühls berauben, dass wir ihnen wirklich wichtig und etwas ganz Besonderes sind.

Auch wenn keiner von uns gern diesen unverhohlenen Narzissmus wahrnehmen möchte (vor allem nicht bei sich selbst), der die Gefühle anderer Menschen ignoriert, sieht es in Wahrheit leider doch so aus, dass wir die meiste Zeit über hoffnungslos mit uns selbst beschäftigt sind. Das Thema Narzissmus ist außerordentlich wichtig, wenn es darum geht, die Kunst des Zuhörens zu ergründen. Ich erwähne dies hier nur, um festzuhalten, dass ein Aspekt unseres Bedürfnisses nach der Anerkennung anderer Menschen vollkommen egoistisch ist. Wenn uns zugehört wird, wird dadurch unser narzisstisches Gleichgewicht gestärkt, oder, um es einfacher auszudrücken, wird uns dabei geholfen, dass wir uns gut fühlen.

Als Roxanne und ihre Eltern das Auto ausgeladen hatten, fühlte sie sich plötzlich niedergeschlagen und wurde sich das allererste Mal all der Dinge bewusst, die sie nicht besaß. Angespannt sah sie dabei zu, wie die anderen Studenten mit ihren Eltern in das Wohnheim marschierten, bepackt mit schönen Kissen und Daunendecken, iPods und DVDs, Laptops, Tennis- und Hockeyschlägern. Roxanne hatte bis dahin noch nie einen Hockeyschläger gesehen. Als ihre Eltern wegfuhren und sie allein vor dem Wohnheim stehen blieb, war ihre Begeisterung über ihren Studienbeginn der Angst gewichen.

Roxanne kam das ganze erste Studienjahr nicht über dieses Gefühl der Isolation hinweg. Allen anderen schien es so leicht zu fallen, neue Freunde zu finden. Ihr nicht. Sie rief oft zu Hause an und versuchte, ihren Eltern zu erklären, wie schrecklich alles war. Doch die sagten nur Dinge wie: „Mach dir keine Sorgen, Schatz. Jeder ist am Anfang ein bisschen einsam" oder „Du solltest neue Freunde kennenlernen" oder aber „Vielleicht musst du ein bisschen mehr lernen …" Wenn es doch nur so einfach wäre!

Jemanden zu bestärken ist nicht dasselbe wie zuzuhören.

Es war Anfang Dezember, und Roxanne begann, Kurse zu schwänzen, Mahlzeiten ausfallen zu lassen und sich abends in den Schlaf zu weinen. Als sie es nicht mehr aushielt, vereinbarte sie schließlich einen Beratungstermin.

Roxanne war überrascht, als die Therapeutin ihr sagte, sie solle sie Noreen nennen. Sie war diese Art der Offenheit von Erwachsenen nicht gewohnt. Noreen entpuppte sich als die mitfühlendste Person, die Roxanne je getroffen hatte. Sie sagte Roxanne nicht, was sie tun sollte, und analysierte auch nicht ihre Gefühle, sondern hörte einfach nur zu. Für Roxanne war dies eine komplett neue Erfahrung.

Mit Noreens Hilfe gelang es Roxanne, das erste und auch die weiteren drei Studienjahre durchzustehen. Noreen half ihr, herauszufinden, dass ihre Unsicherheit daher stammte, dass sie sich von ihren Eltern nie richtig geliebt gefühlt hatte. Roxanne dachte immer, dass sie eigentlich ganz gute Eltern hatte, sah aber jetzt, dass ihre Eltern sie eigentlich gar nicht richtig kannten und auch nie gekannt hatten. Ihr Vater war ständig beschäftigt, und ihre Mutter hatte sie als Mensch nie ernst genommen.

Irgendwann überzeugte Noreen Roxanne davon, dass sie sich mit ihren Eltern auseinandersetzen müsste, wenn sie ihre Wut und auch ihre Verletzlichkeit und ihre depressiven Phasen überwinden wollte. Als Roxanne zustimmte, setzte sich Noreen mit mir in Verbindung, um einige Familientherapiesitzungen zu organisieren.

Roxanne und ihre Eltern kamen getrennt zu unserem ersten Treffen. Sie lächelten zwar alle, schienen aber so argwöhnisch und wachsam wie Katzen zu sein, die eine Schlange umkreisen. Ich hatte Roxanne zuvor am Telefon dazu geraten, es bei diesem ersten Treffen langsam angehen zu lassen: Sie solle ihren Eltern gegenüber nicht sofort ihrem ganzen Unmut Luft machen, sondern stattdessen zunächst lieber nach einer gemeinsamen Basis suchen. Aber das entsprach nicht der Wahrheit und auch nicht dem, was sie fühlte. Und Roxanne hatte es auf die Wahrheit abgesehen. Sie fing mit ihrem Vater an. Als sie klein war, sagte sie, liebte sie ihn, doch je älter sie wurde, desto mehr sah sie ihn nur noch als lächerliche und unwichtige Person an. (Er arbeitete hart, hatte einen Bürstenhaarschnitt, wählte die Republikaner und war Patriot. Fast nichts in seinem Leben brachte ihn dazu, Dinge zu hinterfragen.) Nachdem er sich die wenig schmeichelhafte Einschätzung seiner Tochter angehört hatte, sagte Roxannes Vater: „So also siehst du mich?“ und zog sich dann in eisernes Schweigen zurück, seine altbewährte emotionale Rüstung.

Dann schoss Roxanne sich auf ihre Mutter ein. Sie nannte sie „oberflächlich”, „scheinheilig” und – das Schlimmste, was ein Kind zu seiner Mutter sagen kann – „nur an sich selbst interessiert“. Roxannes Mutter versuchte, zuzuhören, konnte es aber nicht. „Das ist nicht wahr!“, protestierte sie. „Warum musst du immer alles übertreiben?“ Das aber ließ Roxanne noch wütender werden, und die beiden bekriegten sich gegenseitig immer stärker und mit immer schriller werdenden Stimmen.

Ich versuchte sie zu beruhigen, war aber nicht sehr erfolgreich. Roxanne war wild entschlossen, etwas mitzuteilen – nicht sich zu unterhalten, in diesem altmodischen Prozess des Gebens und Nehmens, sondern etwas bekannt zu geben –, also diesen wichtigen Entwicklungsschritt zu tun, wenn ein unnachgiebiges Familienmitglied den anderen Familienmitgliedern einige elementare Informationen übermittelt, sie mit „der Wahrheit“ konfrontiert, egal ob diese es hören wollen oder nicht. Roxannes Mutter verließ die Therapiesitzung tränenüberströmt.

Die Woche darauf traf ich Roxanne allein. Es tat ihr leid, dass die letzte Sitzung nicht besser verlaufen war, doch sie war erleichtert, dass sie ihren Gefühlen freien Lauf gelassen hatte. Sie glaubte, ihre Mutter hätte sich als die nicht zu Akzeptanz fähige Person gezeigt, für die Roxanne sie hielt.

Sie sprachen nicht mehr miteinander, und Roxanne kam bestens damit zurecht.

Sechs Monate später rief Roxanne mich zu meiner Überraschung an, um mir zu sagen, dass sie und ihre Eltern zu einer weiteren Sitzung kommen wollten. Dieses Mal verlief das Gespräch freundlich, aber oberflächlich. Roxanne lobte die Schuhe ihrer Mutter und fragte, wie es ihrer jüngeren Schwester ging. Ihre Mutter fragte wiederum Roxanne, wie es ihr ging. Hatte sie ihre Verbitterung mittlerweile überwunden? Roxanne, die sich wieder bevormundet und abgelehnt fühlte, versuchte, nicht darauf zu reagieren, doch es gelang ihr nicht. Wütend warf sie ihrer Mutter vor, sie wäre gar nicht wirklich daran interessiert, wie es ihr ginge, sondern würde sich nur darum kümmern, möglichst höflich zu erscheinen. Ich erwartete das Schlimmste. Doch dieses Mal reagierte Roxannes Mutter nicht verärgert und versuchte auch nicht, ihre Tochter zu unterbrechen. Sie sagte nicht viel, aber sie unterbrach sie auch nicht, um sich selbst zu verteidigen. Wie schaffte sie es, den wütenden Anschuldigungen ihrer Tochter dieses Mal zuzuhören? Ich weiß es nicht. Aber sie tat es.

Eine der schwersten Bürden einer Mutter ist es, die Zielscheibe der Launen ihrer Kinder – zwischen Bedürfnis und Wut – zu sein. Diese Wut richtet sich gegen die Mutter, ganz egal, wie liebevoll sie auch sein mag. Es ist ein Teil des Ablöseprozesses. Roxannes Mutter schien dies zu fühlen und erinnerte sich womöglich daran, dass ihre Tochter auf die eine oder andere Art doch noch ein kleines Mädchen war.

Roxanne schien von ihrer Mutter eine Art Vergeltung zu erwarten. Als dies aber nicht eintrat, beruhigte sie sich sichtlich. Sie wollte scheinbar einfach nur angehört werden.

Danach schien sich die Beziehung von Roxanne zu ihrer Familie grundlegend zu verändern. Wo vorher Monologe oder Schweigen dominierten, entwickelte sich nun ein Dialog. Roxanne rief zu Hause an und schrieb. Sie vertraute sich ihrer Mutter an. Nicht immer, natürlich, und auch nicht immer erfolgreich. Dennoch hatte Roxanne es geschafft, offener zu ihrer Mutter als Mensch zu sein und sie nicht ständig als Mutter anzusehen, die alles richtig zu machen hatte. Roxanne löste sich dadurch von ihrer Rolle als Kind und entwickelte sich mehr zu einer jungen Frau, die bereit für ihr eigenes Leben war.

Roxannes unerfülltes Bedürfnis, angehört zu werden, führte zu einer Isolation von anderen Menschen und einer tiefen inneren Verbitterung. Das Loswerden dieser Last war wie das Einreißen einer Mauer, die sie daran gehindert hatte, sich anderen Menschen verbunden zu fühlen. Dass ihre Gefühle etwas infantil waren, zeigt nur, dass sie eine sehr lange Zeit unter Verschluss gehalten wurden. Das Gespräch mit Noreen, der es nicht darum ging, sich zu verteidigen, half Roxanne dabei, ihre eigene Stimme zu finden.

Bei jenem zweiten Treffen hatten Roxanne und ihre Eltern einen dieser Momente herbeigeführt, die ab und zu in Familien entstehen, wenn jemand etwas sagt und sich plötzlich alles verändert. Nur war es diesmal nicht das, was Roxanne gesagt hatte, das zu dieser Veränderung führte. Sie hatte all diese Dinge schon früher geäußert. Anders war diesmal, dass ihre Mutter ihr eigenes Bedürfnis, recht zu haben, zurückstellte und ihr einfach nur zuhörte.

Wenn wir die unausgesprochenen Gefühle hinter der Wut oder Ungeduld eines anderen Menschen bemerken, entdecken wir die Kraft, die die Verbitterung verschwinden lassen kann, die viele Menschen voneinander trennt. Mit ein bisschen Mühe können wir den Schmerz, der sich hinter einer feindseligen Haltung verbirgt, das Ressentiment, das hinter Vermeidungsstrategien steckt und die Verletzlichkeit, die Menschen davon abhält, miteinander zu reden oder einander wirklich zuzuhören, spüren. Wenn wir uns der heilsamen Kraft des Zuhörens bewusst werden, können wir uns sogar Dinge anhören, die uns unangenehm sind.

Angehört zu werden heißt ernst genommen zu werden. Es stillt unser Bedürfnis, uns selbst auszudrücken und uns anderen verbunden zu fühlen. Ein aufmerksamer Zuhörer erlaubt uns, all das auszudrücken, was wir denken und fühlen. Angehört und anerkannt zu werden hilft uns dabei, sowohl unsere Gedanken wie auch unsere Gefühle zu ordnen und dabei unsere Selbstwahrnehmung zu stärken. Indem wir versichert bekommen, dass unser Verhalten verständlich ist, hilft uns der Zuhörer dabei, uns unsere Menschlichkeit zu bestätigen. Wenn uns nicht zugehört wird, fühlen wir uns ignoriert, übergangen, nicht anerkannt und allein. Das Bedürfnis, dass man anerkannt, von jemandem, der zuhört, akzeptiert und die eigene Erfahrungswelt verstanden wird, ist für das menschliche Herz so wichtig wie Essen und Trinken für den Körper.

Ohne genügend wohlwollendes Verständnis in unserem Leben werden wir von einer kaum greifbaren Beklemmung verfolgt, die uns ängstlich und einsam werden lässt. Solche Gefühle lassen sich nur schwer ertragen, also suchen wir Trost in passiver Realitätsflucht: Wir schalten den Fernseher ein, flüchten uns zu Tom und Jerry oder stürzen uns in die fiktive Welt von Popstars und anderen Berühmtheiten, die ein aufregendes Leben führen. Natürlich ist nichts Verwerfliches daran, sich entspannen zu wollen. Aber warum schalten wir den Fernseher an, wenn gerade nichts läuft? Und warum fühlen wir uns unwohl, wenn das Autoradio nicht läuft, auch wenn wir nicht zuhören?

Normalerweise verbinden wir passive Realitätsflucht mit Stressbewältigung. Es mag stimmen, dass viele von uns sich am Ende des Tages fix und fertig fühlen, doch kann das statt an Überarbeitung auch daran liegen, dass uns in unserem Leben nicht genug Verständnis entgegengebracht wird.

Was uns besonders fehlt, ist die Aufmerksamkeit und die Anerkennung responsiver Selbstobjekte, also von Menschen, denen wir wichtig sind und die uns interessiert zuhören. Wenn die Qualität unserer Beziehungen nicht ausreicht, um unser inneres Gleichgewicht und unseren Enthusiasmus aufrechtzuerhalten, oder wenn wir nicht in der Lage sind, diese Qualität herbeizuführen, flüchten wir vor unserem kränkelnden Selbstwertgefühl. Wir suchen nach Stimulation, Aufregung, Empfänglichkeit, Befriedigung – denselben Gefühlen, die durch ein Gespräch von Herz zu Herz mit einem Menschen, der uns wichtig ist, entstehen können. Doch ohne eine Person, mit der wir reden können, werden einige von uns weiter versuchen, die Stille zu übertönen, da wir ohne ablenkende Unterhaltung womöglich das leise Rumoren der Verzweiflung hören würden.

Übungen

1. Wer ist der beste Zuhörer, den Sie kennen? Was macht diese Person zu einem guten Zuhörer? (Unterbricht sie Sie nicht? Stellt sie interessierte Fragen? Erkennt sie an, was Sie gesagt haben?) Wie fühlt es sich an, mit dieser Person zusammen zu sein? Was können Sie von dieser Person lernen, das Sie selbst zu einem besseren Zuhörer machen könnte?
2. Worüber reden Sie nicht so gern mit Ihrem Partner? Warum? Was geschieht mit diesen unterdrückten Gedanken und Gefühlen? Welche Folgen hat das Verschweigen dieser Gefühle für Sie? Und für Ihre Beziehung?
3. Wer sollte es bemerken, wenn Sie ein besserer Zuhörer werden? Welche Gespräche würden Ihrem Wunsch nach anders verlaufen?
4. Welche Schlüsse ziehen Menschen, die glauben, dass Sie ihnen nicht richtig zuhören, Ihrer Meinung nach daraus? Wozu führt dies schlussendlich?
5. Welche Schlüsse ziehen Menschen, die glauben, dass Sie ihnen zuhören, Ihrer Meinung nach daraus? Wozu führt dies schlussendlich?
6. Wenn Sie das nächste Mal etwas stark belastet, spüren Sie nach, wie sehr Ihr Wunsch wächst, mit jemandem darüber zu reden. Hält etwas Sie zurück? Worüber machen Sie sich Sorgen? Wenn Sie Ihre Gefühle doch mit jemandem teilen, was passiert dann?

KAPITEL 2

»»»»»»»»»»»»»»»»»»»»»»»»»

„DANKE FÜRS ZUHÖREN"

Wie Zuhören uns formt und uns miteinander verbindet

Durch Gespräche mit anderen definieren und stärken wir uns selbst. Anerkennung – wirklich angehört zu werden – ist die bestätigende Reaktion einer anderen Person uns gegenüber, die unsere Erfahrungen bedeutungsvoll macht. Diese Anerkennung lässt uns begreifen, dass wir die Urheber unsere eigenen Handlungen sind. Wie wir in Kapitel 1 gesehen haben, ist das Ausdrücken von Gefühlen und deren Anerkennung ein wechselseitiger Prozess, der für unser seelisches Wohlergehen sehr wichtig ist. Wir gestalten unser Leben im Dialog. Wenn bestätigendes Zuhören uns definiert und stärkt, muss es von jemandem kommen, den wir selbst ebenfalls anerkennen. Der Versuch, ein Gleichgewicht zwischen Ausdruck (Reden) und Anerkennung (Zuhören) zu finden, erlaubt es uns und den Menschen, die uns wichtig sind, als souveräne Gleichgestellte zu interagieren.

Wenn Ihr Leben oder eine sehr wichtige Beziehung nicht im Gleichgewicht ist – wenn Sie nicht genügend Möglichkeiten bekommen, sich auszudrücken, und es auch nicht genügend gegenseitige Anerkennung gibt – haben Sie das Nachsehen. Zuhören ist wichtig für die Bildung eines starken und gesunden Selbstwertgefühls *und* die Bildung starker und gesunder Beziehungen.

Was dem Zuhören einen derartig großen Einfluss verleiht, ist die Kraft von Worten, Erfahrungen zu teilen und nachfühlbar zu machen – oder aber diesen zu widersprechen und sie zu verfälschen. Was verstanden und akzeptiert wird – „Ja, ist das nicht großartig!" – wird zum Teil des sozialen Selbst, des Selbst, das Sie besitzen und mit anderen teilen. Was nicht anerkannt wird – „Solche Gefühle solltest du gar nicht haben!" – wird zum Teil des privaten Selbst, das uns insgeheim zwar bekannt ist, das aber nicht geteilt oder sogar abgelehnt und versteckt wird, manchmal sogar vor uns selbst. Verhängnisvollerweise wird vieles von dem, was keine Akzeptanz findet, sogar als Teil von uns abgelehnt, was der Psychoanalytiker Harry Stack Sullivan als „Nicht-Ich" bezeichnet hat.[1] Einige Eltern sind womöglich zu angespannt, um die Wut ihres Kindes zu tolerieren, andere zu peinlich berührt, um die sexuellen Gefühle ihres Kindes zu billigen. Jeder von uns wächst mit einigen Erfahrungen auf, durch die das Selbst so stark mit Ängsten vergiftet wurde, dass sie sich nicht in den Rest unserer Persönlichkeit integrieren lassen. Zuhören formt uns, während ein Nichtgehörtwerden uns *ver*formt.

Eine junge Mutter im sportlichen Jeans-Look schimpfte mit ihrem kleinen Mädchen, weil es eine Barbiepuppe wollte. Es wäre ein *dummes Spielzeug*, das Kind *sollte sich schämen, so etwas zu wollen, sie sollte etwas mehr Selbstwertgefühl haben*. Es tat weh, das mit anhören zu müssen. Die traurige Ironie dieser Situation, in der eine Mutter verbal auf ihre kleine Tochter eindrosch, um ihr Selbstachtung zu vermitteln, ließ sich kaum verdrängen. Sollte eine Mutter ihrer Tochter eine Barbiepuppe zugestehen, weil all die anderen Kinder eine haben? Das ist allein ihre Sache. Sie sollte ihrer Tochter aber ihre eigene Meinung zugestehen.

Nach und nach entsteht durch das Zusammenspiel von Eltern und Kind ein Selbst, das durch Sprache und Zuhören organisiert ist, zum Teil auf der natürlichen Erfahrungswelt des Kindes basierend, und zum Teil auf den Werten, die ihm seine Eltern vermitteln. Das Kind, dem zugehört wird, wächst unversehrt und selbstsicher auf. Dem Kind, dem nicht zugehört wird, fehlt das Verständnis, das es für die Entwicklung der Selbstannahme braucht, und es wird durch die Wünsche und Ängste der anderen „verbogen". Das meinte der Psychotherapeut Carl Rogers damit, als er sagte, die angeborene Tendenz zur Selbstaktualisierung des Kindes werde durch das Bedürfnis, anderen zu gefallen, untergraben.[2]

Was nie gehört wird, betrifft mehr als nur den Unterschied zwischen dem gesellschaftlich Teilbaren und dem Privaten; es treibt einen Keil zwischen das wahre Selbst und das falsche Selbst.

Der Samen unserer Fähigkeit, zuzuhören, wird im frühen Kindesalter gesät. Sein Gedeihen ist von der Qualität unserer Beziehung zu unseren Eltern abhängig. Eltern, die zuhören, geben ihrem Kind das Gefühl, wertgeschätzt und anerkannt zu werden. Wem zugehört wird, dem wird dabei geholfen, ein sicheres Selbstwertgefühl zu entwickeln. Dadurch geben wir einem Kind genügend Selbstachtung mit auf den Weg, um seine eigenen Talente und Ideen zu entwickeln und neue Beziehungen mit Vertrauen einzugehen.

Dass Verständnis die Selbstsicherheit fördert, ist längst nichts Neues mehr. Die meisten von uns können sich eine Mutter mit strahlenden Augen vorstellen, die ihrem Kind begeistert zuhört, das gerade aufgeregt über einen Erfolg berichtet, oder einen Vater, der sein tränenüberströmtes Kind tröstet, das gerade wegen einer kleineren Enttäuschung am Boden zerstört ist. Wir wissen auch, wie schlimm es sich anfühlt, wenn wir mit ansehen müssen, wie ein Elternteil sein Kind vor aller Augen wegen eines Fehlers so demütigt, dass es weint. Natürlich haben solche Erlebnisse, wenn sie sich ständig wiederholen, einen großen Einfluss auf ein Kind. Nicht ganz so offensichtlich ist, wie früh und wie grundlegend die Qualität unseres Zuhörens den Charakter unserer Kinder zu formen beginnt.

Wie Zuhören die Selbstachtung fördert

Zunächst einmal ist das Selbst nichts Gegebenes, wie z. B. rote Haare zu haben oder sehr groß zu sein. Es ist eine Bewusstseinsperspektive, und darüber hinaus eine zwischenmenschliche. Das Selbst ist die Art und Weise, wie wir das darstellen, was wir sind, und wird durch unsere Erfahrung geformt, wie andere auf uns reagieren. Unsere Persönlichkeit wird in Beziehungen geformt, und die Vitalität unseres Selbst hängt von der Qualität des Zuhörens ab, das uns zuteilwird.

Die Arbeiten des Säuglingsforschers Daniel Stern zählen zu den wissenschaftlichen Erkenntnissen mit den grundlegendsten Schlussfolgerungen über die Bedeutung des Zuhörens.[3] Sterns radikalste Entdeckung war, dass Säuglinge nie völlig undifferenziert (symbiotisch) von ihrer Mutter existieren.

Margaret Mahlers einflussreiche Theorie der Trennung und Individuation basierte auf der Annahme, dass wir aufwachsen und aus Beziehungen herauswachsen, statt aktiver und souveräner *innerhalb* dieser Beziehungen zu werden.[4] Sobald wir aber von der Annahme ausgehen, dass wir unser Leben nicht als Teil einer undifferenzierten Einheit beginnen, stellt sich nicht mehr die Frage, wie wir uns von unseren Eltern trennen, sondern wie wir uns mit ihnen verbinden. Die Herausforderung besteht nicht darin, dass wir uns von anderen Menschen befreien, sondern dass wir uns in der Beziehung zu ihnen verständlich machen.

Diese Sicht auf das Selbst, das ein grundlegendes Ausdrucks- und Anerkennungsbedürfnis hat, entstand nicht nur durch das Beobachten von Säuglingen und Kleinkindern, sondern auch in Behandlungszimmern, in denen Psychotherapeuten den Schrei des Kindes im Erwachsenen gegenüber anderen Menschen heraushörten. Damit ergibt sich die Frage, was wir eigentlich benötigen, damit wir uns vollständig und intakt fühlen. Ein großer Teil der Antwort lautet, dass uns jemand zuhört.

Beim Dokumentieren der kindlichen Entwicklung identifizierte Stern vier zunehmend komplexere Selbstwahrnehmungen, die jeweils einen anderen Bereich der Selbsterfahrung und sozialen Verbundenheit definieren. Gleich nach dem Bedürfnis nach Nahrung und Obdach kommt das Bedürfnis nach Verständnis. Sogar Säuglingen muss zugehört werden, damit sie gedeihen können. Einem Säugling „zuzuhören" mag sich etwas gestelzt anhören, doch genau das – die Qualität der elterlichen Empfänglichkeit – spielt eine entscheidende Rolle dabei, wie wir zu dem werden, was wir sind.

Schauen wir uns einmal die Entwicklung dieser vier Selbstwahrnehmungsstadien an, um herauszufinden, wie das Zuhören unseren Charakter formt:

„Hier bin ich.": Die Wahrnehmung eines entstehenden Selbst (Geburt bis 2 Monate)

Das Zuhörbedürfnis eines Säuglings ist einfach, aber zwingend. Mit dem plötzlichen Druck körperlicher Bedürfnisse nach der Geburt ändert sich das Leben von wunderbar zu völlig schrecklich. Hunger bricht über den kleinen Körper herein wie ein plötzlich wütender Sturm. Er beginnt langsam, und das Baby hat zunächst das Gefühl, dass irgendetwas nicht stimmt. Dann verstärkt sich das Quengeln des Babys zu lauterem Weinen, mit dem es versucht, die empfundenen Schmerzen aus dem Körper heraus zu befördern und loszuwerden. Das Weinen dient als Notsignal, so wie eine Sirene, um die Eltern zu alarmieren und von ihnen eine Antwort einzufordern.

Das Elternsein ist zu diesem Zeitpunkt recht einfach. Soweit ich mich erinnern kann, gingen meine Frau und ich, beide angetrieben von unserer erhöhten Empfänglichkeit und Aktionsbereitschaft, die durch monatelangen Schlafmangel rasiermesserscharf waren, schon bei dem kleinsten Mucks sofort in den Aktionsmodus über. Unser erster kleiner Liebling hatte das Schaukelpferdgemüt eines Brüllaffen und ließ uns dementsprechend zum allnächtlichen Laktoseintoleranz-Test antreten. Ich, niemals ein unsensibler Vater, reagierte normalerweise zuerst. „Schatz!", säuselte ich, während ich mit den Zähnen knirschte, aber nur, um sie warmzuhalten, „tu doch was!". Worauf meine Partnerin, die äußerst dankbar auf meine große Unterstützung reagierte, schnell zu der Kleinen eilte, um ihr die Form erster Hilfe zu leisten, die gerade benötigt wurde. Ah, das Elternsein!

Babys sind süß und hilflos, doch ihr Lächeln, Quengeln und Weinen sind Befehlsbotschaften, die gehört werden müssen. Zu diesem Zeitpunkt können Eltern, die in erster Linie damit beschäftigt sind, die Bedürfnisse ihres Babys zu stillen, das Ausmaß der mit diesem Prozess verbundenen sozialen Interaktion vermutlich nicht wirklich erfassen. Doch schon bevor das Baby ein Selbstbewusstsein entwickelt, geben die Eltern ihre Erwartungen und Hoffnungen an es weiter. Vom ersten Tag an identifizieren sie sich mit dem Baby als einem sowohl tatsächlichen wie auch potentiellen Selbst.

Unserem Verständnis einfordernden Impuls können wir nicht widerstehen. Die Beobachtungen des Entwicklungspsychologen Aidan Macfarlane bei Müttern, die zum ersten Mal nach der Geburt mit ihren Babys reden, zeigen, dass diese jedem Zeichen und Geräusch eine Bedeutung zuschreiben.[5] „Warum runzelst du die Stirn? Die Welt jagt dir ein bisschen Angst ein, hm?" Mütter glauben nicht wirklich, dass ihr Säugling sie schon versteht. Trotzdem schreiben sie dem, was ihr Baby tut, eine Bedeutung zu und reagieren dementsprechend. Mit der Zeit bilden sie so kleine Interaktionsformate, also kleine, zusammen ins Leben gerufene Welten. Das ist die erste Kultur des Babys.

Eltern schreiben ihren Babys sofort Ziele („Oh, du möchtest das da."), Absichten („Du machst das, damit Mama sich beeilt und dich füttert.") und eigene Vorsätze („Das hast du mit Absicht gemacht, stimmt's?") zu. Indem sie dies tun, reagieren sie auf ein sich bildendes Selbst und helfen diesem bei seiner Entwicklung. Solche Ziele und Absichten machen das menschliche Verhalten verständlich und alle Eltern behandeln ihre Kinder ausnahmslos wie verständige Wesen, bzw. wie die Menschen, zu denen sie einmal werden (aber nur, solange diese tatsächlich zu den Menschen werden, die sie sich wünschen).

Wer wir sind und was wir sagen, löst bei anderen Menschen eine Reaktion aus. Diese Reaktion und unsere Verbindung zu anderen ist und bleibt entscheidend für unser psychisches Wohl.

Wenn Babys noch zu jung sind, um sprechen zu können, müssen die Eltern verstehen, was sie fühlen, aber nicht sagen können. Wenn ein Baby schreit, müssen die Eltern herausfinden, wo das Problem liegt. Hat es Hunger? Braucht es eine frische Windel? Will es auf den Arm? (Stellen Sie sich doch einmal die Gefühle des Babys vor. Welche gigantische Kluft trennt es von diesen zwei riesigen, nervösen Kreaturen, die die Natur ihm da zur Seite gestellt hat. Werden sie es je auf die Reihe kriegen?). Wenn das Baby größer wird und zu sprechen beginnt, fällt es ihm leichter, seine Bedürfnisse und Gefühle in Worte zu fassen. Leichter zwar, aber nicht in perfekter Art und Weise. Manchmal brauchen wir alle ein bisschen Hilfe dabei, uns verständlich zu machen.

Säuglinge sind von ihren Eltern in hilfloser Weise abhängig. Wenn die Eltern abwesend oder wütend sind oder auf andere Art nicht reagieren, fühlt sich ein Kind allein und ist extrem verängstigt – fast so, als würde ihm der Boden seiner eigenen kleinen Welt entzogen. Diese ursprüngliche Verbindung mit anderen beginnt als Frage von Leben und Tod, über die wir als Säuglinge kaum Kontrolle haben. Nach und nach aber werden wir uns mehr unseres eigenen Anteils an dieser Gleichung bewusst (einige Leute sind dabei langsamer als andere).

Okay, es ist also eine Weile her, seit Sie von Ihren Eltern und davon abhängig waren, dass diese Ihre Schreie hörten und anerkannten, dass Sie eine Person mit Bedürfnissen und Gefühlen sind. Welche Bedeutung hat dieses Stadium, in dem wir abhängig vom Gehör unserer Eltern waren, für uns als Erwachsene?

Anders als bei Kindern muss uns nicht zugehört werden, damit wir wissen, dass wir nicht nur Personen bzw. tatsächlich Handelnde, sondern auch die Urheber unserer eigenen Handlungen sind. Das Zuhören bietet uns als Erwachsenen die Gelegenheit, uns zu artikulieren und uns mit den tieferen Schichten unserer Persönlichkeit zu verbinden. Die Aufmerksamkeit und die Wertschätzung eines Zuhörers führen zu einer zwischenmenschlichen Erfahrung, bei der wir uns öffnen und eine reichere Version unseres Selbst erfahren können. Die Erfahrung, angehört zu werden, ermöglicht uns eine Entfaltung von Erfahrungsaspekten, die zuvor vielleicht unter Verschluss gehalten wurden, weil ihnen durch ein fehlendes Teilen oder durch fehlende Anerkennung niemals Leben eingehaucht wurde. Einem Säugling hilft das Gehörtwerden bei der Bestätigung, dass er ein Selbst ist. Einem

Erwachsenen hilft das Gehörtwerden dabei, diesen Entwicklungsprozess weiterzuführen. Es befähigt ihn dazu, sich ein vollständigeres Bild seines Selbst zu machen und seine Vielschichtigkeit besser zu akzeptieren.

Adrienne war schon drei Jahre mit Phillip in einer Beziehung, als sie Cliff traf. Sie hatte Phillip keine Versprechungen gemacht, aber die beiden waren schon so lange zusammen, dass sie sich unwohl dabei fühlte, einen anderen Mann zu treffen. Nach einem Monat des Kopfzerbrechens, was sie tun solle, vertraute sie sich schließlich ihrer Freundin Judy an.

Judy war bereits lange genug verheiratet, um zu wissen, dass man sich nie sicher sein kann, wie sich Beziehungen im Laufe der Zeit entwickeln. Als Adrienne ihr von Cliff erzählte, hörte sie daher nur zu. Sie stellte einige Fragen, zum Beispiel was Adrienne wolle, wovor sie Angst habe und was sie sich erhoffe, aber hauptsächlich ließ sie Adrienne einfach reden.

Adrienne fällte nach diesem Gespräch keine grundlegende Entscheidung. Sie wurde sich aber viel besser darüber klar, was sie eigentlich wollte. Sie wusste, dass sie nicht allein sein wollte, aber sie war auch noch nicht bereit, sich richtig festzulegen. Phillip war ein herzensguter Mann, aber sie war nicht wirklich in ihn verliebt. Cliff war aufregender, aber sie war sich nicht sicher, ob er jemand war, auf den sie wirklich zählen konnte. Sie war froh darüber, dass Philipp Teil ihres Lebens war, aber sie glaubte nicht, dass sie den Rest ihres Lebens mit ihm verbringen wollte. Sie war einfach nicht dazu bereit, andere Möglichkeiten auszuschließen. Sie wusste, dass es kompliziert werden könnte, wenn sie sich ab und zu mit Cliff traf, ohne sich von Philipp zu trennen, aber sie war bereit, dieses Risiko einzugehen.

Manchmal kann eine Verletzung oder eine Krankheit dazu führen, dass wir uns an die Abhängigkeitsgefühle aus unserer Kindheit erinnern. In solchen Momenten ist unser Bedürfnis nach der Hilfe anderer Menschen offenkundig, und wir empfinden die Reaktionen anderer Menschen auf unsere Erfahrung als wertschätzend – oder eben nicht.

Als Valerie unerwartet wieder eine ihrer Migräneattacken hatte, sagte sie ihrem Mann, sie könne wegen der Kopfschmerzen nicht mit ihm zum Essen ausgehen. Er antwortete, es tue ihm leid, dass es ihr nicht gut gehe, und sie solle eine Aspirintablette nehmen und sich hinlegen. Aspirin half bei ihr nicht, also blieb sie lieber im Wohnzimmer und legte sich eine kalte Kompresse auf die Stirn. Sollte ihr Mann sie mittlerweile nicht besser kennen? Valerie war erleichtert, dass sie nicht ausgehen musste, hatte aber das Gefühl, dass der Vorschlag ihres Mannes, nach oben ins Schlafzimmer zu gehen und sich hinzulegen, nur ein Versuch von ihm war, sie von sich wegzuschieben. Er ging gern mit ihr aus, er mochte es, zusammen mit ihr ins Fitnessstudio zu gehen, er liebte es, wenn sie seinen Problemen und seinen Erfolgen zuhörte, aber er schien nicht für sie da sein zu wollen, wenn es ihr nicht gut ging.

Die meisten von uns werden irgendwann erwachsen. Dem Bedürfnis, dass wir erstgenommen und unsere Gefühle anerkannt werden, entwachsen wir aber nie.

„Hey, schau mich an!": Die Wahrnehmung des Kern-Ichs (2 bis 7 Monate)

Zwischen acht und zwölf Wochen werden Babys gesellig. Über ihre Lippen wandert ein erstes soziales Lächeln und sie beginnen, Laute zu formen und Augenkontakt zu suchen. Wie können Sie davon *nicht* entzückt sein, wenn ein Baby aufschaut, lächelt und gurrt oder beim Baden spritzt oder gluckst? Natürlich gehen wir davon aus, dass alle Eltern ganz intuitiv auf solche Kommunikationsangebote reagieren. Leider ist das aber nicht der Fall. Einige Eltern sind so beschäftigt, depressiv oder anderweitig abgelenkt, dass sie ihre Babys ignorieren. Noch häufiger geschieht es wohl, dass Eltern ihre Babys nicht als kleine Menschen mit eigenem Rhythmus und eigenen Stimmungen behandeln, sondern als Projektionsfläche für ihre elterlichen Bedürfnisse.

Jedes Baby hat ein optimales Stimulationsniveau. Darüber hinaus gehende Aktivitäten führen zu einer Überstimulation, und die Erfahrung wird dadurch negativ geprägt. Eine unter diesem optimalen Niveau stattfindende Stimulation ist, nun ja, eben nicht ausreichend stimulierend. Eltern müssen lernen, ihre Babys zu lesen wie ein offenes Buch. Indem sie ihre Kinder als Personen ernst nehmen und auf die Gefühle ihrer Kinder reagieren, anstatt ihre eigenen auf sie zu projizieren, vermitteln Eltern ihren Kindern Akzeptanz, die von diesen förmlich aufgesogen und in Selbstachtung umgewandelt wird.

Das nächste Mal, wenn Sie sehen, wie ein Erwachsener mit einem Baby interagiert, achten Sie auf den feinen Unterschied, den es ausmacht, wenn dieser in Einklang mit dem Stimulationsniveau des Babys auf es eingeht, oder wenn er seine eigenen erwachsenen Emotionen auf das Kind überträgt. Wenn Sie einen Erwachsenen mit abgestumpften Gefühlen sehen, der ein freudig aufgeregtes Baby ignoriert, werden Sie Zeuge eines langen, traurigen Prozesses, bei dem ein unempfänglicher Erwachsener den Enthusiasmus seines Kinds verkümmern lässt wie eine längst vergessene, nicht gegossene Blume.

Da ich mich in meiner Praxis schon genug um solche vertrockneten Blumen kümmern durfte, hatte ich, besten Dank, wirklich keine Lust, auch noch welche davon bei mir zu Hause zu haben. Ich kann mich noch daran erinnern, wie ich zur Abendzeit ins Kinderzimmer schlich, genau dann, wenn unser Baby schlummerte. Bestimmt tat es immer nur so, als würde es schlummern. Meine maskuline Intuition verriet mir, dass sie nicht wirklich schlief, sondern eigentlich mit Schmackes zur Zimmerdecke geworfen werden wollte, um dann in Richtung Boden zu stürzen – so wie ein Fallschirmspringer ohne Fallschirm –, nur um in letzter Sekunde von Daddys starken Armen vor dem sicheren Tod bewahrt zu werden. Huiii!

Mein kleiner Winzling war zu sehr von ihrer Begeisterung überwältigt, um auch nur einen Ton herauszubringen. Sie zeigte mir ihre Verzückung, indem sie ihre Augen tellergroß werden ließ und ihr Gesicht eine allerliebste blaue Farbe annahm.

Exzessive Überschwänglichkeit mag weniger deprimierend sein, ist aber nicht wirklich einfühlsamer. Wir alle haben andere Erwachsene schon bei so einem „Baby-Eiapopeia“ beobachtet: Der überschwängliche Klang in ihrer Stimme, die honigsüßen Worte, das endlose Anhimmeln und die Ohs und Ahs. Wenn Babys klein sind, geschieht das fast automatisch. Die kleinen Wesen sind selbst so lebhaft, dass sie die Intensität unserer Reaktion verstärken. Doch wenn der Enthusiasmus der Erwachsenen größer als der des Babys ist, entsteht eine überspitzte Diskontinuität. Liebende Eltern teilen die Stimmung ihrer Kinder und zeigen dies in entsprechender Weise.

Liebende Wertschätzung wird nicht durch Überschwang oder irgendeine andere Emotion vermittelt, sondern dadurch, verstanden und ernst genommen zu werden.

Das Baby, das von seinen Eltern gekitzelt, geknufft und herumgewirbelt wird, wenn es das gar nicht MÖCHTE, ist mit seinem wahren Selbst genauso allein wie ein Baby, das von seinen Eltern ignoriert wird. Dieses Aufzwingen der eigenen Gefühle seitens der Eltern ist, wie der Psychiater R. D. Laing es so anschaulich in „Phänomenologie der Erfahrung“ beschrieben hat, eine Mystifikation, bei der die Realität des Kindes verloren geht.[6] Nicht verstanden und als eigenständige Person ernst genommen zu werden, ist sogar in so einem jungen Alter die Ursache von Einsamkeit und Unsicherheit. Oder mit den Worten des Psychoanalytikers Ernest Wolf: „Einsamkeit, psychische Einsamkeit, ist die Mutter der Angst.“[7]

Eleanor freut sich, wenn ihre Kinder ihr zum Muttertag Blumen schenken, doch eigentlich wünscht sie sich, dass sie öfter von ihnen angerufen wird.

Ted gesteht Katie, dass er völlig erschöpft ist und einfach nur zu Hause bleiben und einen Film anschauen möchte. Katie meint, er würde sich bestimmt besser fühlen, wenn sie raus gingen und einen Spaziergang machten.

Nikki erzählt ihrem Vater von einem älteren Kollegen, der sie bei Mitarbeiterversammlungen oft unterbricht. Sie will nicht viel Aufhebens davon machen, aber doch die Möglichkeit haben, auszureden. Ihr Vater rät ihr, dem Kollegen das nächste Mal in einer solchen Situation einfach zu sagen, er solle den Mund halten, sie sei noch nicht fertig. Nikki dankt ihm und wechselt das Thema.

Diese Beispiele haben alle eines gemeinsam: Wenn Menschen sich nicht auf unsere Erfahrungswelt einlassen, sondern uns nur im Rahmen ihrer eigenen Erfahrungen und Präferenzen antworten, bekommen wir das Gefühl, dass sie uns nicht wirklich kennen, nicht wirklich verstehen, wer wir sind – und uns einfach nicht richtig zuhören.

„Schatz, mir ist kalt. Möchtest du nicht einen Pullover anziehen?“: Das Gefühl einer subjektiven Selbstwahrnehmung (sieben bis fünfzehn Monate)

Mit etwa einem Jahr wird sich das Baby bewusst, dass es über eine eigene innere, geistige Welt mit Absichten, Bedürfnissen, Gefühlen und Gedanken verfügt, die anderen verborgen bleiben – es sei denn, es bemüht sich, diese anderen zu offenbaren. Die Möglichkeit, diese unsichtbaren inneren Sachverhalte mit anderen zu teilen, ist die Quelle des größten menschlichen Glücks, aber auch die der größten Frustration.

Stellen Sie sich einen Moment lang vor, Sie wären ein Baby, das noch nicht sprechen kann, und Sie möchten einen Keks. Was tun Sie, wenn Sie diesen Keks sehen, aber nicht erreichen können? Ganz einfach: Sie bringen Ihre Mutter dazu, Ihre Gedanken zu lesen.

Gedankenlesen – das klingt ziemlich überzogen. Aber ist es nicht genau das, was Kommunikation letzten Endes ist? Das Baby muss die Aufmerksamkeit seiner Mutter erregen und zum Ausdruck bringen, was es möchte – und zwar so, dass die Mutter die Botschaft erhält und auch versteht.

„Ich will einen Keks!“ ist eine recht einfache Botschaft, die auch ohne Worte schnell versandt und schnell verstanden werden kann. Wenn die Botschaften komplizierter werden, müssen Babys sich genau wie Sie und ich mehr anstrengen, um sich mitzuteilen, und gleichzeitig hoffen, dass ihre Zuhörer sich ebenfalls anstrengen, um ihre Botschaft zu verstehen.

Die Möglichkeit, eigene Erfahrungen mit anderen zu teilen, schafft auch die Möglichkeit, dass andere uns als verständlich und annehmbar bestätigen. Sie schafft darüber hinaus die Möglichkeit von Intimität und erfüllt unser Bedürfnis, zu erkennen und erkannt zu werden. Dabei steht nichts Geringeres auf dem Spiel, als herauszufinden, welcher Teil unserer ureigenen inneren Erfahrungswelt mitteilbar ist, und welcher Teil außerhalb des allgemein akzeptierten menschlichen Erfahrungsbereichs liegt.

Das Gehörtwerden macht den Unterschied zwischen einem Gefühl der Akzeptanz und einem Gefühl der Isolation aus.

Die Möglichkeit, dass Menschen verschiedene Befindlichkeiten miteinander teilen können, birgt aber auch die Möglichkeit des Missverstehens in sich. So sind beispielsweise Babys bemerkenswert eifrige kleine Entdecker. Auf Mamas oder Papas Schoß probieren sie vielleicht, ihren Finger in den Mund oder die Nase der Eltern zu stecken, oder sie ziehen an einer Haarsträhne, um auszuprobieren, ob sie sich herausziehen lässt. Die Eltern, die diese Experimente als Aggression auffassen, sind womöglich verärgert und unterstellen ihrem Kind böse Absichten. Die Konsequenz daraus könnte eine elterliche Reaktion in Form einer Zurechtweisung, eines Klapses oder irgendeiner Art von Ablehnung dem Baby gegenüber sein, das nur das getan hat, was in seinem Alter ganz natürlich ist.

Das missverstandene Baby ist aufgrund des fehlenden Verständnisses seiner Eltern verwirrt und wegen der Zurechtweisung traurig und eingeschüchtert. *Vielleicht war das falsch*, denkt es nun. Wenn es dieses Experiment dann wiederholt, um die Verwirrung aufzulösen oder eine andere Reaktion hervorzurufen, tut es das möglicherweise nun etwas energischer. Jetzt werden sich die Eltern aber darin bestätig sehen, dass ihre erste Annahme richtig war: Das Baby ist *tatsächlich* aggressiv.

Wiederholt sich diese Situation, wird die Fehlinterpretation der Eltern zur offiziellen und akzeptierten Annahme des Babys (und des späteren Kindes), dass das Erforschen etwas Aggressives und deshalb Böses ist. Das Kind könnte zu dem Schluss kommen, dass es selbst aggressiv, möglicherweise sogar feindselig ist. Die Realität einer anderen Person ist zu seiner eigenen geworden. Missverständnisse untergraben nicht nur unser Vertrauen in andere, sondern auch unser Vertrauen in unsere Selbstwahrnehmung.

Die Bezeichnung für das Teilen von Erfahrungen ist *Intersubjektivität*. Der Grund für diesen hochtrabenden Begriff, der eigentlich auch durch ein gewöhnliches Wort wie *Kommunikation* ersetzt werden könnte, besteht darin, uns nicht vergessen zu lassen, dass Verständnis eine gemeinsam erbrachte Leistung ist: Eine Person versucht mitzuteilen, was sie bewegt, und die andere versucht, es zu entschlüsseln. Das Lesen kindlicher Gedanken erfordert eine *Einstimmung*.

Diese Einstimmung auf das Kind ist die Fähigkeit seiner Eltern, dessen affektiven Zustand nachzuvollziehen. Sie ist ein wesentliches Merkmal der Interaktionen zwischen Eltern und Kind, das tief greifende Konsequenzen hat. Sie ist der Vorläufer von Empathie und die Essenz des menschlichen Verstehens. Die Einstimmung auf das Kind beginnt damit, dass die Eltern die Stimmung des Babys intuitiv mit ihm teilen und ihm dies zeigen. Das Baby greift aufgeregt nach einem Spielzeug und bekommt es zu fassen. Sobald das Spielzeug in seinen Händen ist, entfährt ihm ein begeistertes „Ah!“, und es schaut zu seiner Mutter. Die Mutter reagiert ähnlich, indem sie die Begeisterung des Babys teilt, lächelt, nickt und „Ja!“ sagt. Sie hat die Stimmung ihres Babys verstanden und geteilt. Genau darum geht es bei der Einstimmung.

Dieses Bedürfnis des Babys nach einer eingestimmten Reaktion lässt sich mit dem Versuch des *reglosen Gesichts* demonstrieren. Wenn das Gesicht der Mutter oder des Vaters mitten in einer Interaktion mit dem Baby plötzlich keine Regung mehr zeigt und teilnahmslos und ausdruckslos bleibt, ist das Baby bestürzt und zieht sich zurück. Säuglinge im Alter von etwa zweieinhalb Monaten reagieren sehr stark auf dieses reglose Gesicht. Sie schauen verwirrt umher. Ihr Lächeln erstirbt und sie runzeln die Stirn. Sie versuchen immer wieder, die Mutter durch Lächeln, Gestikulieren und durch Rufen wieder zum Leben zu erwecken. Gelingt ihnen das nicht, wenden sie sich schließlich mit einem traurigen und verwirrten Gesicht ab.[8] Es tut weh, wenn derjenige, den man erreichen will, nicht reagiert.

„Nein, ich will nicht schlafen! Ich will spielen!“: Die Wahrnehmung des verbalen Selbst (15 bis 18 Monate)

Das Sprechenlernen schafft eine neue Art der Verbindung zwischen Eltern und Kind. Der Spracherwerb wird traditionell als großer Schritt bei der Bildung einer eigenen, unabhängigen Identität angesehen, dem in seiner Bedeutsamkeit nur die unabhängige Fortbewegung gleichkommt. Doch auch das Gegenteil trifft zu: Der Spracherwerb ist ebenso eine treibende Kraft für mehr Interaktion und Vertrautheit.

Die Entwicklungspsychologen Arnold Sameroff und Robert Emde haben die umfangreiche Fachliteratur zusammengefasst, die beweist, dass die emotionale Unerreichbarkeit der Eltern bei Säuglingen zu „einem eingeschränkten emotionalen Ausdrucksverhalten, weniger klaren Gesten und

Interaktionen [führt], die von Rückzug, Kummer oder Abwendung geprägt sind. Unter solchen Umständen stellen klinische Psychologen mitunter auch ein ‚Abschalten' affektiver Interaktionen fest, und in Extremfällen sogar anhaltende Traurigkeit oder Depressionen."[9] Mit anderen Worten gibt das Baby oder Kind, dessen Kommunikationsversuche nicht anerkannt und erwidert werden, irgendwann auf und zieht sich in sich selbst zurück.

Wenn wir bei jemandem Traurigkeit oder eine Depression erkennen, gehen wir oft davon aus, dass etwas nicht stimmt, dass etwas passiert sein muss. Vielleicht steckt hinter diesem „etwas" ja, dass niemand diesem Menschen zuhört.

Ein gehörtes Kind ist ein selbstsicheres Kind

Wenn Kinder vier oder fünf Jahre alt sind, hat Empathie oder deren Fehlen ihre Persönlichkeit bereits in deutlicher Weise geprägt. Das Kind, das immer auf Verständnis zählen konnte, wächst mit der Erwartung auf, dass andere zugänglich und empfänglich sind. Dies zeigt sich darin, dass es offen auf seine Kindergärtnerinnen zugeht. Verletzt sich ein Kind, dem zu Hause zugehört wird, in der Schule, wendet es sich vertrauensvoll an seine Lehrer, um diese um Hilfe und Unterstützung zu bitten. Im Gegensatz dazu gelingt es unsicheren Kindern in genau solchen Situationen nicht, den Kontakt zu den Lehrern zu suchen. „Ein Junge ist enttäuscht, verschränkt seine Arme vor der Brust und schmollt. Ein Mädchen stößt sich den Kopf unter dem Tisch an und krabbelt davon, um allein zu sein. Ein anderes Mädchen ist am letzten Schultag traurig. Sie sitzt wie zu Eis erstarrt und völlig ausdruckslos auf dem Sofa."[10] Solche Reaktionen sind typisch – und sie ändern sich auch nicht grundlegend, wenn das Kind, dem nicht zugehört wird, älter wird.

Kindergartenkinder, denen einfühlsam zugehört wird, gehen mit ihren Spielkameraden zwangloser und unbefangener um. Sie gehen davon aus, dass ihre Interaktionen positiv verlaufen, und stürzen sich geradezu auf diese Gelegenheiten. Sie können leichter Freundschaften schließen und sind fröhlicher.

Zudem sind sie selbst gute Zuhörer. Schon mit vier oder fünf Jahren führt fehlende Empathie – nicht Missbrauch oder Grausamkeit, sondern einfach nur täglich fehlendes Verständnis – zu einem isolierten und verunsicherten Selbst, das sich durch Abweisung leicht verletzen lässt und neuen Menschen oder neuen Erfahrungen ängstlich entgegenblickt.

Stellen Sie sich die fünfjährige Tammy vor, die von zu Hause an Verständnis gewöhnt ist. Sie erzählt einem kleinen Freund von einem Rabauken aus dem Kindergarten: „Und dann hat er mich geschubst und mir alle meine Malstifte weggenommen!"

Eine kleine dunkle Wolke verdüstert kurz Ryans kleines Gesichtchen. Rabauken kann er gar nicht leiden. Aber mitfühlend zuhören ist etwas für Weicheier. Er, der weiß, dass er mit einem einzigen Faustschlag eine Weintraube platthauen kann, wenn er nur zornig genug ist, rät Tammy zum Vergeltungsschlag: „Wenn er das noch einmal versucht, solltest du Farbe in seine Haare schmieren und ihn mit dem Lineal verhauen!"

Hier sind sich endlich einmal zwei verwandte Seelen auf der Ebene des perfekten Verständnisses begegnet. „Genau!", meint Tammy dankbar, „aber ich glaube, meine Mama hat gerade nach mir gerufen. Das war richtig gut, mit dir zu reden."

Unser Bedürfnis, angehört und verstanden zu werden, hängt teilweise mit unserem Bedürfnis zusammen, uns das Gefühl unserer eigenen Bedeutung zu bewahren. Die Gegenwart eines verständnisvollen Zuhörers dient uns als Selbstobjekt – sie befriedigt unser Bedürfnis nach Aufmerksamkeit und Anerkennung. Doch die Vorstellung, dass es beim Zuhören darum geht, dass ein Mensch einem anderen Gehör *schenkt*, stimmt nur zum Teil. Ein weiterer bedeutender Aspekt des Zuhörens ist die Gegenseitigkeit.

Zuhören überwindet die Kluft zwischen uns

Bei dem Gefühl der Gegenseitigkeit geht es nicht nur darum, verstanden zu werden, sondern auch darum, etwas zu teilen – die Gesellschaft eines anderen Menschen. Hier ist nicht nur das *Ich*, sondern das *Wir* von Bedeutung. Unsere Erfahrung wird reicher, wenn wir sie mit einem anderen Menschen teilen.

Wenn ich einen Gedanken oder ein Gefühl, also etwas, das mir sehr wichtig ist, mit einem anderen Menschen „teilen" möchte, geht es mir darum, verstanden, ernst genommen und anerkannt zu werden. (Dies als „teilen" zu bezeichnen, ist etwas übertrieben, denn eigentlich wollen wir uns nur ausdrücken und verstanden werden.) Auch ich möchte anerkannt und wertgeschätzt werden. Wenn ich eine besonders lustige Karikatur im *New Yorker* sehe, denke ich sofort darüber nach, mit wem ich sie teilen könnte. (Hier ist das Wort „teilen" angemessen, da es um eine gemeinsame, gegenseitige Erfahrung geht, die angestrebt wird.) In diesem Moment möchte ich nicht bewundert oder bestätigt werden, sondern einfach nur ein Lachen mit einem anderen Menschen teilen.

Schon die Psychologin Ruthellen Josselson betont in *The Space Between Us*,[11] dass Gegenseitigkeit ein wesentlicher, aber stark vernachlässigter Aspekt der menschlichen Erfahrungswelt ist. Wenn wir jung und lebendig sind und das Leben unsere blanken Nervenenden noch nicht abgestumpft

xxxxxxxxxxxxxxxxxxxxxxxxxxxxxxxxxxxxxxxxxxxxxxxx

„Er redet nie mit mir.“

Die Verschlossenheit einiger Männer mag sich genauso stark auf eine Kindheit mit fehlender Empathie wie auf irgendwelche geschlechtsspezifischen Verhaltensweisen zurückführen lassen. Wer verschlossene Menschen dazu bringen will, sich zu öffnen, muss sich besonders anstrengen, deren Gefühle anzunehmen – einschließlich des Gefühls, in einem bestimmten Moment nicht sofort über eine bestimmte Sache reden zu wollen.

xxxxxxxxxxxxxxxxxxxxxxxxxxxxxxxxxxxxxxxxxxxxxxxx

hat, findet unsere Suche nach Gegenseitigkeit ihre intensivste Form in der Sehnsucht nach einem Seelenverwandten. Wir finden oder erfinden die eine besondere Person, mit der wir glückliche Momente und tiefgründige Gedanken teilen können.

Gegenseitigkeit ist der Stoff, aus dem der tägliche menschliche Gedankenaustausch besteht. Wir tauschen scharfsinnige Kommentare über die neuesten Entgleisungen des Präsidenten aus, beschweren uns über das Wetter und schwatzen über belanglose Ereignisse des Tages. Nichts Wichtiges, nur das Leben selbst und unser geteiltes Menschsein. Eine Frau sagte einmal: „Aus diesem Grund rufe ich meinen Mann abends an, wenn ich auf Geschäftsreise bin – um ihm zu erzählen, dass das Meeting gut gelaufen ist, dass es regnet, oder dass ich meine guten Schuhe zu Hause vergessen habe.“

Diese Frau *braucht* nichts; sie ruft nur an, um ihre alltäglichen Erlebnisse, Beobachtungen, Meinungen und Beschwerden zu teilen, Dinge, die sich ansammeln und uns isolieren, wenn sie nicht von anderen gehört werden.

Die meisten Theorien über menschliche Beziehungen betonen den einen oder anderen Aspekt der Verbundenheit, sei es die Gegenseitigkeit, die Funktion des Selbstobjekts, das Halten, die Bindung oder die Fürsorglichkeit. All diese verschiedenen Arten von Beziehungen dienen dazu, die Kluft zu überbrücken, die uns voneinander trennt. Unabhängig von unseren persönlichen Absichten liegt der menschlichen Kommunikation die Tatsache zugrunde, dass das sprachliche Äußern unserer Gedanken das bedeutendste Mittel ist, mit anderen in Kontakt zu treten, und das Zuhören das bedeutendste Mittel, um verstanden und bestätigt zu werden. Mit „bestätigt“ meine ich nicht „bewundert“, sondern wahr- und so angenommen, wie wir uns selbst sehen. Wenn wir jemandem anvertrauen, dass wir uns grauenhaft fühlen, hilft es uns nicht, gesagt zu bekommen, wie toll wir doch sind. Wir möchten, dass unser Missbehagen zur Kenntnis genommen wird. Wir wollen anerkannt werden.

Von Zeit zu Zeit, wenn wir missverstanden werden oder verletzt sind, ohne dass dies jemandem auffällt, werden wir daran erinnert, dass andere nicht in uns hineinsehen können. Sie sehen, was sie sehen können und sehen wollen, und sie wissen, was wir ihnen mitteilen. Der Rest ist unser inneres Geheimnis.

Wir werden durch die empathische Reaktion anderer Menschen „erkannt" – durch das, was Heinz Kohut als „Spiegelung" bezeichnet.[12] Ein guter Zuhörer (oder das „spiegelnde Selbstobjekt") nimmt uns so an, wie wir sind. Er akzeptiert die Gefühle und Gedanken, die wir ausdrücken, so wie sie sind. Deshalb fühlen wir uns während des Gesprächs verstanden, anerkannt und akzeptiert.

Empathie – das menschliche Echo – ist unverzichtbar für unser emotionales Wohlergehen. Was angemessen gespiegelt wird, wird mit der Zeit zu einem Teil des wahren und gelebten Selbst. Das Kind, das angehört und anerkannt wird, hat bessere Chancen, unversehrt aufzuwachsen. Der Erwachsene, der angehört und anerkannt wird, wird sich sehr wahrscheinlich auch weiterhin so fühlen.

Nicht mitgeteilte Gedanken setzen uns zu

Einigen Menschen gelingt es gut, anerkannt zu werden. Sie strengen sich allerdings auch sehr an, um diese Bestätigung zu erfahren. Sie geben sich nicht vollständig zu erkennen und werden daher nur mit dem Teil ihrer Persönlichkeit wahrgenommen, den sie nach außen preisgeben. Doch solch eine Bestätigung fühlt sich für einen Menschen mit zu vielen Geheimnissen nicht wirklich gut an.

Warum geben dann so viele von uns nur so wenig von sich preis?

Weil das Leben uns gelehrt hat, sich zurückzuhalten. Das arglose Streben nach Anerkennung, von dem unsere frühesten Beziehungen geprägt sind, bleibt nicht ohne Konsequenzen. Einige Menschen haben Glück: Sie bekommen die Aufmerksamkeit, die sie brauchen, und begegnen ihrem zukünftigen Leben mit Zuversicht. Andere haben weniger Glück. Sie werden nicht angehört und verschließen sich in der Folge mehr und mehr. Was in solchen Fällen als Bescheidenheit erscheinen mag, hat womöglich mehr mit der Abneigung zu tun, alte Wunden freizulegen. Viele Menschen lernen stattdessen, ihren Wunsch nach Anerkennung in persönlichen Ehrgeiz oder Aufopferung für andere umzulenken.

Nicht angehört zu werden verletzt unsere Seele, also verstecken wir unseren Wunsch nach Verständnis hinter Abwehrmechanismen.

Einige Leute werden förmlich zu Experten von Ausweichstrategien und kultivieren ihre Fähigkeit, allein zu sein. Der Charme der Einsamkeit, die der britische Psychiater Anthony Storr so preist,[13] liegt darin, dass uns das Alleinsein Raum für Ruhe und Reflexion gibt, den Blick ins Innere öffnet und Zeit für kreatives Schaffen gibt. Das Alleinsein schenkt uns eine Auszeit von den lärmenden Anforderungen des alltäglichen sozialen Lebens. Ich gehe später noch darauf ein, wie das Alleinsein es uns ermöglicht, unseren eigenen Gedanken Gehör zu schenken. Ein Teil der Neigung zum Alleinsein aber hat defensive Gründe und ist eine gefühlsmäßige Anpassung daran, dass man nicht gehört und dadurch verletzt wurde. Die Abwehrreaktionen, die den Charakter eines einzelgängerischen Menschen prägen, nähren eine große Illusion: die Annahme, sich selbst genug zu sein. Könnten wir das oft als Introspektion ausgegebene Nachgrübeln über unsere eigenen Gefühle näher untersuchen, würde uns auffallen, dass die Stille des Einzelgängers oft mit allen möglichen Vorstellungen und Bildern von Gesprächen ausgefüllt ist.[14]

Dass Don immer so abgeklärt und beherrscht erschien, war einer der Gründe dafür, warum Sharon ihn so anziehend fand. Während die anderen Kollegen im Büro sich stets zu beschweren oder zu streiten schienen, ging Don seiner Arbeit mit stiller Gewissheit nach. Er schien nie mit irgendjemandem Krach zu haben.

Doch eines Morgens bekam Sharon ungewollt mit, wie eine jüngere Kollegin in Dons Büro kam, um ihn zu fragen, ob er sich aus irgendeinem bestimmten Grund über sie ärgere. Es gelang Don kaum, seine Stimme zu kontrollieren, als er Ellen mitteilte, er hielte rein gar nichts davon, dass sie in Teambesprechungen stets allem widersprechen müsse, was er sage. „Oh", erwiderte sie sarkastisch, „was soll ich denn deiner Meinung nach machen, immer hübsch mit allem einverstanden sein, was du einwirfst?" An diesem Punkt explodierte Don. Er warf ihr vor, dass sie ihm seit ihrem Einstieg bei der Firma keinerlei Respekt entgegengebracht hätte, und dass er es gründlich satt hatte, dass sie ihm bei wirklich allem, was er zu sagen hatte, widersprechen musste. Seine Ideen würde sie niemals wirklich in Betracht ziehen, blaffte er sie immer lauter an, sondern sie wolle sich nur streiten. Daraufhin stürmte Ellen aus seinem Büro.

Hm, dachte sich Sharon, *ich schätze, Don ist doch nicht so selbstbeherrscht. Er ist anscheinend einer dieser Menschen, die nur deshalb so ruhig bleiben, um Konfrontationen zu vermeiden.*

Nicht mitgeteilte Gedanken machen uns verwundbar; nicht nur, weil wir so weniger authentisch sind und unsere Identität verstecken können, wie wir bereits erörtert haben, sondern auch, weil sie uns innerlich auffressen. Verdrängung ist nicht so einfach, wie irgendwelche Sachen in die hinterste Ecke des Schranks zu stopfen und einfach dort zu vergessen. Verdrängen verlangt uns einen ständigen Energieaufwand ab und zermürbt uns langsam.

Das Gefühl, nicht verstanden zu werden, ist eine der schmerzhaftesten menschlichen Erfahrungen. Nicht anerkannt und nicht bestätigt zu werden, entzieht uns unsere Vitalität und macht uns weniger lebendig. Wenn wir mit jemandem zusammen sind, der nicht zuhört, verschließen wir uns. Sind wir hingegen mit jemandem zusammen, der ein interessierter und empfänglicher Zuhörer ist, blühen wir auf und werden lebendig. Angehört zu werden, ist für unseren Lebensmut genauso wichtig wie Liebe und Arbeit. Genauso, wie selbst ein guter Zuhörer zu sein. Wenn wir die Dynamik des Zuhörens verstehen, können wir unsere zwischenmenschlichen Beziehungen vertiefen und bereichern. Dazu gehört, dass wir lernen, unsere eigenen emotionalen Prioritäten zurückzustellen und zu erkennen, wie viel uns unsere Empathie zurückgibt. Wenn unser eigenes Zuhören durch die Gefühle beeinträchtigt wird, die andere in uns auslösen, arbeiten wir selbst kräftig an unserer eigenen Isolation mit. Das muss aber nicht so sein.

Übungen

1. Gibt es eine Person, von der Sie sich wünschen, sie würde Ihnen aufmerksamer zuhören? Was steht dem im Weg? Wie würde es sich auf Ihre Beziehung zu dieser Person auswirken, wenn Sie ihr genauer zuhörten? Wie würde sich dies auf die Gefühle dieser Person Ihnen gegenüber auswirken? Wie würde Ihre Fähigkeit, Empathie zu zeigen, sich auf das selbst empfundene Wohlergehen dieser Person auswirken?
2. Schreiben Sie all die Dinge auf, von denen Sie glauben, sie seien es *nicht* wert, dass Sie ihnen Aufmerksamkeit schenken. Dazu könnte z. B. das Autoradio gehören, oder Zeit mit Menschen zu verbringen, die Sie nicht mögen, oder zur Erholung den Fernseher einzuschalten anstatt aus dem Fenster zu sehen, der automatische Griff zu einem Buch, wenn Sie ein paar freie Minuten haben, oder das zwanghafte Musikhören, um dem Lärm Ihrer Gedanken zu entfliehen.
3. Denken Sie an einen Menschen, dem sie bestimmte Dinge nicht erzählen, weil er immer in einer typischen Weise darauf reagiert. Legen Sie sich im Vorhinein ein paar behutsame Worte zurecht, mit denen Sie der Person vorsichtig ihre Tendenz dazu vor Augen halten können, wenn er oder sie dies das nächste Mal tut.

   Hinweis: Versuchen Sie, möglichst nicht emotional zu reagieren, wenn Ihr Gegenüber Anstoß an Ihrer Bemerkung nimmt. Der Zweck dieser Übung besteht darin, anderen Menschen ihre ärgerlichen Zuhörgewohnheiten deutlich zu machen, ohne einen großen Streit vom Zaun zu brechen. Wenn Sie eine unerwünschte Reaktion kommentieren, konzentrieren Sie sich nicht auf das, was diese Menschen falsch machen, sondern darauf, welche Reaktion Sie gerne bekommen hätten.

KAPITEL 3

»»»»»»»»»»»»»»»»»»»»»»»

„WARUM HÖREN DIE LEUTE NICHT ZU?“

Wie Kommunikation scheitert

Ellen fand das Zuhausebleiben mit zwei kleinen Kindern weitaus schwieriger, als sie es sich vorgestellt hatte. Sie hatte vorgehabt, gleich nach der Geburt der Kinder wieder arbeiten zu gehen, dann aber entschieden, dass es wichtiger sei, bis zur Einschulung der Kinder zu Hause zu bleiben. Was sie am meisten an ihrer Arbeit vermisste, waren andere Menschen, mit denen sie sich unterhalten konnte. Immer nur darauf zu reagieren, wer jetzt einen Keks wollte und wer aufs Töpfchen musste, war am Ende des Tages ziemlich ermüdend. Ellens Ehemann zeigte erstaunlich wenig Verständnis. Er half ihr dabei, die Kinder ins Bett zu bringen und verbrachte am Wochenende Zeit mit ihnen, doch wenn er abends nach Hause kam, gab er noch nicht einmal vor, an Ellens Tag interessiert zu sein. Sie war verletzt, und sie war wütend.

„Ich weiß, dass Greg hart arbeitet und sich abends ausruhen will. Aber ich arbeite auch hart. Ich will mich nur ein paar Minuten am Tag mit einem Erwachsenen unterhalten können. Aber wenn ich es wage, ihn bei seinen wichtigen Sechs-Uhr-Nachrichten zu stören, flippt er aus. Das ist es nicht wert, und ich halte es langsam nicht mehr aus.” Dabei stiegen ihr die Tränen in die Augen.

„Hast du gehört, was ich gesagt habe?"

Warum hören die Leute nicht zu? Auf diese Frage gibt es jede Menge einfache Antworten. Die meisten davon konzentrieren sich auf den Zuhörer. (Ehemänner sind bekanntlich besonders verständnislose Zuhörer.) Zwar war Ellens Erklärung für Gregs Unzugänglichkeit nicht nur reine Kritik – „Ich weiß, er braucht auch Zeit, um sich von seinem Tag zu erholen." – und trotzdem nahm sie nur ihn ins Visier. Dass er nicht zuhörte, lag an *ihm*.

Tatsächlich ist es aber so, dass das Zuhören (oder Nichtzuhören) ein Prozess zwischen zwei Personen ist. Greg zufolge war es frustrierend, mit Ellen über die Kinder zu sprechen. „Sie beklagt sich ständig. Sie beschwert sich darüber, dass sie nicht eine Minute Ruhe vor ihnen hat, nicht einmal auf der Toilette. Dabei unterstützt sie das Ganze doch! Sie lässt sie nicht allein spielen, und sie weigert sich, sich hin und wieder Zeit für sich selbst zu nehmen. Am meisten stört mich, dass sie den Kleinen immer bevorzugt. Alles was Terri macht, ist süß, alles was Cody macht, ist falsch. Wenn ich versuche, dieses Thema anzusprechen, auf ganz vorsichtige Weise, bricht sie in Tränen aus und hält mir vor, ich würde auf ihr herumhacken. Also habe ich einfach gelernt, den Mund zu halten."

Ellen fühlte sich vernachlässigt, weil Greg nicht mit ihr sprach, trug aber selbst zu diesem Konflikt bei, weil sie sich seiner Sicht der Dinge verschloss. Dass Greg eine abweichende Position vertrat, die sich nicht nur von ihrer unterschied, sondern dass er sie auch kritisierte, machte es ihr schwer, ihm zuzuhören. Wenn zwei Menschen sich über etwas Wichtiges streiten, führt dies leider oft zu einem emotionalen Abschalten, es sei denn, jeder von ihnen ist in der Lage, die Sichtweise des anderen zumindest anzuerkennen.

Greg fühlte sich herabgesetzt, weil Ellen sich bei ihm über ein Problem beschwerte, das sie (seiner Meinung nach) selbst verschuldet hatte und seine Meinung dazu nicht anhören wollte. Doch auch Greg konnte seiner Frau weder zuhören noch ihr seine Sichtweise verständlich machen. Könnte er das Zuhören davon trennen, ihr Ratschläge zu geben, bekäme Ellen vielleicht etwas mehr von seinem Mitgefühl zu spüren, und er wäre dadurch in der Lage, ihr seinen Standpunkt erfolgreicher mitzuteilen. Natürlich ist es schwierig für ihn, seine Gefühle zurückzustellen und seiner Frau zuzuhören, vor allem, wenn es um etwas geht, das ihm so sehr am Herzen liegt. Doch als Vater und Ehemann sollte er diese Ausrede nicht dafür benutzen, sich völlig zurückzuziehen.

Wenn Menschen uns nicht zuhören, haben wir automatisch das Gefühl, dass es ihre Schuld sein muss: Sie sind egoistisch oder rücksichtslos. (Wenn *wir* nicht zuhören, liegt das nur daran, dass wir gelangweilt oder müde sind oder dass jemand respektlos zu uns ist.) Das Zuhören ist in Wirklichkeit ein sehr komplexer Prozess. Auch wenn versäumtes Zuhören immer dieselbe schmerzhafte Erfahrung nach sich zieht – nämlich die, nicht angehört zu werden – gibt es doch die unterschiedlichsten Gründe dafür, warum andere Menschen uns nicht zuhören.

Vor einigen Jahren kam ein junges Paar zu mir, das über Kommunikationsprobleme klagte. Als ich nach dem Grund dafür fragte, erklärte mir der Mann: „Es liegt an meiner Frau. Sie ist langweilig." (Wer will denn da noch behaupten, Männer seien zurückhaltend, wenn es um das Äußern von Gefühlen geht?) Ich unterdrückte meinen Impuls, auf diesen boshaften Seitenhieb zu reagieren, und bat ihn, mir dies genauer zu erklären. Der Mann war Rechtsanwalt und leitete die Wahlkampfkampagne eines Kandidaten für den Gouverneursposten in seinem Bundesstaat. Seine Arbeitstage waren vollgestopft mit Strategieplanungen, dem Vorbereiten von Reden und Konferenzen, Treffen mit dem Kandidaten, TV-Interviews, dem Vorbereiten von Wahlkampfauftritten im gesamten Bundesstaat, dem Abwehren von Attacken der Opposition und dem Vorbereiten von Gegenattacken. Wenn er abends nach Hause kam, schwirrte ihm der Kopf von all der Aufregung und dem Frust seiner Arbeit. Er brummte seiner Frau einen Gruß zu und sank danach sofort mit einem Drink und der Zeitung auf die Couch.

Als ich nachfragte, warum er keine Lust hatte, seiner Frau von den Ereignissen des Tages zu berichten, erwiderte er, sie interessiere sich nicht dafür. Sie sei Grafikdesignerin und Politik ginge ihr völlig ab.

Sie wehrte dies ab und sagte, dass sie vielleicht nicht so viel Ahnung von Politik hätte, aber dennoch an ihm und an dem interessiert wäre, was er tat. Doch das überzeugte ihn nicht.

Ich bat ihn, an jemanden zu denken, von dem er *wisse*, dass er am Wahlkampf interessiert sei – jemanden, mit dem er sich angeregt darüber unterhalten könne. Diesem Menschen gegenüber, sagte ich ihm, würden Sie sich doch bestimmt ganz anders verhalten. Er gab zu, dass dies durchaus der Fall sein könnte. Also bat ich ihn, ein kleines Experiment zu wagen: Eine Woche lang sollte er nach dem Nachhausekommen so tun, als sei seine Frau dieser interessierte Mensch, mit dem er sich begeistert austauschen könne. Er erklärte sich dazu bereit.

Eine Woche später kamen beide strahlend zu mir zurück. „Wissen Sie was?", sagte er. „Meine Frau ist nicht mehr langweilig!"

Die fehlende Kommunikationsbereitschaft dieses jungen Anwalts hätte als weiteres Beispiel typischen männlichen Schweigens aufgefasst werden können. Sind Männer emotional unterentwickelt? Sind sie in ihrem Aktionismus – arbeiten, spielen, Leistung erbringen – gefangen und haben sie keinen Zugang zur Sprache des Gefühls? Derartige Stereotype verkennen das interaktive Wesen von Kommunikation und die entscheidende Rolle, die gegenseitige Erwartungen dabei spielen. Wenn jemand wenig erzählt, heißt das nicht unbedingt, dass ihm nichts durch den Kopf geht, sondern vielmehr, dass er nicht darauf vertraut, dass der andere wirklich gewillt ist, ihm zuzuhören. Der Vorschlag, den ich jenem Mann unterbreitet hatte – vorzugeben, dass seine Frau wirklich interessiert sei – ermutigte ihn, sein Schweigen zu brechen. Erst als er begann, sich im Gespräch mit ihr begeistert und interessiert zu zeigen, konnte er sein ausweichendes Verhaltensmuster auflösen. Es ist tatsächlich so, dass wir selbst interessanter werden, wenn wir annehmen, dass unsere Zuhörer Interesse an dem haben, was wir ihnen sagen möchten.

Wenn jemand nicht das hört, was Sie glauben, gesagt zu haben

Manchmal hören uns andere nicht zu, weil sie einen schlechten Tag hatten. Vielleicht sind sie in Gedanken noch bei den abschätzigen Bemerkungen, die sie einstecken mussten, oder sie denken an die ganze Arbeit, die noch erledigt werden muss. Oder sie sind aus einer Vielzahl anderer Gründe von uns enttäuscht – vielleicht weil sie annehmen, dass wir nur mit ihnen reden, weil wir etwas von ihnen wollen, sie nur belehren möchten oder im Grunde gar nicht an ihnen interessiert sind. Zuhörer sind oftmals nicht besonders aufmerksam, weil sie davon ausgehen, schon zu wissen, was wir sagen werden. Oder sie können uns nicht richtig zuhören, weil sie ihre eigenen Bedürfnisse nicht zurückstellen können, oder weil sie sich wegen der Dinge, die wir ihnen mitteilen, unwohl fühlen. Kurz gesagt können verletzte Gefühle uns dazu verleiten, zu glauben, schlechtes Zuhören läge am Unwillen des anderen. Die tatsächlichen Gründe dafür sind allerdings genauso zahlreich wie komplex.

Wenn die Kommunikation scheitert, gehen wir, die ja schließlich unser Bestes geben, oft davon aus, der andere habe nicht wirklich gesagt, was er meinte, oder er habe nicht gehört, was wir sagen. Meistens sind beide Kommunikationspartner dieser Ansicht, wenn es zu Missverständnissen kommt. Daher ist es ganz nützlich zu wissen, dass es zwei verschiedene Bedeutungsfilter zwischen Sprecher und Zuhörer gibt.[1]

Der Sprecher, der die *Absicht* hat, etwas zu sagen, sendet eine *Botschaft*. Diese Botschaft hat eine *Wirkung* auf den Zuhörer.

Eine gute Kommunikation bedeutet, die beabsichtigte Wirkung zu erzielen, sprich dass *Absicht* gleich *Wirkung* ist. Jede Botschaft muss aber erst den Filter des Sprechers, d. h. seine Ausdrucksklarheit, passieren, und danach den Filter des Zuhörers bzw. dessen Fähigkeit, das Gesagte zu verstehen. Leider ist es oftmals so, dass Absicht und Wirkung nicht übereinstimmen. Dafür gibt es viele mögliche Gründe.

Manchmal sind die Ursachen eines Missverständnisses recht simpel und lassen sich beheben, ganz so, als ob man eine neue Fähigkeit lernt. So können Zuhörer den Sprechern z. B. eine Rückmeldung darüber geben, welche Wirkung deren Botschaft hatte, und ihnen dadurch die Möglichkeit einräumen, ihre Absichten besser zu erklären. Doch viele Ursachen für Missverständnisse sind komplizierter und lassen sich nicht so einfach bereinigen. Die Annahme des jungen Anwalts, seine Frau interessiere sich einfach nicht für seine Arbeit, ist nur ein Beispiel dafür, welch komplizierte Psychologie sich hinter dem Zuhören verbirgt.

Übertragung

Die Dynamik bzw. die Tendenz des Sprechers, bestimmte Erwartungen an den Zuhörer zu stellen, wird im psychoanalytischen Kontext als *Übertragung* bezeichnet. Der Einfachheit halber wird der Vorgang der Übertragung oft so dargestellt, als glaube der Patient, der schweigsame Analytiker sei nur eine Kopie seiner Eltern, der ihn vielleicht so streng verurteilt, wie es sein Vater früher tat, oder so entzückt von seinen Errungenschaften ist wie es früher seine Mutter war. Dabei bezeichnet Übertragung aber eigentlich alle möglichen Arten, in denen die Beziehungserfahrungen einer Person durch Subjektivität geprägt werden – frühere Erfahrungen, Erwartungen, Empfindlichkeiten, Hoffnungen und Ängste. Übertragungen finden nicht nur in Therapiesituationen statt – und sie sind auch nicht immer Verzerrungen der Wirklichkeit.

Chris wuchs mit einer eifersüchtigen und ehrgeizigen älteren Schwester auf, die ihm immer zeigen musste, dass er falsch lag. Sie stellte ihm gern unschuldig anmutende Fragen, die schlussendlich stets zu demselben Ergebnis führten: Chris lag falsch, oder er war dumm, oder aber gleich beides. Wann immer seine Freundin nachfragte, wenn er etwas erklärte, fühlte er sich sofort angegriffen.

Übertragung: Die Art, in der die Erfahrung eines Sprechers in Bezug auf einen Zuhörer unbewusst durch Vorannahmen und Erwartungen geprägt wird.

Walter hasste die ständige Kritik seiner Frau. Sie widersprach fast allem, was er sagte. Also sagte er fast nichts mehr. Julia fand, dass Walter extrem empfindlich sei. Zwar gab er ihr teilweise recht, bestand aber darauf, dass sie ein sehr kritischer und kontrollsüchtiger Mensch sei. „Ständig sagt sie mir, was ich zu tun habe!“, beschwerte er sich. Wenn dieser Protest Sie an einen Teenager erinnert, der sich über seine Mutter beschwert, kommen Sie dem Sachverhalt der Übertragung ziemlich nahe.

Immer, wenn Walters Frau ihn darum bat, etwas Bestimmtes zu tun, hatte er das Gefühl, herumkommandiert zu werden. Die Last, in die Rolle einer kontrollierenden Mutter hineingedrängt zu werden, ist vielen Frauen gut bekannt. Doch was lässt sich dagegen tun? Das ist eine schwierige Frage. Eine Lösung wäre, wenn die Frau der Tendenz ihres Mannes zur Überreaktion vorbeugt, indem sie vorsichtig alles herunterschluckt, was sich nach einer Beschwerde anhören könnte. Genau das versuchte Walters Frau. Da sie wusste, wie sensibel er war, vermied sie es oft wochenlang, ihn um irgendetwas zu bitten. Doch irgendwann wurde es doch zu viel für sie, sich allein um Haus und Garten zu kümmern, also beklagte sie sich, dass sie bei der Hausarbeit doch etwas mehr Unterstützung von ihm gebrauchen könne. Das lange Warten machte es ihr schwer, nicht verärgert zu klingen. Er wiederum fühlte sich kritisiert und nahm es ihr übel, und der ganze Kreislauf ging wieder von vorn los.

Eine andere Lösung bestünde darin, auf eine Technik von Harry Stack Sullivan zurückzugreifen, dem Gründer der interpersonalen Schule der Psychoanalyse. Sullivan war berühmt dafür, dass er auch mit hochgradig gestörten Patienten zusammenarbeiten konnte, von denen viele an paranoiden Wahnvorstellungen litten (vielleicht die extremste Form der Projektion bzw. Übertragung). Immer, wenn Sullivan das Gefühl hatte, dass ein Patient bestimmte Erwartungen auf ihn projizierte, antwortete er mit „kontraprojektiven Anmerkungen" und distanzierte sich damit explizit von der Rolle, die ihm zugewiesen wurde. Das Ziel dieser Anmerkungen bestand darin, den Patienten zu beruhigen. Eine mit schimpfender Stimme abgegebene Äußerung wie „Ich bin nicht deine Mutter!" ist in solch einer Situation aber kaum erfolgversprechend. Eine beruhigendere Art, sich von der Rolle der kritisierenden Mutter zu distanzieren, wäre ein Satz wie: „Schatz, ich möchte nicht an dir herumkritisieren, aber könntest du mir einen Gefallen tun und deine dreckigen Socken nicht auf dem Sofa liegenlassen?"

Eine Übertragung wird oft als verzerrte Realitätswahrnehmung angesehen. Vielleicht hat sie aber auch mit dem zu tun, was der Sprecher in diesem bestimmten Moment von seinem Zuhörer braucht. Wenn eine Frau z. B. von einer Fernsehsendung erzählt, mag sie kein spezielles Bedürfnis haben, dessen Erfüllung sie sich von ihrem Zuhörer oder ihrer Zuhörerin erwartet. Wenn dieselbe Frau aber gerade einen Autounfall hatte, ist es wahrscheinlich, dass sie das Bedürfnis einer empathischen Selbstobjekterfahrung auf ihren Zuhörer projiziert. In der ersten Situation mag es sie freuen, wenn sie mit ihrem Zuhörer eine ähnliche Erfahrung teilen kann. In der zweiten Situation hingegen wird sie wahrscheinlich nicht unterbrochen werden wollen, und wenn nur zu dem Zweck, dass ihre Erfahrung und ihre Gefühle gewürdigt werden.

Die Gegenübertragung, der psychoanalytische Begriff für die komplizierte Mitwirkung des Zuhörers, bezieht sich darauf, wie dessen Subjektivität seine Gesprächswahrnehmung verzerrt. Genau wie bei der Übertragung ist auch die Gegenübertragung aber nicht nur eine verzerrte Wahrnehmung, da unsere Erwartungen in Wirklichkeit unsere Beziehungen prägen und verändern. Eine Frau, die erwartet, dass Männer sowieso nur über sich selbst sprechen, erfährt von diesen wahrscheinlich mehr, als sie selbst von sich preisgibt, und bestätigt damit ihre Erwartung. Ein Mann, der davon ausgeht, dass seine Frau ihm nichts Interessantes über ihren Tag erzählen kann, wird auch keine Fragen stellen, um das Interessante daran herauszufinden, und am Ende nur das aus dem Gespräch herausbekommen, was er selbst investiert hat.

Dorothy schlug ihrem Bruder vor, ihre Mutter danach zu fragen, wie sie die Beerdigung ihres Vaters gestalten wollte. Ron reagierte verärgert: „Nun, ich kann nicht einfach alles stehen und liegen lassen und quer durchs Land fliegen. Und ich kann nicht eine ganze Woche bleiben, um am Schiwa-Sitzen teilzunehmen. Ich habe hier jede Menge zu tun, und die Leute zählen auf mich." Dorothy hatte nichts dergleichen von ihrem Bruder erwartet und wunderte sich, warum er ihr gegenüber so wütend geworden war.

Gegenübertragung: Der Zuhörer hat eine emotionale Reaktion auf das Gesagte, die dessen Inhalt stark beeinflusst. Er hört, was seine Gefühle verstärkt! Wenn Zuhörer im Würgegriff der Gegenübertragung gefangen sind, werden vernünftige und erwachsene Reaktionen wie Empathie, Perspektivenübernahme, Humor, Weisheit und Rücksicht durch das Prisma der Emotionalität gebrochen und verzerrt.

Auch wenn die Begriffe Übertragung und Gegenübertragung Ihnen eigentlich nicht viel Neues mitteilen werden, sind sie doch eine Erinnerung daran, dass das Zuhören sowohl durch den Sprecher wie auch durch den Zuhörer sabotiert werden kann. Tatsächlich ist die Unterscheidung zwischen den beiden (es sei denn, *Sie* haben etwas missverstanden, was *ich* gesagt habe) eine eher willkürliche Angelegenheit. Der Kommunikationsprozess ist immer *intersubjektiv* und reflektiert die Aktionen und Interaktionen der subjektiven Realitäten beider Gesprächsteilnehmer.

Der jeweilige Filter eines Zuhörers wird durch dessen eigene Prioritäten, seine vorgefassten Meinungen und Erwartungen sowie seine emotionalen Abwehrreaktionen bestimmt.

Die Prioritäten des Zuhörers

Im Sommer 1992 wurde das Theaterstück *Der Tod und das Mädchen* von Ariel Dorfman mit den Schauspielern Glenn Close, Richard Dreyfuss und Gene Hackman am Broadway zu einem großen Publikumsmagneten. Dieses Gedankenspiel, das als politischer Thriller inszeniert wurde, spielt in einem südamerikanischen Land, vermutlich Chile, unmittelbar nach dem Ende der korrupten Militärdiktatur. Der Schauplatz ist ein Strandhaus bei Nacht. Der Anwalt Gerardo (Richard Dreyfuss) wird beauftragt, die politischen Verbrechen der jüngsten Vergangenheit aufzuklären, einschließlich der Vergewaltigung seiner Frau Paulina (Glenn Close). Gerardo hat eine Autopanne und wird von Roberto Miranda (Gene Hackman) nach Hause gefahren. Paulina glaubt in Mirandas Stimme die Stimme des Arztes wiederzuerkennen, der sie vergewaltigt hatte. Daraufhin bedroht sie ihn mit einer Pistole und fesselt ihn an einen Stuhl. Ihr Mann aber glaubt ihr nicht. Wie kann sie ihren Vergewaltiger allein an seiner Stimme erkennen? Er kann sich einfach nicht vorstellen, dass der gute Samariter, der anhielt, um ihn mitzunehmen, das Monstrum sein soll, das seiner Frau all diese entsetzlichen Dinge angetan hat. Sie beteuert energisch, dass sie diese Stimme niemals vergessen könne. Doch ihr Mann kann ihr immer noch nicht glauben. Im Stück verstärken sich die Verzweiflung der Frau und die Skepsis ihres Mannes immer mehr. Das Ende bleibt zweideutig.

Von diesem Stück hörte ich das erste Mal durch eine Patientin, die glaubte, darin ein Sinnbild für die mangelnde Zuhörfähigkeit eines Mannes zu erkennen – unabhängig davon, wie eindringlich die Frau ihr Anliegen auch zu Gehör zu bringen versuchte. Die Patientin konnte sich bestens in die Gefühlswelt der Protagonistin hineinversetzen. Ich antwortete, als Metapher für ein Missverständnis sei das Stück zu einseitig, da es sich nur darauf bezog, dass der Mann nicht zuhören wollte oder konnte, nicht aber darauf, dass die Frau es nicht schaffte, sich selbst besser verständlich zu machen. Ich kannte das Stück zwar gar nicht, wollte aber meine Patientin dazu bringen, nicht länger nur ihren Mann für ihre gemeinsamen Probleme verantwortlich zu machen, sondern ihre Kommunikation als einen Prozess anzusehen, der zwischen ihnen beiden stattfand. Erst später bemerkte ich, dass ich eigentlich eine sehr ähnliche Situation geschaffen hatte: In diesem Falle ging es ihr darum, *mir* zu vermitteln, dass das Stück sie tief aufgewühlt und sie daran erinnert hatte, dass ihr Mann ihr nicht wirklich zuhörte – und wieder hörte ihr ein Mann nicht zu.

Als ich endlich dazu kam, das Stück zu lesen, reagierte ich darauf genauso wie meine Patientin. Es ist eine erschütternde Geschichte über eine Frau, die verzweifelt versucht, verstanden zu werden, aber kein Verständnis findet.

Als ich meiner Patientin nicht zuhörte, tat ich dies mit den besten Absichten. Natürlich hörte ich sehr wohl, was sie sagte, war aber zu versessen darauf, ihr eine Lektion über das Zuhören zu erteilen, als mich darauf zu konzentrieren, zu verstehen, was sie mir mitteilen wollte: dass das Stück sie verstörte und sie an ihre eigene Situation erinnerte. Meine Antwort „Ja, aber ..." hatte nur das Ziel, ihr zu zeigen, dass sie unrecht hatte, ich selbst aber im Recht war. Versagtes Zuhören läuft oft nach einem solchen Muster ab.

Um wirklich zuzuhören, muss man die eigenen Gedanken und Bedürfnisse lange genug zurückstellen, um die des Gegenübers zu hören. Vorgetäuschte Aufmerksamkeit funktioniert nicht.

Erinnern Sie sich noch an Roger, dessen Freund Derek nach seiner Hochzeit immer distanzierter wurde? Roger hätte mit Derek reden und ihm offen sagen können, wie er sich fühlte, ohne dabei Derek in irgendeiner Weise dafür verantwortlich zu machen oder ihn zu zwingen, sein Verhalten zu erklären. Wer seine Gefühle erklären kann, ohne zu versuchen, den anderen zu irgendetwas zu drängen, wird sehr wahrscheinlich auch angehört werden, und kann selbst besser darauf hören, wie es der anderen Person gerade geht.

Schon seit Jahren fiel es Wayne sehr schwer, sich Janices Gejammer anzuhören. Sie war immer wegen irgendeiner Sache unglücklich, und er hatte ständig das Gefühl, dass sie von ihm erwartete, etwas dagegen zu unternehmen. Weil er sich von ihren Beschwerden angegriffen fühlte, hörte er ihr meist nur widerwillig zu. Tatsächlich aber äußerte Janice sehr klar und deutlich, wenn sie wirklich etwas Bestimmtes von Wayne wollte. Die restliche Zeit über hatte sie das Gefühl, dass er kein wirkliches Interesse an ihren Gefühlen hatte.

Als Janices Mutter Parkinson entwickelte, änderte sich etwas in der Beziehung des Paares. Wenn Janice jetzt über die Probleme sprach, die ihr zusetzten, konnte Wayne mit ihr fühlen, weil ihm klar war, dass ihn dafür keine Schuld traf. Er spürte ihre Verwundbarkeit und hatte ein gutes Gefühl dabei, wenn er ihr zuhören und sie trösten konnte.

Diese Änderung war nichts, was sie allein oder zusammen bewusst auf den Weg gebracht hätten. Wayne wurde in dem Moment ein besserer Zuhörer, als er begriff, dass er nicht für Janices Gefühle verantwortlich war. Zudem wurde es einfacher, Janice zuzuhören, als sie damit begann, ihre Gefühle und ihre Verwundbarkeit offener und direkter zu äußern. Schade nur, dass es eines solchen Schicksalsschlages bedurfte, um den beiden zu verdeutlichen, was das eigentliche Problem gewesen war. Wayne war nicht für Janices Gefühle verantwortlich, und als sie es schaffte, ihre Gefühle direkter zu kommunizieren, konnte Wayne ihr besser zuhören. Ich werde später noch darauf eingehen, was Sie selbst tun können, um zu solch einem gegenseitigen Verständnis zu finden, egal ob Sie ein Zuhörer sein mögen, der schnell in Abwehrmechanismen verfällt, oder jemand, der Schwierigkeiten dabei hat, andere dazu zu bringen, ihm zuzuhören.

Vorgefasste Meinungen

Sobald wir die Pubertät und das junge Erwachsenenalter überwunden haben, gelingt es uns meistens recht gut, uns selbst zu schützen. Wir kennen unsere empfindlichen Stellen und entblößen sie nicht gern. Wir öffnen uns nur selten und ziehen uns nach unerfreulichen Erlebnissen eilig wieder in unseren Panzer zurück. Manchmal aber sind wir dabei nicht schnell genug und tragen Verletzungen davon. Wenn lange angestaute Gefühle uns dazu bringen, uns jemandem gegenüber zu öffnen, dem wir vertrauen, kann mangelndes Verständnis genauso schmerzhaft sein wie ein Schlag ins Gesicht.

Als sein Sohn ihm erzählte, dass er sein Studium abbrechen wollte, versuchte Seth so gut er konnte, seine Enttäuschung zu verbergen. Trotzdem war er geschockt und brauchte jemanden zum Reden. In der Hoffnung, bei ihm Verständnis zu finden, rief er seinen Bruder an. Seth fiel es nicht leicht, über seine Gefühle zu reden, also begann er zunächst, über dies und jenes zu sprechen. Nach ein paar Minuten sagte Seth seinem Bruder endlich, dass Justin das Studium geschmissen hatte und wie enttäuscht er deswegen war. Sein Bruder hielt kurz inne, ging dann aber schnell zu einem völlig anderen Thema über. Seth war geschockt. Wie konnte sein Bruder nur so verständnislos sein? Mit großer Überwindung stellte er ihn zur Rede und fragte: „Hast du nicht gehört, was ich gesagt habe?“ Sein Bruder erwiderte, er hätte Seth eigentlich nie für jemanden gehalten, der viel emotionale Unterstützung bräuchte.

Dieses Gespräch hätte für beide Brüder eine Chance sein können, sich dank eines tiefen gegenseitigen Verständnisses wieder näherzukommen. Wäre es ihnen gelungen, sich zu öffnen und einander zuzuhören, hätten sie vielleicht zu der tiefen Verbundenheit zurückfinden können, die sie vor so vielen Jahren miteinander geteilt hatten. Dazu kam es aber nicht.

Wir werden noch sehen, dass Erwartungen, die wir an andere haben, nur eine Art von vielen ist, mit der wir beeinflussen, wie gut uns unser Gegenüber zuhört. Darüber hinaus kann dieser komplexe Prozess auch nicht allein auf das Verhalten der am Gespräch Beteiligten bzw. deren Worte begrenzt und durch ein „Kommunikationstraining“, durch vorgetäuschtes Interesse oder andere kalkulierte Strategien „optimiert“ werden. (Wir könnten Gespräche natürlich auf eine bloße Verhaltensanalyse reduzieren, würden dann allerdings in Kauf nehmen, dass die Gefühle der involvierten Menschen dabei trivialisiert werden.) Ein Dialog findet zwischen zwei Menschen statt, die nicht nur Ohren und Zungen, sondern auch ein Herz und ihren eigenen Kopf haben – und wird durch all die berühmten Komplikationen bestimmt, die sich daraus ergeben.

Eine verständnisvolle Haltung besteht nicht darin, anzunehmen, die Gedanken und Gefühle des anderen bereits zu kennen. Sie besteht darin, offen zu sein, zuzuhören und die Bereitschaft zu zeigen, Neues zu entdecken.

Emotionale Reaktionen

Wie ich bereits in der Einführung erwähnt habe, haben wir alle unsere ganz eigene Art, in bestimmten Beziehungen emotional oder heftig zu reagieren. Je enger diese Beziehungen sind, umso verletzlicher sind wir, wenn wir etwas hören, das nach Ablehnung oder Angriff klingt, auch wenn es nicht so gemeint war. Aufgrund der Dynamik dieser Beziehungen oder weil wir mittlerweile wissen, was uns erwartet, werden wir defensiv. Das macht es uns unmöglich, richtig zuzuhören und zu verstehen, was der andere wirklich meint.

Ein einfaches „Hast du schon den Müll rausgebracht?" könnte von jemandem als Vorwurf verstanden werden, dessen Eltern immer davon ausgingen, dass er sowieso nichts richtig macht. Dieser Mensch könnte überreagieren und vielleicht antworten: „Kannst du mich nicht mal eine Sekunde lang in Ruhe lassen?!"

Es sind nicht immer die Abwehrmechanismen des Zuhörers, die zu erhitzten Diskussionen führen. Manchmal sind es auch die Provokationen des Sprechers. „Warum muss ich dir eigentlich immer alles dreimal sagen?" wird, wenn eigentlich ein schlichtes „Bringst du bitte den Müll raus?" gemeint ist, fast unausweichlich zu einer heftigen Abwehrreaktion führen. Auch ein „Hast du den Müll *immer noch nicht* rausgebracht?" könnte eine emotionale Reaktion auslösen. Wenn Sie nicht aufpassen, was und vor allem wie Sie etwas sagen, können Sie die Menschen, die Ihnen nahestehen, leicht provozieren.

Darüber hinaus gibt es heikle Themen, die fast immer zu einer Explosion führen. In Kapitel 6 und in Kapitel 9 gehe ich darauf ein, wie die Themen Geld, Kinder und Sex bei Paaren sehr oft die Stimmung vergiften können. Damit beide Partner konstruktiv darüber diskutieren und einander zuhören können, ist einiges an Anstrengung nötig. Hier ist nicht nur wichtig, was und wie Sie es sagen, sondern auch wo, wann und warum.

Nun soll das nicht heißen, dass wir uns unser ganzes Leben lang nur mit Samthandschuhen anfassen dürfen. Es heißt, dass wir etwas Abstand nehmen, uns beruhigen und uns darüber klar werden sollten, was die Menschen, mit denen wir sprechen möchten, so auf die Palme bringt. Nur so können wir zueinander durchdringen.

Tun wir dies nicht, können Gespräche schnell zu einem erbitterten Schlagabtausch eskalieren, in dem auf ein „Werd‘ endlich erwachsen!“ ein „Du bist so ein Miststück!“ folgt, und dieser Austausch damit endet, dass einer wütend aus dem Zimmer stürmt.

Die Spielregeln des Zuhörens verstehen: Jenseits des linearen Denkens

Wir halten in der Regel nicht inne, um herauszufinden, nach welchen Mustern die Missverständnisse in unserem Leben ablaufen, weil wir einfach zu stark unserer eigenen Sicht der Dinge verhaftet sind. Missverständnisse schmerzen, und wenn wir Schmerzen empfinden, suchen wir die Ursache meist überall anders und nicht bei uns selbst. Das Problem ist nicht allein, dass wir gern jemand anderem die Schuld geben, wenn es etwas schiefläuft. Das Problem ist unser lineares Denken. Wir neigen dazu, die Art und Weise menschlicher Interaktionen auf die Charaktereigenschaften unseres Gesprächspartners zurückzuführen. „Er hört nicht zu, weil er zu sehr mit sich selbst beschäftigt ist.“ „Man kann ihr nicht zuhören, weil sie nie ein Ende findet.“ Einige Menschen suchen die Schuld bei sich selbst („Vielleicht bin ich nicht interessant genug.“), aber meistens fällt es uns leichter, den Fehler beim anderen zu entdecken.

Wer das mangelnde Verständnis seiner Gesprächspartner auf deren Charakter zurückführt, legt sich nur eine Rüstung zu, um sein eigenes Unwissen und seine eigene Passivität dahinter zu verbergen. Dass einige Menschen ständig eine sehr unangenehme Art an den Tag legen, mit anderen Menschen umzugehen, beweist nicht, dass sie generell unempfänglich und borniert sind; es beweist nur, dass sie es schaffen, bei ihren Gesprächspartnern genau die richtigen Knöpfe zu drücken, sodass diese den Part des Gegenspielers in diesem Drama der beidseitigen Disharmonie übernehmen.

Die Theorie der Charakterfixierung geht davon aus, dass es Menschen äußerst schwerfällt, sich zu ändern. Beziehungen lassen sich nicht dadurch ändern, dass wir versuchen, den anderen zu ändern. Wir verändern bestimmte Verhaltens- und Beziehungsmuster dann, wenn wir uns in der Beziehung zu ihnen verändern. Unsere Persönlichkeit ist nicht fixiert, sondern dynamisch. Die Theorie der dynamischen Persönlichkeit postuliert, dass Menschen sich durchaus ändern können. Wir müssen dafür nur unsere Reaktionen anderen Menschen gegenüber verändern. Wir sind keine Opfer, sondern mitwirkende Gestaltende unserer Beziehungen, und unsere Mitwirkung kann tief greifende Folgen haben.

Um Beziehungen effektiv mitzugestalten, müssen wir ein paar Dinge über die Spielregeln wissen.

Ich kann mich noch daran erinnern, wie verwirrt ich war, als ich das erste Mal ein Lacrosse-Spiel sah. Von meinem Sitz aus schien es so, als würden ein paar Kinder nur herumstehen, während der Rest quer übers Feld jagte und sich dabei mit den Schlägern den Ball zuspielte oder wild aufeinander einschlug. Grob verstand ich es – es war eine Art Fußballspiel zwischen zwei Straßengangs – doch wirklich folgen konnte ich dem Ganzen nicht. Warum z. B. bekam das Team, das den Ball ins Abseits schoss, diesen manchmal zurück, manchmal aber auch nicht? Und warum jubelten die Leute manchmal, wenn ein Kind einem anderen eins mit dem Schläger überzog, während genau dieselbe Tat andere Male vom Schiedsrichter zu einem Foul erklärt wurde? Das Problem war, dass ich keinen Überblick über das gesamte Spielfeld und keine Ahnung von den Spielregeln hatte.

Dieselben Nachteile – keinen Überblick zu haben und die Spielregeln nicht zu kennen – verhindern, dass wir verstehen, warum unsere Gespräche manchmal gelingen und manchmal scheitern.

Zuvor habe ich angemerkt, dass das Zuhören ein Prozess zwischen zwei Menschen ist. Auch das ist eine grobe Vereinfachung. Sogar ein unkompliziertes Gespräch umfasst mehrere Komponenten: den Zuhörer, den Sprecher, die Botschaft, diverse versteckte Botschaften, den Kontext, und, weil der Prozess nicht nur einseitig vonseiten des Sprechers abläuft, auch die Reaktion des Zuhörers. Schon diese verschiedenen Elemente des Zuhörprozesses zeigen, dass es für ein Missverständnis weitaus mehr Gründe geben kann als nur den fehlenden guten Willen des Zuhörers.

„Was willst du damit sagen?"

Die Botschaft ist das, was der Sprecher zum Ausdruck bringt. Allerdings ist die gesendete Botschaft nicht immer mit der beabsichtigten Botschaft identisch.

Eine vierköpfige Familie wurde von Freunden des Vaters eingeladen, einen Sonntagnachmittag in deren Haus am See zu verbringen. Als die halbwüchsige Tochter ihren Vater fragt, ob sie einen Freund mitbringen kann, sagt er: „Ich glaube nicht, dass wir zusätzliche Gäste mitbringen sollten, wenn wir zum Abendessen eingeladen sind." Die Tochter macht ein verletztes Gesicht, und die Mutter erwidert: „Sei nicht albern, gegen einen zusätzlichen Gast haben sie bestimmt nichts!" Der Vater wird wütend, zieht sich zurück und grübelt missmutig darüber nach, weshalb seine Frau sich immer auf die Seite der Kinder schlägt und ihn ignoriert.

Dieses Problem ist uns allen sehr gut bekannt: Die ausgesandte Botschaft war nicht die beabsichtigte. Zu den bedauerlichen Dingen, die uns neben dem „Stets-höflich-und-nie-egoistisch-Sein“ eingetrichtert werden, gehört auch, nicht direkt auszusprechen, was wir wirklich wollen. Statt zu sagen „Ich will...“ ziehen wir uns auf ein unverfänglicheres „Vielleicht sollten wir...“ oder ein „Möchtest du...?“ zurück. Wenn wir im Auto sitzen und hungrig werden, werfen wir beiläufig ein: „Es ist schon ziemlich spät, oder?“ (Als ich klein war, habe ich gelernt, dass Gäste ihren Gastgebern niemals zur Last fallen dürfen. Wenn du bei jemandem zu Gast warst und ein Glas Wasser wolltest, fragtest du nicht danach, sondern versuchtest, möglich durstig aus der Wäsche zu schauen. Wenn dir jemand etwas anbot, lehntest du höflich ab. Nur wenn es dir wiederholt und mit Nachdruck angeboten wurde, durftest du annehmen. Ein wirklich braver Junge wartete, bis ihm das Glas Wasser mindestens zweimal angeboten wurde, bevor er es annahm.)

Da diese Konvention, sich indirekt zu äußern, in vielen Kulturkreisen sehr üblich und weit verbreitet ist, führt sie normalerweise nicht zu Kommunikationsproblemen. Fragt jemand im selben Raum „Ist dir kalt?“, können wir davon ausgehen, dass er oder sie eigentlich fragt: „Können wir die Heizung aufdrehen?“ Wenn stärkere Gefühle im Spiel sind, kann dieses indirekte Kommunizieren aber zu Problemen führen. Der Vater in unserem Beispiel wollte einfach nicht, dass seine Tochter noch jemanden mitbringt. Wahrscheinlich hatte seine Frau recht: Den Gastgebern hätte es wohl nichts ausgemacht. Doch *ihm* machte es etwas aus. Vielleicht wollte er seine Tochter länger als zur Familie zugehörig erachten und sie nicht als unabhängigen Menschen mit eigenen Freunden sehen. Vielleicht wollte er auch, dass sie an den Gesprächen der Erwachsenen teilnahm, statt sich mit ihrem Freund davonzustehlen, weil er es möglicherweise einfacher fand, über das Leben der Kinder zu reden als über sein eigenes. Genau hier liegt das Problem solcher Indirektheiten: Es gibt immer sehr viele *Vielleicht.*

Wenn wir einige unserer eigenen Bedürfnisse anzweifeln, schließen wir daraus oft (zutreffender- oder unzutreffenderweise), dass andere sich unsere Wünsche nicht anhören und diese noch weniger erfüllen wollen. Da Indirektheit zu so vielen Missverständnissen führen kann, bewirkt sie mehr Schaden als Gutes. Zwei Menschen können nicht ehrlich darüber diskutieren, ob sie selbst gern in eine andere Stadt umziehen oder lieber bleiben wollen, wenn sie lediglich Argumente dafür ins Feld führen, warum ein Umzug oder das Bleiben besser für die Kinder sein könnte.[2]

Ein Grund, warum andere mit uns in einer Weise streiten, die uns das Gefühl gibt, nicht anerkannt zu werden, besteht darin, dass wir oft Gefühle und Tatsachen miteinander vermischen. Statt zu sagen: „Ich will nicht, dass sie einen Freund mitbringt“, versucht der Vater, seine eigenen Absichten hinter einem Höflichkeitsargument zu verstecken. Als seine Frau in Frage stellt, was er gesagt, nicht aber, was er eigentlich gemeint hat, fühlt er sich abgelehnt.

Wie jeder andere Zuhörer bewertete er die Absicht anderer Sprecher danach, was sie sagten – oder was er hörte –, erwartete aber, dass diese ihn danach bewerteten, was er meinte.

Als Sprecher wollen wir, dass man uns wirklich an- und nicht nur zuhört. Wir wollen verstanden werden; wir wollen, dass anerkannt wird, was wir zu sagen glauben und was wir eigentlich meinen. Ähnliche Missverständnisse können auftreten, wenn wir felsenfest davon überzeugt sind, etwas klar zum Ausdruck gebracht zu haben, der Zuhörer aber etwas ganz anderes verstanden hat. Statt einlenkend zu erläutern „Ich meine damit, dass …" bestehen wir mit Nachdruck darauf, dass wir *es* ja bereits *gesagt haben*.

„Warum sagst du nicht, was du meinst?"

Versteckte Botschaften offenbaren uns mehr als das, was wirklich gesagt wird: Sie verraten uns, wie wir das Gesagte aufnehmen sollen. Je nach Stimmungslage und Situation des Sprechers kann ein „Lass uns Mittag essen gehen" auch „Ich bin hungrig", „Ich würde dich gern wiedersehen", „Nein, ich möchte nicht abends mit dir ausgehen" oder „Bitte geh' jetzt, ich bin beschäftigt" bedeuten. Aussagen wie „Ich liebe dich" und „Es tut mir leid" sind geradezu berüchtigt dafür, sehr verschiedene Bedeutungen enthalten zu können. Kennen wir die andere Person, mag es leichter sein, ihre versteckten Botschaften zu entschlüsseln. Das Spekulieren über ihre Absichten kann es wiederum schwieriger machen.

Laut Gregory Bateson, einem der Begründer der Familientherapie, hat jede Kommunikation zwei Bedeutungsebenen: die Ebene des *Berichts* und die Ebene des *Befehls*.[3] Der Bericht (oder die Botschaft) ist die mit Worten übermittelte Information. Die zweite bzw. die Befehlsebene (von Bateson *Metakommunikation* genannt) übermittelt Informationen darüber, wie der Bericht aufzufassen und welcher Art die Beziehung zwischen den Gesprächspartnern ist.

Wenn eine Frau ihren Mann anfährt, weil er die nur halbvolle Geschirrspülmaschine anwirft, und er „Okay" sagt, aber zwei Tage später dasselbe tut, wird sie verärgert sein, weil er nicht tut, was sie sagt. Sie meint, was sie mit ihrer Botschaft übermittelt hat. Aber vielleicht gefällt ihm ja ihre Metabotschaft nicht – dass sie ihm sagt, was er zu tun hat, als wäre sie seine Mutter.

Die Qualität unserer Beziehungen drückt sich auch dadurch aus, wie wir unsere Botschaften mit unserer Körperhaltung, unserem Gesichtsausdruck und unserer Stimmlage unterstreichen. Ändern wir die Tonhöhe des letzten Wortes der Aussage „Das war mit Absicht.“, kann aus einer Schuldzuweisung eine Frage werden. Die Wirkung einer Aussage kann sich abhängig von der gewählten Betonung völlig ändern. Achten Sie einfach nur auf den Unterschied zwischen „Willst du behaupten, dass es nicht *wahr* ist?“ und „Willst behaupten, dass es *nicht* wahr ist?“ an. Genauso verraten uns Pausen, Gesten und Blicke, wie wir das Gesagte zu interpretieren haben. Wir brauchen keinen schwerfälligen Begriff wie *Metakommunikation*, um zu erkennen, dass Missverständnisse aufgrund einer unterschiedlichen Interpretation von Botschaften beim Zuhören zu Problemen führen können.

Als ich vor einigen Jahren im Winter vor lauter Arbeit völlig gestresst war und mich selbst bemitleidete, schrieb ich einer verständnisvollen Freundin im Scherz, dass ich mich jetzt eben einfach verdrücken und zwei Wochen am weißen Sandstrand einer einsamen karibischen Insel verbringen würde. Da ich es nicht *sagte*, sondern *schrieb*, entging ihr die Ironie, die ich in diese Zeilen gepackt hatte. Schriftlich konnte ich ihr ja weder meine Stimme noch meinen Gesichtsausdruck übermitteln, die die Botschaft sonst entsprechend verpackt hätten. Statt mit Mitgefühl, um das ich sie (indirekt) bat, reagierte sie mit einer ziemlich gereizten Antwort, in der stand, dass manche Menschen weder die Zeit noch das Geld hätten, sich solche Extravaganzen zu gönnen.

Wir wissen, was wir meinen. Die Probleme entstehen dann, wenn wir davon ausgehen, dass die anderen es auch wissen. Wie wird Ihre Art der Kommunikation aufgefasst? Als nettes Geplauder? Als Geständnis? Als Gefühlsausbruch? Wenn unsere Zuhörer nicht bemerken, dass wir niedergeschlagen sind und ein offenes Ohr für unsere Gefühle brauchen, wer trägt dann die Schuld?

Eine Frau erzählte ihrem Mann von einer seltsamen Bemerkung ihres Chefs und wie sie deshalb Angst vor möglichen Schwierigkeiten an ihrem Arbeitsplatz hatte. Ihr Mann antwortete nur, er glaube nicht, dass es Grund zur Besorgnis gäbe; es würde sich nicht danach anhören. Als sie ihm vorwarf, er würde ihr nicht zuhören, waren am Ende beide verstimmt. Sie war verärgert, weil er ihre Gefühle nicht anerkannt hatte. Er war verletzt, weil er *sehr wohl* zugehört hätte. Ihm war nur nicht aufgefallen, wie besorgt sie wirklich war.

Eine Freundin hätte in dieser Situation vielleicht bemerkt, dass die Frau jemanden brauchte, der ihre Gefühle anerkannte, statt sie in Frage zu stellen. Nur war die Frau nicht mit einer solchen Freundin verheiratet. Ihr Partner war ein Mann, der nicht automatisch verstand, wie sehr sie angehört und verstanden werden wollte. (Einige Menschen können solche Bedürfnisse sehr klar äußern: „Ich bin wegen einer Sache sehr besorgt, und ich muss darüber reden.“ „Ich brauche deinen Rat.“ „Ich brauche jemanden, der mir einfach nur zuhört.“)

E-Mails und Textnachrichten erleichtern uns die Kommunikation erheblich. Dabei kann es allerdings passieren, dass manche Menschen persönliche, ungezwungene oder ironische Dinge schreiben, die vom Empfänger als sachliche Aussagen aufgefasst werden.

Ein Paar lebt in einer Fernbeziehung. Er schickt ihr eines Morgens eine kurze Nachricht: „Guten Morgen." Sie ist bei der Arbeit und antwortet nicht. Später schickt er ihre eine weitere Nachricht mit einer bestimmten Frage, die sie nur kurz beantwortet. Er reagiert gekränkt darüber, dass sie sich noch nicht einmal die Mühe macht, ihm einen guten Morgen zu wünschen. Was nicht in Botschaften stand, die sie sich schickten, waren folgende Informationen: „Ich bin zu Hause, ich fühle mich einsam und ich vermisse dich" und „Ich bin bei der Arbeit und gerade sehr beschäftigt. Außerdem weiß ich, dass ich dich am Wochenende sehen werde."

Von Zeit zu Zeit, aber lange nicht so häufig, wie die meisten annehmen, ist die versteckte Botschaft einer Nachricht die Bitte eines Sprechers, etwas Bestimmtes zu tun. Wenn ein Teenager sagt, er habe Hunger, ist das nicht nur eine beiläufige Erwähnung. (Die Unersättlichkeit von Halbwüchsigen sollte nie unterschätzt werden.) Normalerweise ist die wichtigste versteckte Botschaft in dem, was Menschen sagen, das Gefühl, das sie damit transportieren.

Wenn wir klein sind und noch nicht gelernt haben, so wie Erwachsene unsere Gefühle zu verstecken, äußern wir diese recht offen. Es braucht keinen Linguistikexperten, um herauszufinden, was ein Kind fühlt, wenn es ruft: „Da sind Monster unter meinem Bett!" oder „Keiner will mit mir spielen!" Dieselben Gefühle sind, wenn auch in versteckter Form, in den Äußerungen von Erwachsenen enthalten, wenn sie sagen: „Morgen habe ich ein wichtiges Meeting" oder „Ich habe Fred angerufen, um zu fragen, ob er Lust hat, ins Kino zu gehen, aber er hat nicht zurückgerufen." Wenn wir den anderen wirklichen verstehen wollen, sollten wir genau hinhören – nicht nur auf das, was er sagt, sondern auch auf die versteckten Botschaften, die sich hinter seinen Äußerungen verbergen.

Bei der zwischenmenschlichen Kommunikation bleibt vieles unausgesprochen. Wenn wir als Gesprächspartner auf derselben Wellenlänge sind, können wir es trotzdem automatisch entschlüsseln. Dennoch sind diese unausgesprochenen Botschaften, die uns selbst mehr als eindeutig erscheinen, nicht für jeden so offensichtlich. Viele Missverständnisse ließen sich vermeiden, wenn wir zwei Dinge beherzigen würden: erstens die Sicht des anderen anzuerkennen, und zweitens selbst deutlich zu sagen, was sonst unausgesprochen bleibt.

„Ist es ein guter Zeitpunkt?"

Eine Kommunikation ist immer durch den situativen Kontext geprägt: die Zeit, den Ort, die anwesenden Personen, und, weil sich Kommunikation nicht auf das Offensichtliche reduzieren lässt, auch die Erwartungen der Beteiligten. Normalerweise passen wir unser Sprechen und unser Zuhören an diesen Kontext an, ohne groß darüber nachzudenken. Wir überfallen andere nicht mit schlechten Nachrichten, wenn sie noch nicht einmal zur Tür hereingekommen sind. Die meisten von uns vermeiden es tunlichst, lautstark in der Öffentlichkeit zu telefonieren, und streiten auch niemals vor ihren Kindern. (Da Sie gerade nicht sehen können, wie ich mit den Augen zwinkere: Ich meine das ironisch.)

Wir mögen anderen Menschen noch so viel bedeuten – manchmal haben sie einfach nicht die Energie und die Geduld, um uns zuzuhören. Wenn ein Mann seine Frau bei der Arbeit anruft und ihr lang und breit etwas erzählt, was nicht sonderlich wichtig zu sein scheint, wird sie ihre Geduld schneller verlieren, als es z. B. zu Hause der Fall wäre. Im Gegensatz dazu kann eine Frau, deren Mann sich abends nach einem Arbeitstag immer hinter einer Zeitung versteckt, erfolgreicher seine Aufmerksamkeit gewinnen, wenn sie sagt: „Schatz, ich muss mit dir über etwas Wichtiges reden."

In vielen Beziehungen bevorzugen die Partner leider ganz unterschiedliche Zeitpunkte, um ein Gespräch zu führen. Der eine möchte reden, wenn er nach einem langen Tag nach Hause kommt. Die andere bevorzugt eine spätere Zeit für ein Gespräch, z. B. beim abendlichen Fernsehen oder kurz vor dem Zubettgehen. Zur falschen Zeit auf Verständnis zu hoffen, ist aber fast so, als würden Sie in der Mittagsglut darauf warten, dass eine Forelle anbeißt.

Die beste Zeit für ein Gespräch: Jedenfalls nicht dann, wenn der andere Ruhe braucht oder allein sein will

Dass das richtige Timing die Qualität des Zuhörens beeinflusst, kann mitunter auf recht schmerzhafte Weise deutlich werden. Wenn unterschiedliche Bedürfnisse aufeinanderprallen, können die dadurch entstehenden Missverständnisse sehr wehtun. Gerade der Abend kann eine besonders schwierige Zeit für ein Gespräch sein. Beide Partner sind erschöpft. Den ganzen Tag über waren sie auf den Beinen, haben versucht, andere Menschen glücklich zu machen, nervtötende Besprechungen durchzustehen und den Berufsverkehr zu ertragen, oder sind ständig den Kindern hinterhergehetzt und haben deren endlose Fragen beantwortet, sodass sie jetzt kaum noch Energie dafür haben, auch noch einander zuzuhören.

Die unschöne Ironie an dem Ganzen ist, dass gerade ein Gespräch im vertrauten Rahmen beiden die emotionale Stärkung liefern könnte, die sie so dringend benötigen. Reden und zuhören erfüllt uns mit neuer Energie. Wenn wir dies aber für selbstverständlich halten, gehen wir leicht davon aus, dass die Menschen, die uns besonders nahestehen, uns dann schon zuhören werden, wenn wir gerade das Bedürfnis danach haben. Aufmerksames Zuhören „geschieht" nicht einfach von allein. Sie müssen den richtigen Zeitpunkt finden, um ein gutes Gespräch führen zu können.

Auch der Ort wirkt sich auf die Qualität des Zuhörens aus – z. B. durch die Intimität der Umgebung oder durch die Geräuschkulisse – und kann unsere konditionierten Reaktionen beeinflussen. Vertraute Orte wie das Behandlungszimmer des Therapeuten oder die Küche einer Freundin können ein sicherer Hafen sein, wo es uns leichtfällt, uns zu öffnen. Zu intime Orte wie die eigene Küche oder das eigene Schlafzimmer hingegen können einem Gespräch eher abträglich sein. Die Erinnerungen an frühere Missverständnisse und Ablenkungen können sich an manchen Orten festsetzen wie der penetrante Geruch eines nassen Hundes.

An diversen Schauplätzen richten sich Gespräche nach ungeschriebenen Regeln, die (den meisten von uns) offenkundig sind. Bei einer Cocktailparty, bei der sich die in Gespräche vertieften Grüppchen ständig auflösen und neu finden, ist die Kommunikation warmherzig, offen, teils sogar sehr persönlich, aber auch sehr kurz (was die Warmherzigkeit und die Offenheit erklären könnte). Wer in solch einer Umgebung zu viel und zu lange redet, strapaziert schnell die Geduld und die Nerven seiner Zuhörer.

Anstandsregeln basieren darauf, was als angemessen betrachtet wird und vermutlich Gründe der Praktikabilität zum Ursprung hat, wie z. B. andere nicht zu stören oder Respekt vor bestimmten Orten zu zeigen. Lautes Sprechen in der Kirche, im Zug oder im Kino ist generell verpönt.[4] Da Anstandsregeln unausgesprochen bleiben, von den meisten aber automatisch befolgt werden, betrachten wir sie als Selbstverständlichkeit und unterwerfen uns ihnen unbewusst, bis wir oder andere Menschen gegen diese verstoßen.

Abgesehen von allgemeinen Anstandsregeln haben wir alle unsere eigenen Vorlieben, an welchen Orten und in welchen Situationen wir uns wohl und sicher genug fühlen, um wichtige Gespräche zu führen. Einige Menschen telefonieren liebend gern. (Warum, kann ich nicht wirklich nachvollziehen.) Andere unterhalten sich gern im Auto, während wieder andere dann lieber aus dem Fenster schauen oder lesen. Natürlich bestimmt auch unsere Stimmung, ob wir an einem bestimmten Ort und zu einem bestimmten Zeitpunkt für ein Gespräch bereit sind oder nicht. Oft lässt sich die Aufmerksamkeit des anderen am besten gewinnen, wenn er aus der allzu vertrauten Umgebung herausgelockt wird, z. B. zu einem gemeinsamen Spaziergang oder einem Restaurantbesuch.

Viele dieser Vorlieben sind uns gut vertraut, und wir passen uns diesen automatisch an. Wir wissen, dass wir bestimmte Leute abends nicht zu Hause anrufen, und wir suchen selbst die beste Zeit und den besten Ort heraus, um bei einem Gespräch angehört zu werden. Tun wir dies nicht, sind schnell verletzte Gefühle im Spiel. Wir werfen dem anderen vor, uns nicht zuzuhören, oder fühlen uns überfallen, weil der Zeitpunkt schlecht gewählt ist.

Wenn ein Gespräch im Beisein anderer stattfindet, werden einige Aspekte des Zuhörens betont, während andere unterdrückt werden. Geht ein Paar abends zum Essen ins Restaurant, und einer beklagt sich über Probleme bei der Arbeit, wird der andere vermutlich genauer zuhören als zu Hause, weil das intime Ambiente das Gespräch anregt. Bringt das Paar allerdings die Kinder mit, werden sie einander weniger Aufmerksamkeit schenken und auch weniger geneigt sein, ihre Sorgen miteinander zu besprechen. Genau aus diesem Grund nehmen einige Leute ihre Kinder mit. Das Zusammensein in größerer Runde ist genau wie das Alleinsein ein Schutzwall vor zu viel Intimität.

Die meisten von uns haben vermutlich schon einmal die befremdliche Erfahrung gemacht, mit jemandem zu sprechen, der nur so lange Interesse zeigt, bis ein Dritter erscheint. Manchmal lässt sich so eine Situation nicht vermeiden. Wenn zwei Menschen zusammen Mittag essen und sich ein Dritter dazu gesellt, ist es nicht vernünftig, davon auszugehen, das intime Gespräch ließe sich fortsetzen. In einer anderen Situation aber wird der Mensch, der gerade über etwas Wichtiges spricht, von seinem zuhörenden Gegenüber erwarten, dass dieser das Gespräch nicht plötzlich abbrechen lässt. Er wird eher davon ausgehen, dass sein Zuhörer einem unerwarteten Anrufer mitteilt: „Entschuldigung, jetzt geht es nicht. Ich bin beschäftigt." In ähnlicher Weise werden zwei Menschen, die irgendwo in der Öffentlichkeit ein vertrauliches Gespräch führen, einen zufällig vorbeilaufenden Bekannten wahrscheinlich zwar grüßen, aber nicht ihr Gespräch abbrechen, um sich ausführlich mit diesem Bekannten zu unterhalten.

Unbeteiligte Dritte sind bei einem sehr vertraulichen Gespräch unter vier Augen so willkommen wie Regen bei einem Picknick.

Es gibt aber auch Situationen, in denen die Anwesenheit Dritter einen positiven Effekt hat. Ein Erwachsener zeigt vielleicht mehr Enthusiasmus und Interesse bei einem Gespräch mit einem Kind, wenn andere Erwachsene dies beobachten. Ganz ähnlich zeigt ein Mann, der seine Frau zu Hause gewohnheitsmäßig unterbricht, bei einem gemeinsamen Abendessen mit einem weiteren Paar vielleicht mehr Respekt und Geduld. Ich kann mich noch daran erinnern, wie ich einmal in einer morgendlichen TV-Sendung von der Moderatorin interviewt wurde. Die attraktive Mittvierzigerin schien von meinem Buch fasziniert zu sein. Sie saß sehr nah neben mir, schaute mir die ganze Zeit in die Augen und stellte jede Menge interessierter Fragen. Diese umwerfende Frau schien ganz hin und weg von dem zu sein, was ich zu sagen hatte. Ich fühlte mich sehr geschmeichelt. Dann war es Zeit für die Werbepause, und das Strahlen auf ihrem Gesicht erlosch zeitgleich mit dem Abschalten der Kamera. Ich existierte plötzlich nicht mehr für sie. Nach der Werbepause wurde das Interview fortgesetzt, und siehe da – das gebannte Interesse meiner Gesprächspartnerin war zurück. Diese nur für ihr Publikum vorgetäuschte Begeisterung war sehr befremdlich. Andererseits gehörte es zu ihrem Beruf als TV-Moderatorin, interessiert und begeistert zu wirken.

Warum uns das Zuhören bei manchen Leuten so schwer fällt

Auch wenn Sie sich an die Regeln halten, ist es mitunter schwer, manchen Leuten zuzuhören. Manchmal liegt es daran, dass sie immer Berichte von epischer Länge zum Besten geben und äußerst detailverliebt sind. Sie fragen sie nach dem Urlaub und bekommen einen minutiösen Bericht darüber, wie sie das Auto gepackt, sich auf dem Weg zu ihrem Urlaubsziel verfahren und ständig die falsche Abzweigung genommen haben. Dann wird das Wetter durchgehechelt, wer was zu wem gesagt hat, wo sie mittags und wo sie abends gegessen haben usw. usf. Sie erzählen nonstop weiter, bis etwas anderes als Einfühlungsvermögen sie dazu bringt, eine Pause einzulegen. Andere Leute reden vielleicht nicht so viel über sich selbst, dafür aber umso ausführlicher über alle anderen – und zwar wirklich all diese anderen, die ihnen das Leben so schwer machen.

Es ist ebenfalls schwer, Menschen zuzuhören, die immer nur über ihre Sorgen klagen, sei es eine Mutter mit einem schwierigen Kind, die kaum über etwas anderes spricht, ein Karrieretyp, der nur seine Arbeit im Kopf hat, oder ein dauererkälteter Freund, der sich ständig über seine Nasennebenhöhlenentzündung auslässt. Die Kopfschmerzen eines Menschen können zu denen eines anderen Menschen werden, wenn dieser sich ständig die Klagen darüber anhören muss. Es ist nicht nur die Wiederholung, die das Ganze so ermüdend macht; es ist das Gefangensein in der hilflosen Rolle eines Zuhörers, der mit einem Problem ohne Lösung konfrontiert wird, oder mit einem Problem, an dessen Lösung derjenige, der sich beschwert, vielleicht gar nicht interessiert ist. (Wenn gar keine Lösung erwartet wird, kann ein mitfühlender Ausruf wie „Oje, das ist wirklich schlimm!" der Lawine von Beschwerden manchmal Einhalt gebieten.)

Einige Menschen, die sehr viel reden, tun dies immer und unabhängig von ihren Gesprächspartnern. Andere aber werden so ausschweifend uns gegenüber, weil sie sich sonst kaum jemandem öffnen – egal ob es uns schmeichelt oder nicht. Mit wem als mit seiner Frau soll sich ein Mann unterhalten, der keine Freunde hat, mit denen er sich austauschen kann? Wem anders als der Freundin, die ihr Leben im Griff zu haben scheint, kann eine überforderte Ehefrau sich anvertrauen? Einige Leute brauchen unsere Aufmerksamkeit. Wenn das Gespräch aber auf Dauer sehr einseitig verläuft, mag es auch daran liegen, dass wir zu passiv reagieren.

Andere Male fällt es schwer, zuzuhören, weil dem anderen nicht bewusst ist, was er sagt, oder weil er Sticheleien in seiner Botschaft versteckt. Reagiert der Zuhörer darauf verletzt, antwortet der Sprecher oft mit selbstgerechter Empörung und fühlt sich von der „Überreaktion“ des Zuhörers verletzt. Wenn eine Mutter zu ihrer Tochter im Teenager-Alter sagt: „*Das* willst du zur Schule anziehen?“ und die Tochter daraufhin in Tränen ausbricht und schluchzt: „Immer meckerst du an mir herum!“, könnte die Mutter einwenden, dass die Tochter viel zu heftig reagiert: „Ich habe doch lediglich gefragt: ‚Das willst du zur Schule anziehen?‘ Warum bringt dich eine einfache Frage so aus der Fassung?“ Derartige Fragen sind genauso „einfach“, wie Eltern „einfach“ immer vorurteilsfrei sind und Kinder solche Kommentare „einfach“ immer unempfindlich zur Kenntnis nehmen.

Die Art meines Vaters, abschätzige Bemerkungen in unschuldig klingenden Kommentaren zu verstecken, bringt mich immer völlig zur Weißglut. Wenn ich ihm sage, dass sich eine bestimmte Sache so und so verhält, sagt er oft, auch wenn es sich um nichts Ungewöhnliches oder Streitbares handelt: „Kann sein.“ Autsch! Ich glaube, er tut das, weil er den offenen Konflikt scheut. Erfährt er etwas, was er zuvor nicht wusste, oder von dem er sich nicht sicher ist, ob dies wirklich der Fall ist, kommt von ihm ein: „Kann schon sein.“ Für mich ist diese Antwort schlimmer als ein ehrlicher Streit. Bei einem Streit kann man mit dem anderen diskutieren und Gegenargumente vorbringen. Durch „Kann sein“ fühle ich mich herabgesetzt und nicht ernst genommen. Eine Folge dieser typischen Konversationen ist, dass ich selbst gern störrisch auf meinem Standpunkt beharre. Da meine Meinungen lange genug angezweifelt wurden, kann ich es nicht ausstehen, wenn von mir präsentierte Fakten in Frage gestellt werden – wie z. B. die Tatsache, dass der Lake Champlain auf jeden Fall einer der fünf Great Lakes ist.

Falls Sie jetzt das Gefühl haben, dass ich mich mittlerweile nur noch über die Zuhörer beschwere, und gar nicht mehr über die Sprecher rede: Sie haben ganz recht. Theoretisch ist es natürlich möglich, Sprecher und Zuhörer voneinander zu trennen. Praktisch aber sind beide untrennbar miteinander verbunden. Das Zuhören ist ein interdependenter Prozess.

Manchen Leuten kann man nur schwer zuhören, weil sie generell sehr wenig sagen oder aber wenig Persönliches von sich preisgeben. Wenn der Drang, seine Gefühle offenen Ohren zu offenbaren, solch ein fundamentales menschliches Bedürfnis ist, warum sind dann so viele Menschen derartig still und verschlossen? Weil das Leben ihnen übel mitgespielt hat – mit Kränkungen, Verletzungen, Grausamkeiten, Spott und Scham. So etwas hinterlässt tiefe Verletzungen.

Wir gehen mit unseren Verletzungen neue Beziehungen ein. Wir sehnen uns nach Aufmerksamkeit, bekommen sie aber nicht immer. Wir möchten ernst genommen werden und werden stattdessen angegriffen oder ignoriert. Wir möchten unsere Gefühle mitteilen und treffen stattdessen auf Kritik und ungewollte Ratschläge. Sich zu öffnen und dann nicht beachtet, oder schlimmer noch, gedemütigt zu werden, fühlt sich an, als würden wir im Dunkeln gegen eine Wand rennen. Passiert dies zu oft, machen wir dicht und errichten undurchdringliche Schutzwälle.

Die Verschlossenheit eines Sprechers kann leicht als Charaktereigenschaft wahrgenommen werden, ist in Wahrheit aber nichts anderes als eine Gewohnheit, die ihren Ursprung in seinen Erfahrungen aus früheren Beziehungen hat.

Menschen, die nicht mit uns reden, sind Menschen, die nicht erwarten, dass wir ihnen zuhören.

Psychotherapeuten, die bemerken, dass sich ihre Patienten dagegen sperren, sich zu öffnen, analysieren gern deren *Abwehrmechanismen*. Sie weisen ihre Patienten dann darauf hin, *dass* sie sich nicht öffnen, *wie* sie es vermeiden (indem sie z. B. über Banalitäten plaudern) und versuchen herauszufinden, *was* sie bedrückt und *warum* sie zögern, dies zur Sprache zu bringen. Therapeuten können es sich im Gegensatz zu anderen Leuten erlauben, solche bohrenden Fragen zu stellen. Andererseits gibt es auch kein Gesetz, das Ihnen verbietet, bei einem Freund nachzuhaken, warum er sich nicht gern öffnet, oder einer Freundin offen zu sagen, dass sie anscheinend nur ungern etwas von sich preisgibt. Unsere Beziehungen werden dadurch gestaltet, wie wir anderen gegenüber reagieren.

Wenn jemand zögert, Ihnen zu sagen, was ihn beschäftigt, könnten Sie eine begründete Vermutung äußern, warum dies der Fall ist: „Hast du Angst davor, wie ich darauf reagieren könnte?“ Glauben Sie, dass die Person einfach nicht darauf eingehen möchte, können Sie fragen: „Ist es etwas, worüber du nur ungern sprechen möchtest?“ Fragen Sie aber nicht zu stark nach. Wenn Ihnen jemand deutlich sagt, dass er oder sie nicht über ein

××

„Nein, nein, alles ist gut …"

Wenn Sie jemanden fragen, ob etwas nicht in Ordnung ist, und die Antwort darauf ist nur ein wenig überzeugendes „Nein, alles gut", wie reagieren Sie dann darauf? Eine häufige Antwort in so einer Situation ist oft: „Du siehst aber nicht gut aus." Das mag als Einladung dazu gemeint sein, dass sich der andere öffnet, kommt aber nicht so an. Eine verschlossene Person dazu zu drängen, sich zu öffnen, oder verärgert zu reagieren, wenn sie dies nicht tut, vermittelt nur die Botschaft, dass wir glauben, sie habe keinen guten Grund dafür, uns nicht zu sagen, was sie bedrückt. Aber Menschen tun Dinge nicht ohne Grund.

××

bestimmtes Thema sprechen möchte, Sie aber trotzdem weiter nachbohren, könnte dieser Jemand denken, dass er ganz recht damit hatte, davon auszugehen, dass Sie seine Gefühle nicht anerkennen und ernst nehmen.

Kann die Person, die Ihnen gegenüber nicht sehr mitteilsam ist, davon ausgehen, dass Sie Interesse an ihren Gedanken und Gefühlen haben? Dass Sie ihr zuhören werden, ohne sie zu unterbrechen? Dass Sie Meinungsverschiedenheiten tolerieren können? Und auch ihre Verärgerung? Offenheit ist ein Nebenprodukt zwischenmenschlicher Interaktion.

Kommen Männer vom Mars?

Wenn wir uns das 20. Jahrhundert genauer anschauen, sehen wir, dass die soziale Konstruktion der Geschlechter – Männer tun dies, Frauen tun jenes – die Beziehungen zwischen Männern und Frauen in zuvor nie gekannter Weise polarisiert hat. Die alte Komplementarität weicht immer mehr einer neuen Symmetrie, doch scheint diese Gleichheit mit Konflikten erkauft zu sein.

In den vergangenen Jahrzehnten wurden einige Bücher sehr populär, die behaupteten, Männer und Frauen kommunizierten auf gänzlich unterschiedliche Weise, und die diese Kommunikationsunterschiede dann erläuterten. Zu den bekanntesten dieser Bücher zählt John Grays „Männer sind anders. Frauen auch." Der Autor erklärt darin unter anderem, dass Männer Freiraum brauchen, während Frauen besonders in Gesellschaft aufblühen. Wenn wir anfangen, die unvermeidlichen Unterschiede zwischen zwei Menschen, die zusammenleben, auf ihr Geschlecht und nicht auf ihre Sturköpfigkeit oder ihren fehlenden guten Willen zurückzuführen, ist das schon einmal eine gute Sache. Wenn wir außerdem lernen, auf das Gesagte unseres Partners verständnisvoller zu reagieren, ist das ebenfalls eine gute Sache. Das wohl Wichtigste ist aber nicht, zu lernen, *wie* wir auf diese uns so fremden anderen Wesen reagieren, sondern dass wir lernen, *nicht überzureagieren* und stattdessen *zuhören*. Wahrscheinlich ist die beste Antwort auf Freuds berühmte Frage „Was will das Weib?" ein „Warum fragen Sie sie nicht – und hören dann gut zu?"

Früher wurde davon ausgegangen, dass die Unterschiede zwischen Männern und Frauen angeboren sind. Mit diesem biologischen Determinismus wurde jede Art von Ungleichheit gerechtfertigt. Nachdem Feministinnen jahrzehntelang erfolgreich das Denken in diesen verschiedenen und ungleichen Kategorien bekämpft hatten, bestärkte eine neue Generation von Feministinnen genau dieses Dogma, gegen das so lange so stark rebelliert wurde: die Ungleichheit der Geschlechter. Jean Baker Miller erklärte z. B., dass Frauen in Beziehungen besonderen Wert auf Zugänglichkeit und Gegenseitigkeit legen,[5] und Carol Gilligan räsonierte, dass Qualitäten wie Fürsorglichkeit und Verbundenheit fundamentale Voraussetzungen für die Entwicklung des Selbstbilds, die Identitätsbildung und die moralische Entwicklung von Frauen seien.[6] Laut Gilligan bauen Männer Türme, während Frauen Netze knüpfen.

Insofern ist die wichtigste Auswirkung der neueren Arbeiten feministischer Psychologinnen die erneute Bestätigung des Unterschieds zwischen den Geschlechtern – nur diesmal mit einer positiven Konstruktion der weiblichen Psyche. In ihrem Buch *„Das Erbe der Mütter"* weist Nancy Chodorow daraufhin, dass Jungen und Mädchen hauptsächlich von ihren Müttern erzogen würden und deshalb mit unterschiedlichen Einstellungen zu Bindung und Unabhängigkeit aufwüchsen.[7] Jungen müssen sich laut Chodorow von ihren Müttern lösen, um ihre Männlichkeit unter Beweis zu stellen. Aus diesem Grund wehren sich Jungen ab einem gewissen Alter gegen die Umarmungen ihrer Mütter und sind zu Tode gekränkt, wenn sie von anderen als „Memme" oder „Muttersöhnchen" beschimpft werden. Mädchen müssen die Liebe ihrer Mütter hingegen nicht zurückweisen und sich aus der Bindung zu ihnen lösen, um zu Frauen zu werden; sie finden ihre Identität *durch* Bindungen.

Die von Nancy Chodorow und Carol Gilligan vertretene These inhärenter Unterschiede zwischen den Geschlechtern hat den wissenschaftlichen Diskurs mittlerweile so stark geprägt, dass einige Autoren wie selbstverständlich davon ausgehen, Frauen unterschieden sich in grundlegender Weise von Männern und seien daher auch die besseren Zuhörerinnen. Wer diese Ansicht einfach übernimmt, hat es leicht: All die komplexen Schwierigkeiten und Verwicklungen in Beziehungen lassen sich praktischerweise mit einem allgemein gültigen Grund erklären: Männer tun dies. Frauen tun jenes. Keine weiteren Fragen.

Diese recht neue Welle des sexuellen Schubladendenkens zeigt sich auch in der begeisterten Aufnahme von Büchern, die jede noch so kleine Feinheit und jede Polarität in Gesprächen zwischen Männern und Frauen auf die Unterschiede zwischen den Geschlechtern zurückführen: Männer wollen Macht, Frauen wollen Beziehungen. Leider nehmen viele Leute dies als selbstverständliche Tatsache hin.

Um die Qualität des Zuhörens bei Männern und Frauen wirklich zu verbessern, ist es vermutlich am besten, keinen solchen Unterschied zu machen. Ich meine damit nicht, dass Männer und Frauen sich nicht durch ihren Kommunikationsstil unterscheiden. Ich meine damit, dass es an der Zeit ist, diese Unterschiede nicht länger aufzubauschen und zu glorifizieren.

Warum nehmen derartig viele Männer und Frauen so bereitwillig hin, dass wir durch eine riesige Kluft zwischen den Geschlechtern voneinander getrennt sind, dass wir verschiedene Sprachen sprechen, und dass unser Schicksal ganz unterschiedliche Wege für uns vorsieht? Liegt es wirklich in der Natur der Frau, fürsorglich und liebevoll zu sein und Beziehungen zu anderen aufzubauen? Liegt es wirklich in der Natur des Mannes, nach Unabhängigkeit und Macht zu streben? Oder sind solche Gegensätze vielleicht nur ein Produkt unserer Kultur, die unser universelles Bedürfnis, anerkannt und wertgeschätzt zu werden, in unterschiedlicher Weise ausgeprägt hat?

Gesellschaftliche und politische Faktoren liefern oftmals bessere Hintergründe für das Erklären bestimmter Verhaltensweisen als sogenannte „Geschlechtsunterschiede". So lässt sich die viel zitierte Fürsorglichkeit, die oft als Geschlechtsunterschied ins Feld geführt wird, womöglich besser als eine Art Verhandlungsstrategie aus einer unterlegenen Machtposition heraus verstehen. Vielleicht sind einige Frauen (und auch einige Männer) sehr fürsorglich, weil sie aus einem Mangel an persönlichem Machtgefühl das Bedürfnis haben, andere zufriedenzustellen. Daher kann dieselbe Frau, die bei Meinungsverschiedenheiten mit ihrem Mann in der Rolle der fürsorglichen Ehefrau bleibt, bei einem Streit mit ihren Kindern unbeugsam auf der Einhaltung von Regeln beharren. Dieselbe gesellschaftliche Verankerung der Fürsorglichkeit als weibliche Tugend erschwert es Frauen häufig, in ihrem eigenen Interesse zu handeln. Statt uns also für die Unterschiede zwischen den Geschlechtern zu entschuldigen oder diese zu verherrlichen, besteht die bessere Lösung doch darin, *miteinander* statt übereinander zu reden, und auf ein partnerschaftliches Miteinander hinzuarbeiten, statt für eine noch größere Polarisierung zu sorgen.

Wenn wir damit anfingen, einander zuzuhören, wären wir gewiss in der Lage, ein besseres Gleichgewicht herzustellen – in uns selbst und in unseren Beziehungen. Vielleicht können Frauen, die in dem festen Glauben erzogen wurden, das wahre Glück ließe sich nur im selbstlosen Dienst am anderen finden, mehr Respekt für ihre eigenen Ziele und auch für ihre unabhängig erbrachten Leistungen entwickeln. Vielleicht können Männer, deren Identität nur auf ihren erzielten Erfolgen basiert, mehr Respekt für die von ihnen vernachlässigten zwischenmenschlichen Dimensionen wie Fürsorglichkeit und gegenseitige Anteilnahme lernen. Bei einem Prozess des Aufweichens starrer Überzeugungen, was es heißt, ein Mann oder eine Frau zu sein, können Väter lernen, die Mauern einzureißen, die sie um sich errichtet haben, und die Gräben zu überbrücken, die sie aus Angst vor dem Verlieren ihrer Männlichkeit von anderen trennen.

Vielleicht können Mütter, die mehr Respekt für ihre eigenen Interessen entwickeln, auch mehr Respekt für die Grenzen zwischen ihnen und ihren Kindern zeigen und diesen mehr Raum lassen, damit sie sich zu eigenständigen Persönlichkeiten entwickeln können.

Wenn wir nicht länger in festgefahrenen Kategorien denken, die Geschlechtsunterschiede als unveränderlich und gottgegeben festschreiben, können wir die Möglichkeit in Betracht zu ziehen, dass auch Jungen sich mit der Fürsorglichkeit ihrer Mütter identifizieren und dadurch zu bewussteren Männern und besseren Vätern werden können. Genauso können wir uns dann auch vorstellen, dass sich Mädchen in gleicher Weise mit ihren Vätern wie auch mit ihren Müttern identifizieren und sich berechtigt fühlen, unabhängige Menschen mit eigenen Lebensvorstellungen zu werden. Vielleicht hat Gott sich etwas dabei gedacht, als er Kindern zwei Elternteile gab: Vielleicht wollte er, dass sich die Kinder von beiden das Beste abschauen könnten.

Auch wenn es beruhigend sein kann, mangelndes Verständnis auf die Sturköpfigkeit, die Gefühllosigkeit oder das Geschlecht der anderen zu schieben, sind die Gründe dafür, warum wir einander nicht zuhören, doch weitaus komplexer. Es ist kein Egoismus, sondern es liegt an den komplizierten Besonderheiten unsere Charaktere und unserer Beziehungen, wenn wir einander nicht zuhören und uns nicht zugehört wird.

Ein umfassenderes Bild von der Dynamik des Zuhörens erleichtert es uns ein wenig, einander wirklich zuzuhören. Muss dafür aber nun jedes einzelne Missverständnis analysiert und auf seine Botschaft, den Subtext, den Kontext, den Sprecher, den Zuhörer und die Antwort hin untersucht werden? Natürlich nicht. Der einfache aber doch heroische Akt, unsere eigenen verletzten Gefühle zurückzustellen und den Blickwinkel des anderen einzunehmen, ist bereits eine ausreichend starke Leistung.

Warum aber sind wir Missverständnissen gegenüber so empfindlich, und warum fällt es uns so schwer, die Dinge aus der Sicht des anderen zu sehen? Wir versuchen, die Antwort auf diese Frage im nächsten Kapitel zu finden, wo wir die Thematik des gegenseitigen Zuhörens weiter vertiefen und uns diejenigen emotionalen Faktoren ansehen, die uns das Zuhören erschweren.

Quiz

Gehen Sie den folgenden Fragebogen durch, um selbst zu einem besseren Zuhörer zu werden. Antworten Sie ganz ehrlich auf die Fragen, und denken Sie dabei an eine bestimmte Person, mit der Sie eine enge Beziehung haben, da wir unterschiedlichen Menschen auf unterschiedliche Art und Weise zuhören. Vielleicht führen Sie dieses Experiment auch zweimal durch – einmal gedanklich mit einem Familienmitglied, und ein zweites Mal vielleicht mit einer Kollegin oder einem Freund.

Wie gut hören Sie zu?

Wenn jemand mit Ihnen spricht,

1— Fast nie 2—Manchmal 3—Oft 4—Fast immer

— 1. geben Sie ihm das Gefühl, dass Sie Interesse an ihm und seinen Äußerungen haben?

— 2. denken Sie darüber nach, was Sie sagen könnten, während der andere noch spricht?

— 3. erkennen Sie an, was der Sprecher sagt, bevor Sie Ihre Sicht der Dinge präsentieren?

— 4. unterbrechen Sie den anderen, bevor er seine Gedanken zu Ende geführt hat?

— 5. erlauben Sie es ihm, sich zu beschweren, ohne gleich mit ihm zu diskutieren?

— 6. geben Sie Ratschläge, ohne danach gefragt worden zu sein?

— 7. versuchen Sie zu verstehen, was er sagen möchte, und antworten Sie nicht nur auf die geäußerten Worte?

— 8. teilen Sie ihm gleich ähnliche Erlebnisse mit, oder lassen Sie den anderen seine Erfahrung ausführlich beschreiben?

— 9. ermuntern Sie den anderen erfolgreich dazu, Ihnen viel über sich zu erzählen?

— 10. gehen Sie davon aus, dass Sie bereits wissen, was der andere sagen wird, bevor er ausgeredet hat?

— 11. wiederholen Sie Botschaften oder Anweisungen, um sicherzugehen, dass Sie sie richtig verstanden haben?

— 12. urteilen Sie darüber, wer es wert ist, angehört zu werden und wer nicht?

— 13. strengen Sie sich an, sich auf den Sprecher zu konzentrieren und das zu verstehen, was er sagen möchte?

— 14. schalten Sie ab, wenn er ausschweift, statt sich ins Gespräch einzubringen und es interessanter zu machen?

— 15. nehmen Sie Kritik an, ohne sich gleich zu verteidigen?

— 16. halten Sie das Zuhören eher für einen instinktiv ablaufenden Prozess als für eine Fähigkeit, die einer gewissen Anstrengung bedarf?

— 17. bemühen Sie sich, den anderen zu ermuntern, seine Gedanken und Gefühle zu äußern?

— 18. geben Sie vor, zuzuhören, wenn Sie es eigentlich nicht tun?

— 19. respektieren Sie, was der andere zu sagen hat?

— 20. haben Sie das Gefühl, dass es nervtötend ist, den Beschwerden des anderen zuzuhören?

— 21. fragen Sie ermutigend nach, um herauszufinden, was der andere auf dem Herzen hat?

— 22. streuen Sie ablenkende Kommentare ein, wenn der andere redet?

— 23. glauben Sie, dass andere Menschen Sie für einen guten Zuhörer halten?

— 24. sagen Sie anderen Menschen, wie Sie sich fühlen?

— 25. bleiben Sie beherrscht, wenn jemand wütend auf Sie wird?

Punktzahl

Geben Sie sich bei den ungeraden Zahlen für jede Frage, die Sie mit „Fast immer" beantwortet haben, vier Punkte, für „Oft" drei Punkte, für „Manchmal" zwei Punkte und für „Fast nie" einen Punkt. Bei den geraden Zahlen ist die Punktvergabe umgekehrt: vier Punkte für „Fast nie", drei Punkte für „Manchmal", zwei Punkte für „Oft" und ein Punkt für „Fast immer". Rechnen Sie alle Punkte zusammen.

85-96 Ausgezeichnet
73-84 Überdurchschnittlich
61-72 Durchschnittlich
49-60 Unterdurchschnittlich
25-48 Schlecht

1. Wenn Sie bei diesem Fragebogen eine hohe Punktzahl erreicht haben: Herzlichen Glückwunsch! Lesen Sie ihn sich noch einmal durch, um zu vertiefen, was Sie bereits tun, und vielleicht noch ein paar Ideen für weitere Verbesserungen zu bekommen. Wenn Sie weniger Punkte erreicht haben, suchen Sie sich nach und nach je eine schlechte Angewohnheit heraus und werden Sie sie los. Üben Sie, andere ausreden zu lassen, wiederholen Sie, was Ihrer Meinung nach gesagt wurde, und sagen Sie erst dann, was Sie darüber denken. Allein diese Übung wird Sie schon sehr weit bringen.

2. Versuchen Sie in den nächsten Tagen, einige Ihnen besonders wichtige Beziehungen auszuwählen und zwei oder drei Dinge zu benennen, die Ihnen das Zuhören bei diesen Menschen erschweren. Oft wird das Zuhören beeinträchtigt, weil man selbst mit etwas beschäftigt ist, zwei Dinge auf einmal erledigen will, ein schlechtes Bild vom Sprecher hat („Er beschwert sich andauernd"), an einem Thema nicht interessiert ist, etwas über sich selbst sagen will, einen guten Ratschlag loswerden möchte, eine ähnliche Erfahrung teilen will oder voreingenommen ist.

   Wenn Sie bei sich selbst zwei oder drei solcher schlechter Zuhörangewohnheiten entdeckt haben, probieren Sie eine Woche lang, diese loszuwerden – aber nur bei Gesprächen, die Ihnen wichtig sind.

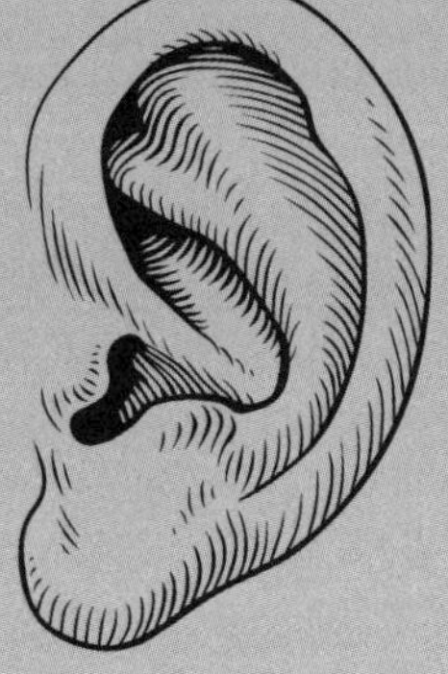

Teil II

Die wahren Gründe für das Nicht-Zuhören

KAPITEL 4

›››››››››››››››››››››››››

„WANN BIN ICH DRAN?“

Die Essenz des Zuhörens: Das mühsame Ringen darum, die eigenen Bedürfnisse zurückzustellen

Vor vierzig Jahren nahm ich an meinem ersten Kurs teil, der sich damit beschäftigte, wie man zu einem besseren Zuhörer wird. Ich war zu jener Zeit Doktorand, und der Kurs trug die Überschrift „Grundlegende Methoden der klinischen Praxis“. Wir lernten, Augenkontakt zu halten, offene Fragen zu stellen und allzu persönliche Fragen von Patienten mit der klassischen Therapeutenreplik „Warum fragen Sie?“ zu parieren. Wir übten miteinander, und ich lernte während dieser Zeit einiges über meine Kommilitonen. Danach ging es in die öffentlichen Krankenhäuser, wo wir mit den Patienten üben sollten. Dabei kamen mir zum ersten Mal Zweifel, ob ich wirklich das Zeug für diesen Beruf hatte.

Ich war das erste Mal in einer psychiatrischen Klinik und ging mit Faszination, aber auch Entsetzen an meine Aufgabe heran. Vielleicht erwartete ich, auf einen Axtmörder zu treffen, oder aber Zeuge einer Szene zu werden, wie sie der Film *„Die Schlangengrube“* zeigt. Zu jener Zeit, als Beruhigungsmittel noch nicht flächendeckend zum Einsatz kamen, glichen einige geschlossene Abteilungen tatsächlich „Schlangengruben“. In der Aufnahmestation aber, wo wir eingesetzt wurden, waren die meisten Patienten einfach nur sehr unglückliche Menschen.

Meine erste Patientin war eine junge Mutter, die nach der Geburt ihres zweiten Kindes und der Entlassung aus dem Krankenhaus an einer Depression litt. Sie sah verwahrlost und einsam aus, und sie tat mir leid. Ich fragte sie, warum sie in die Klinik gekommen war, weshalb ihr alles so ausweglos vorkam, wo sie aufgewachsen war etc. Sie beantwortete zwar meine Fragen, doch führte unser Gespräch zu nichts. Immer, wenn ich ihr eine weitere Frage stellte, antwortete sie nur kurz angebunden und wartete daraufhin nur ab, bis ich wieder etwas sagen würde. Da ich nicht viel zu erwidern wusste, entstanden immer wieder unangenehme Pausen.

Dies war mein erstes therapeutisches Gespräch, und ich war zutiefst enttäuscht, dass es nicht erfolgreich verlaufen war. Später lernte ich, nicht ganz so viele Fragen zu stellen, und sobald ich merkte, dass meine Gesprächspartner nicht wirklich darauf eingehen wollten, sie dazu einzuladen, ihre Abwehrhaltung zu hinterfragen, statt sie immer weiter mit Fragen zu bombardieren. Das erste Gespräch scheiterte aber nicht an den falschen Fragetechniken. Es scheiterte, weil ich nicht wirklich an den Problemen dieser Frau interessiert war, sondern mehr daran, ein erfolgreicher Therapeut zu sein.

Aus dieser aufwühlenden Erfahrung habe ich gelernt, dass die wichtigste und gleichzeitig schwierigste Voraussetzung für gutes Zuhören das Interesse am Gesprächspartner und an dem ist, was er zu sagen hat.

Das Zeigen von *aufrichtigem Interesse* kann schnell einen sentimentalen Anstrich bekommen, wenn es mit Aufrichtigkeit oder Fürsorglichkeit gleichgesetzt wird. Dies mögen sicherlich sehr schöne Charakterzüge sein, doch hat gutes Zuhören nichts mit dem Charakter zu tun und ist auch nichts, das netten Menschen automatisch leichter fällt. Um wahres Interesse am anderen zu zeigen, müssen wir unsere eigenen Interessen zurückstellen können.

Zuhören ist die Kunst, durch Empathie die Gräben zwischen uns zu überbrücken. Passive Aufmerksamkeit ist dabei nicht hilfreich.

Zuhören ist nicht nur ein aktiver Prozess; es erfordert auch ein gehöriges Maß an Anstrengung, die eigenen Bedürfnisse und Reaktionen zurückzustellen – so wie es Roxannes Mutter so tapfer unter Beweis stellte, als sie ihre eigenen Gefühle im Zaum hielt, um der ganzen Verbitterung ihrer Tochter bis zum Ende zuzuhören. Wer gut zuhören will, muss sich zurückhalten und den Drang unterdrücken, den anderen zu unterbrechen oder ihm zu widersprechen.

Seit Kiana eine Trainingspartnerin gefunden hatte, ging sie wesentlich lieber ins Fitnessstudio. Marilyn kannte sich bestens mit verschiedenen Trainingsmethoden und Dehnungsübungen aus und hatte darüber hinaus immer etwas Interessantes zu erzählen. Ihre Freundschaft war angenehm und unkompliziert, ging aber nicht über die Treffen im Fitnessstudio hinaus.

An einem verregneten Morgen kam Marilyn zu spät und erzählte aufgeregt, dass Wasser in ihren Keller eingedrungen war und sie nun einen Handwerker bestellen müsste. Kiana wollte gerade erwidern, dass sie auch einen Wasserschaden hatte, hielt sich aber zurück, um Marilyn ausreden zu lassen.

Marilyn wechselte von ihrem Kellerschaden direkt zum nächsten Thema und erzählte Kiana von den Schwierigkeiten, die sie gerade mit ihren Kindern hatte. Kiana freute sich sehr darüber, dass Marilyn ihr nun weitere persönliche Dinge anvertraute und ihre Freundschaft dadurch enger wurde. Nach dem Training fragte Marilyn, ob Kiana und ihr Mann nicht Lust hätten, einmal abends gemeinsam essen zu gehen. Kiana hatte nicht wirklich das Bedürfnis gehabt, über den Wasserschaden an ihrer Decke zu sprechen, und war nun froh, dass sie es nicht getan hatte.

James fühlte sich ausgebrannt und sprach nach der Arbeit mit Harry darüber. Er arbeitete sehr lange, fand seinen Beruf immer eintöniger und bekam kaum Gelegenheit, neue Menschen zu treffen. Harry wusste genau, wie es James gerade ging, doch er unterdrückte den Impuls, von sich selbst zu sprechen, und hörte stattdessen weiter zu. Nachdem sich James eine Weile lang Luft gemacht hatte, begann er, laut darüber nachzudenken, was er tun könne, um sein Leben wieder interessanter zu gestalten. „Ich brauche etwas, das mich begeistert“, sagte er. „Es muss nicht unbedingt mit der Arbeit zu tun haben. Es könnte auch ein neues Hobby sein.“ Indem Harry einfach nur zugehört und James nicht mit einem „Mir geht's genauso!“ unterbrochen hatte, hatte er James die Möglichkeit gegeben, über eine Lösung seines Problems nachzudenken, statt sich nur darüber zu beklagen. Als James auf den Gedanken kam, dass er wieder etwas mehr Begeisterung in seinem Leben bräuchte, fiel Harry auf, dass es genau das war, was auch er in seinem Leben vermisste.

Das Zuhören erfordert ein Unterdrücken der eigenen Bedürfnisse und das vollständige Eintauchen in die Realität des anderen. Das ist meistens gar nicht so leicht. Wir mögen zwar oft interessierte Zuhörer sein, können die Sichtweise des anderen aber trotzdem nicht gänzlich nachvollziehen, weil wir zu sehr damit beschäftigt sind, ihm Ratschläge zu erteilen oder ihn verändern zu wollen. Solange Eltern das Bedürfnis haben, ihren Kindern die Leviten zu lesen, können sie ihnen nicht richtig zuhören. Auch Therapeuten, die eigentlich musterhafte Beispiele für tiefgehendes Verständnis abgeben sollten, sind oft zu sehr damit beschäftigt, ihre Patienten zu verändern, als ihnen wirklich zuzuhören. (Leider zeigen die meisten Menschen nur wenig Bereitschaft, sich von jemandem ändern zu lassen, der sie nicht versteht.) Oft versagen Therapeuten ihren Patienten das nötige Verständnis, weil sie zu sehr der Anwendung ihrer Theorien verhaftet sind, um sich voll und ganz auf ihre Gesprächspartner einzustellen.

Den meisten Therapeuten gelingt es normalerweise besser als anderen Menschen, ihre Gesprächspartner nicht zu unterbrechen. Einige aber wollen so eifrig als verständnisvoll gelten, dass sie ihren Patienten eher mit Sentimentalitäten als mit Anteilnahme begegnen. „Oh ja!", sagt ihr Blick, „ich verstehe völlig, wie Sie sich fühlen." Mitgefühl hin oder her – herablassendes Wohlwollen von einer höheren Warte aus ist nicht dasselbe wie Zuhören. Ein nicht wirklich einfühlsamer Therapeut mag glauben, er müsse nicht wirklich zuhören, da er schon weiß, was er erwidern wird: *„Oh ja, ich verstehe Sie!"* Wirkliches Zuhören aber ist ein anstrengender und lautlos ablaufender Prozess.

Zwischen dem Zeigen von Interesse und wirklicher Anteilnahme besteht ein riesiger Unterschied.

Sich zurückzunehmen bedeutet nicht, sich selbst zu *verlieren* – auch wenn es genau das ist, wovor einige Leute so viel Angst zu haben scheinen. Warum wiederholen sie sonst gebetsmühlenartig ihre eigenen Argumente, wenn ein einfaches Anerkennen der Botschaft des anderen schon der erste Schritt hin zu einem gegenseitigen Verständnis wäre? Ein „Ich verstehe, was du mir sagen möchtest" ist doch nicht gleichbedeutend mit einem „Du hast recht und ich habe unrecht". Ebenso wenig heißt ein „Ich kann nachvollziehen, warum du sauer auf mich bist" bei einem Streit, nachdem man den anderen angehört hat, so viel wie „Ich gebe auf!". Die Angst, nicht selbst zu Wort zu kommen, die dafür sorgt, dass wir den anderen nicht ausreden lassen, führt ironischerweise genau zu diesem unerwünschten Ergebnis.

Martina versuchte Zack zu erklären, dass sie nicht ins Kreuzverhör genommen werden wollte, wenn sie sich etwas von der Seele reden musste, sondern einfach nur ein offenes Ohr brauchte. „Ich habe das Gefühl, dass du nie wirklich bereit bist, mir einfach nur zuzuhören, wenn es mir schlecht geht", sagte sie.

„Ja, aber ...", sagte Zack, „... wie soll ich dir denn helfen, wenn ich nicht richtig verstehe, was dich bedrückt?"

„Ich brauche niemanden, der die Situation für mich analysiert", erwiderte Martina, „ich brauche meistens einfach nur einen Menschen, der mir zuhört."

„Ich höre dir gern zu!", protestierte Zack. „Aber wenn ich nicht verstehen kann, warum du niedergeschlagen bist, weiß ich auch nicht wirklich, was genau das Problem ist."

Bemerken Sie, wie gut Martina und Zack ihre eigenen Gefühle äußern? Und dass aber keiner von beiden dem anderen richtig zuhört?

In Kapitel 7 finden Sie praktische Tipps dafür, wie sich solche Kommunikationsmuster aufbrechen lassen. Zunächst aber konzentrieren wir uns darauf, welche Probleme uns die Kunst des Zuhörens so schwer machen.

Wirkliches Zuhören erfordert das Zurückstellen des Selbst. Dies wird uns meistens gar nicht bewusst, da wir in Gesprächen immer wieder die Rollen tauschen, wodurch Zuhören reflexartig geschieht und wir es als selbstverständlich wahrnehmen. Vielleicht ertappen Sie sich aber manchmal dabei, wie Sie sich schon zurechtlegen, was Sie als Nächstes sagen wollen, obwohl ihr Gegenüber immer noch spricht. Einfach nur den Mund zu halten, während der andere redet, hat mit Zuhören nicht viel zu tun. Dafür müssen Sie nämlich Ihre eigenen Bedürfnisse zurückstellen, vergessen, was Sie unbedingt sagen wollen, und sich darauf konzentrieren, für das empfänglich zu sein, was der andere sagt.

Es hängt von der Ansprechbarkeit des Zuhörers ab, ob sich der Sprecher, wenigstens zeitweise, verstanden und ernst genommen fühlt. Dies kann den Zuhörer unter Druck setzen.

Die Last des Zuhörens

Das Zuhören erlegt dem Zuhörer tatsächlich eine Last auf. Wir spüren förmlich, wie das Bedürfnis des anderen, angehört zu werden, auf uns lastet. Wir müssen aufmerksam sein.

Vielleicht wenden Sie an dieser Stelle ein, dass Empathie ein natürlicher Ausdruck unseres Selbst ist. Ist das Zuhören nicht etwas zutiefst Menschliches, das wir uns im gegenseitigen Austausch automatisch entgegenbringen? Ja und nein. Empathie ist eine aktive Form des Engagements. Manchmal sind wir an dem interessiert, was uns unser Gegenüber erzählt, und das Zuhören gelingt uns mühelos. Dennoch wird unausweichlich der Moment kommen, in dem wir nicht mehr so gebannt sind. Wir verlieren das Interesse und sind versucht, den anderen zu unterbrechen. In genau diesem Moment ist unsere Selbstbeherrschung gefragt, damit wir weiter zuhören können.

Wirkliches Zuhören heißt, Erinnerungen, Wünsche und Urteile zurückzustellen und wenigstens einen Augenblick lang ganz für den anderen da zu sein.

Das eigene Mitteilungsbedürfnis zu unterdrücken kann weitaus schwerer sein, als wir annehmen. Wir alle haben irgendetwas auf dem Herzen. Um gut zuzuhören, müssen wir darauf verzichten, dem anderen zu widersprechen, Ratschläge zu erteilen oder unsere eigenen Erfahrungen beizusteuern. Dadurch wird das Zuhören zumindest zeitweise zu einem einseitigen Prozess.

Bei Alltagsgesprächen wird Ihnen diese Last nicht auffallen. Umso spürbarer wird es allerdings, wenn eine Person länger als nur ein paar Minuten mit Ihnen sprechen muss. Auch wenn Ihr Gegenüber Ihnen wichtig ist und Sie sich für das interessieren, was gesagt wird, sitzen Sie in der Falle: Sie müssen schweigen und eine gewisse Zeit lang selbstlos sein.

Doreen hatte ihren Vater zum Essen eingeladen, damit beide etwas Zeit zu zweit hätten und ohne die Mutter ruhig unter vier Augen miteinander reden könnten. Als sie schließlich im Restaurant saßen, fing der Vater aber damit an, sich wie üblich über die von ihm verhasste Bürokratie auszulassen. Seine Vorgesetzten waren „Idioten“, und seinen Kollegen ging es lediglich darum, „irgendwie die Zeit bis zur Rente totzuschlagen“.

Doreen kannte diesen Sermon zur Genüge. Sie nickte und dachte dabei über ihre kurz bevorstehende Vertriebssitzung nach. Ein- oder zweimal versuchte sie, ihren Vater zu unterbrechen. Dann bemerkte sie, wie ihr Vater seine Beschwerden emotionaler als sonst zum Ausdruck brachte, und sie horchte auf. Sie dachte nicht länger über die Vertriebssitzung nach, sondern hörte ihm aufmerksam zu. Dabei fiel ihr zum ersten Mal auf, wie verletzt und enttäuscht er wirklich war. Als ihr klar wurde, wie stark vereinsamt sich ihr Vater fühlte, erfüllte sie dies mit Traurigkeit. Seine Verbitterung hatte weniger mit dem Ärger bei seiner Arbeit zu tun als mit der Tatsache, dass seine ständigen Hasstiraden dazu geführt hatten, dass ihm in seiner Familie keiner mehr zuhörte. Doreens Verärgerung wich einem starken Gefühl der Anteilnahme und Verbundenheit. Zum ersten Mal verstand sie wirklich, wie einsam er sich fühlte. Als sie ihm das später sagte, stiegen ihm die Tränen in die Augen, und er bedankte sich dafür, dass sie ihm zugehört hatte.

Manchmal berühren uns die Erzählungen anderer so stark, dass wir automatisch gut zuhören. Wenn ihr Kind weinend nach Hause kommt und sagt „Es ist etwas ganz Schlimmes passiert!“, wird es sofort ihre volle Aufmerksamkeit haben.

Als mein Sohn krank war und einen Tag lang zu Hause bleiben musste, rief ich ihn um die Mittagszeit herum an, um nachzufragen, wie es ihm ging. Es fiel mir nicht schwer, meine Bedürfnisse zurückzustellen und mich ganz auf ihn einzustellen. Jedem anderen in meiner Lage wäre es ähnlich gegangen. Ich interessierte mich dafür, wie es ihm ging, ich wollte ihm zuhören, und ich tat es auch. Wir alle tun dies jeden Tag Dutzende Male, und dabei wenigstens ein paar Minuten lang.

Oftmals fällt es uns aber nicht so leicht. Die meiste Zeit über ist Zuhören harte Arbeit.

Als ich nach der Arbeit nach Hause kam, lag mein Sohn auf dem Sofa und schaute fern. Ich fragte ihn erneut, wie es ihm ginge. Dieses Mal aber fiel mir das Zuhören nicht ganz so leicht. Wie immer trug er weder T-Shirt noch Socken, und ich musste mich sehr zurückhalten, um ihn nicht gleich wieder zu ermahnen. Er schaute sich eine Sendung mit zwei hirnlosen Teenagern an, die irgendwelche Dinge bewerteten und alles entweder nur „geil" oder „zum Kotzen" fanden. Ich musste mich sehr bemühen, das Ganze zu ignorieren. Mich beschäftigten einige Dinge, über die ich mit ihm reden wollte, und ich wollte vor dem Abendessen noch die Post durchgehen. Nichts von alldem aber war äußerst dringend oder ungewöhnlich. Ich musste mich nur ein bisschen anstrengen, um meinem Sohn eine Weile zuzuhören. Hätte dieses Gespräch aber lange gedauert, wäre ich nicht umhingekommen, mich noch stärker zu bemühen und meine Vorhaben zu verschieben – sonst hätte ich ihm nicht zuhören können.

Natürlich bedeutet das Zurückstellen eigener Bedürfnisse weitaus mehr, als dem anderen Zeit zu geben, seine Gedanken zu äußern. Es heißt nicht, dem anderen lediglich eine gewisse Zeit einzuräumen, damit er loswerden kann, was er zu sagen hat, um dann gleich die eigenen Prioritäten geltend zu machen, sobald er mit dem Reden fertig ist.

Wir lassen uns nicht von der vorgetäuschten Aufmerksamkeit unheilbarer Narzissten täuschen, die uns gnädig einige Minuten gewähren, um sich gleich danach wieder selbst in den Mittelpunkt zu rücken. Wenn wir jemandem unser Herz ausschütten, von dem wir glauben, dass er sich aufrichtig für uns interessiert, diese Person aber nur kurz zuhört, um gleich darauf auf sich selbst zu sprechen zu kommen, fühlen wir uns betrogen. Dieses Gefühl gleicht einem Schlag ins Gesicht, und wir glauben, diesem Menschen sei es völlig egal, was wir gerade gesagt haben.

Elena war sehr mulmig zumute: Nach einer sechsjährigen Pause wollte sie ihren Universitätsabschluss nachholen. Sie hatte dies schon längere Zeit vorgehabt. Ihr Freund David, der seinen Abschluss bereits in der Tasche hatte, fand dies großartig und bestärkte sie in ihrem Entschluss. Als sie ihm gestand, dass sie großen Respekt und auch etwas Angst vor der vor ihr liegenden Herausforderung hatte, war David so begeistert, dass sie sich endlich zu diesem Schritt überwunden hatte, dass er sie unterbrach und ihr überschwänglich mitteilte, wie fantastisch es sei, was sie für sich selbst tue, und in welch tollen Studiengang sie aufgenommen worden war. Elena verstummte und wechselte das Thema. Davids gut gemeinte Bestärkungen waren nicht sehr ermutigend gewesen. Elena hatte versucht, ihm ihre Ängste anzuvertrauen, und seine Antwort führte dazu, dass sie sich missverstanden fühlte. Ironischerweise sorgte Davids begeisterte Zuversicht dafür, dass Elena sich noch mehr unter Druck gesetzt fühlte und glaubte, noch mehr Erwartungen erfüllen zu müssen.

Genau wie David glauben viele Menschen von sich selbst, bessere Zuhörer zu sein, als sie es in Wirklichkeit sind. Im besten Falle erlauben sie es der anderen Person, sich auszudrücken, und liefern dann ihre eigene Interpretation dessen ab, was gesagt wurde. Im schlimmsten Fall legen sie sich schon dann ihre Gegenargumente zurecht, wenn ihr Gegenüber noch spricht.

David glaubte, er würde zuhören, doch er konnte sich nicht zurückhalten und Elena bis zu Ende anhören, weil er unbedingt solidarisch erscheinen und ihr ihre Ängste nehmen wollte. Vielen von uns fällt es schwer, zuzuhören, wenn dies bedeutet, still sitzen zu bleiben und das Unbehagen oder die Unsicherheit des anderen zu teilen. Wir fühlen uns gezwungen, etwas zu sagen, um unangenehme Ängste zu vertreiben.

Wer gut zuhören will, muss die Bedürfnisse des Sprechers erspüren und auf den Gesamtkontext bezogen antworten.

Ein typisches Beispiel sind Eltern, die fragen: „Was hast du heute in der Schule gemacht?" Oftmals antwortet das Kind dann: „Nichts." Daraufhin folgt schnell ein längerer Wechsel aus weiteren Fragen und einsilbigen Antworten. Die Eltern möchten wissen, was in der Schule los ist, hören aber nicht, was ihr Kind ihnen sagt. Die Botschaft ihres Kindes entspricht ungefähr einem „Nichts, was interessant genug wäre, um es jetzt sofort mit euch zu besprechen. Ich möchte gerade einfach nur in Ruhe gelassen werden."

Ein Kind verbringt den ganzen Tag in der Schule. Andere Kinder schauen es an und beurteilen es anhand dessen, was es anhat, mit wem es zusammen ist, was es sagt, wie seine Haare aussehen und was es generell so tut. Die Lehrer kontrollieren, ob die Hausaufgaben gemacht wurden und ob in der Stunde aufgepasst wird, und sorgen dafür, dass im Treppenhaus und auf den Fluren nicht gelärmt wird und generell keiner zu viel Spaß an irgendetwas hat. Nachdem sie sich den ganzen Tag einer solchen Kontrolle unterwerfen müssen, wollen die meisten Kinder zu Hause einfach nur in Ruhe gelassen werden. Ihr „Nichts" ist keine Zurückhaltung oder ein absichtliches Verschweigen von Informationen, sondern purer Selbstschutz.

Die Seite der Eltern lässt sich ebenfalls leicht nachvollziehen. Sie möchten wissen, was im Leben ihrer Kinder vor sich geht. Sie möchten wissen, ob es ihnen gut geht, und sie auch das tun, was von ihnen erwartet wird. Sie wollen sich nicht ausgeschlossen fühlen.

Manchmal sagen Kinder aber auch „Nichts", wenn sie durchaus etwas auf dem Herzen haben. Vielleicht müssen Sie ihnen dann erst beweisen, dass Sie wirklich interessiert sind, damit sie sich öffnen. Indem Sie sie fragen, wie ihr Tag war, und sich bemühen, wirklich zuzuhören, zeigen Sie Interesse. Indem Sie ihnen das Recht zugestehen, so zu antworten, wie sie wollen, zeigen Sie Ihren Respekt – Interesse für sie als Menschen und Respekt vor ihren Gefühlen. Kinder, die spüren, dass ihre Eltern daran interessiert sind, sich anzuhören, was sie zu sagen haben, und sie nicht nur verhören oder ausfragen wollen, werden sich öffnen, wenn sie bereit dazu sind.

Da es uns zeitweise sogar bei unseren Kindern schwer fällt, unser eigenes Selbst zurückzustellen, ist es kein Wunder, wie viel komplizierter sich dies mit einem anderen Erwachsenen gestalten kann, von dem wir mehr Reife erwarten – besonders dann, wenn wir mit unseren eigenen Problemen beschäftigt sind.

Manchmal verfallen wir in die Gewohnheit, nur nebenbei zuzuhören, weil wir unsere ganze Energie in andere Sachen stecken müssen. Wenn wir so lange arbeiten, bis wir ausgebrannt sind, lasten unsere eigenen Sorgen schwerer auf uns, und wir sind weniger dazu bereit, auch noch für andere da zu sein. Besonders schwer fällt das Zuhören, wenn wir das Gefühl haben, dass *wir selbst* seit geraumer Zeit nicht die Aufmerksamkeit bekommen haben, die wir brauchen. Dazu folgendes Beispiel:

xxxxxxxxxxxxxxxxxxxxxxxxxxxxxxxxxxxxxxxxxxxxxx

„Wie geht's?"

Geschickt gestellte Fragen, die zeigen, dass Sie über die Interessen und Sorgen des anderen Bescheid wissen, können einem verschlossenen Menschen helfen, sich zu öffnen.

Effektive Fragen	**Wenig effektive Fragen***
Wie kommst du mit deinem Projekt voran?	Wie läuft's so?
Hast du immer noch diese Kopfschmerzen?	Wie war dein Tag?
Wie macht sich dein Sohn beim Fußballtraining?	Was gibt's Neues?

*Die meisten erfolglosen Gesprächseröffnungen sind Fragen, die mit „Ja", „Nein" oder „Nichts" beantwortet werden können.

xxxxxxxxxxxxxxxxxxxxxxxxxxxxxxxxxxxxxxxxxxxxxx

Eine Frau hat einen schweren Tag im Büro und wünscht sich nichts sehnlicher, als nun mit ihrem fünfjährigen Sohn zusammen sein zu können. Sie beneidet ihren Mann, einen Universitätsprofessor, der jetzt in den Sommerferien den ganzen Tag mit dem Jungen verbringen kann. Als sie nach Hause kommt, beklagt sie sich aber nicht über ihren Tag, sondern fragt, wie es ihrem Mann in der Zeit ergangen ist. Er beschwert sich über die Plage, einen Fünfjährigen bei Laune halten und ständig überlegen zu müssen, wie man den ganzen Tag ausfüllt. Sie hört ungeduldig ein oder zwei Minuten zu und fährt ihn dann an: „Wieso beschwerst du dich eigentlich? Du kannst froh sein, dass du so lange frei hast. Denk doch einmal darüber nach, welche tollen Sachen ihr in all der Zeit unternehmen könntet!“ Ihr Mann reagiert verletzt: Erst fragt sie ihn nach seinem Tag, und sobald er ihr davon erzählt, kritisiert sie ihn dafür. Daraufhin sind beide verärgert. Die Frau in diesem Beispiel konnte ihrem Mann nicht zuhören, weil es ihr nicht gelang, ihre eigenen Gefühle lange genug zurückzustellen, um aufnahmebereit für die Gefühle ihres Mannes zu sein. Nachdem sie mir in meiner Praxis von diesem Gespräch erzählt hatte, kam sie zu dem Schluss, dass sie sich zukünftig mehr Mühe dabei geben müsste, ihren beruflichen Stress besser zu bewältigen. (Vermutlich wäre es aber besser gewesen, wenn sie stattdessen erkannt hätte, dass sie nach einem harten Tag bei der Arbeit zunächst darüber reden müsste, um im Anschluss ihrem Mann besser zuhören zu können.)

Ein guter Zuhörer sollte in der Lage sein, seine eigenen Bedürfnisse zurückzustellen, um sich ganz auf den anderen einzulassen. Völlig selbstlose Menschen sind aber auch keine guten Zuhörer. Wir brauchen andere, die uns zuhören, um selbst aufnahmebereit zu sein.

„*Aber ich* höre *doch zu!*“

Die für richtiges Zuhören notwendige Selbstlosigkeit lässt sich nur mit Anstrengung aufrechterhalten. Deshalb reden wir uns oftmals ein, dass wir zuhören, wenn wir es eigentlich gar nicht tun.

„Das erinnert mich an ..."
(Übersetzung: „Das kann ich toppen!")

Wenn Freunde bei einem lockeren Gespräch zusammensitzen, kommen sie meist auf ein bestimmtes Thema zu sprechen und erzählen sich dann im Wechsel ihre eigenen Erlebnisse. Carol berichtet davon, wie ihr Dackel im Winter nicht draußen Gassi gehen will, weil er sofort zurück zur Tür stürmt und jaulend wieder hineinwill, wenn er den eiskalten Schnee unter seinen Pfoten spürt. Murray erzählt von seinem Russischen Wolfshund, der zwei Tage lang zwischen Leben und Tod schwebte, bis sie eine kleine Klette in seinem zotteligen Fell fanden. Nachdem sie diese entfernt hatten, erholte er sich auf wundersame Weise. Als ich an der Reihe bin, gebe ich ein (zumindest für mich) faszinierendes Abenteuer meines Katers Ralphie zum Besten.

Bei solchen freundlichen Unterhaltungen ist es normal, dass man sich abwechselt. Wer eine zwanglose Anekdote erzählt, erwartet darauf keine ausführliche Antwort. Ab und zu gibt es aber Momente, in denen jemand etwas Wichtiges zu erzählen hat und nicht unterbrochen werden möchte, bis er oder sie ausgeredet hat – und ebenso erwartet, dass das Gesagte angemessen zur Kenntnis genommen wird. Dieser Mensch braucht Ihre Zeit und Ihre Aufmerksamkeit. Eine Frau, deren Auto gerade abgeschleppt wurde, will nicht sofort unterbrochen werden und die Geschichte hören, wie Ihnen vor drei Jahren dasselbe passiert ist.

Jemanden zu unterbrechen, um von einer ähnlichen eigenen Erfahrung zu erzählen, ist sehr typisch für Zuhörer, die sich nicht zurückhalten können. Besonders ärgerlich kann es sein, wenn jemand alle Aufmerksamkeit auf sich ziehen will und einwirft: „Das erinnert mich daran, als ich ...." Die meisten von uns tun so etwas nicht, wenn klar ist, dass die andere Person dringend etwas besprechen möchte. Wenn jemand ein starkes Redebedürfnis hat, hören wir zu. Mitunter ist das Redebedürfnis eines Sprechers aber nicht so offensichtlich. Dann kann es vorkommen, dass wir unseren eigenen Bedürfnissen nachgeben, statt aufmerksam zuzuhören. Eine Freundin erzählt uns von ihrem Autounfall. Um zu zeigen, wie gut wir ihr das Ganze nachfühlen können, unterbrechen wir sie, um von unserem letzten Autounfall zu erzählen, der uns damals ja auch ganz schön mitgenommen hat, auch wenn er schon sechs Monate zurückliegt.

Warum tun wir das? Warum unterbrechen wir andere, um unsere eigenen Geschichten zum Besten zu geben? Gespräche sind interaktive Prozesse. Wir sind aufmerksam bei der Sache, und vieles, was der andere sagt, löst bei uns Erinnerungen an unsere eigenen Erlebnisse aus. Wenn ich Ihnen von einer wirklich ärgerlichen Eigenart meines Vaters erzähle, denken Sie sehr wahrscheinlich an Ihren eigenen Vater und dessen Gewohnheiten, von denen Sie restlos genervt sind.[1]

xxxxxxxxxxxxxxxxxxxxxxxxxxxxxxxxxxxxxxxxxxxxxx

„Ich auch“

„Ich habe letzte Nacht kaum geschlafen.“
„Ich auch nicht! Ich hab' kein Auge zugetan!“

Wenn andere uns ihre Erfahrungen berichten, ist es ganz natürlich, dass wir dabei an unsere eigenen Erlebnisse erinnert werden. Kennen Sie eine bestimmte Person, die auch ständig „Ich auch!“ sagt, wenn Sie gerade etwas erzählen? In welchen Momenten empfinden Sie so einen Einwurf als mitfühlend und verständnisvoll? Wann fühlt es sich so an, als würde Ihr Gegenüber den Fokus der Aufmerksamkeit von Ihnen weg und auf sich selbst richten wollen?

xxxxxxxxxxxxxxxxxxxxxxxxxxxxxxxxxxxxxxxxxxxxxx

Erzähle ich Ihnen nun etwas über meine erste große Liebe, werden Sie höchstwahrscheinlich daran zurückdenken, als Sie das erste Mal richtig verliebt waren. Das Teilen solcher Erfahrungen kann dabei helfen, Gemeinsamkeiten zu entdecken und sich näher zu kommen. Anderen zuzuhören bedeutet jedoch, sie bis zum Ende anzuhören, ihnen genug Zeit zu geben, ihre Gedanken zu äußern und genügend Interesse aufzubringen, um ihre Erfahrungen nachvollziehen und anerkennen zu können.

„Oh, wie entsetzlich!“ (Übersetzung: „Du armes hilfloses Ding. Was sollen wir nur tun?“)

Ein weiteres Beispiel für versagtes Zuhören sind Menschen, die mit übertriebenem Mitgefühl reagieren. Dies hilft ihnen selbst gewöhnlich mehr als ihren Gesprächspartnern. Wer überzogen Anteil nimmt, mag selbstloser erscheinen als jemand, der die Aufmerksamkeit an sich reißt. Vorgetäuschte Bestürzung ist aber nicht dasselbe wie aufmerksames Zuhören. Zuhören bedeutet, sich auf den anderen einzustellen, und nicht, das Ruder an sich zu reißen.

Dieses Einstellen auf den anderen – das Heraushören und Anerkennen seiner Erfahrung – ist etwas völlig anderes als überschwängliche Sentimentalitäten, die kleine Kinder täuschen mögen, bei Erwachsenen aber schlecht ankommen, weil sie als falsch und überheblich empfunden werden. Die Anteilnahme eines Menschen, der bei jeder unserer Äußerungen einen großen Zirkus veranstaltet, ist so bedeutungslos wie dudelnde Kaufhausmusik. Das Problem besteht auch hier in der Unfähigkeit, sich selbst zurückzustellen. Statt sich zurückzuhalten und zuzuhören, was der andere zu sagen hat, wirft der überschwängliche Zuhörer ständig mitfühlende Kommentare ein, als wolle er sagen: „Oh, *ich* verstehe schon ... (und du musst gar nicht weitererzählen)."

Bei wirklichem Zuhören liegt der Fokus auf dem Sprecher, nicht auf dem Zuhörer.

Wenn etwas schiefläuft, ruft Christine längst nicht mehr ihre Mutter an, um deren Mitgefühl zu bekommen. Sie hat mittlerweile gelernt, dass es das Beste ist, eine Grippe oder eine Verletzung ihrer Kinder nicht mehr zu erwähnen, um sich ein großes Drama der Mitleidsbekundungen zu ersparen. Solche Dinge sind nicht der Untergang der Welt, aber trotzdem würde sie sie ihr gern mitteilen. Sie tut es nicht, da sie sich von ihrer Mutter, die sofort mit einem „Oh wie furchtbar!" antwortet und alles unnötig dramatisiert, nicht nur unverstanden fühlt, sondern auch glaubt, dass diese sich dadurch zu viele Sorgen macht – als sei *sie* diejenige mit dem erwähnten Problem.

Eine empathische Reaktion ist zurückhaltend und eher still. Sie führt nicht, sondern folgt, und sie ermutigt den Sprecher, tiefer in seine Erfahrung einzutauchen.

Ein Teil des Problems besteht darin, dass hier Einfühlungsvermögen mit Mitleid verwechselt wird. Mitleid ist eine begrenzte und begrenzende Empfindung, die sich eher dadurch ausdrückt, dasselbe zu fühlen, als Verständnis für den anderen in seiner Situation zu zeigen. Einfühlungsvermögen und Anteilnahme bedeuten nicht, sich über den anderen Sorgen zu machen, ihn zu loben, aufzumuntern, zu verhätscheln, zu trösten oder zu ermutigen. Sie bedeuten, Verständnis für den anderen aufzubringen.

„Nun, wenn ich du wäre, würde ich... " (Übersetzung: „Hör auf, dich bei mir über deine Probleme zu beschweren, und *tu* endlich etwas dagegen!")

Laut einigen Experten zeigen Männer angeblich Interesse, indem sie Ratschläge geben, und Frauen, indem sie ähnliche Erlebnisse miteinander teilen.[2] Unerbetene Ratschläge sind besonders unerfreulich, da sie uns sagen, was wir zu tun haben, ohne anzuerkennen, wie es uns geht: Würden wir nur das befolgen, was die unglaublich hilfsbereite Person uns vorschlägt, müssten wir diese Gefühle nämlich gar nicht haben. (Mit einer ähnlichen Geschichte zu kontern, wird ebenfalls auf wenig Begeisterung stoßen – vor allem dann, wenn man unterbrochen wird, bevor man seine Erfahrung zu Ende erzählen konnte, und der andere weiterredet, ohne überhaupt auf das Gesagte einzugehen.)

Wenn ich jemandem eine Erfahrung oder ein Problem anvertraue, und er oder sie mit einem ungebetenen Ratschlag reagiert, erwidere ich: „Danke, aber ich brauche gerade keinen Rat. Ich möchte nur, dass mir jemand zuhört." (Wenigstens würde ich so etwas gerne sagen.) Geben Männer häufiger ungebetene Ratschläge als Frauen? Möglicherweise. Meiner Erfahrung nach nicht. Aber Ihrer Erfahrung nach könnte es vielleicht so sein.

Vor einigen Jahren tat ich etwas, das für mich völlig untypisch ist: Ich schloss mich einer Männergruppe an. Ich muss wohl auf der Suche nach neuen Freunden gewesen sein. Es war eine großartige Erfahrung, besonders weil die Männer in dieser Gruppe ungewöhnlich interessante und aufmerksame Menschen waren. Eines Tages unterhielten wir uns darüber, wie wir reagieren, wenn ein Freund uns von einem Problem erzählt. Es überraschte mich, dass die meisten sagten, sie würden ihren Rat anbieten. Ich glaubte, dass Freunde so etwas nicht tun, hörte aber weiter zu und versuchte, verständnisvoll zu sein. Vermutlich hatte ich mir das Ratschläge geben gründlich abtrainiert. Natürlich *wollen* andere Menschen manchmal unseren Rat. Einige wollen vielleicht sogar ständig den Rat von anderen. Sie glauben, die anderen hätten die Antworten auf ihre Probleme und sollten versuchen, diese für sie aus der Welt zu schaffen. Dieses emotionale Bedürfnis führt zu unserer Erwartung, dass auch unser Rat gefragt ist. Auch wenn es keinen Erfolg bringt (oder gar nicht erst befolgt wird), gehen wir davon aus, dass der Ratschlag eines Zuhörers bedeutet, er nähme die Sorgen des Sprechers ernst.

Dabei geht es beim Zuhören nicht darum, ob wir jemandem unseren Rat geben oder darauf verzichten. Es geht darum, ob unsere Reaktion auf dem Erkennen und Beantworten der Gefühle des anderen basiert, oder ob es nur darum geht, wie wir mit unseren eigenen Gefühlen umgehen. Wenn wir einem Menschen mit einem Problem sagen, er solle etwas „Konstruktives tun", demonstriert dies unsere Unfähigkeit, unsere eigene Rat- und Rastlosigkeit zu tolerieren. So ist es auch, wenn wir andere mit „Sag doch, was du fühlst!" oder „Du musst ihn zur Rede stellen!" zu etwas drängen wollen. Gutes und schlechtes Zuhören unterscheidet sich dadurch, wie ansprechbar und empfänglich wir für den anderen sind, ob wir nur halbherzig reagieren oder aber versuchen, dem anderen unsere Problemlösungsvorschläge aufzudrängen. Wenn wir es nicht schaffen, unser Selbst dem anderen zuliebe zurückzustellen, verrät dies unseren Mangel an Autonomie und unsere Unfähigkeit, uns gegenüber dem anderen abzugrenzen.

„Kennst du den schon …?“ (Übersetzung: „Egal, was du sagst, deine Sorgen langweilen.”)

Ein weiteres bekanntes Beispiel für Leute, die ihr Selbst nicht in Schach halten können, ist der Spaßvogel, der ständig herumwitzelt, um sein eigenes Unwohlsein zu überspielen und die Aufmerksamkeit auf sich selbst zu lenken, anstatt sich auf den anderen einzustellen. Es gibt Momente, in denen der Sprücheklopfer lustig ist und seine Späßchen Ihnen nichts ausmachen. Wenn Sie aber versuchen, im Vertrauen mit ihm zu reden, sind ständig eingeworfene Scherze einfach nur ärgerlich. Mit seiner Witzelei versucht er nur abzulenken, anstatt wirklich aufmerksam zuzuhören und sich gefühlsmäßig auf uns einzulassen. Dieses unangenehme Gefühl der unerwünschten Ablenkung haben wir auch dann, wenn wir uns schon mit jemandem unterhalten und der Witzbold sich plötzlich dazugesellt. Er trägt nicht wirklich zu dem Gespräch bei. Statt sich in uns einzufühlen und nachzuvollziehen, was wir sagen, nutzt er unsere Worte nur als Steilvorlage für den nächsten Witz.

Solche Scherzkekse sind mal mehr, mal weniger lästig – je nachdem, wie lustig sie sind. Oft ist das unablässige Witzereißen nicht viel mehr als ein Ventil für zu viel angestaute Energie und ein Schutz vor Langeweile. Trotzdem kann jemand, der unsere Gespräche ständig mit Witzen torpediert, genauso unangenehm sein wie jemand, der sich nicht zurückhalten kann.

„Ach lass mal, keine Ursache.“ (Übersetzung: „Es ist mir peinlich, wertgeschätzt zu werden.“)

Können Sie sich vielleicht noch an das letzte Mal erinnern, als jemand Ihnen einen riesigen Gefallen tat, und Sie so dankbar dafür waren, dass Sie sich in besonderer Weise dafür bedanken wollten? Vielleicht haben Sie Blumen verschenkt oder eine Flasche guten Wein besorgt, um ihre Dankbarkeit zu zeigen. Oder Sie haben sich mit Worten bedankt. Hat die Person Ihren Dank angenommen oder ihn beschämt mit einem „Ach, das war doch nichts!“ abgewehrt? Natürlich ist es nachvollziehbar, wenn jemand verlegen auf überschwänglichen Dank reagiert. Dennoch fühlen wir uns dann ein bisschen abgelehnt – als würde der andere uns damit nicht nur sagen, dass unser Dank nicht nötig ist, sondern auch, dass unser Gefühl der Dankbarkeit keine Berechtigung hat. Wäre es nicht schön, jemandem einfach in die Augen zu sehen und „Danke!“ zu sagen, und die Person würde daraufhin auch uns in die Augen sehen und „Sehr gerne!“ erwidern?

„Ist doch nicht so schlimm!" (Übersetzung: „Verdirb mir meine Laune nicht mit deinen Problemen!")

Eine wohl noch stärkere Form der Ablehnung können wir empfinden, wenn wir jemandem etwas erzählen, was uns wütend gemacht oder verängstigt hat, und wir daraufhin gesagt bekommen, dass es keinen Grund gibt, sich so angegriffen zu fühlen.

Missglücktes Zuhören tritt oft in der Form auf, dass uns unsere Zuhörer erklären, wir hätten keinen Grund dafür, uns so zu fühlen, wie wir es gerade tun. Es ist frustrierend, wenn wir gesagt bekommen, wir sollten uns keine Sorgen machen, uns nicht schuldig fühlen oder keine Angst haben. Es mögen edle Absichten dahinterstecken, doch endet es leider oft damit, dass wir um die Anerkennung unserer Gefühle betrogen werden. Die allermeisten Versuche, anderen Menschen ihre Sorgen auszureden, werden völlig zu Recht als Ablehnung verstanden, nämlich als „Verdirb mir meine Laune nicht mit deinen Problemen!"

Wenn jemand so besorgt oder verärgert ist, dass er darüber reden muss, ist die beste Antwort darauf das Anerkennen seiner Gefühle. Wer dem anderen versichern will, dass es keinen Grund zur Sorge gibt, geht nicht auf ihn ein, sondern nur auf die eigenen unangenehmen Gefühle, die beim Zuhören entstehen.

Sagt Ihnen eine Freundin, sie mache sich Sorgen um die Zukunft, und Sie haben die Macht, die Zukunft zu kontrollieren, dann tun Sie es. Ist dies nicht der Fall, hören Sie ihr einfach nur zu. Auch wenn Sie *wissen* (oder glauben zu wissen), dass alles gut wird (in der Zukunft), wird ein Aussprechen dieses Gedankens (der Zukunftsprognose) diese Angst nicht zerstreuen. Wenn Sie jemanden bestärken, statt ihm zuzuhören, mag ihn das etwas beruhigen. Häufig aber besteht die stärkere Reaktion des anderen darin, dass er sich nicht ernst genommen fühlt. Jemandem zu sagen, er solle sich keine Sorgen machen, führt nicht dazu, dass er plötzlich sorgenfrei ist, sondern eher dazu, dass er Ihnen seine Gefühle in Zukunft nicht mehr anvertraut.

Am einfachsten wäre es jetzt natürlich, einfach festzustellen, dass es am besten ist, dem anderen nicht zu sagen, er solle sich keine Sorgen machen, da dies ja nichts mit Zuhören zu tun hat, und es einfach dabei zu belassen. Doch manchmal tut es gut, bestärkt zu werden. Stellen Sie sich vor, Sie sind mit Ihrer neuen Frisur nicht so recht zufrieden, und ein Freund sagt Ihnen: „Du siehst richtig gut aus!", oder Sie haben das Gefühl, kaum etwas erreicht zu haben, und eine Freundin erinnert Sie daran, was Sie schon alles geleistet haben, und schon fühlen Sie sich besser. Der schmale Grat zwischen dem Wunsch, bestätigt zu werden und dem Wunsch, angehört zu werden, ist nicht immer leicht zu erkennen. Je zögerlicher ein Sprecher von seinen Sorgen und Selbstzweifeln berichtet, umso wahrscheinlicher ist es, dass er Bestätigung sucht. Je stärker er diese Gefühle aber zum Ausdruck bringt, umso wahrscheinlicher ist es, dass er angehört und ernst genommen werden will. Aufmerksames Zuhören hilft uns dabei, zu erkennen, welche Art der Antwort sich ein Sprecher erhofft.

„Haben wir nicht erst kürzlich darüber gesprochen?“ (Übersetzung: „Warum bist du noch nicht darüber hinweg?“)

Es kann belastend sein, sich immer wieder dieselben Beschwerden und Klagen anzuhören. Mein Rat ist folgender: Geben Sie einfach dem Sprecher die Schuld für Ihre Ungeduld. Denken Sie bloß nicht über die Möglichkeit nach, dass der andere immer noch über etwas redet, weil er das Gefühl hat, dass Sie seine Gefühle nicht wirklich anerkennen. Und glauben Sie bloß nicht, dass die Verärgerung, die Sie empfinden, irgendetwas damit zu tun haben könnte, dass das Gespräch mit Ihnen die andere Person nicht dazu gebracht hat, sich besser zu fühlen. Geben Sie im Zweifel immer den anderen die Schuld für Ihre eigenen Gefühle.

„Rate mal, was passiert ist!“ (Übersetzung: „Egal, was du gerade auf dem Herzen haben magst, was mir gerade einfällt, ist wesentlich spannender!“)

Jack sprach gerade mit Gail über einige seiner beruflichen Probleme, als Woody vorbeikam und rief: „Ratet mal, was passiert ist!“ Dann begann er, über etwas zu reden, was rein gar nichts mit dem zu tun hatte, was die beiden zuvor besprochen hatten. Hatten sie ihr Gespräch schon beendet? Waren sie überhaupt daran interessiert, was er zu sagen hatte? Wer weiß das schon? Woody bestimmt nicht.

Wenn die Art, wie Woody das persönliche Gespräch zweier Menschen unterbricht, um loszuwerden, was ihm durch den Kopf geht, ein so offensichtlich unsensibles Verhalten ist, ist es dann etwas anderes, wenn jemand mit uns redet, und wir das Thema wechseln, ohne uns zu vergewissern, ob sie oder er sich wirklich aussprechen konnte?

Interesse vortäuschen

Mit einem guten Zuhörer sind wir gern zusammen: Er hört nicht nur aufmerksam zu, sondern ermutigt uns auch, unsere Ideen und Gefühle weiter zu erforschen und umfassender zu äußern.

Unabhängig davon, wie er es sagt, bewirkt ein guter Zuhörer, dass wir uns verstanden fühlen, und gibt uns die Möglichkeit und den Raum, weiter darüber zu sprechen.

Da wir alle gern als gute Zuhörer wahrgenommen werden möchten, passen wir uns oft einfach völlig den Stimmungen des anderen an. Wir nicken, sagen „aha" und „hmm", wenn wir nicht wirklich interessiert sind, und warten höflich ab, bis der andere ausgeredet hat, obwohl wir ihm gar nicht richtig zuhören. Jeder von uns gibt hin und wieder nur vor, zuzuhören. Bei einigen Leuten ist dies allerdings schon zur Gewohnheit geworden.

Unaufrichtige Zuhörer tauchen in einer Vielzahl von Formen auf. Vielleicht erkennen sie den einen oder anderen der folgenden wieder:

Der Vortäuscher

Solche Menschen täuschen Aufmerksamkeit nur vor. Sie schauen uns fest in die Augen, wenn wir sprechen. Die Intensität ihres Blicks verrät, dass sie sich mehr darauf konzentrieren, danach auszusehen, als ob sie zuhören würden, als es wirklich zu tun. Falls Sie noch nie einem Vortäuscher begegnet sein sollten (Glückwunsch!), werden Sie unter Politikern oder Fernsehmoderatoren bestimmt schnell fündig.

Der Unsichere

Unsichere Zuhörer wollen, dass der Eindruck entsteht, sie hörten zu. Tatsächlich aber sind sie mehr mit sich selbst beschäftigt. Während sie Sie ansehen, denken sie: *Mache ich das gut? Sehe ich gut aus? Hält mich der Sprecher für intelligent?* Dieser ständige Selbstbezug hält solche Zuhörer davon ab, sich auf das zu konzentrieren, was Sie sagen.

Der Pseudo-Therapeut

Möchtegern- und Amateur-Therapeuten spielen eifrig die Rolle des aufmerksamen Zuhörers, sind aber mehr an dieser Rolle als am wirklichen Zuhören interessiert. Sie nehmen fälschlicherweise an, dass der Zuhörer die Hauptrolle spielt und nicht nur eine unterstützende Funktion hat.

Berufsanfänger paraphrasieren oft alles, was ihre Patienten sagen. Das mag nach einer Form der Anerkennung klingen, ist aber oft der Versuch, die Botschaften des Sprechers in eine Schublade zu stecken, die den Therapeuten interessiert – seien es Gefühle, eine Zusammenfassung der Fakten oder eine Situationsanalyse.

Carmen erzählte ihrem Mann von den Schwierigkeiten, die sie beim Organisieren einer Konferenz hatte. Statt ihr Zeit zu lassen, ihre Situation und ihre Gefühle zu erklären, machte er immer wieder wertende kleine Randbemerkungen, die das Gesagte bruchstückhaft zusammenfassten: „Ja, diese Dinge hätten schon lange im Voraus organisiert werden müssen." „Deine Vorgesetzte kümmert sich also gar nicht darum." „Ich sehe schon, es hätten nicht so viele Leute in den Planungsprozess mit einbezogen werden sollen." Er war überzeugt, seine Kommentare wären hilfreich, doch auf Carmen wirkten sie nur störend. Er sprach darüber, wie die Dinge hätten laufen sollen, statt ihre Gefühle und Gedanken über die Situation zu erkennen, in der sie sich gerade befand.

Das Problem beim Amateur-Therapeuten liegt nicht darin, dass er nicht zuhören würde, sondern dass er dies in einer Weise tut, bei der der Fokus auf die Hilfsbereitschaft des Zuhörers gelenkt wird statt auf die Gefühle des Sprechers.

„Ich weiß, was das Problem ist." „Hier ist meine geniale Analyse." (Fast ein bisschen so wie dieses Buch.)

Der aktive Zuhörer

Das aktive Zuhören ist eine sehr nützliche Technik, bei der der Zuhörer paraphrasiert, was der Sprecher gesagt hat. Das Ziel dieser Technik ist es, dem Zuhörer dabei zu helfen, sich auf das Gesagte zu konzentrieren und es anzuerkennen. Wenn dieses „aktive Zuhören" aber nur zusammenfasst, was gesagt wurde, verlagert sich der Schwerpunkt von den Äußerungen des Sprechers hin zur Wahrnehmungsfähigkeit des Zuhörers.

Aktives Zuhören ist eine gute Sache. Anzuerkennen, was andere sagen, ist ein essentieller Teil guten Zuhörens. Wenn das Zuhören aber zu einer Kurzanleitung zusammengestutzt wird, erwecken manche Menschen nur den Anschein zuzuhören, anstatt es wirklich zu tun. Augenkontakt halten, nicken, m-hm sagen und das Gehörte paraphrasieren sind Techniken, die beim Zuhören zum Einsatz kommen. Wer aufmerksam zuhört, wird einige davon automatisch anwenden. Das Wichtigste ist aber, sich auf das Zuhören selbst zu konzentrieren, und nicht darauf, zu zeigen, dass man es tut.

Es gibt einen ziemlich alten Witz, der davon handelt, wie ein depressiver Patient mit seinem Therapeuten spricht und dieser die Methode des aktiven Zuhörens anwendet. Der Patient sagt: „Ich bin deprimiert." Der Therapeut wiederholt: „Sie sind deprimiert." Der Patient: „Nein, ich meine, ich bin *wirklich* deprimiert." Vom Therapeuten kommt das Echo: „Sie sind *wirklich* deprimiert." Völlig verzweifelt sagt nun der Patient: „Ich bin so deprimiert, ich will mich umbringen!" Darauf der Therapeut: „Sie wollen sich umbringen." „Ich zeig's Ihnen!", ruft der Patient, steht auf, läuft zum Fenster und stürzt sich hinaus. Der Therapeut läuft zum Fenster hinüber, steckt den Kopf heraus, schaut hinunter und sagt: „ Plumps!"

Dies ist natürlich eine bitterböse Parodie und zeigt nur, wie mechanisch das Paraphrasieren mitunter ablaufen kann. Es geht beim Zuhören nicht darum, zu wiederholen, was der andere sagt, sondern darum, zu verstehen, wie er sich fühlt. (Also hätte der Therapeut am Ende des Witzes natürlich „Aua!" sagen müssen).

Der Ichbezogene

Diese kleine Sünde illustriert bestens, was schlechtes Zuhören ausmacht. Wer ständig nur auf sich selbst fokussiert ist, mag den Eindruck erwecken, dass er zuhört. Insgeheim wartet diese Zuhörerspezies aber nur darauf, endlich ihre eigene Geschichte erzählen oder ihre eigene Meinung loswerden zu können.

Sprecher: „Ich hasse meinen Vorgesetzten!"

Zuhörer: „Ich auch! Mein Chef ist derartig herablassend ..."

Wenn jemand sagt: „Ich hasse meine Vorgesetzte!", und Sie wollen gleich einstimmen und ausrufen, dass Sie Ihre auch hassen, warten Sie damit, bis Sie an der Reihe sind.

„Ich hasse meine Vorgesetzte!"

„Das ist eine blöde Situation. Was tut sie denn immer?"

Wenn die andere Person die Möglichkeit hatte, diese Frage zu beantworten, sind Sie an der Reihe. Solche Anstrengungen haben jedoch nur geringe Erfolgsaussichten, wenn Ihr Drang, angehört zu werden, zu stark ist. Achten Sie darauf, dass auch Ihnen selbst ausreichend zugehört wird – so wie Sie es brauchen.

Hören Frauen anders zu als Männer?

Meine Ansicht, dass sich ein guter Zuhörer zurückhalten sollte, widerspricht der Auffassung der berühmten Linguistin Deborah Tannen, die erklärt: „Wenn Frauen lockere und unbefangene Gespräche führen, bei denen ein harmonisches Verhältnis im Vordergrund steht, fallen sie einander ständig auf kooperative Weise ins Wort: Die Zuhörerinnen unterbrechen die Sprecherinnen, um ihnen ihre Anteilnahme und ihre Unterstützung zu zeigen."[3]

xxxxxxxxxxxxxxxxxxxxxxxxxxxxxxxxxxxxxxxxxxxxxxx

Wie Sie Ihre Ichbezogenheit überwinden

Bedaure, aber leider gibt es dafür keine Wunderlösung. Ihren Gesprächspartner ausreden zu lassen ist das Einzige, was Sie tun können. Es mag vollkommen legitim sein, was Sie dazu zu sagen haben. Wenn es Ihnen aber zu früh über die Lippen kommt, haben Sie Ihr Gegenüber weder ausreden lassen noch wahrgenommen, was er Ihnen mitteilen wollte.

xxxxxxxxxxxxxxxxxxxxxxxxxxxxxxxxxxxxxxxxxxxxxxx

Ja, es gibt Momente, in denen gegenseitiger Austausch und das Gefühl von Verbundenheit wichtiger sind als das Bedürfnis, von einem selbstreflektierenden anderen Menschen angehört und anerkannt zu werden. Tannen aber verfällt in Stereotype, wenn sie postuliert, dass es Frauen um „Rapport-Gespräche" geht, bei denen ihre Beziehung im Vordergrund steht, während Männer „Report-Gespräche" führen, die sich auf den Inhalt konzentrieren. Männern geht es laut Tannen um die Selbstdarstellung, während „für die meisten Frauen der Austausch vor allem ein Rapport ist: ein Mittel, Beziehungen herzustellen und diese Beziehungen zu gestalten."[4] „Die meisten Männer benutzen Gespräche dafür, sich ihre eigene Unabhängigkeit zu bewahren und ihren Status in einer hierarchischen Gesellschaftsordnung zu behaupten."[5]

Tannen erwähnt in diesem Zusammenhang ein Beispiel für den Gegensatz der Geschlechter (den viele Leute für gottgegeben halten): Ein Verkäufer berichtet, wie er einen Fehlbetrag in der Kasse einmal aus eigener Tasche ausgleichen musste. Die zuhörenden Frauen „unterbrachen seinen Bericht ständig mit Kommentaren und anteilnehmenden Ausrufen, wie ungerecht dies sei."[6] Tannen zufolge ist dies die „Rapport-Sprache". Allerdings sind die Frauen (oder Männer), die den Sprecher ständig mit Mitleidsbekundungen unterbrechen, womöglich gar nicht empfänglich für das, was gesagt wird. Ihre ständigen anteilnehmenden Kommentare könnten bedeuten, dass sie sich selbst in einem guten Licht darstellen wollen – nicht, um andere zu übertrumpfen, sondern um als besonders verständnisvoll wahrgenommen zu werden. Viele „sehr hilfsbereite" Menschen agieren auf solche Weise. Sie stellen sich nicht hin und sagen: „Schaut her, bin ich nicht großartig?", sondern lassen durchblicken: „Schaut her, wie hilfsbereit ich bin!"

Wenn Menschen über ihre Gefühle sprechen – z. B. darüber, was sie begeistert, oder darüber, was ihnen auf dem Herzen liegt – möchten sie angehört und nicht mit Ratschlägen überhäuft oder durch eine Geschichte unterbrochen werden, wem es gerade so ähnlich geht. Sie wollen Zuhörer, die sich Zeit nehmen, um ihre Geschichte anzuhören; Zuhörer, die anerkennen, was sie sagen, und niemanden, der die Situation ausnutzt, um das Gespräch auf sich selbst zu lenken.

Die Fähigkeit, die eigenen Bedürfnisse lange genug zurückzustellen, um dem anderen zuzuhören, hängt von der eigenen Persönlichkeit, der gegenwärtigen Situation und Stimmung und auch von der Beziehung zum Sprecher ab. Einige Menschen müssen ständig im Zentrum der Aufmerksamkeit stehen. Ihr Narzissmus, ihre Hypochondrie oder schlichtweg ihre eigene Unreife schränken die Fähigkeit ein, außer den eigenen auch die Bedürfnisse anderer zu berücksichtigen. Es gibt auch Menschen, die selten über sich selbst sprechen, dafür aber nicht zuhören können, ohne zu jedem Thema sofort ihre Meinung beizusteuern. Diese Zeitgenossen sind wahrscheinlich nicht selbstbezogen (nur an sich selbst interessiert), wohl aber egozentrisch (völlig ihrer eigenen Sichtweise verhaftet) und ganz und gar keine angenehmen Gesprächspartner.

Wenn jemand, der uns sehr viel bedeutet, beim Zuhören alles nur durch einen Filter der eigenen Vorurteile oder Ängste wahrnimmt, fühlen wir uns missverstanden und alleingelassen. Wir haben den Eindruck, dass unsere Gefühle als unberechtigt angesehen werden, und dass wir selbst nicht zählen. Kinder, die das Pech haben, mit verständnislosen Eltern aufzuwachsen, können eine ungesunde Distanz zu ihren eigenen Erfahrungen entwickeln. Ihr Selbstbild wird wie durch einen Zerrspiegel verformt. Erwachsene, die es mit egozentrischen Zuhörern zu tun haben, die nicht dazu bereit sind, die Erfahrungen anderer aus deren Perspektive zu sehen, fühlen sich mundtot gemacht, verärgert oder enttäuscht, und gehen in der Beziehung zum Egozentriker auf Distanz.

Zuhörer, die mehr oder weniger nie aufnahmebereit für die Botschaften anderer sind, haben oft das Gefühl, ausgeschlossen zu werden, ohne zu wissen, warum eigentlich. Sie können keine Verbindung zu anderen aufbauen, da sie es nicht schaffen, die Kluft zwischen sich und den anderen zu überbrücken. In Kapitel 7 sehen wir uns an, wie Zuhörer aufmerksam sein und das Gesagte aufzunehmen können, ohne Ich-Botschaften in ihren Antworten zu verstecken.

Übungen

1. Bitten Sie jemanden, dem Sie vertrauen, Ihre Zuhörfähigkeit einzuschätzen. Führen Sie ein Übungsgespräch, bei dem Sie zusammenfassen, was die andere Person gesagt hat, nachdem sie ihre Ausführungen zu Ende gebracht hat. Beim Zusammenfassen des Gesagten werden Sie bemerken, wie gut Sie mitbekommen haben, was die andere Person Ihnen mitteilen wollte. Dabei geht es nicht darum, nur zu wiederholen, was gesagt wurde, sondern darum, ob Sie verstanden haben, was die andere Person damit ausdrücken wollte.

   Wenn es Ihnen schwerfällt, herauszufinden, was die andere Person Ihnen begreiflich machen wollte, überlegen Sie, was Sie am Verstehen gehindert haben könnte. Die eigenen Tagträume, das gedankliche Vorformulieren der eigenen Antwort oder vielleicht ein eigenes Vorurteil? Waren Sie gelangweilt? Haben Sie über etwas anderes nachgedacht? Haben Sie sich nur auf ein bestimmtes Detail konzentriert, und ist Ihnen dadurch die hauptsächliche Botschaft des Sprechers entgangen? Um zu einem besseren Zuhörer zu werden, müssen Sie versuchen, diese Gewohnheiten abzustellen.

2. Kreuzen Sie bei jeder der folgenden Aussagen die Antwort an, die Sie vermutlich geben würden, d. h. die Antwort, die Sie wirklich typischerweise geben würden, und nicht die, von der Sie glauben, sie sei die beste.

   a. „Ich habe schon den ganzen Nachmittag lang fürchterliche Kopfschmerzen."
   - (1) Vielleicht solltest du eine Schmerztablette nehmen.
   - (2) Vielleicht solltest du nicht so viel Kaffee trinken.
   - (3) Oje, das ist nicht schön.
   - (4) Oje, das ist nicht schön. Wann haben sie angefangen?
   - (5) Ich habe auch Kopfschmerzen. Vielleicht hat das etwas mit dem Wetterwechsel zu tun.

   b. „Ich weiß nicht, was ich anziehen soll."
   - (1) Warum ziehst du nicht ... an?
   - (2) Niemand wird groß darauf achten, was du anhast.
   - (3) Ich weiß, das ist eine schwierige Entscheidung.
   - (4) Ich kenne das Gefühl. Woran hast du denn gedacht?
   - (5) Ich weiß genau, was du meinst. Ich kann mich auch nie entscheiden, was ich anziehen soll.

   c. „Ich habe letzte Nacht kaum geschlafen."
   - (1) Vielleicht solltest du mehr Sport treiben.
   - (2) Du schläfst jeden Abend vor dem Fernseher ein – kein Wunder, dass du Schlafprobleme hast!

(3) Das ist schade.
(4) Das ist schade; weißt du warum?
(5) Ich habe letzte Nacht auch kaum geschlafen.

d. „Ich hasse Teamsitzungen!"

(1) Sitzt du nur gelangweilt herum oder beteiligst du dich auch mal?
(2) Das gehört doch aber zu deiner Arbeit, oder nicht?
(3) Ja, ich weiß genau, was du meinst.
(4) Das kann ich gut nachvollziehen! Wie läuft das denn bei euch ab?
(5) Bei unseren muss immer gleich jeder seinen Senf dazugeben.

e. „Ich mache doppelt so viel wie alle anderen, aber niemand erkennt es an."

(1) Vielleicht solltest du einen Gang zurückschalten.
(2) Es ist ja auch deine eigene Schuld. Du machst immer zu viel für andere.
(3) Das ist ungerecht.
(4) Wie lange geht das schon so?
(5) Ich weiß, was du meinst. Ich bin immer die Erste im Büro und die Letzte, die geht.

f. „Ich bin heute mit meinem Projekt kaum vorangekommen. Immer, wenn ich loslegen wollte, kam etwas anderes dazwischen und hat mich abgelenkt."

(1) Warum versuchst du nicht, die Tür zu deinem Büro zu schließen und dein Handy auszuschalten?
(2) Du wirst nie fertig werden, wenn du dich immer ablenken lässt.
(3) Wie blöd.
(4) Es kam ständig etwas dazwischen?
(5) Mir geht's im Moment genauso. Immer wenn ich etwas Wichtiges zu erledigen habe, lasse ich mich von etwas anderem ablenken.

In allen diesen Beispielen steht Nummer (1) für einen Ratschlag, Nummer (2) für Kritik, Nummer (3) für einen mitfühlenden Kommentar, der das Gespräch beendet, Nummer (4) ist ein anteilnehmender Kommentar, der das Gespräch belebt, und Nummer (5) ist das Umlenken des Fokus auf uns selbst. Zeigen Ihre Antworten Ihnen ein bestimmtes Muster, in dem Sie häufig reagieren?

Üben Sie in Gesprächen, anteilnehmende Bemerkungen zu machen, die Ihr Gegenüber dazu ermuntern, weiter auf die angesprochene Problematik einzugehen.

KAPITEL 5

»»»»»»»»»»»»»»»»»»»»»»»»»

„DU HÖRST NUR, WAS DU HÖREN WILLST!“

Wie heimliche Voreingenommenheit das Zuhören erschwert

Wie wir gesehen haben, erfordert wirkliches Zuhören einige Anstrengung. Doch manchmal wird diese Anstrengung von unserer Voreingenommenheit beeinflusst: Unsere Vorurteile funktionieren wie ein Filter, der bestimmt, was wir hören und wie wir reagieren. Diese Vorurteile nehmen die Form vorgefasster Erwartungen und defensiver Reaktionen an. Ich erkläre in diesem Kapitel näher, wie unsere Erwartung von dem, was wir hören werden, das beeinflusst, was wir tatsächlich hören. Unsere emotionalen Reaktionen sehen wir uns im nächsten Kapitel an. Es ist nicht einfach herauszufinden, wie viel ein Sprecher und wie viel ein Zuhörer zu einem Missverständnis beiträgt. Wohl noch komplizierter ist es, unsere Erwartungen von unseren Gefühlen zu unterscheiden, die unser Zuhören beeinträchtigen.

Wie unsere Einstellung zum Sprecher beeinflusst, was wir hören

Wer herausfinden möchte, wie stark das Zuhören von unterschiedlichen Faktoren beeinflusst wird, muss sich nur einmal dieselbe Geschichte von zwei unterschiedlichen Seiten erzählen lassen.

Lucy arbeitete als Sonderpädagogin an einer Schule. Eines Tages hatte sie ein demütigendes Zusammentreffen mit ihrer Schulleiterin. Als diese einen Raum für den Lese-Unterricht einer neuen Lehrkraft brauchte, hinterließ sie Lucy einen Zettel, auf dem stand, sie müsse jetzt mit ihren Schülern in einen kleinen Raum im Keller der Schule umziehen, der zuvor als Lager benutzt worden war. Lucy war stolz darauf, ein sehr flexibler Mensch zu sein, doch die Vertreibung in den Keller empfand sie als Demütigung. Zudem schien die Schulleiterin keinerlei Respekt vor den besonderen Bedürfnissen ihrer Schülerinnen und Schüler zu haben.

Als Lucy sie anrief, um ein Gespräch über diese unbefriedigende Situation zu fordern, schlug ihr die Schulleiterin einen Termin am selben Nachmittag vor. Als Lucy um 16 Uhr vor dem Büro stand, hing dort nur ein Zettel, auf dem stand, ihre Schulleiterin sei zu einer anderen Besprechung gegangen, werde sich aber zu einem späteren Zeitpunkt mit ihr treffen. Es vergingen zehn Tage, bevor die Schulleiterin endlich Zeit für Lucy fand. Zu diesem Zeitpunkt musste Lucy sich bereits sehr anstrengen, ihren Ärger zu unterdrücken. Sie erklärte ihrer Schulleiterin so ruhig wie möglich, dass ein Umzug in den Keller für sie nicht hinnehmbar sei. Statt zuzuhören reagierte die Schulleiterin, die ihre Entscheidung ja schon getroffen hatte, defensiv. Als Lucy irgendwann einwarf, dass der Raum, in dem sie die Kinder unterrichtete, schon immer ihr Klassenzimmer gewesen sei, konterte die Schulleiterin spitz: „Ach, haben Sie ihn von zu Hause mitgebracht?“ Lucy verließ das Büro unter Tränen.

Sobald sie zu Hause angekommen war, rief Lucy ihre Schwester an, die seit dem Tod ihrer Mutter ihre einzige noch lebende Verwandte war. Doch als Lucy versuchte, ihr zu erzählen, was passiert war, unterbrach Katrine sie ständig mit Fragen: „Was hast du diese Frau denn gefragt, dass sie so abwehrend reagiert hat? Du musst doch irgendetwas gesagt haben, das sie auf die Palme gebracht hat.“ Lucy war fassungslos. Statt sie zu unterstützen, gab ihre Schwester *ihr* die Schuld an der Misere. Es fühlte sich an wie ein Schlag ins Gesicht. „Hör mir einfach nur zu, Katrine, bitte!“, flehte sie. Das brachte Katrine dazu, still zu sein, doch Lucy spürte, dass ihre Schwester nicht viel Anteilnahme zeigte und ihr nicht wirklich zuhörte, also beendete sie das Gespräch.

Als Lucy mir zwei Tage später von diesem Zwischenfall erzählte, sagte sie auch, dass ihre Schwester noch nie für sie da war, wenn sie sie brauchte.

Es hörte sich auch ganz danach an. Durch einen seltsamen Zufall hörte ich in der darauffolgenden Woche aber auch Katrines Version der Geschichte.

Katrine erzählte mir, sie habe schon ihr ganzes Leben lang Schwierigkeiten dabei gehabt, sich mit ihrer Schwester zu unterhalten. „Lucy muss unsere Gespräche immer dominieren. Sie liebt es, über sich selbst zu reden, hört aber kaum zu, wenn ich etwas sage. Sobald ich eine kleine Pause mache, muss sie sofort irgendeinen Kommentar oder Kritik loswerden." Am meisten aber störte Katrine, dass Lucy sich ständig beschwerte. „Dauernd erzählt sie mir von irgendeinem Krach, den sie mit anderen Lehrern, den Nachbarn, der Supermarktkassiererin oder sogar dem netten alten Mann vom chinesischen Schnellimbiss hat. Und natürlich sind immer die anderen schuld. Ich habe wirklich lange versucht, ihr zuzuhören – schließlich ist sie meine Schwester. Aber je älter ich werde, umso weniger will ich mir Zeit für ihre negative Einstellung nehmen." Katrine fand, dass sie keine Geduld mehr für Lucy aufbringen konnte, weil sie diese über Jahre einfach zu stark strapaziert hatte.

Es geschieht öfter, dass Sprecher nicht mehr angehört werden, weil sie eine geringe Glaubwürdigkeit haben. Die Glaubwürdigkeit eines Familienvaters kann auch davon abhängen, ob seine Frau und seine Kinder den Eindruck haben, dass er weiß, was in der Familie vor sich geht, oder glauben, dass er so mit seiner Arbeit beschäftigt ist, dass ihm völlig entgeht, was eigentlich zu Hause abläuft. Ein Vater, der eine Affäre hat oder zu viel trinkt, gleichzeitig aber seinen Kindern gern Predigten über ein tugendhaftes Leben hält, wird wohl weder den Respekt noch das Gehör seiner Kinder finden. Auch die gesellschaftliche Stellung der Eltern kann ihre Glaubwürdigkeit beeinflussen. Ein Vater, der entlassen wurde und arbeitslos ist, kann seine Glaubwürdigkeit verlieren. Dies mag weniger damit zu tun haben, dass seine Familie über ihn urteilt, sondern eher damit, dass er womöglich den Respekt vor sich selbst verliert und nur noch verbittert daherredet, was den anderen Familienmitgliedern das Zuhören erschwert. Das Zuhören wird immer durch den situativen Kontext bestimmt.

Bei einigen Menschen werden wir schon misstrauisch, wenn wir ans Telefon gehen und ihre Stimme hören. Vordergründig fragen sie nur, wie es läuft, aber unsere Erwartung warnt uns vor etwas anderem: Sie rufen uns bloß an, weil sie etwas wollen. Sogar wenn wir mit ihnen befreundet sein wollen, sind solche Beziehungen auf Dauer so einseitig, dass sie sich irgendwann abnutzen. Wahrscheinlich hören sie heraus, dass wir nicht gerade vor Begeisterung glühen, wenn wir sie am Telefon begrüßen. Aber haben sie auch die geringste Ahnung davon, warum das so ist?

Glaubwürdigkeit hängt auch davon ab, ob wir uns aus Sicht der anderen so verhalten, wie sie es je nach unserer sozialen Stellung erwarten. Einem Kollegen, dem es herzlich egal ist, wie die Stimmung in der Firma ist, werden die anderen kaum zuhören, auch dann nicht, wenn er etwas Wichtiges zu sagen hat. Eine Mutter, die ihre Kinder im Teenageralter noch behandelt wie Sechsjährige, vermittelt den Eindruck, sie habe den Bezug zur Realität verloren und sei deshalb nicht in der Lage, sich berechtigte Gedanken über das Wohlergehen ihrer Familie zu machen.

Viele Großeltern werden ignoriert, wenn sie ihren Kindern gute Ratschläge zur Erziehung der Enkelkinder geben. Ihr Fehler besteht nicht wirklich darin, dass sie sich einmischen, sondern dass sie die Unsicherheit ihrer Kinder in deren noch ungewohnter Elternrolle nicht mehr nachvollziehen können. Ihre Kinder hören nicht auf sie, weil sie das Gefühl haben, ihre Ratschläge untergrüben die eigene, teils noch ungefestigte Autorität. In diesem speziellen Fall behandeln Großeltern ihre Kinder fälschlicherweise zu sehr wie reife und selbstsichere Erwachsene, die alles unter Kontrolle haben, obwohl diese sich gar nicht so fühlen.

Auch die Deutlichkeit und Relevanz der Botschaften eines Sprechers entscheiden, ob er als glaubwürdig wahrgenommen wird. Wenn Ihr Schwiegervater seine Äußerungen ständig mit verhunzten Wortspielen und missglückten Anspielungen würzt, werden Sie sich anfangs Mühe geben, ihm zu folgen, um eine gute Beziehung zu ihm aufzubauen. Da dies auf Dauer aber recht mühsam für Sie wird, werden Sie vermutlich irgendwann aufgeben. Wenn Ihr eigener Vater gewohnheitsmäßig das Thema wechselt, um auf sich selbst zu sprechen zu kommen und die immergleichen Anekdoten zum Besten zu geben, werden Sie wohl bald verlernen, ihm zuzuhören. Wer das Privileg unserer Aufmerksamkeit missbraucht und keine Ende finden will oder pausenlos von einem Thema zum nächsten springt, erweckt den Eindruck, dass er den Zuhörer nicht wertschätzt. Dann wird das Zuhören zu einer Qual. Und wer sollte sich freiwillig dieser Qual aussetzen?

Wenn der Sprecher seine Glaubwürdigkeit verloren hat, die Beziehung zwischen Sprecher und Zuhörer aber gefestigt ist, wird der Zuhörer aufmerksam bleiben, aber dabei trotzdem nicht richtig bei der Sache bleiben. So werden Sie z. B. Ihrer alten Tante, die Zeit ihres Lebens immer warmherzig und großzügig war, Ihre Aufmerksamkeit schenken, auch wenn Sie sie nicht genug respektieren, um ihr wirklich zuzuhören. Wird eine Botschaft ganz unabhängig von ihrem Inhalt ohne Pause wiederholt, kann es schnell passieren, dass Ihnen Ihre höfliche Aufmerksamkeit abhandenkommt. Dann reagieren Sie eher mit Verärgerung oder gehen auf Distanz.

Hört eine Freundin gar nicht mehr damit auf, Ihnen wegen ihres Ex-Partners in den Ohren zu liegen, haben Sie schnell genug davon. Vermutlich wird es Sie richtig nerven, dass sie einfach nicht loslassen kann. Dasselbe passiert, wenn ein Freund, der mitten in seiner Scheidung steckt, nur noch darüber redet, was für ein Miststück seine Ex-Frau doch ist.

Wie unsere Erwartungen uns überempfindlich machen: Die Entdeckung der Objektbeziehungstheorie

Unsere Beziehungen zueinander hängen von unserer Fähigkeit ab, über unsere unmittelbaren Erfahrungen hinauszugehen und von diesen gedankliche Abbilder zu erschaffen, mit denen wir im Geist verschiedene Möglichkeiten durchspielen können. Ein einfaches Beispiel dafür ist beispielsweise, wie ein Kind die Trennung von seiner Mutter aushält, indem es sich an ihre Anwesenheit erinnert und darauf vertraut, dass sie wiederkommt. Diese Fähigkeit, Erfahrungen gedanklich neu durchzuspielen, kann eine Quelle von Flexibilität sein, die uns anpassungsfähiger macht, aber ebenso die Ursache einer starren Inflexibilität, die manche Menschen an ihrer Umwelt verzweifeln lässt.

Von Anfang an basiert unser Leben auf Beziehungen, die wir zu anderen Menschen haben. Diese Beziehungen hinterlassen Spuren in Form innerer Bilder unseres Selbst, des Selbst von anderen und unseres Selbst im Verhältnis zu den anderen. Als Erwachsene reagieren wir nicht nur auf den uns tatsächlich gegenüberstehenden Anderen, sondern auch auf den inneren Anderen. Die *Objektbeziehungstheorie* erforscht das Wesen dieses inneren Anderen bzw. die geistigen Abbilder, die wir uns von anderen Menschen machen. Diese beruhen auf unseren Erfahrungen und unseren Erwartungen.

Die Objektbeziehungstheorie widmet sich vielen Details, die Aufschluss über unsere Vorurteile und unsere emotionalen Empfindlichkeiten geben. Ihre Kernaussage ist dabei folgende: Unsere gegenwärtigen Beziehungen sind von den Erfahrungen aus unserer Vergangenheit geprägt. (So mag ein Mann, der als Kind mit einem herrischen Vater aufwuchs, der über die Mutter bestimmte, sich vielleicht schwören, immer liebenswürdig und verständnisvoll mit seiner eigenen Frau umzugehen, am Ende aber selbst nicht an Kritik und guten Ratschlägen sparen.)

Unsere gegenwärtigen und früheren Beziehungen, die in unserer Objektinnenwelt kodiert sind, interagieren wie in einem Kreislauf miteinander. Unsere Lebensumstände erhalten unsere inneren Erwartungen aufrecht; wir wählen sie sogar aufgrund dieser Erwartungen aus und interpretieren sie auch im Lichte dieser Erwartungen.[1]

Alice fühlte sich oft überfordert: Es gab so viele Menschen in ihrem Leben, die von ihr abhängig waren. Sie musste sich um ihre alten Eltern kümmern, obwohl ihr Bruder viel näher bei ihnen wohnte. Ihre dreißigjährige Tochter rief sie drei- bis viermal wöchentlich an, um sich über irgendetwas auszuweinen oder um sich ihren Rat zu holen. Auch im Beruf wurde sie von mehreren Kollegen ständig um Unterstützung gebeten, obwohl sie sich doch um ihre eigenen Projekte kümmern musste. Alice übersah jedoch, dass sie sich gern für andere aufopferte. Sie fühlte sich dadurch gut. Sie suchte sogar nach Gelegenheiten, in denen sie ihre Hilfe anbieten konnte. Als sie klein war, wurde sie immer dafür belohnt, so eine „gute Tochter" zu sein. Also spielte sie diese Rolle weiter – natürlich auch für die beiden Menschen, die sie überhaupt erst in diese Rolle gedrängt hatten.

Terry hatte ein recht erfülltes Leben, aber keine engen Freunde. Als kleiner Junge war er mit mehreren Kindern befreundet, hatte aber zu keinem eine wirklich enge Beziehung. Er mochte es nicht, keine vollständige Kontrolle zu haben oder in irgendeiner Weise daran gehindert zu werden, zu kommen und zu gehen, wie es ihm gefiel. Während seiner Studienzeit konzentrierte er sich immer mehr auf seine Fächer und unternahm immer weniger mit seinen Freunden. Er lehnte Smalltalk und Plaudereien ab, weil er das Gefühl hatte, dass so etwas ihn nur von wichtigeren Dingen in seinem Leben abhielt. Seine sozialen Kontakte schrumpften immer mehr. Irgendwann fiel ihm auf, dass er in seinem Leben Freunde vermisste. Zu diesem Zeitpunkt aber waren die Menschen, die er interessant fand, schon zu sehr beruflich und familiär eingebunden, um zusätzliche Zeit in neue Freundschaften zu investieren.

Die Vergangenheit bleibt in unserer Erinnerung lebendig – und beeinflusst unser Leben stärker, als uns bewusst ist.

Um zu verstehen, weshalb manche Menschen am Boden zerstört sind, wenn sie Fehler machen, können wir Melanie Kleins Konzept der *depressiven Position* zu Rate ziehen, das die schmerzhafte Erkenntnis vermittelt, dass Liebe und Leid sehr eng miteinander verknüpft sind.[2] Ronald Fairbairns Idee der neurotischen Ichspaltung erklärt hingegen, warum manche Leute ausgesprochen wütend auf Kritik reagieren. Demzufolge ist das Ich in ein *erregendes Ich*, das nach absoluter Liebe dürstet, und ein *ablehnendes Ich*, das Zurückweisung erwartet, gespalten. Dadurch werden sämtliche Beziehungen oft in „vollkommen gut" oder „vollkommen schlecht" eingeteilt und können von einem Extrem ins andere fallen.[3] Wenn wir herausfinden wollen, warum sich einige Menschen zurückziehen, wenn sie verletzt sind, andere aber direkt zum Gegenangriff übergehen, müssen wir uns ansehen, wie deren Familien auf ihr narzisstisches Bedürfnis nach Aufmerksamkeit reagiert haben. Einige Menschen finden Aufmerksamkeit, weil sie stets sanft und freundlich sind: In ihren Familien waren Zorn und Selbstbehauptung nicht akzeptabel. Andere Menschen, die nur für ihre Leistungen Aufmerksamkeit geschenkt bekamen, können Verletzlichkeit und Schwäche als etwas Unerträgliches empfinden.

Diesen und anderen Ansätzen der Objektbeziehungstheorie liegt die Vorstellung zugrunde, dass ein neurotischer Mensch dem anderen nicht als ebenbürtige Person gegenübertritt, sondern als verschrecktes Kind, das weniger von dem real vor ihm stehenden Menschen eingeschüchtert ist als von der Idee, eine negative Reaktion zu erleben. Was das anbelangt, sind wir wohl alle ein bisschen neurotisch.

Überreaktionen sind etwas Erlerntes

Einige unserer Erwartungen, die wir an die Gespräche mit anderen Menschen stellen, ergeben sich aus der Geschichte unserer Beziehungen zu bestimmten Menschen. Was wir zu hören erwarten, ist aber auch von unserer tiefen Persönlichkeitsstruktur und den Spuren geprägt, die unsere frühesten Beziehungen bei uns hinterlassen haben. Um die Dynamik des Zuhörens in einer Beziehung zwischen zwei Menschen zu verstehen, ist es wichtig, nicht nur darauf zu achten, was zwischen diesen beiden Menschen passiert, sondern auch darauf, was in ihnen beiden vorgeht.

Wir stehen stärker, als uns lieb ist, noch im Schatten der Familie, in der wir aufgewachsen sind.

Der riesige Unterschied zwischen dem, was wir mit unseren Worten sagen und dem, was unsere beabsichtigte Botschaft ist, wird so manches Mal noch um Längen übertroffen von dem Unterschied zwischen dem, was wir sagen, und dem, was von unserem Gegenüber verstanden wird. Wenn jemand übertrieben zu reagieren scheint, lohnt es sich zu fragen, was seine Reaktion verständlich machen würde. Sobald Sie anfangen, so zu denken, und annehmen, dass es einen Grund für das Verhalten des anderen gibt, werden Sie etwas darüber erfahren, wie diese Person von ihren Eltern behandelt wurde.

Ein Grund für unsere mitgeschleppten und nicht überwundenen Empfindlichkeiten mag sein, dass wir unser Elternhaus verlassen, wenn wir uns noch in der Übergangsphase zwischen unserer Jugend und unserem reifen Erwachsenenalter befinden. Im Alter zwischen zwanzig und dreißig Jahren, wenn wir stark mit unserem eigenen noch jungen Liebes- und Arbeitsleben beschäftigt sind, entfernen wir uns gefühlsmäßig immer mehr von unseren

Eltern, weil wir davon ausgehen, dass wir sowieso nicht richtig mit ihnen reden können. Doch irgendwann später, meist, wenn wir die Dreißig überschritten haben, entschließen wir uns dazu, wieder Anschluss zu suchen und unsere Beziehung zu ihnen auf einer reiferen Basis neu aufzubauen.

Viele Menschen, die die Beziehung zu ihren Eltern verbessern möchten, haben leider oft problematische Erwartungen. Sie sehen sich selbst als Racheengel, die endlich alte Ungerechtigkeiten sühnen wollen, oder sie wollen die alte Vertrautheit von jetzt auf gleich wiedererwecken, als ließen sich familiäre Bindungen, egal ob sie gepflegt, vernachlässigt oder ganz abgebrochen wurden, über Nacht umgestalten. Tatsächlich begeben wir uns bei der Rückkehr ins Elternhaus auf ein gefährliches Terrain und müssen auf der Hut sein, nicht am familiären emotionalen Fliegenpapier kleben zu bleiben.

Peggy und ihre Eltern waren sich in sehr vielen Dingen einig. Sie glaubten an den Wert harter Arbeit, an die Notwendigkeit, sich etwas für die Zukunft aufzubauen, und daran, dass die Familie an erster Stelle kam. Doch Einigkeit ist etwas, das besonders zwischen Familienmitgliedern schnell zerbrechen kann. Auch bei Peggy und ihren Eltern endete fast jeder ihrer Besuche mit einem lautstarken Streit. Dabei begann es meistens ganz harmonisch. Ihre gegenseitige Zuneigung und die zu erzählenden Neuigkeiten sorgten dafür, dass sie die ersten Tage recht einträchtig miteinander verbrachten. Im Hintergrund aber tickte die Zeitbombe, und der unvermeidliche Knall ließ nach dem dritten Tag nicht lange auf sich warten.

Peggy wünschte sich, dass ihre Eltern anders wären. Sie liebten einander, doch Peggy fand, sie sollten in ihrem Verhalten endlich erwachsener und reifer werden. Ihre Mutter war eine laute und herrische Person. Sie liebte Gesellschaft, beschwerte sich aber die ganze Zeit über und ließ dabei an niemandem ein gutes Haar. Ihr Vater war ruhiger, selbstbeherrscht und eher kühl. Manche würden ihn wohl auch als distanziert beschreiben. Er zeigte seine Liebe, indem er ungebetene Ratschläge erteilte und Dinge im Haus reparierte, egal ob sie eine Reparatur brauchten oder nicht. Peggy fand einfach keinen Zugang zu ihm. Wenn sie versuchte, ihm etwas von ihrem Leben zu erzählen, hörte er ihr nie richtig zu.

Im Gegensatz zu vielen anderen Menschen, die zwar ihre eigenen turbulenten Gefühle bei Familienbesuchen wahrnehmen, ihren eigenen Beitrag zu der explosiven Stimmung aber nicht erkennen wollen, war Peggy dazu bereit, herauszufinden, welche Rolle sie selbst in der problematischen Beziehung zu ihren Eltern spielte. Zuerst erkannte sie, was genau sie am Verhalten ihrer Eltern so sehr störte. Ihre Mutter nahm sich das Recht, alles und jeden nach Herzenslust zu kritisieren. Ihre verletzendsten Kommentare aber hob sie für Familienmitglieder auf, die mit irgendwelchen Taten ihre Unabhängigkeit bewiesen. Als Peggys Schwägerin sich mit ihrem eigenen Geschäft selbstständig machte, ätzte ihre Mutter: „Wofür hält die sich eigentlich?!“ Als sich Peggys Cousin scheiden ließ, gewährte sie ihm keinerlei emotionale Unterstützung, obwohl seine Ehe eine Katastrophe gewesen war. Und als eine andere Cousine beschloss, von zu Hause auszuziehen (und zwar nicht, um zu heiraten), ereiferte sich Peggys Mutter: „Es gibt ja wohl nur einen schmutzigen Grund dafür, warum eine Einundzwanzigjährige von zu Hause auszieht, und den finde ich abscheulich!“

Peggy wurde sich bewusst, dass die negative und aggressive Art ihrer Mutter bei ihr selbst Nervosität und Wut auslöste. Da sie gelernt hatte, so ein Verhalten von ihrer Mutter zu erwarten, reagierte sie darauf überaus empfindlich. Sobald sich ihre Mutter wieder über jemanden ausließ, wurde Peggy gleichzeitig nervös, aufgewühlt und wütend. Sie fühlte sich dazu gedrängt, den Bosheiten ihrer Mutter beizupflichten, da sie das Gefühl hatte, sonst selbst zu deren Zielscheibe zu werden. Normalerweise blieb sie ganz still, doch führte die Unterdrückung des Drangs, ihrer Mutter zu widersprechen, nur dazu, dass sie irgendwann richtig explodierte. Je länger sie sich zurückhielt, umso mehr wuchs ihre Wut. Wenn sie schließlich aus der Haut fuhr, reagierte ihre Mutter tödlich gekränkt und zog sich zurück, wodurch sich Peggy gleichzeitig hilflos und erbärmlich vorkam.

Peggy begann auch zu verstehen, dass sie sich zwar gegen die Kritik ihrer Mutter auflehnte, aber ebenso deren Gewohnheit übernommen hatte, sich für die Gefühle und die Reaktionen anderer Menschen verantwortlich zu fühlen. Peggys Mutter war boshaft kritisch und kontrollsüchtig, während Peggy ihr Bedürfnis nach Kontrolle anders zeigte – indem sie sich z. B. immer um ihre Kinder sorgte oder ständig Dinge für andere tat. Die fehlende Abgrenzung zu geliebten Menschen teilten Peggy und ihre Mutter miteinander, nur zeigten sie es auf unterschiedliche Weise. Je freundlicher und hilfsbereiter Peggy sich gab, umso mehr erwartete sie, dass es zwischen ihr und den Menschen, die ihr wichtig waren, keine Dissonanzen geben dürfte. Sie fühlte sich schuldig, weil sie glaubte, nicht genug zu tun, und unterdrückte ihren Ärger, weil sie fand, nicht genug zurückzubekommen. Wenn ihre Kinder, ihre Freundinnen oder ihr Mann etwas taten, von dem sie sich ausgeschlossen fühlte, explodierte sie vor Wut – genauso, wie sie es von ihrer Mutter gelernt hatte. Wie Ihnen bereits bekannt sein dürfte, sind Gefühlsausbrüche kein ebenso geeignetes Mittel wie das ruhige Äußern der eigenen Gedanken und Gefühle, wenn man sich Gehör verschaffen will. Als Peggy mich das erste Mal wegen ihrer Beziehung zu ihrer Mutter konsultierte, erklärte sie mir, sie hätte schon „alles“ versucht. Ihr „alles“ umfasste die gesamte Palette von A bis K (von Anpassung über Besänftigung bis hin zum offenen Konflikt). Die Alternative, einfach ruhig ihre eigene Meinung zu äußern, war ihr bisher nie in den Sinn gekommen, da sie ihre Reaktion stets so lange unterdrückte, bis sie auf 180 war.

Es gibt ein Synonym für unbeherrschte Emotionalität: *kindisches* Verhalten. Der Ort, an dem wir lernen, uns zu beherrschen (oder eben auch nicht), ist unsere Familie. Doch kindisches Verhalten überwinden wir nicht in unserer Kindheit. Als kleine Kinder schauten wir zu unseren Eltern auf. (Schließlich waren wir ja auch recht klein und mussten zu fast allem nach oben schauen.)

Wenn uns jemand später etwas Gemeines sagte, schluckten wir es entweder hinunter oder brachen in Tränen aus. Als Teenager begannen wir, unsere Eltern zu durchschauen. Wir ließen uns nicht mehr gefallen, was sie uns alles sagen wollten, und begannen, kräftig Kontra zu geben.

Die meisten Teenager reagieren so stark auf die Äußerungen ihrer Eltern, dass schon die kleinste Kritik dazu führen kann, dass sie hochgehen wie von der Tarantel gestochen. (Falls Sie sich jemals Ihr Heim mit einem Teenager teilen durften, wissen Sie, was ich meine.) Die Pubertät ist die Zeit, in dem wir zu unabhängigen, selbstständigen Menschen heranreifen. In der späten Adoleszenz wandelt sich die Beziehung zu unseren Eltern so, dass wir die kindlich-kindische Phase hinter uns lassen und unser Verhältnis eine reifere Basis bekommt. Leider verlassen die meisten von uns ihr Elternhaus mitten in dieser Phase der Umwandlung. Die Distanz zu unseren Eltern lässt uns glauben, dass wir nun erwachsen sind. Doch wenn wir mit ungefähr achtzehn Jahren zu Hause ausziehen, kann es passieren, dass unsere Beziehung zu unseren Eltern weiter von kindischen Verhaltensmustern geprägt ist.

Es gibt nur eine Sache, die Superman seiner Kräfte berauben kann: Kryptonit, ein Mineral, das von seinem Heimatplaneten stammt. Eine überraschende Vielzahl erwachsener Männer und Frauen finden sich bei einem Besuch bei ihren Eltern plötzlich in einer ähnlich hilflosen Lage wieder. Superman wird durch den Kontakt mit Kryptonit zu einem Sterblichen. Sterbliche werden durch den Kontakt mit ihren Eltern wieder zu Teenagern. Wenn wir angegriffen werden, verfallen wir wieder in kindliche Reaktionsmuster, weil wir nie richtig gelernt haben, den Provokationen unserer Eltern ruhig und gelassen entgegenzutreten.

Die Beziehung zu unseren Eltern ist unsere wohl wichtigste unvollendete Lebensaufgabe.

Unser gespaltenes Selbst

Niemand beschäftigt sich gern mit seinen eigenen Fehlern. Es ist unangenehm, sich einzugestehen, dass man dem anderen nicht zuhört. Wenn wir es dann doch tun, verfallen wir schnell in harsche Selbstkritik: „Ich bin ein mieser Zuhörer." „Ich bin egoistisch." „Ich reiße immer gleich das Gespräch an mich." Statt uns selbst mit solchen negativen Pauschalurteilen zu bestrafen, sollten wir uns darüber klarwerden, dass es nur ein Teil unseres Selbst ist, der Probleme mit dem Zuhören hat. Mit ein bisschen Phantasie können wir diese Persönlichkeitsanteile als Überbleibsel früherer Objektbeziehungen erkennen und so deren Ursache herausfinden.[4]

Da ist z. B. der Ehemann, der immer seine Ohren verschließt, wenn seine Frau ihm zu sagen versucht, dass sie mehr Hilfe braucht. Mit ein bisschen Selbstreflexion wird er vielleicht den Persönlichkeitsteil des kleinen Jungen bei sich entdecken, der erwartet, von seiner Mutter gescholten zu werden. Der kleine Junge möchte das nicht hören, da die Kritik der Mutter dazu führt, dass er sich getadelt und kontrolliert fühlt. Also möchte er allein gelassen werden. Der Ehemann kann den kleinen Jungen in sich beruhigen, indem er sich klar vor Augen hält, dass seine Frau nicht seine Mutter ist. Sie versucht nicht, ihn zu kontrollieren. Auch wenn es nach Kritik klingt, was sie sagt, versucht sie doch nur, ihre Einsamkeit zum Ausdruck zu bringen und ihm zu zeigen, dass sie ihn braucht. Es sind nicht wir selbst, die nicht zuhören können, sondern die verängstigten Persönlichkeitsteile in uns, die, sobald sie geweckt werden, unser Verhalten mit kindlicher Unsicherheit färben.

Einige unserer Persönlichkeitsteile treten in Form innerer warnender Stimmen in Erscheinung und lösen diese mühsamen und langwierigen Streitgespräche aus, die wir öfter mit uns selbst führen. Diese miteinander rivalisierenden Stimmen verschaffen sich normalerweise immer dann Gehör, wenn wir eine schwierige Entscheidung treffen oder zwischen zwei Alternativen wählen müssen. In solchen Momenten sollten wir bedenken, dass in der Ruhe die Kraft dafür liegt, diese Stimmen miteinander auszusöhnen, während ein starker Konflikt eine innere Zerrissenheit bewirkt. Wenn Sie das nächste Mal solch ein inneres Zerwürfnis haben, bedenken Sie, dass die miteinander konkurrierenden Gedanken und Gefühle nicht nur etwas mit Ihrer momentanen Situation zu tun haben. Vielleicht können Ihnen diese wetteifernden Stimmen sehr viel über sich selbst verraten. Es ist gut möglich, dass sie unabhängig von der jeweiligen Situation schon Ihr ganzes Leben lang immer wieder etwas Ähnliches zur Sprache bringen. Meistens hören wir am Ende immer auf den Persönlichkeitsteil, der bei uns am stärksten ausgeprägt ist. Hier ein Beispiel:

×××

Um Rat fragen

Wenn Sie das nächste Mal so um eine Entscheidung ringen, dass Sie jemand anderen um Rat fragen müssen, ist dies auch eine Gelegenheit, mehr über Ihre inneren rivalisierenden Stimmen herauszufinden. Das Bedürfnis, sich bei anderen eine Entscheidungshilfe einzuholen, ist ein Zeichen dafür, dass sich Ihre wetteifernden Stimmen fast mit ausgeglichenen Kräften zu Wort melden. Wen repräsentieren diese Stimmen? Steht die Frage, ob Sie zu einem eher unwichtigen Meeting gehen sollen oder nicht, vielleicht für die Auseinandersetzung zwischen dem pflichtbewussten und dem rebellischen Kind in Ihnen? Und wissen Sie, wenn Sie jemanden um Rat fragen, vielleicht nicht schon vorher, was er oder sie sagen wird? Vielleicht suchen Sie sich ja genau die Person aus, die Ihnen eine Antwort gibt, die der stärkere Teil Ihrer Persönlichkeit hören will.

×××

Ein- bis zweimal im Jahr nimmt sich Richard eine Auszeit von seiner Lehrtätigkeit an der Universität und verbringt eine Woche allein im Haus eines Freundes in Cape Cod. Er nutzt diese Zeit, um sich fern von allem aufs Schreiben zu konzentrieren und sich zu erholen. Doch jedes Mal gerät er in einen inneren Streit darüber, ob er den Großteil seiner Zeit dort besser arbeiten oder sich erholen sollte. Eine innere Stimme ermahnt ihn, er solle sich auf die Arbeit konzentrieren, die sei schließlich am wichtigsten. Die andere Stimme entgegnet, er arbeite doch sowieso ständig, und dies sei seine einzige Möglichkeit, sich allein zu entspannen. Es ist jedes Jahr derselbe frustrierende innere Zwist. Eigentlich möchte er beides tun: jede Menge Arbeit erledigen und ganze Tage mit Schwimmen und Angeln verbringen. Doch auch wenn dieser innere Streit sehr heftig ausgetragen wird, gewinnt am Ende immer die Stimme, die ihn zum Arbeiten drängt.

Die Menschen, die uns gut kennen, können unsere Entscheidungen sehr oft gut voraussagen; sogar dann, wenn wir selbst noch innerlich darüber debattieren. In Richards Fall gewinnt die pflichtbewusste Stimme immer gegen die Stimme, die lieber entspannen will. Seine Frau weiß das. Und sie hat nach Jahrzehnten des Zusammenlebens gelernt, zunächst den pflichtbewussten Persönlichkeitsteil von Richard zufriedenzustellen, wenn sie von seinem entspannten Persönlichkeitsteil Aufmerksamkeit für sich und die Kinder haben möchte. Sie weiß z. B., dass Richard sich bei Familienurlauben nicht entspannen kann, wenn er nicht wenigstens ein bisschen seiner Arbeit mitnehmen und sich morgens darauf konzentrieren kann. Wenn sie ihn dazu bringen möchte, zusammen zu ihren Eltern zu fahren, hält sie ihm immer eine gewisse Zeit den Rücken frei, damit er ein paar arbeitsbezogene Dinge erledigen kann. Sie ist nicht nur eine sehr verständnisvolle, sondern auch eine sehr kluge Frau.

Was hat das alles mit dem Zuhören zu tun? Folgendes: Immer wenn jemand Sie um Rat bittet, Ihnen ausweicht oder ungeduldig mit Ihnen wird, können Sie sich fragen, welchen inneren Zwist er oder sie gerade austrägt. Erinnern Sie sich gerade dann an diese inneren wetteifernden Stimmen, wenn Sie kurz davor sind, einen vorhersehbaren Rat zu geben – Trink weniger!, Treib mehr Sport!, Mach deine Hausaufgaben!, Hör mit dem Rauchen auf! –, statt aufmerksam darauf zu hören, was Ihr Gegenüber wirklich von Ihnen will. Können Sie diesem Menschen irgendetwas Hilfreiches sagen, was er selbst noch nicht weiß? Falls nicht, sollten Sie vielleicht lieber die schwierige Situation anerkennen, in der er sich befindet, anstatt ihn zu der aus Ihrer Sicht besten Entscheidung zu drängen.

Ein klassischer Fehler vieler Eltern ist es, Teenagern vorhersehbare Ratschläge zu geben und sie dazu bringen zu wollen, Dinge sein zu lassen, die nicht gut für sie sind. Die Stimme, die ständig „Nein!" sagt, kennen Heranwachsende bereits zur Genüge. Eine bessere Methode, um zu ihnen durchzudringen (oder zu anderen Menschen mit selbstzerstörerischen Gewohnheiten), besteht darin, eine eher neutrale Position einzunehmen und sie danach zu fragen, welche Konsequenzen ihre Entscheidungen haben. Leider aber wird auch solch eine Frage eines besorgten Elternteils, welches das Kind zum Einlenken bringen will, sehr wahrscheinlich nicht auf offene Ohren stoßen. Teenager können Manipulationsversuche Meilen gegen den Wind riechen.

Einer selbstzerstörerischen Lebensführung lässt sich nicht einfach mit platten Ratschlägen Einhalt gebieten. Das Rauchen, Trinken und Essen fühlt sich nicht nur gut an, sondern wird auch von der inneren Stimme verlangt, die flüstert: *„Na los, du hast es dir verdient!"* Manchmal bildet der Chor der inneren Stimmen einen verhängnisvollen Kreislauf von Selbstbeherrschung und Enthemmung. Die Stimme der Selbstkritik spart nicht an selbstbestrafenden Kommentaren, die zu einer erzwungenen Selbstbeherrschung führen. Dieser Selbstbeherrschung folgt später die rebellische Enthemmung.

Psychologen bezeichnen die Trennlinien zwischen der einen Stimme, die „Tu es!" flüstert, und der anderen, die mit „Nein!" antwortet, als *vertikale Spaltung.*[5] Anders als die horizontale Spaltung (Verdrängung) verbannt die vertikale Spaltung unsere Wünsche nicht völlig aus dem Bewusstsein, sondern nur in ein dunkles Eckchen im Hinterzimmer. Dies ist z. B. bei einer Frau der Fall, die zu viel trinkt und zu viel Geld für schöne Kleidung ausgibt. Die Stimme jenseits der Trennlinie, die ihr zuflüstert „Tu es!" ist die, die normalerweise nicht gehört wird. Keiner bestätigt sie und sagt ihr: „Du bist etwas ganz Besonderes und verdienst es, auf Händen getragen zu werden." Darum tut sie, was die Stimme ihr einflüstert. Es braucht viel Empathie, diese Stimme hervorzulocken und zu beschwichtigen – die Stimme, die ihr zuflüstert: *„Los, tu es, du brauchst es doch, und du hast es dir verdient!"*

Besonders in hitzigen Diskussionen kann es hilfreich sein, sich die grundverschiedenen Persönlichkeitsteile wieder in Erinnerung zu rufen. Anstatt zu glauben, dass Sie mit einem bestimmten Menschen im Clinch liegen, hilft es, wenn Sie sich vorstellen, dass einige Ihrer Persönlichkeitsteile einige der Persönlichkeitsteile des anderen ändern oder zum Einlenken bringen wollen. Ein ganz typisches Beispiel ist der Teenager, der zu spät nach Hause kommt und auf einen wütenden Vater trifft, der eine Erklärung fordert. Der Sohn fühlt sich durch den vorwurfsvollen Ton des Vaters angegriffen und reagiert patzig. Das führt dazu, dass sich der Vater noch weiter in seine Wut hineinsteigert, bis ihm seine Frau sagt, er solle sich beruhigen und aufhören zu brüllen. Noch wütender und gekränkt stürmt der Vater aus dem Haus. Aus seiner Sicht hat er es mit einem respektlosen Sohn und einer ungerechten Frau zu tun, die sich einmischt. Aus der Sicht des Sohnes ist der Vater ein kontrollsüchtiger Tyrann. Stellen Sie sich nun vor, dieser Streit würde zwischen verschiedenen Persönlichkeitsteilen der beiden toben. Ein rebellischer Teil des Sohnes bringt den kontrollsüchtigen Teil des Vaters auf den Plan, der wiederum eine Reaktion des beschützenden Teils der Mutter provoziert, welcher den Jungen vor dem Zorn des Vaters behüten will. Wenn Sie eine der Konfliktparteien wären und begännen, das Ganze von dieser Warte aus zu betrachten, wie schwer fiele es Ihnen dann, Ihren jeweiligen Persönlichkeitsteil in Schach zu halten? Wie würde sich die Situation gestalten, wenn Sie ruhig bleiben und verhindern könnten, dass Ihre überreagierenden Persönlichkeitsteile die Kontrolle übernehmen?

Sehen wir uns ein anderes Beispiel an. Sie quälen sich mit der Frage, ob Sie Ihre Partnerin oder Ihren Partner mit einer unangenehmen Sache konfrontieren sollten. Ist dies vielleicht der Ausdruck eines inneren Zwiespalts, bei dem Ihr inneres furchtsames Kind das Gefühl hat, es dürfe sich nicht beschweren, um den anderen nicht zu verärgern? Oder spricht eher die Stimme eines wütenden oder verletzten Kindes zu Ihnen? Welche dieser Stimmen haben am meisten Angst davor, sich klar zu äußern? Und warum? Wenn Sie herausfinden können, welche Ihrer Persönlichkeitsteile sich nicht trauen, den Mund aufzutun, können Sie vielleicht eine Möglichkeit finden, diese zu bestärken. Würde es Ihnen helfen, wenn Sie Ihrem Gegenüber, das Sie einschüchtert, von dem verängstigten Kind in Ihnen erzählten? Würde er oder sie mehr Verständnis für Sie zeigen, wenn Sie um Unterstützung dabei bäten, diesen Teil von Ihnen zu Wort kommen zu lassen?

Sehen wir uns einmal ein Gespräch zwischen zwei vertrauten Partnern im Kontext mehrerer involvierter Persönlichkeitsanteile an. Einer Frau fällt es schwer, ihrem Mann zuzuhören, weil er sich oft in wütende Tiraden hineinsteigert. Hört sie wirklich den einfühlsamen und verletzlichen Mann, den sie einst geheiratet hat, oder eher ein Echo von Angst und Bedrohungsgefühlen aus längst vergangenen Kindertagen? Und welcher ihrer Persönlichkeitsteile hört dabei gerade zu? Der Teil, der stark und ihrem Mann tief verbunden ist? Oder das kleine Mädchen, das angsterfüllt und eingeschüchtert die Wortgefechte der Eltern mitanhörte, die sich um das aufbrausende Temperament des Vaters in der Öffentlichkeit und die daraus resultierende Scham der Mutter drehten?

Statt uns selbst dafür zu geißeln, unreife, egoistische oder unzulängliche Menschen zu sein, sollten wir die Denkweise übernehmen, die bestimmte Persönlichkeitsteile erkennt, die in Gesprächen wie Hindernisse oder Einschränkungen wirken und dadurch unsere Aufnahmefähigkeit mindern. Gespräche scheitern nicht unbedingt daran, dass wir schlechte Zuhörer sind, sondern an unseren emotionalen Prioritäten, die unser Verständnis für den anderen völlig überlagern. Gelingt es uns, automatisch hervorbrechende emotionale Reaktionen wie Kritik, Angst und Kränkung zu überwinden, erreichen wir gegenseitiges Mitgefühl, Aufgeschlossenheit und Einfühlsamkeit. Statt uns selbst als schlechte Zuhörer abzustempeln, können wir lernen, diejenigen Persönlichkeitsteile zu erkennen, die erfolgreiche Gespräche verhindern, und dadurch aufnahmebereiter für andere werden.

Übungen

1. Wählen Sie drei Menschen aus, die Sie regelmäßig sehen. Schreiben Sie auf, was diese Ihrer Erwartung nach typischerweise zu Ihnen sagen. Notieren Sie danach, wie Sie normalerweise darauf antworten. Wie können Sie Ihre Erwartungshaltung zurückstellen und bei einem zukünftigen Treffen ein tiefgründigeres Gespräch mit diesen Menschen führen?

   Ein erfüllendes Gespräch mit einer uns nahestehenden Person besteht darin, dass sich beide Seiten ihre persönlichen Gedanken und Gefühle anvertrauen und die des anderen anerkennen. Drehen sich Ihre Unterhaltungen mit einem bestimmten Menschen normalerweise nur um Themen, die Sie weniger interessieren, wie das Wetter, die Nachrichten oder andere Leute, fragen Sie gezielter nach Dingen, die Ihnen mehr bedeuten. Wenn Sie an der Reihe sind, leiten Sie Ihre Antwort mit einer vorbereitenden Aussage ein, wie z. B. „Es gibt da etwas, das mich beschäftigt“ oder „Ich möchte dir gern etwas sagen“.
2. Wie sind Ihre Eltern mit Ihnen umgegangen, und was an ihrem Verhalten gab Ihnen das Gefühl, dass sie Ihnen nicht richtig zuhörten? Wie beeinflussen diese frühen Erfahrungen Ihre heutige Gesprächsführung?

3. Könnten Sie mit Ihren Eltern das nächste Mal in einer völlig anderen als der gewohnten Weise interagieren? Was hält Sie davon ab, es auszuprobieren?
4. Versuchen Sie bei den nächsten Beispielen, die verschiedenen Persönlichkeitsteile zu erkennen (verängstigt, verärgert, gekränkt), die ein richtiges Zuhören verhindern.
   a. Ivans Vorgesetzter beschreibt, wie ein bestimmtes Projekt umgesetzt werden soll. Ivan hört bei den Details gar nicht hin, weil er davon überzeugt ist, dass die ganze Herangehensweise grundfalsch ist.
   b. Monica und Charlotte treffen sich zum Mittagessen in einem chinesischen Restaurant. Charlotte redet, doch Monica kann ihr kaum zuhören, weil sie sich innerlich darüber aufregt, dass der Mann am Nachbartisch so laut telefoniert.
   c. „Kann ich mit dir über etwas sprechen?", fragt Toni. „Nicht jetzt", erwidert Rob, „ich bin beschäftigt."
   d. Lorraine hat angefangen, ihrem Vater von dem Projekt zu erzählen, das sie gerade im Büro bearbeitet. Ihr Vater unterbricht sie und redet über etwas völlig anderes. Lorraine sagt nichts, hört aber auch kein Wort von dem, was er sagt.
   e. Sie möchten einer Person sagen, wie viel sie Ihnen bedeutet, haben aber Angst davor, dass Sie sich beide dadurch peinlich berührt fühlen könnten.
   f. Beverly erklärt Michael, dass sie statt des von ihm gekauften lieber einen anderen Toaster möchte. Michael hat den Kassenbeleg nicht mehr und wünscht sich, dass seine Frau von Anfang an nicht so ein Theater wegen eines Toasters gemacht hätte. Als er ihn im Geschäft umtauschen möchte, kann er sich nicht mehr daran erinnern, was für einen Toaster er jetzt eigentlich besorgen sollte.
   g. Mindys Vater erklärt ihr, wo er all seine wichtigen Dokumente aufbewahrt und worum sie sich kümmern muss, wenn er eines Tages stirbt. Sie weiß, dass all diese Dinge wichtig sind. Da ihr Vater aber noch gesund ist, hört sie ihm nur halbherzig zu.
   h. Sharon findet, dass Carlo und sie zu einer Paartherapie gehen sollten, sagt es ihm aber nicht, weil sie Angst vor seiner Reaktion hat.

Fällt es Ihnen schwer, sich mit den unaufmerksamen Persönlichkeitsteilen dieser Leute zu identifizieren, weil Sie nicht mehr über ihren jeweiligen Hintergrund wissen? Bei dieser Übung geht es nicht darum, die „richtige" Antwort zu finden, sondern um das Wahrnehmen der Dinge und Stimmen, die Ihnen und anderen Menschen das Zuhören erschweren.

KAPITEL 6

»»»»»»»»»»»»»»»»»»»»»»»»»

„WARUM REAGIERST DU IMMER SO HEFTIG?!“

Wie emotionale Reaktionen uns defensiv machen

Emotionale Reaktionen sind einer der Hauptgründe dafür, warum wir einander nicht zuhören. Manchmal löst die Botschaft des Sprechers bei uns verletzte Gefühle oder Wut aus. Dies führt zu starken Abwehrreaktionen und erstickt unser Verständnis für den anderen. Es ist, als wenn ein Schalter umgelegt wird und der Strom fließt, aber statt Musik zu hören, wird man mit statischer Elektrizität aufgeladen. Die statische Elektrizität ist Angst.

„Was liegt dir wirklich *auf dem Herzen?”*

Für uns alle ist es am schwierigsten, auf Kritik nicht emotional zu reagieren, sondern zuzuhören und diese anzunehmen. Die allermeisten von uns glauben, dass wir konstruktive Kritik recht gut vertragen können. Die allermeisten von uns kennen komischerweise aber auch sehr viele Menschen, die mit Kritik überhaupt nicht umgehen können.

Am Briarcliff Medical Center findet einmal im Monat eine Sitzung statt, bei der anhand einer Auswahl von Krankenblättern überprüft wird, wie erfolgreich die Patienten auf die Behandlung ansprechen. Das mag sich nach einer guten Idee anhören, wurde aber zu einem immer langwierigeren und aufwendigeren Prozess, weil der Zwang, bürokratische Formulare zu überprüfen, so viel Zeit in Anspruch nimmt, dass die Qualität der Pflege gar nicht mehr richtig beurteilt werden kann.

Bei der letzten Sitzung wurde festgestellt, dass einige der ausgewählten Krankenblätter bereits bei der Sitzung im letzten Monat begutachtet worden waren. Als der Direktor seine Sekretärin darauf aufmerksam machte, fauchte sie: „Dann kümmern Sie sich gefälligst selbst darum – ich kann schließlich nicht alles übernehmen!" und stürmte aus dem Raum.

Wenn Sie glauben, dass dies eine typische Reaktion dieser Frau war, würden Sie sie wohl zu den überempfindlichen Menschen zählen, die keine Kritik vertragen. Wenn Sie aber wüssten, dass sie eigentlich ein sehr ausgeglichener und freundlicher Mensch ist, würden Sie annehmen, dass sie wohl einen schlechten Tag hatte – und lägen damit goldrichtig. Ihre Kollegin war an diesem Tag krank. Am Vorabend musste sie drei Stunden länger bei der Arbeit bleiben, und an jenem Tag zwei Stunden früher kommen, um ebenjene Krankenblätter vorzubereiten. Kein Wunder, dass sie mit den Nerven am Ende war.

Wenn Menschen auf eine für sie untypische Weise reagieren, gehen wir normalerweise davon aus, dass sie etwas belastet. Haben wir eine unbeschwerte und wohlwollende Beziehung zu ihnen, geben wir ihnen einen Vertrauensvorschuss und versuchen herauszufinden, was genau das Problem ist. Doch was ist mit Menschen, die immer so reagieren? Haben diese ein hartes Leben?

Corinne war eine hochintelligente Frau, die sich selbst keine Fehler verzeihen konnte. Sie las regelmäßig Zeitschriften wie *Forbes, Barron's* und *The Wall Street Journal* und versuchte auch im Bereich Sport über ESPN und die *Sporting News* auf dem Laufenden zu bleiben. Sie war ein großer Baseball-Fan und gab einen Newsletter über ihr Lieblingsteam, die Atlanta Braves, heraus, den sie im Büro verteilte. Als sich der beste Pitcher des Teams an der Schulter verletzte, schrieb Corinne in ihrem Newsletter, dies könnte Glück im Unglück sein, falls ein bestimmter anderer Pitcher ihn ersetzen und sich im nächsten Spiel beweisen könnte, worauf einige Insider hofften. Als Corinne den Entwurf dieses Newsletters ihrem Cousin Drew am Telefon vorlas, lobte er sie und sagte, er sei großartig geworden – bis auf eine Sache: Der Pitcher hätte sich in einem Spiel gegen Pittsburgh und nicht Philadelphia verletzt, so wie Corinne es geschrieben hatte. Corinne war erleichtert, dass Drew ihren Fehler erkannt hatte, und korrigierte ihn schnell. Als sie ihn später im Büro verteilte, sagte ihr ein Vorgesetzter später, er fände ihren Artikel ausgezeichnet; nur hätte sich die Verletzung in Philadelphia und nicht in Pittsburgh ereignet.

Corinne fühlte sich wegen dieses kleinen Fehlers so gedemütigt, dass sie einen Nervenzusammenbruch hatte. Sie weinte, fühlte sich blamiert und brachte es nicht über sich, am nächsten Tag zur Arbeit zu gehen.

Sie war ein sehr schüchterner Mensch und zog es vor, sich lieber schriftlich als in Gesprächen mitzuteilen. Sich Gehör zu verschaffen bedeutet für sie, Anerkennung für das zu bekommen, was sie schrieb. Sich zu irren war für sie eine demütigende Erfahrung. Anstatt auf ihren Cousin wütend zu sein, der sie falsch informiert hatte, schämte sie sich über sich selbst und dafür, dass sie einen fehlerhaften Artikel in Umlauf gebracht hatte. Niemand macht gern Fehler, doch Corinnes Reaktion war eindeutig übertrieben.

Hier ist ein weiteres Beispiel für übertriebenes Reagieren, das einigen vielleicht bekannt vorkommen wird. Lenny war ein liebevoller Ehemann, der gut für seine Familie sorgte. Er half im Haushalt und brachte sich ins Familienleben ein. Das einzige, was seine Frau an ihm störte, war sein Hang zu ungerechter Kritik.

Das Ungewöhnliche an dieser Situation, fand ich, war die Art und Weise, wie Sheila Lennys Beschwerden widerspruchslos hinnahm. Es war fast so, als sähe sie in ihm ihren Herrn und Meister und ihre eigene Aufgabe darin, ihn zufriedenzustellen und zu besänftigen. Wenn Lenny beanstandete: „Man sollte das Auto komplett vom Schnee befreien, bevor man losfährt!", antwortete sie nur kleinlaut: „Ich hatte es eilig, weil ich noch zur Reinigung musste." Wenn Lenny sie daraufhin mit einem „Du hast es *immer* eilig!" anfuhr, gab sie nach und sagte „Du hast wahrscheinlich recht."

Die Erfahrung hat mich gelehrt, nicht nur darauf zu hören, was Menschen sagen, sondern auch darauf, was sie für sich behalten. Ich fand schnell heraus, warum Sheila Angst davor hatte, Lenny zu widersprechen. Eines Tages sagte sie zu ihm: „Meinst du nicht, dass du jetzt ein bisschen ungerecht bist?" Lenny bekam einen Wutanfall und schrie sie an: „Du hörst *nie* auf mich! Du hast *keinerlei* Respekt vor mir! Du behauptest, du würdest mich lieben, aber das ist eine *gottverdammte* Lüge!"

Es war grauenvoll. Ich kann mich gar nicht mehr an all das erinnern, was Lenny noch schrie, denn ich war selbst zu aufgewühlt. Diese Situation wiederholte sich jedes Mal, wenn Sheila in irgendeiner Weise Kritik an Lenny übte. Seine Reaktion war so extrem, dass es unmöglich war, zu verstehen, was er wirklich sagen wollte.

Nach diesen zwei Fallbeispielen können Sie vermutlich zum Teil nachvollziehen, wie sich Corinne und Lenny fühlten. Ihre jeweiligen Reaktionen waren jedoch völlig übertrieben und der Situation nicht angemessen. Ich kann Ihnen versichern, dass es weitaus angenehmer ist, nur über solche Gefühlsausbrüche zu lesen, als Zeuge so einer Situation zu sein. Corinnes extreme Schamgefühle und Lennys Wutausbrüche machten es fast unmöglich, ihnen zuzuhören. Was bringt Menschen dazu, so extrem zu reagieren? Schmerzhafte Erinnerungen!

Auf Grundlage dieser kurzen Situationsbeschreibungen könnten einige Leute glauben, dass Corinne einfach nur ein zutiefst verunsicherter Mensch ist und Lenny unter aufgestauten Aggressionen leidet. Andere würden vielleicht sagen, es sei eben geschlechtstypisch, dass Corinne ihre Wut nach innen und gegen sich selbst richtete, während Lenny sie nach außen trug und ihm sehr nahestehende Personen damit verletzte. Solche abwertenden Verallgemeinerungen sind allerdings genauso aussagekräftig wie platte Klischees. Um zu verstehen, weshalb manche Menschen in extremer Weise überreagieren, müssen wir herausfinden, was dieses Verhalten bei ihnen auslöst.

Solange wir die Erinnerungen eines Menschen nicht kennen, erscheint uns seine emotionale Reaktion oft völlig unangemessen.

Wenn ich als Therapeut beobachte, wie jemand „unangemessen" reagiert, überlege ich, welche Umstände diese Reaktion angemessen erscheinen lassen würden. (In meinen eigenen Beziehungen kann ich genauso überempfindlich reagieren wie jeder andere auch.) Unter welchen Umständen wäre es nachvollziehbar, dass eine Frau sich wegen eines kleinen Fehlers so schrecklich minderwertig fühlt? (Kleiner Tipp: Die meisten von uns überleben ihre Kindheit, doch nicht alle kommen darüber hinweg.)

Corinne war das jüngste von vier Kindern aus einer sehr talentierten und leistungsorientierten Familie. Sie hatte drei ältere Brüder, die „eifersüchtig und ehrgeizig" waren und „mich nie mochten". Ihr Vater war ein intellektueller, kühler und distanzierter Mensch, ihre Mutter eine Versagerin, die depressiv war und zu viel trank. Corinne war das Nesthäkchen, das allerdings nicht verwöhnt, sondern ignoriert wurde. Schon von klein auf glaubte sie, dass sie nur dann geliebt werden könnte, wenn sie die Rolle des perfekten – fügsamen und mittelmäßigen – Kindes einnahm: fügsam, um ihren Eltern nicht zur Last zu fallen, und mittelmäßig, um ihre Brüder nicht herauszufordern. Solange sie die liebe kleine Schwester spielte, tolerierten ihre Brüder sie. Gleichzeitig waren sie nicht dazu fähig, ihre Leistungen anzuerkennen. Da sie selbst keine Anerkennung von ihren Eltern erhielten, setzten sie die Errungenschaften ihrer kleinen Schwester herab und machten sich über ihre Fehler lustig. Sie nannten sie „Lahmarsch", „Miss Piggy," „Dumpfbacke" und „Niete". Schon der kleinste Schnitzer ließ sie in höhnisches Gelächter ausbrechen. Noch Jahre später war Corinne kleinen Demütigungen gegenüber so überempfindlich, dass sie völlig verzweifelt war, wenn ihr auch noch so kleine Fehler unterliefen. Der Kollege, der sie auf ihren Fehler aufmerksam machte, hatte sie keinesfalls „dämlich" genannt, aber genau das war es, was sie gehört hatte.

Als kleines Kind ist es schwer, sich zu wehren. Als Erwachsener, der in die Kinderrolle zurückgedrängt wird, ist es auch schwer – aber nicht unmöglich.

Woran lag es, dass Lenny andere Menschen so schnell kritisierte, während er selbst keine Kritik vertragen konnte? Nicht an einer schweren Kindheit, wie Sie sie sich jetzt vielleicht ausmalen. Lennys Eltern waren anständige und liebevolle Menschen. Allerdings hatten sie nur wenig Kontakt zur Außenwelt und erwarteten viel voneinander und von ihren Kindern. Bekamen sie nicht, was sie wollten, fingen sie an, andere zu kritisieren und sich zu beklagen. Dies allein hätte wahrscheinlich nicht dazu geführt, dass es Lenny so schwerfiel, mit Kritik umzugehen. Was ihm in seiner Kindheit am meisten fehlte, war die Empathie seiner Eltern, die zwar gute Menschen waren, ihn aber nicht in seinem Selbst bestärkten. Lenny hatte keine Erinnerungen daran, liebevoll umhegt, ernst genommen oder um seiner selbst willen anerkannt zu werden. Er erwartete nicht mehr, von anderen verstanden zu werden, und trug tief in seinem Inneren die hässliche Angst mit sich herum, wertlos zu sein. Durch harte Arbeit und Hingabe an seine Familie gelang es ihm, diese Angst zu verdrängen, aber nur so lange, bis jemand irgendetwas sagte, das diese Angst – nichts wert zu sein – erneut zum Vorschein kommen ließ.

Früher hatte ich einmal eine grauweiße Katze. Sie hieß Tina und war sehr verschmust. Nur ab und zu fuhr sie ohne Vorwarnung ihre Krallen aus und ging grundlos zum Angriff über. Eben saß sie noch schnurrend auf meinem Schoß und ließ sich streicheln, und im nächsten Moment hatte ich schon einen blutigen Kratzer auf der Hand. Schließlich brachten wir sie zum Tierarzt, der eine Hüftverletzung feststellte, die vermutlich von einem Zusammenstoß mit einem Auto stammte, als sie noch ein junges Kätzchen war. Was uns also wie eine harmlose Streichelbewegung vorkam, konnte bei ihr heftige Schmerzen auslösen.

Scham und Unsicherheit sind innere Wunden, die dazu führen, dass manche Menschen nicht mit Kritik umgehen können. Manche Leute ziehen sich zurück, wenn sie sich verletzt fühlen; andere gehen zum Angriff über. Die meisten schambesetzten Menschen explodieren schon bei den kleinsten Anzeichen von Kritik. Es ist nicht leicht, mit solchen Menschen auszukommen. Aber wir neigen alle dazu, auf Kritik gekränkt oder verärgert zu reagieren. Das Einzige, das uns unterscheidet, ist unsere Toleranzschwelle.

Die allgemeine Verletzbarkeit gegenüber Kritik hängt mit dem universellen Bedürfnis nach Liebe und Anerkennung zusammen. Eigentlich wollen wir nur hören, dass wir fantastisch sind (oder wenigstens „okay").

Wie empfindlich wir auf Kritik reagieren, hängt auch mit der jeweiligen Situation zusammen. Am meisten setzt sie uns zu, wenn wir das Gefühl haben, dass sie auf einen wichtigen Teil unseres Selbst abzielt – z. B. unsere Absichten, die Früchte unserer Kreativität oder, vor allem während der Pubertät (und manchmal auch darüber hinaus), unser Aussehen. Besonders empfindlich reagieren wir auf Kritik, wenn sie von jemandem geäußert wird, dessen Meinung uns sehr wichtig ist. Wenn die richtige Person etwas Falsches sagt, können wir hochgehen wie eine Granate.

Was macht uns so intolerant?

Wenn Sie herausfinden möchten, warum Sie oder andere Menschen überempfindlich reagieren, halten Sie sich folgende Eigentümlichkeit des menschlichen Lebens vor Augen: Wir können andere vermutlich nur in dem Maß akzeptieren, in dem wir auch uns selbst akzeptieren. Darum

xxxxxxxxxxxxxxxxxxxxxxxxxxxxxxxxxxxxxxxxxxxxxx

Beschwerden anhören

Unterbrechen Sie andere oft, wenn diese Sie kritisieren, und lassen Sie sie nicht ausreden? Dieser verständliche, aber kontraproduktive Impuls beraubt ihren Gesprächspartner des Gefühls, angehört zu werden. Zuhören bedeutet nicht, mit allem einverstanden zu sein, was der andere sagt.

Hören Sie sich die ganze Kritik an, um nicht in eine defensive Reaktion zu verfallen. Fragen Sie dann ohne Sarkasmus nach: Gibt es noch etwas anderes? Zeigen Sie Verständnis dafür, was Ihr Gegenüber Ihnen mitteilen möchte. *Umschreiben Sie es nicht* mit Ihren eigenen Worten, sondern denken Sie darüber nach, worum es dem Gesprächspartner wirklich geht.

Warum beschweren sich die Leute bei uns?

Hinter jeder Beschwerde steckt eine Bitte. Versuchen Sie, diese Bitte herauszuhören und fragen Sie nach, ob es der Person um das geht, was Sie vermuten.

Antworten Sie auf die Bitte, indem Sie sie akzeptieren oder ein Gegenangebot machen – in einer Weise, die erkennen lässt, dass Sie Ihrem Gegenüber dabei helfen möchten, das von ihm Gewünschte zu erreichen.

xxxxxxxxxxxxxxxxxxxxxxxxxxxxxxxxxxxxxxxxxxxxxx

sind diejenigen unter uns, denen in der Kindheit beigebracht wurde, sich selbst zu achten, bessere Zuhörer. Das heißt aber nicht, dass wir festgefahren sind und uns nicht weiterentwickeln können. Wenn wir lernen, die Gefühle der anderen zu respektieren, lernen wir dabei auch, nachsichtiger mit uns selbst und unseren eigenen Gefühlen umzugehen.

Was wir bei uns selbst nicht tolerieren, können wir auch nicht bei anderen tolerieren.

Solange wir auf unsere Zuhörer die irrige Vorstellung projizieren, dass Teile von uns es nicht wert sind, geliebt, respektiert oder gerecht behandelt zu werden, können wir ihnen nicht richtig zuhören. Selbstachtung ist die Grundlage der Menschenwürde, und der Respekt vor der Würde des Menschen stärkt wiederum unsere Selbstachtung. Das Tolerieren und Anerkennen unserer eigenen Gefühle und der anderer Menschen hilft uns dabei, den Schmerz herauszuhören, der sich hinter der Wut und der Verbitterung anderer versteckt und ihn zu verstehen. Wenn unsere Gefühle nicht gehört und zur Kenntnis genommen werden, leidet unsere Seele, und unser Selbst kann sich nicht frei entfalten.

Warum enden so viele Gespräche im Streit?

Heftige Gefühlsreaktionen sind der Hauptgrund dafür, weshalb viele Gespräche im Streit enden.

Wenn Sie sich nicht sicher sind, wie genau „emotionale Reaktivität“ aussieht, nehmen Sie sich einen Augenblick Zeit, sich Ihrer Gefühle gewahr zu werden – und zwar genau in dem Moment, wenn Sie das nächste Mal eiligst aus dem Badezimmer stürzen, um schnell das Telefon abzuheben, bevor der andere auflegt, nur um dann herauszufinden, dass es einer dieser nervtötenden Werbeanrufe ist. Dieser plötzliche Ärger, die in Ihnen aufsteigende Wut und der Drang, den Hörer laut aufzuknallen – genau das ist emotionale Reaktivität. Ist sie falsch oder ungerechtfertigt? Nein, natürlich nicht. Doch es ist genau dieses Gefühl, das es Ihnen besonders in den Ihnen wichtigen Beziehungen schwer macht, zuzuhören, klar zu denken und ruhig zu sagen, was Sie eigentlich sagen möchten.

Emotionale Reaktivität kann stören – so wie ein kleines Kind, das die Unterhaltung von Erwachsenen unterbricht. Es meint es nicht böse, aber der Zeitpunkt ist unpassend. Auch unseren aufdringlichen Gefühlen können wir den Mund verbieten, müssen ihnen dafür aber später Gehör schenken.

Warum reagieren wir manchmal so heftig? Welche Teile unserer Persönlichkeit sind es, die schnell explodieren, und worauf reagieren sie? Störende Gefühle sind oft Botschaften unseres Unterbewusstseins. Sie wollen uns mitteilen, dass wir etwas ändern oder auf bestimmte Dinge in unserem Leben achten müssen. Diese Gefühlsreaktionen verbinden uns mit Teilen unserer Persönlichkeit, mit denen wir uns bisher nicht recht anfreunden konnten – den wütenden und verbitterten, verängstigten und vereinsamten.

Hätte Corinne einer Freundin erzählt, wie dumm sie sich vorkam, weil sie den Artikel in ihrem Newsletter verpatzt hatte, hätte diese sie bestärken und ihre Selbstzweifel vielleicht vertreiben können. Wir alle machen schließlich Fehler. Doch wenn Corinne ein Fehler unterlief, hörte sie gleich ihre wilden Brüder: „Fettarsch! Spasti!" Dann kamen wieder die Gefühle hoch, vor denen sie schon ihr ganzes Erwachsenenleben lang davonlief: die, die ihr sagten, sie sei hässlich, dumm, niemand liebe sie und niemand würde sie jemals lieben.

Lennys Tendenz, ständig auszuteilen, ohne selbst Kritik zu vertragen, können wir vielleicht besser nachvollziehen, wenn wir verstehen, wie minderwertig und bedeutungslos er sich in seinem tiefsten Innern fühlte. Dort wüteten dunkle und hässliche Stimmen, gegen die er sich taub stellte, um nicht mit dem Teil seiner Persönlichkeit konfrontiert zu werden, der sich immer noch wie ein kleiner Junge fühlte, der in den Augen seiner Eltern niemals gut genug sein würde.

Bei manchen Menschen, nicht selten Müttern, arten Gespräche nicht deshalb in Streit aus, weil etwas in ihrem Inneren sie dazu treibt, sondern weil sie bestimmte Dinge bei Menschen, die ihnen sehr nahe stehen, nicht ertragen können.

Eine meiner Patientinnen möchte nicht mehr wissen, was im Leben ihrer Tochter vor sich geht. Es ist zu schmerzhaft und aufwühlend für sie. Allison wurde schon mit fünfzehn Jahren wegen illegaler Prostitution festgenommen. Trotz der erheblichen Anstrengungen ihrer Mutter geriet sie immer wieder in Schwierigkeiten: Sie nahm Drogen, hing mit einer Motorradgang herum und kam Nacht für Nacht betrunken nach Hause. Als Allison achtzehn Jahre alt war, bestanden ihre Eltern schließlich darauf, dass sie auszog. Sie unterstützen sie noch eine Weile, drehten ihr aber dann nach und nach den Geldhahn zu. Allison arbeitet, wenn sie denn Arbeit hat, als Kellnerin in Bars. Ihre Eltern sind sich relativ sicher, dass sie weiterhin Drogen nimmt und sich von Zeit zu Zeit prostituiert. Sie wissen, dass sie ab und zu wegen Trunkenheit und ungebührlichen Verhaltens festgenommen wird, weil sie schon mitten in der Nacht zum Gefängnis fahren mussten, um sie auf Kaution herauszuholen. Allisons Mutter liebt ihre Tochter immer noch, kann aber nur eine Beziehung zu ihr aufrechterhalten, wenn sie sie möglichst selten sieht und nichts Genaues über ihr Leben weiß, weil sie dies zu sehr mitnehmen würde.

Die Vermeidungsstrategie dieser Mutter hängt mit der Kenntnis ihrer eigenen Verletzlichkeit zusammen. Sie will sich nicht nur keine Sorgen machen müssen; sie kann ihrer Tochter einfach nicht zuhören, ohne den starken Drang zu verspüren, sie zu ihrem eigenen Besten ändern zu wollen. Wenn sie ihrer Versuchung nachgibt und ihrer Tochter sagt, sie solle aufhören, Drogen zu nehmen und mit gefährlichen Typen rumzuhängen (als ob so etwas nur im Film vorkommen würde), beeinträchtigt das nicht nur ihre eigene Fähigkeit zuzuhören, sondern führt zu heftigen Auseinandersetzungen mit Geschrei von beiden Seiten.

Das Schlimmste an emotionaler Reaktivität ist, dass sie sich so leicht überträgt: Wenn die Aufgebrachtheit vom Sprecher auf den Zuhörer überspringt, eskaliert die Situation oft nach einem Schlagabtausch aus Aktionen und Reaktionen und führt irgendwann zu einem emotionalen Kurzschluss. Dieser kann das so einfache wie frustrierende Verlassen eines Zimmers sein, oder in einem traurigeren Fall die Entscheidung, sich endgültig aus dem Leben des anderen zu verabschieden.

Wenn Sie das nächste Mal die unschöne Erfahrung machen, den Streit zweier Menschen zu beobachten, die einander nicht anhören, achten Sie darauf, was beide tun, um diesen Streit in Gang zu halten. (Sollten Sie selbst eine der Streitparteien sein, achten Sie darauf, was Ihr Gegenüber dafür tut; die Alternative ist in dieser Situation zu anspruchsvoll.) Denken Sie darüber nach, wie der Streit enden könnte, wenn einer von beiden bereit wäre nachzugeben. Leider fühlen sich nach der schiefen Logik des hitzigen Streitens beide beteiligten Parteien verpflichtet, das letzte Wort zu haben.

Die Welt besteht aus lauter Leuten, die glauben, dass sie allein recht haben.

Richtiges Zuhören gelingt nur dann, wenn wir dem Impuls widerstehen, auf den Standpunkt des anderen emotional zu reagieren. Je mehr wir dem Drang nachgeben, auf unsere Ängste mit einem bestimmten Abwehrverhalten zu reagieren, desto unflexibler werden wir in unseren Beziehungen.

Lassen Sie mich Ihnen ein Beispiel geben, das sich auf den größeren und unpersönlicheren Rahmen einer öffentlichen Diskussion bezieht, bevor wir uns auf den noch brenzligeren privaten Austausch zwischen zwei vertrauten Menschen konzentrieren. Wenn Sie das nächste Mal einen Vortrag besuchen oder an einer Pressekonferenz teilnehmen, sollten Sie einmal auf die feindseligen Fragen achten, die den Rednern gestellt werden. Sie werden feststellen, dass viele dieser „Fragen“ nicht wirklich Fragen sind, sondern rhetorische Versuche, dem Redner nachzuweisen, dass er im Unrecht und der Zuhörer im Recht ist. Beobachten Sie, wie der Sprecher mit solchen Fragen umgeht. Manche Vortragsredner bleiben ruhig und konzentrieren sich auf die Punkte, mit denen sie übereinstimmen. Andere werden defensiv und gehen zum Gegenangriff über.

Eine Sprecherin kann schnell defensiv reagieren, wenn sie das Gefühl bekommt, der Fragesteller wolle lediglich zeigen, dass sie unrecht, er selbst aber recht habe: „Entschuldigen Sie, aber haben Sie nicht übersehen, dass ... [Sie Ignorantin]?“ Nur die wenigsten solcher „Zuhörer“ möchten wirklich eine Antwort auf ihre Frage. Sie wollen lediglich recht behalten. Wenn die Sprecherin tatsächlich defensiv reagiert, versucht sie, zu kontern (bzw. den anderen niederzumachen) und den Schlagabtausch zu „gewinnen“, indem sie sagt: „Nein, eigentlich .... [habe ich recht, und *Sie* liegen falsch].“ In sehr seltenen Fällen gelingt es Sprechern, feindselige Fragesteller mit ihrem überlegenen Intellekt oder ihrem umfangreichen Wissen über das debattierte Thema zum Schweigen zu bringen. Wesentlich häufiger aber hat der Fragesteller, der vielleicht nur eine Anmerkung loswerden wollte, das Gefühl, von einem arroganten Redner bloßgestellt und um die Möglichkeit betrogen worden zu sein, sich Gehör zu verschaffen.

Ist keiner der Gesprächspartner bereit, die Spirale der emotionalen Reaktivität zu durchbrechen, sind am Ende beide verärgert und fühlen sich missverstanden.

Streitgespräche entschärfen

Ich weiß nicht, wie es Ihnen geht, aber ich persönlich hasse es zu streiten. Warum müssen manche Leute immer felsenfest das Gegenteil von dem behaupten, was wir sagen? Um uns ein besseres gegenseitiges Verständnis zu ermöglichen, habe ich eine Liste mit diversen Gründen erstellt, warum andere Menschen uns widersprechen und sich mit uns streiten.

- **Die anderen Menschen haben ein schlechtes Erinnerungsvermögen.** „Meine Frau und ich streiten ständig darüber, wer von uns beiden was gesagt hat. Ich wünschte, ich könnte unsere Unterhaltungen aufnehmen. Ich weiß doch schließlich am besten, was ich gesagt habe, oder nicht?“
- **Die anderen Menschen sind egoistisch.** „Mein Freund besteht darauf, dass wir Weihnachten bei seinen Eltern verbringen. Warum können wir nicht zu meiner Familie fahren?“

- **Die anderen Menschen haben keine Ahnung.** „Wir hatten letzte Woche drei Vorstellungsgespräche mit unterschiedlichen Bewerberinnen. Eine von den dreien war eindeutig die beste Kandidatin. Ich fand es schockierend, dass zwei Drittel unseres Teams für eine andere Bewerberin stimmten."
- **Die anderen Menschen sind altmodisch.** „Mein Vater benutzt seine Mailbox nicht und kann keine Sprachnachrichten abhören. Also muss ich ihn immer mehrmals anrufen, um ihm einfache kurze Nachrichten zu übermitteln. Wenn ich vorschlage, er solle endlich seine Mailbox einschalten, fragt er mich: ‚Wofür brauche ich das Ding denn?'
- **Die anderen Menschen sind stur.** „Meine Frau besteht darauf, das alte Auto noch ein weiteres Jahr zu behalten, bevor wir uns ein neues kaufen. Wenn ich sie daran erinnere, dass eine neues Auto jetzt günstiger ist als nächstes Jahr, behauptet sie steif und fest, dass es auf lange Sicht billiger ist, das Auto noch für weitere 40.000 km zu behalten."
- **Die anderen Menschen sind naiv.** „Meine Tochter möchte an der Universität gern ‚Kreatives Schreiben' studieren. Sie hat nicht die geringste Ahnung, wie schwer es ist, sich als Schriftsteller über Wasser zu halten."
- **Die anderen Menschen sind überempfindlich.** „Wenn ich meinem Freund erkläre, dass es einfach zu teuer ist, wenn wir uns jedes Wochenende gegenseitig besuchen, reagiert er immer verletzt und wütend."
- **Die anderen Menschen sind dominant.** „Mein Mann besteht darauf, dass wir jeden Abend zum Essen ausgehen. Warum können wir nicht einfach mal zu Hause bleiben?"
- **Die anderen Menschen hören nicht richtig zu, wenn wir etwas sagen.** „Immer wenn ich ihn auf eine von ihm ungeliebte Hausarbeit hinweise, die noch erledigt werden muss, aber dazu sage, dass sie nicht sofort gemacht werden muss, überhört mein Freund das ‚nicht sofort' und regt sich grundlos auf."

Was diese Beispiele gemeinsam haben, lässt sich leicht erkennen: Sie demonstrieren die Tatsache, dass es immer die Schuld der anderen ist, wenn es zum Streit kommt. Und natürlich ist es dann unsere Pflicht, ihnen den Kopf zurechtzurücken.

Warum, denken sich vielleicht jetzt einige Gerechtigkeitsfanatiker, sind es eigentlich nie wir selbst, die egoistisch, stur oder naiv sind? Weil wir die richtigen Ansichten haben.

Es gibt natürlich immer zwei Seiten bei einer Auseinandersetzung. Doch leider neigen wir beim Streiten dazu, unsere Sicht der Dinge immer wieder zu wiederholen, ohne uns den Standpunkt des anderen anzuhören. Das *responsive Zuhören* ist eine Technik, mit der Auseinandersetzungen entschärft werden sollen, indem man sich erst die Meinung oder den Standpunkt des anderen anhört, bevor man die eigene Sicht der Dinge präsentiert. Es erlaubt uns, die Gegenposition aufzugeben, von der aus wir oft reflexhaft kontern, und eine offene Position einzunehmen, die es dem anderen ermöglicht, seine Gefühle zu äußern, während wir unsere zurückhalten. Diese Technik wurde entwickelt, um Streitgespräche aufzulösen. Wie wir in den folgenden Kapiteln sehen werden, kann sie uns aber auch dabei helfen, die Qualität unseres Zuhörens in fast jeder Situation zu verbessern.

Responsives Zuhören funktioniert folgendermaßen:

Responsives Zuhören

1. **Bahnt sich ein Streit zwischen Ihnen und Ihrem Gegenüber an, unterdrücken Sie Ihren Impuls zu kontern, und konzentrieren Sie sich darauf, dem anderen und seinem Standpunkt zuzuhören.**
2. **Nehmen Sie die Gedanken, Gefühle und Wünsche des anderen an, ohne sich zu verteidigen oder zu widersprechen.**
3. **Wiederholen Sie die Position des anderen mit Ihren eigenen Worten, um zu zeigen, wie Sie seine Gefühle und Gedanken verstanden haben.**
4. **Bitten Sie Ihr Gegenüber, Ihren Eindruck zu korrigieren oder seinen Standpunkt ausführlicher zu erläutern.**
5. **Bewahren Sie sich Ihre Antwort für später auf. Warten Sie bei wichtigen oder sehr kontroversen Sachverhalten am besten einen Tag, bevor Sie Ihre Sicht der Dinge kommunizieren. Geht es um weniger gewichtige Dinge, machen Sie eine kurze Pause und fragen Sie dann bei dem anderen nach, ob er bereit ist, sich Ihre Gedanken zu dem Thema anzuhören.**

Widerspricht uns jemand, ist unser erster Impuls meist, unseren Standpunkt nochmals zu erklären oder erneut zu wiederholen. Doch wenn zwei Menschen darauf bestehen, weiterzureden, hört keiner dem anderen zu.

Wollen Sie dieses Muster durchbrechen, bevor ein Streit eskaliert, erinnern Sie sich daran, zuerst Ihr Gegenüber dazu zu bringen, seine Gefühle vollständig zu äußern, bevor Sie ihm Ihre eigenen erklären. Versuchen Sie gar nicht erst, zu widersprechen, sondern bleiben Sie beherrscht, indem Sie zuhören.

Auseinandersetzungen sind wie Tischtennis: Es braucht zwei Personen, um den Ball im Spiel zu halten.

Um sich das Anliegen eines anderen Menschen anzuhören, müssen Sie zumindest zeitweise Ihre eigenen Gedanken zurückstellen. Sie können nicht richtig zuhören, wenn Sie darauf warten, sofort auf das Gesagte zu antworten. Die aktive Entscheidung, mit dem Antworten zu warten, um zu begreifen, was der andere wirklich denkt, mag nicht einfach sein, ist aber der erste Schritt, um den ewigen Kreislauf einer Auseinandersetzung zu durchbrechen.

„Ich kann mich nicht erinnern, so etwas gesagt zu haben, aber wahrscheinlich hast du recht. Wie möchtest du mit dieser Situation umgehen?"

Wann ist ein Streit kein Streit? Wenn Sie nicht kontern.

Da die meisten von uns bei Auseinandersetzungen auf ein schnelles Ergebnis abzielen, kann es etwas dauern, bis wir gelernt haben, dass es eigentlich darum geht, die zu Grunde liegenden Gefühle zu verstehen. Wenn Sie damit beginnen, die Technik des responsiven Zuhörens anzuwenden, wird Ihr Gegenüber anfangs ungeduldig reagieren, da sie oder er schnell zu einer Lösung des Konflikts kommen möchte. Die Fähigkeit, sich nicht zu schnell in einen Streit verwickeln zu lassen, braucht als Ausgangspunkt die bewusste Entscheidung, sich zuerst auf die Gefühle des anderen zu konzentrieren.

„Müssen wir wirklich jeden Abend zum Essen ausgehen?"
„Warum möchtest du nicht ausgehen, Schatz?"

Manche Leute glauben, dass wir sie nicht verstehen, weil wir ihnen kein Zeichen dafür geben, dass wir ihnen zugehört und sie verstanden haben. Schweigen ist mehrdeutig. Den Standpunkt des anderen in Ihren eigenen Worten wiederzugeben ist die beste Möglichkeit, Ihr Gegenüber wissen zu lassen, dass Sie verstanden haben. Fassen Sie das Gesagte aber nicht so zusammen, dass es klingt, als sei damit die Sache erledigt, sondern so, dass es als Einladung verstanden wird, die Problematik noch etwas genauer zu erläutern, damit Sie *wirklich* verstehen können, worum es dem anderen geht.

„Lass mich schauen, ob ich das richtig verstanden habe. Du gehst abends nicht gern aus, weil die meisten Restaurants, in die wir gehen, kaum vegetarische Gerichte anbieten, und du glaubst, dass wir uns nicht gesund genug ernähren?"

Haben Sie bemerkt, dass die Umschreibung als Frage formuliert wird? Es geht nämlich nicht darum, dem anderen zu vermitteln, dass Sie verstanden haben, sondern darum, dass Sie es versuchen.

Der vierte Schritt des responsiven Zuhörens hängt unmittelbar mit dem dritten zusammen. Ich führe ihn deshalb als eigenständigen Schritt auf, um hervorzuheben, wie wichtig es ist, dass der andere seinen Standpunkt genauer erläutern kann. Beim responsiven Zuhören geht es nicht darum, zu einem Ergebnis zu kommen oder die Diskussion abzubrechen, sondern darum, dem Gegenüber die Möglichkeit zu geben, ihre oder seine Seite des Sachverhalts darzulegen – und ihm oder ihr auch das Gefühl zu vermitteln, Gehör zu finden. Je länger Ihr Gegenüber spricht, umso länger vermeiden Sie den Ping-Pong-Kreislauf des Streitens. Das Ziel ist Kommunikation.

„Ich glaube, ich habe verstanden, was du gesagt hast, aber ich möchte mich vergewissern. Meinst du ...?"
„Ich bin mir nicht ganz sicher, ob ich dich richtig verstanden habe. Du sagst, ... Vielleicht könntest du mir noch mehr [über deinen Standpunkt] erzählen, damit ich es besser begreife."

Nachdem Sie dem anderen gezeigt haben, dass Sie die Gründe dafür verstehen, weshalb er oder sie nicht mit Ihnen übereinstimmt, möchten Sie vielleicht Ihre eigene Position erneut bestätigen. Der Fokus des Gesprächs verlagert sich nun. Es geht nicht mehr um das Zeigen von Verständnis, sondern um das Erreichen einer Entscheidung. Wenn Sie an dieser Stelle Ihren Standpunkt tiefgehender rechtfertigen möchten als nur damit, dass er Ihre persönliche Meinung oder Vorliebe widerspiegelt, führt dies nur zu einer längeren Debatte. Sagen Sie einfach: „Das ist meine Meinung." Wenn nun eine Entscheidung ansteht, können Sie beide hoffentlich zu einer Einigung kommen, die beide Positionen berücksichtigt. Auf dieses Aushandeln einer Einigung werde ich später noch genauer eingehen.

Meistens ist es eine gute Idee, diese Gespräche voneinander zu trennen, sprich in eines, in dem Sie versuchen, den anderen zu verstehen, und in ein weiteres, in dem Sie zu einer Einigung kommen möchten. Indem Sie dies tun, geben Sie zu verstehen, dass Sie den Standpunkt des anderen in Betracht ziehen, und gewinnen zudem Zeit, Ihre eigenen Optionen mit weniger äußerem Druck zu überdenken. Trotz alledem ist das responsive Zuhören keine Magie. Es zaubert Meinungsverschiedenheiten nicht einfach weg. Es ist ein Mittel dafür, Auseinandersetzungen zu entschärfen und weniger hitzig werden zu lassen. Sie werden aber bald bemerken, dass es ein sehr nützliches Mittel ist – wenn Sie nicht vergessen, dass es dabei darum geht, den anderen aus der defensiven Ecke zu locken und ihm richtig zuzuhören.

Es gibt eine ganze Reihe weiterer Ansätze, die den Zuhörer dazu ermuntern, die Gefühle des Sprechers anzuerkennen. Die meisten zielen jedoch darauf ab, das Gespräch schnell zu einem Ende zu bringen bzw. eine Einigung zu erreichen.

„Ich verstehe, wie du dich fühlst. Aber jetzt will ich dir sagen, was ich denke."

Der „Ja, aber ..."-Ansatz funktioniert bekanntlich nicht sehr gut. Beim responsiven Zuhören geht es nicht darum, Gespräche zusammenzufassen, sondern diese offener zu gestalten. Auch wenn es Ihnen letztendlich darum geht, die andere Person dazu zu bringen, Ihren Standpunkt zu akzeptieren, besteht die beste Strategie darin, sie ausführlich über ihren eigenen Standpunkt reden zu lassen, um sie für den Ihren empfänglicher zu machen. Ein oberflächliches Anerkennen der Gefühle Ihres Gegenübers funktioniert in der Regel nicht.

„Ich verstehe" ist keine besonders verständnisvolle Antwort, wenn Sie Empathie für die Gefühle anderer Menschen zeigen wollen. Es impliziert nämlich, dass Sie bereits wissen, was diese Ihnen sagen möchten. Da Sie schon wissen, was die anderen fühlen, müssen diese ja auch nicht weiter darüber reden.

Stellen Sie sich vor, wie es Ihnen ginge, wenn Sie Ihrem Partner oder Ihrer Partnerin vor einer wichtigen Präsentation bei der Arbeit gestehen würden: „Schatz, ich mache mir ein bisschen Sorgen über mein Projekt und wie es damit vorangeht." Daraufhin würde er oder sie mit einer flüchtigen Phrase der Anteilnahme antworten („Ja, ich weiß wie sich das anfühlt.") und sich dann wieder der Sache zuwenden, mit der er oder sie zuvor beschäftigt war. Wie würden Sie sich fühlen?

Tatsächlich ist es sinnvoller, in solchen Momenten zu sagen: „Ich weiß *nicht*, wie sich das anfühlt."

„Ich bin mir nicht sicher, ob ich wirklich verstehe, wie es dir dabei geht. Kannst du es mir erklären?"

„Ich glaube ich verstehe, wie du dich fühlst, aber ich bin mir nicht ganz sicher. Kannst du es mir sagen?"

Der Unterschied zwischen „Ich bin mir nicht ganz sicher, wie es dir dabei geht" und „Ich weiß, wie du dich fühlst" ist der Unterschied zwischen Interesse am Zuhören und keinem Interesse am Zuhören.

Es geht beim responsiven Zuhören nicht darum, zusammenfassen zu können, was der andere gesagt hat. Es geht darum, den anderen zum Reden zu bringen. Es ist das Reden, dieser kommunikative Akt, bei dem man seine Gefühle jemandem offenbart, der Interesse am Zuhören zeigt. Das gibt Menschen das Gefühl, verstanden zu werden – und nicht die genaue Wiedergabe dessen, was gesagt wurde. Wenn es aufrichtig gemeint ist, kann responsives Zuhören der Umweg um einen Streit sein und uns einen besseren Einblick in die Gefühlswelt anderer Menschen geben.

Seelische Anspannung beeinträchtigt das Zuhören

Manche Zuhörer, die unbedingt einen Konflikt vermeiden wollen, hören nicht richtig zu, um sich vor dem zu schützen, was der andere sagen könnte. Zuhörer, die versuchen, den Sprechern ihre unangenehmen Gefühle oder eigensinnigen Vorhaben auszureden, hören nicht, was diese denken, da sie sich davon bedroht fühlen. Auch die Menschen, die etwas sehr Wichtiges mitzuteilen haben, finden mitunter kein Gehör, wenn sie ihrem Gegenüber das Gefühl geben, kritisiert oder missverstanden zu werden. Der Zuhörer wird dann schnell defensiv oder wütend, geht zum Gegenangriff über oder zieht sich zurück. In so einer Situation ist Zuhören das Letzte, was ihm in den Sinn kommt. Das Missverständnis wird noch vertieft, wenn einer nachtragend all die furchtbaren Dinge aufzählt, die der andere ihm angetan hat, oder einer oder vielleicht sogar beide eine dritte Person finden, bei der sie sich beschweren können.

Heisse Eisen

Bei Paaren sind es bekanntlich drei Themen, die sich nicht leicht besprechen lassen: Geld, Sex und Kinder. Die Schwierigkeit liegt hierbei meistens nicht bei den unterschiedlichen Standpunkten der Partner, sondern bei den emotionalen Reaktionen, die diese auslösen können. Auch wenn beide Partner auf solche Themen ähnlich reagieren, zeigen sie es manchmal auf unterschiedliche Weise. Der eine drängt vielleicht darauf, alles auf eine rationale Art zu besprechen, während der andere dadurch das Gefühl hat, sich nicht frei äußern zu können und deshalb auf mehr emotionaler Offenheit besteht. Jeder von uns ist empfindlich gegenüber Kränkungen, Verletzungen und Kritik. Manche Menschen haben so feine Antennen, dass sie Signale dafür bereits dann wahrnehmen, wenn sie noch nicht einmal gesendet wurden.

Immer, wenn es bei Don und Shannon richtig kracht, zieht Don sich danach zurück. Nach einer Weile beruhigt er sich und versucht, das Kriegsbeil zu begraben, indem er sich entschuldigt. Sie aber entschuldigt sich nie. Entweder akzeptiert sie seine Entschuldigung oder nimmt diese, wenn sie immer noch aufgebracht ist, zum Anlass, ihm weitere Vorwürfe zu machen. Am schlimmsten ist es für Don, wenn folgender Satz ertönt: „Du machst das *immer*, und ich *hasse* es!"

Irgendwann überwand sich Don und sagte Shannon, dass er den ewigen Streit zwischen ihnen wirklich bedaure und auch erkenne, dass er daran Anteil habe; dass es ihn aber wirklich störe, dass sie sich nie entschuldige. „Es ist fast so, als wäre immer alles allein meine Schuld und du wärst in keiner Weise daran beteiligt. Das ist ungerecht."

Shannon explodierte. „Was willst du jetzt hören? Dass es *meine* Schuld ist, dass du so grantig bist? Es tut *mir* leid, dass *dir* mein Fahrstil nicht gefällt? Es tut mir leid, dass das Baby krank ist?" Daraufhin riss Don nur die Arme hoch und stürmte aus dem Zimmer.

Warum fällt es einigen Menschen so schwer, sich zu entschuldigen? Weil sie ein schlechtes Gewissen haben. Tief in ihrem Herzen gab Shannon sich die Schuld für alles, was in ihrer Beziehung schieflief. Sie fühlte sich schuldig wegen Dons Stimmungsschwankungen (Wenn ich eine bessere Ehefrau wäre, wäre er glücklicher), sie fühlte sich schuldig, weil sie den Sex mit ihm nicht genoss (Ich muss zu gehemmt sein), sie fühlte sich sogar schuldig, wenn das Baby krank war (Wäre ich eine bessere Mutter, würde dem Kleinen nichts passieren und er würde auch nicht krank). Shannon stammte aus einer Familie, in der gegenseitige Schuldzuweisungen an der Tagesordnung waren. Darum war sie so empfindlich gegen jede Art von Kritik, die in ihr Selbstzweifel auslöste. Genau das ist das Wesen emotionaler Reaktivität.

Am heftigsten reagieren wir auf die Dinge, die wir uns selbst vorwerfen.

„Auf alle anderen hörst du, nur nicht auf mich!"

Lebenspartner beschweren sich oft darüber, dass der andere ihren Ideen keine Beachtung schenkt, dann aber nach Hause kommt und verkündet, er habe gerade etwas sehr Interessantes gehört – und zwar genau das, was der Partner ihm ständig zu sagen versucht! So etwas Ähnliches war kürzlich bei Marilyn der Fall: Sie erzählte ihrem Mann, dass sie wegen ihres Rückens zum Chiropraktiker einer Bekannten gehen wolle. Ihr Mann ging regelrecht an die Decke: „Ich sage dir schon seit Jahren, dass du zum Chiropraktiker gehen sollst! Und jetzt auf einmal willst du es tun, weil es dir deine tolle Freundin Mary Elizabeth geraten hat. Warum hörst du eigentlich nie auf meine Ratschläge?"

Marilyn war sehr erschrocken über den Gefühlsausbruch ihres Mannes. Doch auch wenn ihr eine Erwiderung darauf eingefallen wäre, hätte er sie nicht gehört, denn er war bereits aus dem Zimmer gestürmt und hatte die Tür laut hinter sich zugeschlagen. Später fielen ihr in Gedanken natürlich die besten Argumente für eine Antwort ein – so wie es wohl den meisten von uns geht.

Ja, er hatte ihr *tatsächlich* geraten, einen Chiropraktiker aufzusuchen. Aber sie hatte nicht um seinen Rat gebeten. Wenn sie sich bei ihm über ihre Rückenschmerzen beklagte, wollte sie Mitgefühl und keine guten Ratschläge. Immer sagte er ihr, was sie zu tun habe! Warum konnte er ihr nicht einfach zuhören?

Als Marilyn mir von diesem Zwischenfall erzählte und erwähnte, wie sehr es sie nervte, dass sie von ihrem Mann statt Mitgefühl nur gute Ratschläge zu erwarten hatte, beschlich mich das Gefühl, dass ich nicht alle Informationen bekam, um mir ein umfassendes Bild der Lage zu machen. Sie vertraute mir schließlich an, dass ihr Mann seine Ratschläge stets auf sehr aufdringliche und Druck erzeugende Weise erteilte, bei der sie sich sehr unwohl fühlte. Dies war seine Antwort auf die innere Angst, die ihre Klagen bei ihm auslösten. Marilyn ignorierte seine Ratschläge in der Regel – nicht weil sie nicht dafür offen war, sondern weil sie so herrisch übermittelt wurden, dass sie sich unter Druck gesetzt fühlte.

Dies ist ein typisches Beispiel dafür, wie manche Botschaften ihr Ziel völlig verfehlen. Nicht der Inhalt der Botschaft stößt beim Empfänger auf taube Ohren, sondern die Art und Weise, wie sie verpackt ist. Der Eifer und die Aufdringlichkeit eines Sprechers werden vom Zuhörer oft als Druck empfunden und so interpretiert, als hätte er unrecht oder müsste seine Meinung ändern. Es ist schon schwer genug, die eigenen emotionalen Reaktionen im Zaum zu halten. Doch gerade dies wird durch die Beschaffenheit von intimen Beziehungen meist noch mehr erschwert.

Wie manche Sprecher uns schwerhörig werden lassen

Wir alle kennen uns mit Zuhörern aus, die, statt uns zuzuhören mit emotionaler Abwehr reagieren oder sogar einen Streit vom Zaun brechen. Eine ebenso große Verständnisbarriere kann die Emotionalität eines Sprechers sein. Wenn jemand stets in einem emotional aufgeladenen Ton oder in sehr dramatischer Weise spricht, erzeugt dies bei seinen Zuhörern Unruhe und Befangenheit, was zu einer Art „Schwerhörigkeit" führt.

Manche Leute wissen gar nicht, wie bedrängend und provozierend ihr Tonfall ist. Sie fallen über uns her wie ein hungriger Wolf.

Besonders schwer fällt das Zuhören bei Menschen, die uns abschätzig behandeln und unsere Gefühle missachten. Ein aufdringlicher Sprecher mag nicht wissen, wie er auf andere wirkt. Doch seine forsche und bedrängende Sprechweise, seine ausladenden Gesten oder sein forderndes „stimmt's?!", das alle seine Aussagen abschließt, geben uns das Gefühl, in die Ecke gedrängt zu werden.

Eine angespannte Atmosphäre

Die emotionale Situation zwischen Sprecher und Zuhörer entscheidet darüber, wie gut das Verständnis zwischen beiden funktioniert. In einer stets spannungsfreien Atmosphäre kann der Zuhörer normalerweise heraushören, was der Sprecher ihm mitteilen möchte. Doch wenn Spannung in der Luft liegt oder eine gewisse Gereiztheit zu spüren ist, ist der Zuhörer womöglich zu befangen, um empfänglich für das Gesagte zu sein. Vielleicht befürchtet er, dass ihm Vorwürfe gemacht werden, er sich ändern soll oder dass er vorgeführt wird. Wenn Sprecher bei anderen solche starken Gefühle auslösen und Emotionen so stark äußern, dass sich die Zuhörer eingekesselt fühlen, werden sie kein Gehör finden; auch dann nicht, wenn sie etwas Wichtiges zu sagen haben. Es ist die Art, wie etwas gesagt wird, die bestimmt, ob es gehört wird oder nicht.

Der emotionale Zustand einer Beziehung hängt aber nicht nur davon ab, wie sich die Partner ausdrücken, sondern auch davon, inwieweit sie sich als Individuen voneinander differenzieren.

Ein differenziertes Individuum ist ein reifer und autonomer Mensch, der weiß, wo seine Grenzen liegen und der die Grenzen anderer respektiert. In emotional undifferenzierten Beziehungen werden Ängste und Befangenheiten zunehmend ansteckend, und die Partner neigen besonders bei heiklen Themen zu emotionalen Überreaktionen. Bei manchen Paaren ist Geld ein Thema, das schon beim beiläufigen Erwähnen dafür sorgt, dass die Fetzen fliegen. Eine Mutter, die sich emotional nur wenig von ihrem Kind differenziert hat, lässt sich vielleicht von einem „Ich hab' dich nicht mehr lieb!" so verängstigen, dass sie entweder dem Willen des Kindes nachgibt oder eine recht sinnlose Diskussion anfängt, die mit einem „Ich hab *dich* aber lieb!" beginnt. Besser emotional differenzierte Eltern fühlen sich durch solche trotzigen Ausrufe weniger angegriffen. Ein „Ich hab' dich nicht mehr lieb!" heißt oft nicht mehr als „Ich bin wütend, weil du mir nicht meinen Willen lässt." Eine Differenzierung erreicht man, indem man unterscheiden kann, was man denkt und was man fühlt und darüber hinaus lernt, man selbst zu sein und dieses Recht auch anderen Menschen zuzugestehen.

Wenn Grenzen verschwimmen und Menschen emotional miteinander verschmelzen, provoziert fast jede Aussage des Sprechers beim Zuhörer eine emotionale Reaktion. Je weniger differenziert die Individuen sind, umso heftiger fallen die emotionalen Reaktionen aus. Schwach differenzierte Menschen, die zu starken Gefühlsausbrüchen neigen, wirken auf andere meist emotional fordernd oder ausweichend.

So mag sich z. B. ein „unabhängiger" Ehemann der emotionalen Reaktivität seiner „abhängigen" Frau bewusst sein, während er seine eigene ausblendet. Er sieht ihre Abhängigkeit, weil sie sie offen zeigt. Wenn sie protestiert, weil er etwas allein unternehmen möchte, sagt er: „Sei nicht so anhänglich! Warum suchst du dir nicht ein paar eigene Interessen und hörst auf, dich an mich zu klammern?" Wenn sie daraufhin in Tränen ausbricht und ihn beschuldigt, egoistisch zu sein, zeigt sie seiner Ansicht nach nur, dass sie unreif und unselbstständig ist. Er kann sich nicht einmal beschweren, ohne dass sie gleich hysterisch wird. Er erkennt dabei allerdings nicht, wie abhängig *er* von ihr ist bzw. von ihrer positiven Einstellung zu ihm. In diesem Punkt ist er so angreifbar, dass er nicht in der Lage ist, ihre Beschwerden nur als Ausdruck ihrer Gefühle und nicht als Kritik an ihm zu verstehen. Er hört ihre Worte nur als gegen ihn gerichtete Bedrohung, die ihn in seiner Handlungsfähigkeit einschränkt. Dann explodiert er in selbstgerechter Gekränktheit und ist wütend auf seine Frau, weil sie auf seine Aussagen immer überemotional reagiert.

Gail brauchte mehr Hilfe im Haushalt und musste mit Leon darüber sprechen. Sie wusste, dass dies ein heikles Thema war, weil sie beide mit dem Selbstverständnis aufgewachsen waren, dass Hausarbeit nun mal Frauensache sei. Da sie aber beide arbeiteten und sich um die Kinder kümmern mussten, konnten sie sich den Luxus eines „Heimchens am Herd" nicht leisten. Es waren bereits drei Monate vergangen, seit Gail ihre neue Stelle angetreten hatte. Bisher hatte sie es vermieden, Leon um Hilfe zu bitten, weil sie keinen Streit provozieren wollte. Doch sie schaffte es einfach nicht, das Essen zu kochen und auf den Tisch zu stellen, bevor die Kinder quengelig wurden. Sie musste endlich mit ihrem Mann reden.

Also sprach Gail noch am selben Abend nach dem Essen mit Leon. Sie sagte ihm, wie ungerecht sie es fand, dass sie allein für das Kochen, Aufräumen und Putzen zuständig war, während sie gleichzeitig arbeitete. Während sie redete, steigerte sie sich immer weiter in ihre Frustration hinein, die sich seit drei Monaten in ihr angestaut hatte.

Leon, dem klar war, dass er sie nicht genug unterstützte, hörte zunächst ruhig zu, als Gail ihm erklärte, wie sehr es sie verletzte, dass er ihr nie seine Hilfe anbot. Doch dann ging sie dazu über, aufzuzählen, wie viel sie und wie wenig er immer tat. Sie begann, immer schneller und aufgeregter auf ihn einzureden, während sie wütend mit den Armen fuchtelte. Sie ließ ihrem angestauten Zorn freien Lauf. Leon versuchte, weiter zuzuhören, wurde aber selbst immer aufgebrachter.

Was als legitime Bitte begonnen hatte, wurde zu einer waschechten Tirade. Leon konnte nicht mehr zuhören und auch kein Mitgefühl zeigen, weil er sich angegriffen fühlte. Also konterte er: „Warum musst du um alles so viel Aufhebens machen? Und warum musst du ständig alles derartig übertreiben: Du machst *alles*, ich mache *nichts*. Wer bitte verdient denn in diesem Haus am meisten Geld?"

Das saß. Gail brach in Tränen raus, und Leon, der es nicht mehr ertragen konnte, stürmte hinaus und schmiss die Tür hinter sich zu. Gail blieb weinend allein im Wohnzimmer zurück und bedauerte sich selbst, weil die Situation so ungerecht war und Leon zu egoistisch, um sich um ihre Gefühle zu kümmern.

Der Ton eines Sprechers wühlt mitunter so starke Gefühle beim Zuhörer auf, dass es ihm fast unmöglich ist, so offen für das Gesagte zu sein, wie es sich der Sprecher eigentlich wünscht. Besonders in einer spannungsreichen Beziehung ist es wichtig, die eigenen Emotionen zu zügeln, um beim anderen Gehör zu finden. Auch wenn Sie nicht den Fehler begehen, Ihren Partner oder Ihre Partnerin für Ihre Gefühle verantwortlich zu machen, kann die Art und Weise, wie Sie sich mitteilen, dazu führen, dass sich der andere angegriffen fühlt. Manchmal ist es einfach nicht möglich, es nicht persönlich zu nehmen.

Wir können die Wirkung unseres Tonfalls oft nicht abschätzen, weil wir nur hören, wie wir uns fühlen, und nicht, wie es sich anhört.

Elise ist verärgert, weil Jay bei fast allem, was sie anspricht, einen gegensätzlichen Standpunkt einnimmt. Das kommt Ihnen bestimmt bekannt vor. Die meisten Themen sind so komplex, dass sie aus unterschiedlichen Blickwinkeln betrachtet werden können. Verweist jemand auf einen Aspekt, kommt uns meist sofort ein weiterer in den Sinn. Trotzdem macht es keinen Spaß, wenn man sagt, das Glas sei halb leer, um prompt darauf hingewiesen zu werden, es sei doch wohl eher halb voll. Jays Neigung, in Gesprächen eine

Gegenposition einzunehmen, empfand Elise nicht nur als Meinungsverschiedenheit, sondern auch als versagte Anerkennung.

Eines Tages merkte sie an, dass die Veranda des Nachbarhauses so baufällig sei, dass sie vielleicht bald einstürzen und sich jemand verletzen könnte. Jay sah sich das Geländer an, das noch halbwegs in Ordnung zu sein schien, und konstatierte: „Das glaube ich nicht, es sieht noch ganz passabel aus." Als Elise erwiderte: „Ich hasse es, wenn du mir immer widersprechen musst!", fühlte Jay sich angegriffen. „Muss ich denn ständig deiner Meinung sein?!", antwortete er gereizt. Als vernünftiges Ehepaar, das sie waren, führten sie danach eine Diskussion, ohne laut zu werden, aber auch ohne einander anzuhören.

Elise konnte nachvollziehen, dass Jay ihr nicht ständig in allem zustimmen konnte. Darum ging es ihr auch gar nicht. Sie wollte, dass ihre Gefühle gewürdigt wurden. Er begriff dies zwar, wusste aber nicht, wie er das anstellen sollte. „Wenn du sagst, das Geländer breche bald zusammen, und ich das nicht glaube, wie soll ich denn darauf kommen, dass du nur deine Gefühle ausdrücken willst und möchtest, dass ich sie ernst nehme? Woher soll ich wissen, was du willst, wenn du es mir nicht sagst?"

Jay fiel es schwer, Elises Botschaften herauszuhören, weil sie sich oft sehr emotional äußerte. Sogar einfache und zweckmäßige Mitteilungen waren so stark emotional aufgeladen, dass Jay oft nur auf diese mitschwingenden Angstgefühle statt auf die Mitteilung selbst reagierte. Daher war er auch nicht empfangsbereit für ihre Botschaften, sondern schirmte sich gegen sie ab.

Elise regt sich schnell auf und wird beim Sprechen laut, weil sie viele Dinge lange zurückhält und diese später unbedingt loswerden möchte. Wenn sie sich derartig in ihre Äußerungen hineinsteigert, reagiert Jay mit großer Anspannung. In solchen Momenten kann er sich nur auf das, was ihm im Magen liegt, und nicht auf das konzentrieren, was Elise eigentlich sagen möchte. Als sie ihm offenbarte, dass es sie aufbringt, wenn er ihr immer widerspricht, ließ ihr Ton ihn defensiv werden, und nicht ihre Botschaft.

Egal wie stark sie sich auch bemühten – Elise und Jay schafften es einfach nicht, einander in hitzigen Diskussionen zuzuhören. In meiner Praxis unterbrach ich sie dann und sprach nacheinander mit ihnen. Dies half beiden, einander zuzuhören, ohne sofort defensiv zu reagieren. Es stellte sich heraus, dass Elise mit einem herrischen Vater aufgewachsen war, der von seinen Kindern die strikte Einhaltung seiner Regeln erwartete und ihre Meinungen nicht gelten ließ. Jay und Elise erinnerten sich beide an Elises Bruder und dessen Gewohnheit, jede noch so kleine Meinungsverschiedenheit als Kriegserklärung zu werten: „Entweder bist du für mich, oder du bist gegen mich!"

Jay und Elise unterscheiden sich nicht wirklich stark von anderen Paaren, die ebenfalls daran verzweifeln, dass der andere ihnen nie richtig zuhört. Wenn Sie möchten, dass man Ihnen zuhört, überlegen Sie, wie aufgebracht Sie gerade sind, oder wie sehr Sie sich beim Erzählen vielleicht in Ihre Gefühle hineinsteigern. Zuhörer reagieren auf übermittelte Gefühle. Wenn Sie Ihren eigenen emotionalen Druck verringern können, hört man Ihnen eher zu, sogar bei heiklen Themen. Denken Sie daran: Ob man Ihnen zuhört, liegt weniger daran, was Sie sagen, sondern daran, *wie* Sie es sagen. Aus diesem Grund sind viele Menschen empfänglicher für das, was sie lesen, als für das, was sie hören. (Das hoffe ich jedenfalls.)

Schauen wir uns eine weitere Interaktion zwischen Jay und Elise an. Es fiel ihm schwer, seiner Frau zuzuhören, weil ihre Aussagen auf ihn einprasselten wie heftiger Regen. Wenn ihre Stimme schrill wurde und er sich immer mehr verkrampfte, hörte er nicht mehr das bezaubernde, liebenswerte Mädchen, in das er sich verliebt hatte, sondern das Echo einer anderen harschen Stimme aus längst vergangenen Zeiten. Der Persönlichkeitsteil von ihm, der dann zum Vorschein kam, war nicht der starke und liebende Ehemann, sondern der kleine Junge, der Angst vor einer schneidenden und allmächtigen Stimme hatte, die ihm verbot, draußen zu spielen – derselben Stimme, die ihm befahl, stattdessen den ganzen Nachmittag im Haus zu bleiben und einen Berg an häuslichen Pflichten abzuarbeiten.

Sind es wirklich Männer, die Medusa zu Stein erstarren lässt, oder vielleicht die kleinen Jungen, die sich noch in ihnen verstecken?

Verletzte Gefühle und abgebrochene Beziehungen

Als Familientherapeut habe ich oft mit Menschen zu tun, deren Beziehung seit Langem in einer Sackgasse zu stecken scheint: Ehefrauen beklagen sich darüber, dass ihren Männern ihre Gefühle egal sind; Ehemänner beschweren sich, dass ihre Frauen ständig an ihnen herumnörgeln; Eltern monieren, dass ihre Kinder sich zu stark abschotten; Geschwister klagen darüber, dass sie ungerecht behandelt werden und erwachsene Kinder bedauern, dass sie mit ihren Eltern keine enge Beziehung mehr aufbauen können. Viele dieser Menschen kommen allein zur Therapie, weil diejenigen, mit denen sie Probleme haben, sich strikt weigern, darüber zu sprechen.

Michaels Schwester zog nach einer hässlichen Scheidung an die Westküste der USA. Als Susan ihren Bruder von Los Angeles aus anrief, ging plötzlich ihr Ex-Mann ans Telefon, der bei Michael zu Besuch war. Susan war außer sich. Sie fühlte sich verraten und brach den Kontakt zu ihrem Bruder ab.

Als Susan keinen seiner Anrufe erwiderte, war Michael so besorgt, dass er in ein Flugzeug nach Kalifornien stieg, um sich mit ihr auszusprechen. Doch als er dort ankam, verließ seine Schwester die Stadt, weil sie immer noch nicht zu einem Gespräch mit ihm bereit war. Michael war fuchsteufelswild. Er konnte verstehen, warum sie verletzt war, doch er selbst hatte nichts Falsches getan. Dass Susan sich weigerte, ihn zu sehen, nachdem er extra nach Kalifornien geflogen war, konnte er ihr nicht verzeihen.

Der erste Schritt, um eine zerbrochene Beziehung zu retten, besteht darin, den Blickwinkel des anderen zu übernehmen. Versuchen Sie, zu verstehen, was die andere Person fühlt, und formulieren Sie dies dann in einer Weise, die sie dazu ermutigt, sich genauer zu erklären. Solange Sie nicht bereit sind, den Standpunkt des anderen anzuerkennen, wird der andere auch nicht offen für den Ihren sein. Er mag Ihnen vielleicht scheinbar zuhören, aber das, was Sie sagen, dringt nicht zu ihm durch.

Wenn Sie bereit sind, aus der Deckung zu kommen und ohne Kritik oder Ungeduld zuzuhören, schenken Sie Ihrem Gegenüber Verständnis – und verdienen sich das Recht, ebenfalls Verständnis entgegengebracht zu bekommen.

Michael hatte versucht, sich bei seiner Schwester zu entschuldigen, dies aber nur halbherzig getan. Seiner Meinung nach hatte er selbst ja nichts falsch gemacht. Also konnte er sich diese Bemerkung nach seiner Entschuldigung auch nicht verkneifen. Wenn jemand sehr aufgebracht ist, wird jeder Versuch, das eigene Verhalten zu rechtfertigen – egal wie unschuldig oder wohlmeinend es auch gewesen sein mag – dazu führen, dass der andere glaubt, seine Gefühle würden nicht anerkannt. Michael war stocksauer, als seine Schwester ihn nicht sehen wollte. Sie wiederum hatte intuitiv gespürt, dass er sie mit seinem Entschuldigungsbesuch dazu drängen wollte, ihm endlich zu verzeihen. Hätte Susan sich nicht so stark hintergangen gefühlt, wäre Michaels Versuch vielleicht von Erfolg gekrönt gewesen. Wenn jemand aber sehr verletzt ist, möchte er einfach nur eine ernstgemeinte Entschuldigung hören – und keine Entschuldigung, die zur Hälfte eine Selbstrechtfertigung ist. Das Beste, was wir aus dieser Geschichte lernen können, ist zu sagen: „Es tut mir leid, dass ich dich verletzt habe" – ohne dabei die eigene Unschuld zu beteuern.

Michael suchte mich noch drei weitere Male im Verlauf mehrerer Monate auf. Bei unserem ersten Treffen beging ich genau denselben Fehler, von dem ich Ihnen gerade abgeraten habe. Statt seine Verbitterung anzuerkennen, riet ich ihm, erneut auf seine Schwester zuzugehen. Da er das Gefühl hatte, dies bereits zur Genüge getan und sich dabei ordentlich die Finger verbrannt zu haben, ignorierte er meinen Rat.

Unser zweites Treffen fand fünf Monate später statt. Er hatte sein gewohntes Leben wieder aufgenommen und konnte das Zerwürfnis mit seiner Schwester mittlerweile weitaus gelassener sehen. Zeit und Entfernung hatten seine Verbitterung schwinden lassen, und er war wieder für Vorschläge bereit, wie er das Verhältnis zu seiner Schwester verbessern könne. Also riet ich ihm, ihr einen Brief zu schreiben, in dem er anerkannte, wie stark verletzt und hintergangen sich Susan gefühlt haben musste, und ihm weiter riet, sich außerdem nochmals zu entschuldigen. Ich empfahl ihm eindringlich, zwei Dinge unbedingt zu unterlassen: erstens irgendeine direkte oder versteckte Form der Selbstrechtfertigung in den Brief einfließen zu lassen, und zweitens die Erwartung durchscheinen zu lassen, dass seine Schwester sich nach seiner Entschuldigung in einer bestimmten Weise zu verhalten habe. Es musste eine ehrliche Entschuldigung sein, an die keine Bedingungen geknüpft waren; ein „Es tut mir leid, dass ich dich verletzt habe" – nicht mehr und nicht weniger. Ich warnte ihn davor, dass die erste Reaktion seiner Schwester auf diesen Brief wütend ausfallen könnte – etwas, das sich überhaupt nicht leicht herunterschlucken lässt, wenn man sich gerade entschuldigt hat. Michael verstand dies und meinte, er könne damit umgehen.

Vier Tage, nachdem Michael an seine Schwester geschrieben hatte, erreichte ihn ein Brief von ihr. Sie beschrieb darin, wie verraten und betrogen sie sich gefühlt hatte, als ihr Ex-Mann plötzlich das Telefon ihres eigenen Bruders abnahm. Wie konnte Michael nur so unsensibel sein? Dann schlug Susan einen unbeschwerteren Ton an. Sie schrieb über ihren neuen Job in Kalifornien und neu entstandene Freundschaften und fragte Michael, wie es ihm in der letzten Zeit ergangen sei. Seither kommen die beiden wieder gut miteinander aus.

„Er spricht nie mit mir"

Wie können Sie Menschen zuhören, die sich vor Ihnen zu verschließen scheinen und sich sämtlicher Vertrautheit verweigern?

Manche Menschen öffnen sich nicht, weil sie Angst haben, verletzt zu werden. Jemand, der sehr introvertiert ist, bewegt sich wie in einer schützenden Blase durchs Leben, die ihm eine sichere psychologische Distanz zu anderen Menschen gewährt – nicht deshalb, weil er kein Bedürfnis nach Aufmerksamkeit mehr hat, sondern weil er sich dieses Bedürfnis versagt. Im Käfig dieses Selbstschutzes konzentriert er sich auf andere Dinge: Er liest, denkt nach und führt lange innere Selbstgespräche, die von niemandem sabotiert werden können. Genau wie ein Gefangener folgt er einer begrenzten und geschützten Routine. Schon der Gedanke, irgendwann in die Welt da draußen mit ihren vielen Menschen entlassen zu werden, lässt ihn panisch werden.

Auch wenn so viel Verschlossenheit andere mächtig frustrieren kann, fühlt sich der Zurückhaltende ganz und gar nicht mächtig; er fühlt sich verletzlich. Menschen, die immer auf Distanz zu anderen bleiben, sind meist hochempfindlich und versuchen, sich bestmöglich vor Kritik und Zurückweisung zu schützen. Diese verzwickte Situation ist allerdings nicht nur ihnen selbst geschuldet. Wenn wir jemandem, der sehr verschlossen ist, näherkommen wollen, bedrängen wir ihn mitunter zu stark, wodurch sich eine eigenartige Dynamik aus abwechselnder Verfolgung und weiterer Distanzierung entwickelt.

Verfolger und Distanzierer

Eines der am häufigsten vorkommenden Konversationsmuster zwischen vertrauten Partnern ist die sogenannte *Verfolger-Distanzierer-Dynamik*.[1]

Wie Ihnen vielleicht schon aufgefallen ist, fühlen sich Distanzierer durch zu viel Aufmerksamkeit leicht unter Druck gesetzt und ziehen sich noch stärker zurück. Es ist wie eine Art Paartanz, bei dem der eine immer einen Schritt nach vorn macht, während der andere einen zurückweicht. Die Verfolger-Distanzierer-Dynamik wird durch die emotionale Reaktivität beider Partner weiter verstärkt. Menschen, die sich uns gegenüber verschließen, sind nicht einfach nur „schüchtern" oder „zurückhaltend". Sie reagieren auch auf den Druck, den sie durch unser Verhalten empfinden. Ich kann mir vorstellen, was Sie an dieser Stelle vielleicht einwenden möchten: „Ich übe überhaupt keinen Druck auf Soundso aus; er oder sie verschließt sich einfach nur!"

Wir selbst spüren nur selten den emotionalen Druck, den wir auf andere ausüben. Was wir allerdings spüren, ist ihre Antwort auf unsere Emotionalität. Bestimmte Leute, die Gespräche mit uns abblocken, mögen tatsächlich zurückhaltender als andere sein. Dennoch ist ihr Zurückweichen nicht nur eine Gewohnheit, sondern auch eine Reaktion auf unser Verhalten.

Leider spielen ausgerechnet die Menschen, bei denen uns das Zuhören schwerfällt, eine tragende Rolle in unserem Leben: Sie sind unsere Partner, unsere Kinder, unsere Vorgesetzten oder unsere Kollegen, und sie lösen heftige Gefühlsreaktionen bei uns aus, weil sie die Macht haben, uns Freude oder Schmerz zu bereiten. Wenn die Frustration zu groß wird, weil wir das Gefühl haben, den anderen nicht zu erreichen, ihm nicht zuhören zu können oder selbst nicht angehört zu werden, sind wir oft versucht, aufzugeben.

Schwierige Begegnungen, die uns viel abverlangen, testen unsere menschliche Reife. Sie können uns stärker daraus hervorgehen lassen, wenn wir den Mut haben, Zuversicht und Geduld zu zeigen. Sie können uns aber auch schwächen, wenn wir in heftige Gefühlsreaktionen oder defensive Verhaltensmuster zurückfallen. Wenn wir mit den anderen in Kontakt treten, sie dabei sie selbst sein lassen, uns selbst das gleiche Recht zugestehen und lernen, unseren automatischen Gefühlsreaktionen zu widerstehen, stärken wir uns selbst und unsere Beziehungen. Offen und ruhig zu bleiben – das ist der schwierigste Teil daran. Versuchen Sie, Ihr Bestes zu geben.

Wenn Sie es für selbstverständlich halten, gut zuzuhören und dem Drang zur Überreaktion zu widerstehen, ist dies wahrscheinlich der Fall, weil Sie diesen Sachverhalt gerade aus objektiver Distanz betrachten. Sind Sie aber selbst in einer Situation gefangen, in der Sie den unbändigen Druck empfinden, endlich loszuwerden, was Sie belastet, oder wenn Sie sich immer unwohler fühlen, weil jemand Ihnen aufgebracht Dinge an den Kopf wirft, die Sie nicht hören wollen, ist Objektivität eindeutig Mangelware. Dann gewinnen emotionale Überreaktionen oft die Überhand.

Übungen

1. Üben Sie in der kommenden Woche zweimal das responsive Zuhören. Suchen Sie sich zuerst jemanden aus, mit dem Sie leicht reden können. Bei diesem Gespräch werden Sie vermutlich keinen Streit umgehen müssen, sondern eher probieren, Ihr Gegenüber durch responsives Zuhören ein bisschen mehr als sonst aus der Reserve zu locken. Suchen Sie sich für den zweiten Versuch eine Person aus, mit der Sie sonst recht schnell in Streit geraten. Nehmen Sie sich vor dem Gespräch noch einmal bewusst vor, responsiv zuzuhören. Warten Sie mindestens einen Tag lang ab, bevor Sie dieser Person Ihre Sicht der Dinge präsentieren.
2. Um herauszufinden, wie flexibel Sie in einer Verfolger-Distanzierer-Beziehung sind, probieren Sie eine Woche lang folgendes Experiment aus: Wenn Sie eher zu den Verfolgern zählen, versuchen Sie sich zurückzunehmen, und warten ab, was passiert. Ziehen Sie sich nicht schmollend zurück und vermeiden Sie passiv-aggressive Verhaltensmuster. Verbringen Sie einfach ein bisschen mehr Zeit allein. Sind Sie eher ein Distanzierer, versuchen Sie, eine gemeinsame Aktivität vorzuschlagen, die Sie beide genießen, bevor der Verfolger eine Möglichkeit hat, Ihnen zu stark zu Leibe zu rücken.

Hinweis: Diese Experimente sind nicht dafür gedacht, einen langfristigen Wechsel von Verhaltensmustern herbeizuführen. Sie sollen Ihnen lediglich dabei helfen, herauszufinden, welche Möglichkeiten Sie haben, Ihr eigenes Verhalten etwas flexibler zu gestalten.

3. Wenn Sie lernen wollen, besser mit Kritik umzugehen, warten Sie auf eine Gelegenheit, bei der Sie kritisiert werden. Nehmen Sie sich im Vorhinein vor, nicht defensiv zu reagieren. Hören Sie zu, ohne zu widersprechen. Ermutigen Sie den anderen, seine Gedanken ausführlicher zu äußern. Erkennen Sie dann an, was Sie glauben, gehört zu haben, und geben Sie Ihrem Gegenüber die Möglichkeit, falsch Verstandenes zu korrigieren.

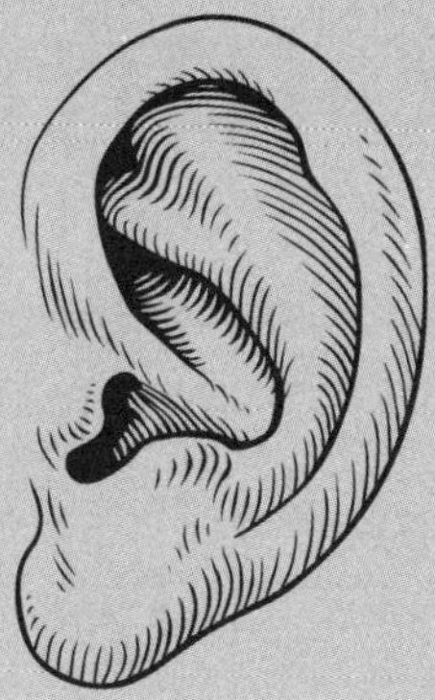

Teil III

Zueinander durchdringen

KAPITEL 7

»»»»»»»»»»»»»»»»»»»»»»»»»

„LASS DIR ZEIT – ICH HÖRE DIR ZU“

Wie Sie die eigenen Bedürfnisse zurückstellen und wirklich zuhören

Wirkliches Zuhören erfordert *Aufmerksamkeit*, *Anerkennung* und *Bestätigung*. Stimmen Sie sich auf den anderen ein und hören Sie aufmerksam zu, was er zu sagen hat. Lassen Sie keine Barrieren zwischen sich und der anderen Person entstehen. Schalten Sie den Fernseher aus, legen Sie die Zeitung beiseite, schicken Sie die Kinder zum Spielen ins Kinderzimmer und schließen Sie die Tür zu Ihrem Büro. Schauen Sie Ihrem Gegenüber in die Augen und konzentrieren Sie sich darauf, was er oder sie zu sagen hat.

Üben Sie sich im Zuhören, wann immer Ihr Partner, ein Familienmitglied oder ein Kollege mit Ihnen redet. Versuchen Sie dabei zu verstehen, was er oder sie Ihnen mitteilen möchte. Menschen müssen sprechen – und angehört werden –, um sich verstanden und mit anderen verbunden zu fühlen.

Aufmerksam sein

Der erste Schritt zu einem besseren Zuhören besteht darin, sich bewusst darum zu bemühen, die eigenen Gedanken und Sorgen lang genug zurückzustellen, um sich auf das zu konzentrieren, was der andere zu sagen hat.

Tony und Joan hatten keine größeren Probleme damit, einander zuzuhören – bis zur Geburt ihres Babys. Sie hatten sich zuvor immer gern und viel miteinander unterhalten und außerdem auch jede Menge Zeit dafür gehabt. Seit der Geburt des Babys aber sorgte der neue Druck des Elterndaseins dafür, dass ihre frühere Intimität an den Rand gedrängt wurde. Sie gingen nicht mehr miteinander aus und hatten nach anstrengenden Tagen abends keine Energie mehr für längere Gespräche.

Tony bemühte sich und fragte Joan häufig, wie es ihr tagsüber ergangen war. Wenn sie darauf nur flüchtig antwortete, fragte er nicht weiter nach. Er war selbst nach der Arbeit so müde, dass es ihm ganz gelegen kam, wenn er sich mit seiner Zeitung eine Weile zurückziehen konnte. Tony und Joan waren nicht wütend aufeinander oder sonst in irgendeiner Weise unglücklich; sie lebten sich nur immer weiter auseinander.

Als Tony mich aufsuchte, um sich Rat wegen der immer geringer werdenden Vertrautheit in seiner Ehe zu holen, beschrieb er mir seine missglückten Versuche, abends mit Joan ins Gespräch zu kommen. Ich erkannte zwei Fehler, die er beging: Der erste war der falsche Zeitpunkt. Wenn Joan gerade damit beschäftigt war, das Abendessen zu kochen und sich gleichzeitig um das müde und quengelig werdende Baby kümmerte, war ein längeres Gespräch einfach unmöglich. Der zweite war, dass Joan auf grob allgemeine Fragen wie „Wie war dein Tag?" nicht besonders enthusiastisch reagierte. Solche Fragen mögen ihren Zweck erfüllen, wenn der andere entspannt ist und sich mitteilen möchte, sind aber fehl am Platz, wenn er erschöpft oder abgelenkt ist. Tony hätte Joan konkretere Fragen stellen müssen, wie beispielsweise „Wie war der Besuch beim Kinderarzt?" oder „Was hat die Kleine heute gemacht?" So hätte er ihr gezeigt, dass er ein wirkliches Interesse daran hatte, wie sie in seiner Abwesenheit ihren Tag verbrachte.

All dies sagte ich Tony aber nicht. Stattdessen wandte ich mich an Joan und fragte sie, ob sie sich manchmal alleingelassen fühlte. „Ja", antwortete sie. Dann fragte ich nach, ob sie das Gefühl hatte, dass Tony wirklich Anteil an ihrem Leben nahm. „Mag sein", sagte sie, „aber ich merke es nicht."

Zu Tony sagte ich nur: „Ich glaube, Sie sollten sich mehr anstrengen."

Besseres Zuhören beginnt nicht mit einem Repertoire verschiedener Techniken. Es beginnt mit dem aufrichtigen Bemühen, aufmerksam wahrzunehmen, was in der persönlichen Erfahrungswelt unseres Gegenübers vor sich geht.

Die Herausforderung, die ich Tony zur Aufgabe machte – „Ich glaube, Sie sollten sich mehr anstrengen" – führte zu einer Spontanheilung binnen einer Sitzung. Er strengte sich tatsächlich mehr an. Zwar fiel ihm nicht ein, gezieltere Fragen zu stellen, doch gab er nicht mehr so schnell auf. Anstatt Joan lediglich einen kurzen Moment seiner Aufmerksamkeit zu schenken, begann er damit, sich aufrichtig für ihre Gefühle und Sorgen zu interessieren. Sie fühlte sich daraufhin wieder geliebt und umsorgt und konnte so wieder mehr intime Vertrautheit zu Tony aufbauen.

Wenn Sie versuchen, ein Gespräch mit jemandem zu führen, der nur sehr wenig von seinen Gedanken und Gefühlen preisgibt, kann es hilfreich sein, durch Empathie zu erspüren, was in ihm vorgeht. Bemerkungen wie „Harter Tag heute?" oder „Bedrückt dich etwas?" zeigen mitunter schon genug Aufmerksamkeit, um der anderen Person zu beweisen, dass Sie aufrichtig an ihrem Wohlergehen interessiert sind. Es gibt keine bestimmten Bemerkungen oder Techniken, die dazu führen, dass der andere sich öffnet. Dies lässt sich nur erreichen, indem Sie ein wahrhaftiges Interesse an dem zeigen, was er zu sagen hat. Zuhörer, die ihr Interesse nur vortäuschen, überzeugen auf lange Sicht niemanden, auch wenn sie sich mitunter sehr gut selbst täuschen. Das mechanisch aufgesetzte Lächeln, die flüchtigen Nachfragen und der unruhige Blick in ihren Augen verrät bei einem Gespräch, dass diesen Menschen mehr daran gelegen ist, als gute Zuhörer wahrgenommen zu werden, als sich wirklich anzuhören, was Ihnen auf dem Herzen liegt. Richtiges Zuhören bedeutet, all das zurückzustellen. Gute Zuhörer lassen sich nicht von ihren eigenen Bedürfnissen leiten. Sie versuchen nicht, ihrem Gegenüber zu gefallen, ihm zu schmeicheln, es zu provozieren oder zu unterbrechen. Nichts von all diesem *sieh mich an, hör mir zu, bewundere mich, nimm mich wahr.* Gar nichts. Sie stellen die Bedürfnisse ihres Selbst zurück und hören einfach zu.

Den Standpunkt des anderen anerkennen

Gegenseitiges Verständnis ist ein Prozess des Gebens und Nehmens. Dass Ihnen so zugehört wird, wie Sie es brauchen, erreichen Sie am besten, indem Sie zuerst dem anderen zuhören.

Die meisten Menschen interessieren sich erst dann wirklich für Ihren Standpunkt, wenn sie davon überzeugt sind, dass Sie ihren angehört und anerkannt haben.

Auch wenn Sie die Person sind, die das Gespräch initiiert, sollten Sie, wenn Sie Gehör finden möchten, erst Ihrem Gegenüber die Möglichkeit geben, seinen Standpunkt zu erläutern, bevor Sie Ihren eigenen darlegen. Das Zurückstellen Ihrer eigenen Prioritäten ermöglicht es Ihnen, den anderen anzuhören, seine Gedanken nachzuvollziehen, ihm das Gefühl zu geben, verstanden zu werden und seine Bereitschaft zu vergrößern, danach Ihnen zuzuhören.

Ermuntern Sie ihn, auszusprechen, was ihm durch den Kopf geht, welche Meinung er bezüglich eines bestimmten Sachverhalts hat oder wie er gefühlsmäßig zu einer bestimmten Sache steht. Widmen Sie ihm dabei Ihre volle Aufmerksamkeit.

„Können wir über ... reden? Was sollten wir deiner Meinung nach tun?"

„Ich bin mir nicht sicher, ob ich wirklich verstehe, wie du darüber denkst ... Wie siehst du das Ganze?"

„Es tut mir leid, dass wir uns missverstanden haben. Ich würde gern wissen, was deiner Ansicht nach passiert ist."

„Du scheinst sauer auf mich zu sein. Liege ich damit richtig?"

Entlocken Sie dem anderen seine Gedanken und Gefühle zu einem bestimmten Sachverhalt, indem Sie konkrete Fragen stellen, die ihm zeigen, dass Sie seine Sicht verstehen und ihn ermutigen wollen, sich ausführlicher darüber zu äußern.

„Du meinst also, dass ... Stimmt das so?"

„Ich glaube, ich habe verstanden, was du meinst, aber ich möchte lieber sichergehen. Du meinst, wir sollten ...?"

„Ich bin mir nicht ganz sicher, was du genau meinst. Du hast gesagt, ... Es wäre mir lieb, wenn du es mir noch ein bisschen genauer erklären würdest, damit ich es auch richtig verstehe."

„Ich glaube, wir sind in dieser Sache unterschiedlicher Auffassung, bin mir aber nicht ganz sicher. Meintest du, dass ...?"

Falls Sie merken, dass Sie ungeduldig oder defensiv werden, während der andere spricht, halten Sie sich mit Ihrer Antwort dennoch so lange zurück, bis er ausgesprochen hat. Nur den Mund zu halten und vorzugeben, zuzuhören, mag besser sein als zu unterbrechen, ist aber nicht das Gleiche wie richtiges Zuhören. Um wirklich zuzuhören, müssen Sie sich anstrengen und versuchen, die Gefühle Ihres Gegenübers anzuerkennen. Stellen Sie sich vor, wie es Ihnen ginge, wenn Sie an seiner Stelle wären.

Wenn Sie jemandem zuhören, dabei aber nur an Ihre nächste Antwort denken, unterhalten Sie sich eigentlich mit sich selbst und hören dem anderen gar nicht zu.

Ein guter Zuhörer stellt seine eigenen Bedürfnisse lang genug zurück, bis er dem anderen richtig zugehört hat. Das Zurückstellen eigener Bedürfnisse bedeutet aber keine völlige Selbstaufgabe.

Manchmal werden Sie das Gefühl haben, dass Sie Ihre eigenen Bedürfnisse nicht erfolgreich zurückstellen können, wenn keine Aussicht darauf besteht, dass diese erfüllt werden. Wenn Sie Ihrem Partner sagen, dass Sie zwar wissen möchten, wie sein Tag war, vorher aber unbedingt über ein dringendes Problem sprechen möchten, das Sie quält, mag das egoistisch klingen, ist es aber nicht unbedingt. Ebenso mag es manchmal vorkommen, dass die rücksichtsvollste und ehrlichste Antwort jemandem gegenüber, der mit Ihnen sprechen möchte, wenn Sie gerade nicht dazu in der Lage sind, folgende ist: „Ich kann mich im Moment nicht darauf konzentrieren, was du sagst. Können wir nach dem Abendessen darüber sprechen?" Wenn Sie sich zum Zuhören zwingen, obwohl Sie ganz und gar nicht dazu aufgelegt sind, beeinträchtigt dies Ihre Fähigkeit, sich in Ihr Gegenüber einzufühlen.

Manche Zuhörer haben so viel Angst davor, ihre eigene Individualität zu behaupten, dass sie sich selbst ganz aufgeben, in anderen aufgehen und sich völlig von ihren Verpflichtungen und Zwängen bestimmen lassen. Sie passen sich lieber an, als mit dem anderen in Konflikt zu geraten, mit einer möglichen Ablehnung zurechtzukommen oder dessen Verärgerung aushalten zu müssen. Ihren ungeduldigen und fordernden Partnern ist oft gar nicht bewusst, wie sehr diese Menschen sich ihnen unterordnen, um die Harmonie nicht zu gefährden. Sie nehmen es als selbstverständlich hin und fordern immer mehr ein. Diese Art der Nachgiebigkeit mag anderen als gute Zuhörfähigkeit erscheinen. Wer aber alles nur passiv und verunsichert aufnimmt wie ein Schwamm, hört nicht richtig zu.

Das aufmerksame Zuhören mag oft ein stiller Prozess sein, ist aber niemals passiv.

Statt passiv zuzuhören und sich dabei ausgeliefert zu fühlen, ist es besser, gezielte Fragen zu stellen, die es dem anderen erleichtern, seine Gefühle auszudrücken oder genauer zu erklären.

„Was ärgert dich an seinem Verhalten besonders?"
„Was sollte sie deiner Meinung nach tun?"
„Das klingt fantastisch! Was war das Beste daran?"
„Was hättest du ihr gern sagen wollen?"
„Was *hättest* du am liebsten von ihm gehört?"

Echtes Zuhören bedeutet, sich in die Erfahrungswelt des anderen einzufühlen, sich zu konzentrieren und nachzufragen. Verständnis zeigen Sie nicht, indem Sie vorgeben, die besondere Situation des Sprechers bereits zu kennen. Ein guter Zuhörer nimmt nicht nur alles passiv auf, sondern ist offen für das Gesagte, zeigt aufmerksames Interesse und fragt gezielt nach.

Wenn Sie immer wieder dieselben alten Fragen stellen – „Was gibt's Neues?", „Na, wie geht's?" – werden Sie auch immer dieselben alten Antworten zu hören bekommen. Die folgenden Fragen sind ein Beispiel dafür, wie Sie zeigen können, dass Sie ein wirkliches Interesse daran haben, was in Ihrem Gesprächspartner vorgeht.

„Wie läuft es bei der Arbeit? In der Schule? Woran arbeitest du im Moment?"
„Worauf freust du dich diese Woche? Diesen Monat?"
„Was bedrückt dich?"
„Erzähl' mir von deiner Familie!"
„Was hat dich in den letzten Tagen besonders begeistert?"
„Was machst du besonders gern, und was kannst du richtig gut?"
„Womit hast du gerade zu Hause und bei der Arbeit zu kämpfen?"
„Was war der bisherige Höhepunkt deiner Woche?"
„Was möchtest du dazu sagen? Wie kannst du diese Situation verbessern?"
„Welche Menschen haben dich am meisten beeinflusst, und wie?"
„Welche Träume und Pläne hast du? Hast du einige davon aufgegeben?"
„Woran erinnerst du dich?"
„Erzähl' mir mehr von dem Projekt, das dir gerade Kopfschmerzen bereitet."

Bestätigen, dass man verstanden hat

Manchmal geben wir nur vor, zuzuhören, und tun es nicht. Dennoch sind wir empört, wenn uns jemand vorwirft, wir hätten nicht zugehört. Warum fragen sich die Leute manchmal, ob wir ihnen wirklich zuhören? Weil wir es versäumen, zu bestätigen, dass wir sie gehört und verstanden haben. Schweigen kann mehrdeutig sein.

Ohne ein Zeichen von Verständnis wird sich der andere fragen, ob das, was er sagt, überhaupt Sinn ergibt, oder ob es sich überhaupt lohnt, darüber zu sprechen. Zweifel gewinnen rasch die Oberhand. *Vielleicht langweile ich sie. Vielleicht sollte ich mich nicht so sehr darüber beschweren.* Wenn sie kein Zeichen der Empathie erkennen können, vertrauen uns andere Menschen nicht genug, um ihre Gefühle offen auszusprechen, und werden noch weniger unangenehme Wahrheiten zur Sprache bringen wollen. Wir alle versuchen, uns in solchen Situationen zu schützen, und behalten dann gewisse Dinge für uns.

Normalerweise wechseln sich Gesprächspartner beim Reden ab. Die Rollen von Sprecher und Empfänger wechseln ständig, sodass es etwas gekünstelt anmutet, das Gesagte in „Aussagen des Sprechers" und „Antworten des Zuhörers" zu unterteilen. Das Antworten macht den Zuhörer zum Sprecher. Das Zuhören aber ist ein Prozess in zwei Schritten: Erst nehmen wir auf, was der Sprecher sagt, dann lassen wir ihn wissen, dass wir das Gesagte vernommen haben. Eine versäumte Antwort ist wie ein unbeantworteter Brief; man weiß nie, ob er angekommen ist.

Am besten zeigen Sie, dass Sie Ihr Gegenüber verstanden haben, wenn sie seinen Standpunkt mit Ihren eigenen Worten wiedergeben. Eine Zusammenfassung des Gesagten ist aber nicht alles. Es geht darum, den anderen dazu einladen, sich ausführlicher zu äußern, damit Sie seine Sicht *wirklich* verstehen können.

Eine effektive Kommunikation entsteht nicht nur durch ein Abwechseln beim Reden und Zuhören, sondern durch ein gemeinsames Bemühen um gegenseitiges Verständnis.

Am besten erreichen Sie dieses Verständnis, wenn Sie die Position des anderen zunächst in Ihren eigenen Worten zusammenfassen und ihn dann darum bitten, das von Ihnen Verstandene zu bestätigen oder zu korrigieren. Vergessen Sie nicht, dass das Wichtigste hierbei nicht Ihre Zusammenfassung ist, sondern Ihr Angebot an den anderen, sich ausführlicher über seinen Standpunkt zu äußern. Gelingt Ihnen dies durch Ihr Feedback und Ihre Bestätigung so, dass Ihr Gegenüber das Gefühl hat, Sie hätten wirklich begriffen, worum es geht, wird er oder sie sich von Ihnen verstanden fühlen – und dadurch offener dafür sein, was Sie zu sagen haben.

„Du meinst, Kevin sollte lieber nicht in der Kinderliga spielen, weil er dadurch zusätzlichem Druck ausgesetzt wäre und du wohl auch diejenige wärst, die ihn immer zu allen Spielen fahren müsste?"

„Ich möchte nur sichergehen, dass ich verstanden habe, was du gesagt hast: Du bist immer derjenige, der sich bei mir meldet, um ein Treffen zu vereinbaren. Darum fragst du dich, ob ich überhaupt daran interessiert bin, Zeit mit dir zu verbringen, richtig?"

„Okay, ich möchte sichergehen, dass ich dich richtig verstanden habe. Du sagst, wir sollten Gloria einstellen, aber wir sollten deutlich machen, was wir erwarten, und wir sollten die Probezeit ernst nehmen, und wenn sie es nicht schafft, dann trennen wir uns von ihr nach Ablauf von sechs Monaten. Habe ich das richtig verstanden?"

„Also gut, mal schauen, ob ich das richtig verstanden habe. Du hast die ganze Zeit geglaubt, ich wäre wütend auf dich und deswegen auch weniger liebevoll. Kein Wunder, dass du gekränkt bist. Du musst dich schon seit einiger Zeit zurückgewiesen fühlen."

„Du begreifst es einfach nicht, oder?"

Wenn eine Person zu einer anderen sagt: „Die Erde ist eine Kugel!" und die andere erwidert „Nein, sie ist eine Scheibe!", ist es ziemlich eindeutig, dass die erwidernde Person den Standpunkt der anderen verstanden hat und diesem widerspricht. Wenn es aber um persönlichere Themen geht, können Meinungsverschiedenheiten, bei denen der Standpunkt des anderen nicht anerkannt wird, bei ihm den Eindruck erzeugen, seine Gefühle seien nicht von Belang. Drückten wir uns alle wie Therapeuten aus, würden wir vielleicht sagen: „Ich verstehe, was du sagst, bin aber nicht deiner Meinung." Da die meisten von uns aber nicht wie ein personifizierter Selbsthilferatgeber daherreden, stattdessen aber leider schnell übereilt und hastig reagieren, enden Gespräche oft in einem unschönen beiderseitigen Missverständnis.

In unserem Leben entsteht einiger Verdruss dadurch, dass wir nicht anerkennen, was uns andere sagen wollen.

Je hitziger sich die Auseinandersetzung gestaltet, umso wichtiger ist es, den Standpunkt des anderen anzuerkennen. Wenn zwei Menschen über etwas sprechen, das beiden wichtig ist, haben auch beide das dringende Bedürfnis, dem anderen ihre Sicht der Dinge verständlich zu machen. Wird diese Sicht nicht anerkannt, verfallen beide in ein ständiges Wiederholen ihrer Position, während sie beide insgeheim denken: *‚Wenn er [oder sie] sich einfach anhören würde, was ich zu sagen habe, würden wir uns nicht ständig in die Haare kriegen.‘*

Nach einer langen und anstrengenden Woche beklagte sich Sheila eines Freitagabends: „Wir gehen nie aus!" „Das ist nicht wahr!", schoss Rob zurück, der sich angegriffen fühlte. „Wir sind doch erst letzte Woche ausgegangen!" Das verstimmte Sheila noch mehr, also versuchte sie noch einmal, Rob klarzumachen, was sie wirklich fühlte: „Du meinst, als wir mit Linda und John Pizza essen gegangen sind? Das nenne ich nicht ‚Ausgehen'. Du willst sowieso nichts anderes als vor der blöden Glotze abhängen." Jetzt war Rob richtig sauer. „Die ganze Woche lang arbeite ich wirklich hart. Was ist bitte so schlimm daran, wenn mich danach ein bisschen auf dem Sofa ausruhen will?" Jetzt glaubte Sheila endgültig, dass ihm ihre Gefühle egal waren. „Du begreifst es einfach nicht, oder?" Daraufhin stürmte sie hinaus und schlug die Tür hinter sich zu.

Vielleicht können Sie sich gut in Sheila hineinversetzten. Oder in Rob. Oder aber in beide. Wenn es ums Ausgehen oder Ausruhen geht, haben wir alle unsere individuellen Vorlieben. Sheila und Rob aber fühlten sich nach ihrem Streit beide missverstanden, weil sie es versäumt hatten, sich ein bisschen Zeit zu nehmen und die Sicht des anderen anzuerkennen.

Sie müssen sich nicht für die Gefühle eines anderen Menschen verantwortlich fühlen, doch Sie sollten sie wahrnehmen und anerkennen.

Als Sheila klagte: „Wir gehen nie aus!" drückte sie damit ihre Gefühle aus – dass sie sich langweilte und einsam fühlte – und äußerte gleichzeitig eine Bitte: Sie wünschte sich, dass Rob und sie mehr Spaß zusammen haben, etwas zusammen unternehmen und einander dadurch wieder näherkommen könnten. Doch die Art, wie sie es sagte (oder wie es aufgenommen wurde), führte dazu, dass Rob in die Defensive ging. Statt ihr zu zeigen, dass er ihre Gefühle nachvollziehen konnte, fühlte er sich kritisiert. Er hörte heraus, dass er faul, egoistisch und unbeteiligt wäre – genau das, was er zu sein befürchtete! Darum konnte er Sheilas Gefühle nicht verstehen und auch nicht ruhig und beherrscht auf ihre Äußerungen antworten.

Ein Duell der Standpunkte

Wenn zwei Menschen bei einem Gespräch unaufhörlich auf ihren eigenen Standpunkt pochen und nicht gelten lassen, was der andere zu sagen hat, treten sie zu einem Duell der Standpunkte an. Vielleicht ist man versucht, nun anzunehmen – insbesondere, wenn man einen therapeutischen Hintergrund hat – beide Gesprächspartner verfügten einfach nicht über eine bestimmte Kommunikationsfähigkeit, nämlich die, vor der eigenen Antwort zu paraphrasieren, was der andere gesagt hat. Diese Sichtweise aber, die Kommunikation als eine Ansammlung von Fähigkeiten begreift, lässt Konflikte, Ängste und Anspannungen völlig außen vor – gerade die Dinge, die ein gegenseitiges Verständnis so schwer machen. Gesprächspartner, die nicht gelten lassen, was der andere zu sagen hat, haben genau davor Angst. Sie befürchten, dass die Akzeptanz des anderen Standpunktes einer Kapitulation gleichkommt: „Du bist im Recht und ich bin im Unrecht." Wie bei so manchem Teufelskreis führt das Beharren auf der eigenen Sichtweise, womit man eigentlich ja zum anderen durchdringen will, nur dazu, dass sich ein Missverständnis noch weiter vertieft.

Sind die Themen bei solchen Gesprächen nicht allzu stark emotional aufgeladen, endet das Ganze oft mit dem leicht unbefriedigenden Gefühl, wenigstens die eigene Meinung geäußert zu haben, auch wenn sie nicht vom anderen zur Kenntnis genommen wurde.

Professionelle Lebensberater tun oft so, als würden sich Paare wieder prächtig verstehen, wenn sie nur richtig miteinander „kommunizieren" würden. Dafür müssten sie ja nur auf die berühmten Ich-Botschaften und all die anderen Kniffe erfolgreicher Kommunikation zurückgreifen. Das ist schön und gut, ignoriert aber völlig den vorherrschenden Konflikt und trägt kaum zu dessen Lösung bei.

Auch wenn sie nie richtig darüber gesprochen hatten, ging Charlotte davon aus, dass sie, sobald Hugh seinen Doktortitel hätte, wieder zusammen nach New York ziehen würden. Hugh aber gefiel die Stadt, in der sie lebten. Als er Charlotte verkündete, er würde einen Lehrauftrag an der örtlichen Universität annehmen, fühlte sie sich von ihm übergangen.

Da die Frage ihres gemeinsamen Lebensmittelpunkts beiden so wichtig war, fanden sie es schwierig, sich darüber auszutauschen, ohne die Meinung des anderen herabzuwürdigen. Wenn Hugh versuchte, Charlotte zu erklären, warum er an der Universität bleiben wolle, zerpflückte sie seine Argumente und verkündete, es sei seine Pflicht, sie für das Opfer zu entschädigen, das sie erbracht hatte, als sie New York seiner Karriere willen verlassen hatten. Seine Antwort bestand in einer Aufzählung all der Opfer, die er für sie erbracht hatte. Nach monatelanger Entfremdung erklärte Charlotte, sie hätte sich vielleicht zum Bleiben bereit erklärt – wenn Hugh zu irgendeinem Moment anerkannt hätte, dass sie seinetwillen viel aufgegeben hatte, oder ihr in Aussicht gestellt hätte, ihr bei der nächsten größeren Entscheidung den Vorrang zu lassen. Doch statt seiner Frau zuzuhören und sich einzugestehen, dass ihre Gefühle durchaus berechtigt waren, erwiderte Hugh nur, seine Karriere sei wichtiger als ihre.

Ein anderes Ehepaar schlug sich mit einem ähnlichen Problem herum. In diesem Fall wollten beide umziehen, konnten sich aber nicht auf den Ort einigen. Raymond war Buchhalter und Joyce Dekanin an einer kleinen Hochschule. Da Raymond in seinem Arbeitsbereich leichter anderswo eine Stelle finden würde, beschlossen sie, Joyces Stellensuche für ein anderes Dekanat Priorität einzuräumen. Raymond hatte allerdings eine ganz genaue Vorstellung davon, *wo* er in Zukunft wohnen wollte. Es ging ihm dabei gar nicht so sehr um regionale Gesichtspunkte, wie das Leben in einer Großstadt oder auf dem Land. Er wusste nur, dass er keinesfalls in irgendeine Vorstadt ziehen wollte, wo am Wochenende der Rasenmäher regierte. Also warf er fast jedes Mal, wenn Joyce ihm von einem Stellenangebot erzählte, ein: „Also *dort* könnte ich *nie* leben!" ein. Sie fühlte sich dann stets vernichtend geschlagen, war verärgert und warf ihm vor, völlig unangemessen zu reagieren.

Warum hielt Hugh es für nötig, seine Frau abzuwerten und zu verkünden, seine Karriere sei wichtiger als ihre? Und warum musste Raymond die Vorschläge seiner Frau immer so schnell ablehnen? Was machte es diesen beiden Ehemännern so schwer, die Leistungen und Gefühle ihrer Frauen anzuerkennen?

Hugh hatte allem Anschein nach Angst davor, dass das Anerkennen von Charlottes Gefühlen zwangsläufig dazu führte, dass er sich ihrem Diktat beugen müsste. Genauso schien Raymond zu fürchten, dass er kein Vetorecht mehr haben würde, wenn er sich auf einen Besuchstermin einließe. Hätte er sich sonst völlig verweigert, sich einen neuen Ort wenigstens einmal anzusehen? Was hielt diese beiden Männer davon ab, den Standpunkt ihrer Frauen anzuerkennen? War es nur Egoismus, männliche Gefühllosigkeit oder Unreife, die ihnen das Zuhören unmöglich machte?

Vielleicht fiel Hugh und Raymond das Zuhören deshalb schwer, weil sie selbst voller Ängste und Selbstzweifel waren, ob sie sich genügend würden durchsetzen können.

Wir finden ja immer Gründe dafür, dass wir einander nicht zuhören und uns nicht verstehen.

Zuhören fällt schwer, weil es bedeutet, die Kontrolle abzugeben. Und wenn wir Angst vor dem haben, was wir hören könnten, ist es für uns gefährlich, die Kontrolle abzugeben.

Er sagt, sie sagt ...

Er sagt: „Hättest du doch etwas gesagt!“, sie sagt: „Du hättest mich ja fragen können!“ und beide fühlen sich missverstanden. Sie spricht darüber, was sie gern unternehmen würde, und er sagt, dass er müde ist. Er hört nie heraus, wie viel ihr solche gemeinsamen Unternehmungen bedeuten, und sie versteht nicht, dass er seine Arbeit hasst. Solange wir nicht anerkennen, was uns der andere zu sagen hat, bevor wir mit unserer Antwort vorpreschen, werden Auseinandersetzungen weiterhin eskalieren und Gefühle ignoriert. So rückt ein gegenseitiges Verständnis in weite Ferne.

Er sagt, sie sagt – aber keiner erkennt die Sichtweise des anderen an.

Verhaltenstherapeuten bringen Paaren bei, mit eigenen Worten wiederzugeben, was der andere gesagt hat, und erst dann den eigenen Standpunkt zu erläutern. Mit diesem Trick soll der Kreislauf des sich wiederholenden Beschwerens unterbrochen werden, der es Paaren so schwer macht, gegenseitiges Verständnis oder gar einen Ausweg aus ihrem Konflikt zu finden. Wenn ein Mann seiner Frau sagt, er wünschte sich, sie würde ihm zum Abendessen etwas anderes kochen, wird sie sich vielleicht beschweren, dass sie es ihm nie recht machen kann. Er zieht sich dann womöglich beleidigt zurück und regt sich innerlich darüber auf, wie ungerecht sie doch ist. Keiner von beiden fühlt sich verstanden. Dieses Missverständnis hängt wie so viele andere nicht mit der fehlenden Fähigkeit zusammen, Konflikte zu bewältigen, sondern damit, diese auszuhalten. Würden sich die Gesprächspartner darauf einlassen, anzuerkennen, was der andere sagt, statt sofort in die Defensive zu gehen, ließe sich ein gegenseitiges Verständnis viel leichter erreichen.

Selbst bei ernsten Konflikten geht es uns besser, wenn wir wenigstens loswerden können, wie wir uns fühlen – was uns bedrückt, was wir uns wünschen – und von der anderen Person die magischen Worte hören: „Ich verstehe dich.“

Die meisten Menschen, die ich in meiner Praxis empfange, sind mit ihrem Sexleben unzufrieden. Meine Erfahrungen mögen nicht repräsentativ sein, doch habe ich meistens mit Menschen zu tun, die über zehn Jahre lang zusammen sind und vielleicht einmal im Monat oder sogar seltener miteinander schlafen. Bei der Therapie hüten sich einige davor, dieses Thema anzuschneiden. Sie sind nicht nur peinlich berührt (die meisten Menschen gehen davon aus, dass alle anderen perfekte Eltern sind und ein erfülltes Sexleben haben), sondern haben oft auch schon die Hoffnung darauf aufgegeben, dass es wieder anders sein könnte. Warum sollten sie sich öffnen und über ein so persönliches und peinliches Thema sprechen, wenn alle bisherigen Bemühungen nur zu Wut oder Beschämung führten?

Wenn Paare den Mut finden, über sexuelle Probleme zu sprechen, schaffen es einige, wenn auch nicht alle, diese zu überwinden. Zumindest fühlen sie sich besser, wenn sie sich überhaupt darüber aussprechen können. Warum fühlen sie sich besser, auch wenn sich für sie nichts ändert? Weil sie endlich äußern können, wie sie sich fühlen, was sie nicht mögen und was sie sich wünschen. Und weil es ihnen guttut, Schuldgefühle und Ängste einzugestehen – ohne zu ahnen, dass auch der andere daran leidet.

Warum brauchen die meisten Menschen einen Therapeuten, um solche Gespräche führen zu können? Sie brauchen an sich keinen – zumindest dann nicht, wenn beide Partner aussprechen können, wie es ihnen geht, und der andere dies anhören *und anerkennen* kann, ohne gleich mit der eigenen Sicht der Dinge zu kontern.

Wenn es um ein heikles Thema wie Sex geht, reagieren die meisten von uns defensiv. Es gibt allerdings auch Menschen, die bei so vielen Themen gleich zum Gegenangriff übergehen, dass sie fast nichts an sich heranlassen können, was der andere sagt. Wenn Sie sich bei so einem Menschen beklagen, dass er nichts von dem, was Sie sagen, gelten lässt, wird er wahrscheinlich empört erwidern, dass Sie für alles seine Zustimmung einfordern. Diesen Menschen ist nicht klar, dass es irgendeiner Art von Bestätigung ihrer Aussage bedarf, damit sie sich verstanden fühlen, was nicht bedeutet, dass ihnen in allem zugestimmt werden muss.

Wie wichtig es ist, Kontrolle abzugeben

Ich habe zuvor bereits erwähnt, dass ich es nicht leiden kann, wenn mich jemand bei einer Geschichte unterbricht, um mir unerbetenen Rat aufzudrängen oder eine ähnliche Erfahrung mit mir „zu teilen". Eine Unterbrechung bleibt eine Unterbrechung; sie stört. Etwas anderes sind verständnisvolle Ausrufe wie beispielsweise „Oh nein!" oder „Wie blöd!". Manche Zuhörer können die Kontrolle über die Gesprächsführung nicht abgeben – dabei sind die meisten von uns davon überzeugt, wirklich gute Zuhörer zu sein, die stets das Richtige im richtigen Moment sagen. Aber tun wir das wirklich? Oft fühlt sich ein Sprecher übergangen, weil der Zuhörer nur darauf bedacht ist, die Kontrolle über das Gespräch zu behalten.

„Warum kannst du nicht einfach…?"

Ein sehr weiser älterer Kollege erklärte mir einst, dass meine Therapie bei einem introvertierten, übergewichtigen jungen Mann nicht anschlug, weil ich ihn ändern wollte, ohne vorher zu versuchen, ihn und seine Lage zu verstehen. Dabei schien alles ganz einfach zu sein: Der junge Mann müsste sich einfach nur ein bisschen mehr anstrengen und selbst das Gespräch mit anderen suchen, während wir gleichzeitig gemeinsam die Ursachen seiner Schüchternheit erforschen würden. So könnten wir die Sache gleich von zwei Seiten aus in Angriff nehmen. Er aber hatte das Gefühl, dass ich ihm mit meinem Vorschlag, „es einfach zu probieren", nur zeigte, dass ich keinerlei Ahnung davon hatte, wie schwer gerade ihm das fiel. Der Vorschlag meines Kollegen war kurz und knapp: „Mund halten und zuhören!"

Gähnendes Schweigen

Wenn jeder dem Rat meines Kollegen folgte, wäre diese Welt vielleicht ein besserer Ort. Zuhören ist aber nicht nur eine passive Leistung, bei der wir uns (wie es viele Therapeuten oder Hobby-Therapeuten tun) schlichtweg nur darauf konzentrieren, den anderen nicht zu unterbrechen. Ein Sprecher mag zwar dankbar dafür sein, dass er aussprechen kann, was ihm auf dem Herzen liegt, kann aber gleichzeitig Frust darüber empfinden, wenn der andere sämtliche Zeichen von Neugier oder Verständnis vermissen lässt. Nimmt man den Rat „Mund halten und zuhören!" also zu wörtlich, kann dadurch allein kein Verständnis erwachsen. Wenn Sie bei einer Party sind und einer Person erzählen, was Sie bei Ihrer Arbeit tun, und diese Ihnen zwar zuhört, dabei aber ihre Augen ungeduldig durch den Raum wandern lässt, werden Sie kaum das Gefühl haben, angehört und verstanden zu werden.

Ob jemand wirklich zuhört oder nicht, kann nur er selbst wissen. Wenn Sie allerdings das Gefühl haben, dass man Ihnen nicht zuhört, ist dieses Gefühl existent und real. Ob jemand uns zuhört oder nicht, messen wir an den Signalen, die wir sehen können. Schenkt uns unser Gesprächspartner Aufmerksamkeit, indem er Ablenkungen außer Acht lässt und sich uns zuwendet?

Bevor andere Menschen auf das antworten, was wir gesagt haben, zeigen sie uns ihre Aufmerksamkeit durch Blickkontakt, Lächeln, Stirnrunzeln und kleine Einschübe wie „Aha" oder „Wirklich?". Auch an einem Kopfnicken merken wir, dass uns zugehört wird bzw. an einem sehr deutlichen Kopfnicken, dass unser Zuhörer uns zustimmt. Sie müssen keinen Grundkurs in Psychologie belegen, um solche Gesten zu lernen. Sie ergeben sich automatisch aus unserem Interesse für den anderen.

Die wichtigste Frage

Fragen zeigen Interesse, doch manchmal hat dieses Interesse nur beiläufig etwas mit dem zu tun, was eine Person uns eigentlich erzählen will. Manchmal kommen solche Nachfragen ganz ungeschminkt als Ablenkung daher. Wenn Sie einer Freundin von all den Taktlosigkeiten erzählen, die Ihr Mann sich während des gemeinsamen Urlaubs geleistet hat, und diese sie ständig unterbricht, um nachzufragen, wo genau Sie übernachtet haben, werden Sie sich kaum verstanden fühlen. Andere Male mag es vorkommen, dass jemand wirklich bemüht zu sein scheint, Ihnen zuzuhören, aber dennoch kontrollierend ins Gespräch eingreift. Solche Zuhörer haben das Bedürfnis, unserer Erfahrung ihre eigene Erzählstruktur aufzudrücken. Ihre Nachfragen zeigen, dass sie unsere Geschichten an das Drehbuch ihres eigenen Lebens anpassen möchten: „Probleme sind dazu da, beseitigt oder ignoriert zu werden“, „Alle sollten zusammenhalten!“, „Männer sind einfach unsensibel“ oder „Gegen Tyrannen muss man sich wehren!“ Indem sie unsere Sätze für uns beenden, uns mit Fragen bombardieren und uns auf andere Art dazu drängen, zu sagen, was sie selbst hören wollen, verwehren uns kontrollsüchtige Zuhörer das Recht, unsere eigenen Erfahrungen zur Sprache zu bringen.

Richtlinien für gutes Zuhören

1. **Konzentrieren Sie sich auf Ihr Gegenüber.**
   Lassen Sie sich durch nichts ablenken.
   Stellen Sie Ihre eigenen Bedürfnisse zurück.
   Unterbrechen Sie Ihr Gegenüber möglichst nicht. Tun Sie es doch, dann nur, um den anderen zu ermuntern, sich ausführlicher zu äußern.
2. **Versuchen Sie zu verstehen, was der andere Ihnen sagen möchte.**
   Reagieren Sie nicht nur auf seine Worte, sondern versuchen Sie auch, seine Gefühle und Gedanken zu erspüren.
   Versuchen Sie sich in seine Lage hineinzuversetzen.
   Versuchen Sie zu verstehen, worum genau es dem anderen geht.
3. **Signalisieren Sie dem anderen, dass Sie ihn verstanden haben.**
   Reagieren Sie zunächst mit Schweigen, bestärkenden Kommentaren und dem Umschreiben des Gehörten.
   Zeigen Sie mit Ihren Äußerungen Empathie.
   Antworten Sie mit Kommentaren, die das Gespräch am Laufen halten (Erzähl mir mehr. Was ist noch passiert?) und nicht mit solchen, die das Gespräch zum Erliegen bringen (Ich verstehe. Mir ist genau dasselbe passiert).

Wie Sie die Zuhörer finden, die Sie verdienen

(Eine böse Stimme flüstert mir zu, ich solle dieses Kapitel lieber „... die Zuhörer finden, die Sie wollen" nennen, da Sie vielleicht schon genau die Zuhörer bekommen, die Sie verdienen. Aber ich werde ihr nicht folgen.)

Wie Sie um Hilfe bitten, ohne unerwünschte Ratschläge zu bekommen

Um das Verständnis zu finden, das Sie sich wünschen, sollten Sie Ihre Bedürfnisse klar formulieren:

> „Ich bin gerade sehr aufgewühlt und muss mit dir reden. Hör mir einfach nur zu, ja?"
>
> „Ich habe ein Problem, das ich mit dir besprechen möchte. Ich bin noch nicht soweit, eine Entscheidung zu treffen, also würde es mir helfen, wenn du mir nur zuhören würdest."

Wenn Sie keine überemotionale oder übergriffige Antwort hören möchten, versuchen Sie, sich auf die Erwartungen Ihres Gegenübers einzustellen.

> „Ich erwarte nicht, dass du meiner Meinung bist, aber kannst du versuchen zu verstehen, worum es mir geht?"
>
> „Ich möchte dir etwas erzählen, ohne dass du wütend auf mich wirst. Hör mich bitte erst an und denke darüber nach, was ich sage, ja?"
>
> „Ich möchte gern deine Meinung zu einer Sache hören. Ich muss mich aber selbst entscheiden, was ich diesbezüglich unternehmen will. Gibst du mir deinen Rat, auch wenn ich ihn später nicht befolge?"

Wenn Ihnen jemand seinen Rat aufdrängt, obwohl Sie nur möchten, dass Ihnen zugehört wird, dann sagen Sie dies unbedingt. Äußern Sie Ihren Wunsch, aber verzichten Sie auf Seitenhiebe. „Danke für deinen Rat, aber gerade möchte ich dir nur erzählen, was passiert ist" kommt garantiert besser an als „Ich habe dich nicht um deinen Rat gebeten!" oder „Kannst du mir nicht einfach mal zuhören, ohne mir gleich zu sagen, was ich zu tun habe?!".

Wie Sie mit Unterbrechungen umgehen

Wenn Sie eine Straße entlangfahren und jemand Ihnen den Weg abschneidet, können Sie nicht viel tun, außer abzubremsen. Gut, Sie könnten auch ordentlich auf die Hupe drücken und denjenigen mit den schönsten Namen aus dem Tierreich bedenken. Dennoch müssen Sie nachgeben, wenn Sie einen Unfall vermeiden wollen. Bei einer Unterhaltung sieht dies anders aus. Sie können nur dann unterbrochen werden, wenn Sie es zulassen. Wenn Sie sprechen, haben allein Sie die Vorfahrt.

Versucht Ihr Gegenüber, Sie zu unterbrechen, können Sie:

- Dein Zeigefinger heben.
- Einwerfen: „Moment, ich war noch nicht fertig."
- Einfach weiter reden: „Was ich eigentlich sagen will, ..."

Wenn Sie dennoch unterbrochen werden, können Sie:

- Anstatt wütend zu werden (oder *nur* wütend zu werden), versuchen zu erwidern „Ich war noch nicht fertig; lass mich bitte ausreden" und Ihre Gedanken zu Ende bringen.
- Auf die Unterbrechung eingehen, ohne den anderen zu belehren oder anzugreifen:

  „Ich wünschte, du würdest mich ausreden lassen."

  „Tut mir leid, aber ich kann deiner Geschichte jetzt nicht richtig zuhören, weil ich meine noch nicht zu Ende erzählt habe."

  „Ich wollte dir etwas sagen, das mir sehr wichtig ist. Wenn du plötzlich über irgendetwas anderes redest, bekomme ich das Gefühl, dass du nicht wirklich an mir oder an dem interessiert bist, was ich dir erzählen möchte."

  „Das weiß ich schon aus den Nachrichten. Könntest du bitte noch eine Minute abwarten, ohne mich zu unterbrechen?"

Wie Sie Menschen zuhören, denen man nicht leicht zuhören kann

Wenn Sie das Pech haben, jemanden zu kennen, der immer nur über sich selbst spricht, wären Sie vermutlich sehr dankbar für jeden Rat, wie Sie ihn oder sie dazu bringen können, diese Gewohnheit loszuwerden. In solch einem Fall kann ich Ihnen nur raten, nach dem Prinzip der systemischen Psychologie vorzugehen.

Menschen, die ununterbrochen reden, sind anstrengende Zeitgenossen. Ihr Bedürfnis nach Aufmerksamkeit ist allerdings echt und nicht vorgetäuscht. Auch wenn ihr Redebedarf für alle anderen eine Last ist, sollten sie deshalb nicht beschämt werden. Werden Menschen für ihre Fehler oder übergroßen Bedürfnisse an den Pranger gestellt, fühlen sie sich nur noch schlechter, und ihre unangenehmen Gewohnheiten verstärken sich. Auch wenn Sie jemanden nicht direkt dafür kritisieren, dass er zu viel redet, kann er sich isoliert fühlen, wenn ihm nicht zugehört wird. Dies wird sein Bedürfnis, sich mitzuteilen, noch verstärken.

Wenn wir jemanden als egoistisch bezeichnen oder behaupten, dass er stets nur von sich selbst spricht, beschreiben wir tatsächlich nur eine Hälfte unserer Beziehung zu ihm. In den letzten vierzig Jahren als Therapeut habe ich nur sehr wenige Menschen getroffen, die nicht davon überzeugt waren, sie wären diejenigen, die in der Beziehung die Hauptlast des Zuhörens trügen. Natürlich gibt es Menschen, die egoistischer sind als andere. Wenn wir uns aber den Bedürfnissen der Menschen verschließen, die wir lieben, sind wir selbst Teil des Problems.

Am besten gehen Sie mit den schwierigen Menschen in Ihrem Leben um wie ein erfahrener Kartenspieler mit einem ungünstigen Blatt: Statt darüber zu klagen, dass Sie mit ungewöhnlichen Härten zu kämpfen haben, versuchen Sie lieber, das Beste aus der Situation herauszuholen. Vielleicht hört Ihr Schwiegervater nur deshalb nicht auf, ununterbrochen über sich selbst zu reden, weil Sie ihm kaum oder immer nur halbherzig Gehör schenken. Solange er das Gefühl hat, dass ihm keiner zuhört, wird er selbst auch kein Interesse an dem zeigen, was alle anderen zu sagen haben. Statt grimmig das Geschwafel einer Person zu ertragen, die weder Punkt noch Komma kennt, könnten Sie versuchen, ihr etwas intensiver zuzuhören. Das allein mag bereits dazu beitragen, dass sich die Dynamik Ihrer Beziehung zum Besseren wandelt. Manchmal können kleine Veränderungen Großes bewirken.

Wie Sie der Versuchung widerstehen, sich abzuwenden

Wenn wir uns der Kontrolle durch andere Menschen entziehen wollen, wenden wir oft unseren Blick ab oder konzentrieren uns auf etwas anderes – so wie der Mann, der auf den Fernseher stiert, wenn seine Frau mit ihm ein Gespräch führen will. Dieselbe Strategie nutzen auch Kellner und Kellnerinnen: Sie weichen den Blicken ihrer Gäste aus, weil sie zu beschäftigt sind, gerade in diesem Moment an ihren Tisch zu kommen.

Ein paradoxes Beispiel dieser Unerreichbarkeit läuft in manchen psychotherapeutischen Sitzungen ab, wenn der Psychiater hinter dem liegenden Patienten sitzt. Dies kann eine beunruhigende Wirkung haben, da der Patient sich nicht sicher sein kann, ob er verstanden wird und sich der Therapeut in ihn hineinversetzen kann. Vielleicht fühlt sich der Therapeut dabei auch unwohl, weil er dem Patienten sein Verständnis nicht deutlich signalisieren kann. Letztendlich wirkt sich diese künstliche Gesprächssituation aber befreiend aus: Der Patient spürt, dass er nicht unterbrochen wird, und kann dadurch seine eigenen Gedanken besser ordnen und freier zum Ausdruck bringen. Der Therapeut muss sich nicht darauf konzentrieren, durch seinen

Blick Interesse zu zeigen und kann so unbeschwerter zuhören und über das Gesagte nachdenken.

Der Therapeut muss also nicht mehr den Eindruck erwecken, aufmerksam zu sein und fühlt sich dadurch befreiter. Welche Lehre können wir daraus ziehen? Wir haben bisher besprochen, dass gutes Zuhören das Zurückstellen der eigenen Bedürfnisse erfordert, also auch das Zurückstellen des Drangs, etwas *tun* zu müssen – ob es nun um das Lösen von Problemen geht, darum, das Richtige zu sagen oder darum, interessiert zu *erscheinen*. Besser ist es, interessiert zu *sein*, aufmerksam zuzuhören und die Erwartung abzulegen, für das Zuhören belohnt zu werden.

Im Alltag schaffen wir es oft nicht, unserem Gegenüber so still und uneingeschränkt zuzuhören, wie es Psychoanalytiker bei ihren Patienten tun, damit diese sich öffnen und sich über ihre Gefühle klar werden können. Falls manche Leute der Meinung sind, von Ihnen könne man nicht erwarten, dass Sie aufmerksam zuhören, sollten Sie sie eines Besseren belehren. Wer aufmerksam zuhört, bekommt Vertrauen geschenkt. Einfaches Zuhören, ohne den anderen zu unterbrechen oder sich von ihm abzuwenden, bringt Sie diesem Vertrauen ein gewaltiges Stück näher.

Übungen

1. Wenn Sie das nächste Mal gern wissen möchten, was Ihr Gegenüber auf dem Herzen hat, versuchen Sie, ihm drei Minuten lang Ihre volle Aufmerksamkeit zu schenken. Wie lang fühlen sich diese drei Minuten an? Wie schwer fällt es Ihnen, dabei konzentriert zu bleiben? Wie stark mussten Sie sich zurückhalten, um den anderen nicht zu unterbrechen? Wie haben sich diese drei Minuten des intensiven Zuhörens ausgewirkt?
2. Merken Sie es sich das nächste Mal, wenn Ihnen jemand seinen Rat aufdrängt, statt Ihnen zuzuhören. Schreiben Sie danach auf, wie Sie sich in diesem Moment gefühlt haben und was Ihrer Meinung nach die Gründe dafür waren, dass Ihr Gegenüber Sie nicht bis zum Ende anhören konnte.
3. Gibt es jemanden in Ihrem Leben, dem Sie einfach nicht zuhören können, ohne ihn oder sie mit einem Rat zu unterbrechen oder zu korrigieren? Warum ist das so? Hat es vielleicht etwas mit Respekt zu tun?

KAPITEL 8

»»»»»»»»»»»»»»»»»»»»»»»»»

„ICH HATTE JA KEINE AHNUNG, WIE DU DICH FÜHLST!"

Empathie beginnt mit Offenheit

Zu den wenig hilfreichen Erwartungen, die unser Zuhören beeinträchtigen, zählen unsere oft vorschnellen Annahmen darüber, was der Sprecher sagen und wie sich die Gesprächssituation gestalten wird. Wenn wir davon ausgehen, dass wir ohnehin schon wissen, was der andere uns mitteilen will, können wir uns eigentlich das anstrengende Zuhören sparen.

Unsere Auffassungen darüber, wie Gespräche abzulaufen haben, sind uns selbst oft gar nicht bewusst. Sie gehen auf unsere Erziehung und das Umfeld zurück, in dem wir aufgewachsen sind. Wenn wir der Meinung sind, dass nur unsere Kommunikationsweise die einzig richtige ist, zeigt dies, dass es uns schwerfällt, einen Zugang zu Menschen mit anderen Konversationsmustern und Empfindlichkeiten zu finden. Viele fast prinzipielle Auffassungen stehen oft in direktem Widerspruch zueinander:

„Höfliche Menschen äußern ihre Wünsche sehr subtil" versus „Ehrliche Menschen sagen frei heraus, was sie denken!"

„Erklärungen sollten kurz und knapp sein!" (Zu viel Geschwafel langweilt die anderen) versus „Erklärungen sollten möglichst ausführlich und detailliert sein!" (Stelle sicher, dass der andere dich auch wirklich versteht!)

Wer sich als Zuhörer damit begnügt, seine Erwartungen an das Gespräch bestätigt zu bekommen, verhält sich wie ein Museumsbesucher, der ein Bild nur so lange näher betrachtet, bis er den Namen des Künstlers entziffert hat. Auf diese Weise wird er nie die Erfahrungen anderer Menschen nachvollziehen können. Es gibt kein gemeinsames Verständnis, keine Berührungspunkte. Wer als Zuhörer aber offen bleibt und zulässt, dass Gespräche sich ganz anders als erwartet entwickeln, wird zuweilen die so überraschende wie beglückende Erfahrung machen, sein Gegenüber – sei es sein Kind, seine Partnerin oder sein Freund – auf eine noch tiefere, umfassendere Weise kennenzulernen.

Empathie bildet den Kern des aufmerksamen Zuhörens. Wir zeigen Empathie, indem wir für das empfänglich bleiben, was andere Menschen uns mitteilen möchten, und aufgeschlossen darauf reagieren, wie sie sich dabei ausdrücken. Empathie heißt, anderen Empfindungen gegenüber aufgeschlossen zu sein.

Würden wir unsere vorgefassten Meinungen zurückstellen und empfänglich dafür sein, was andere uns sagen möchten, könnten viele von uns bessere Zuhörer werden. Unsere Vorannahmen gänzlich loszuwerden ist weder möglich noch wünschenswert. Vorannahmen haben auch ihr Gutes. Wenn Sie vorausahnen, wie jemand bei einem Gespräch reagiert, können Sie Ihre Wünsche und Gedanken effektiver kommunizieren. Gewisse Erwartungen an die Bedürfnisse und den Kommunikationsstil eines Sprechers helfen Ihnen dabei, seine Botschaften richtig zu entschlüsseln. Sind Vorannahmen und Erwartungen beim Zuhören nun also eine Hilfe oder ein Hindernis?

Ein Hindernis sind sie dann, wenn sie sich als festgefahrene Auffassungen und egozentrische Sichtweisen bemerkbar machen. Solche Erwartungshaltungen hinterfragen sich nicht selbst. Sie sorgen dafür, dass wir uns der Erfahrungswelt anderer Menschen verschließen. Erwartungen sind dann förderlich für die Kommunikation, wenn sie sich als Feingefühl gegenüber den unterschiedlichen Kommunikationsstilen unserer Gesprächspartner zeigen. Dieses Feingefühl sorgt dafür, dass wir achtsamer, rücksichtsvoller und empfänglicher miteinander umgehen und nicht voreingenommen reagieren.

Wie Sie ein Klima des gegenseitigen Verständnisses schaffen

Häufig erwarten wir von Gesprächen, besonders wenn sie zu Hause stattfinden, dass sie schon gelingen werden, wenn wir sie einfach laufen lassen. Leider ist solch ein automatisches Zuhören meist oberflächlich. Es bleibt halbherzig und gestaltet unsere Beziehungen weniger erfüllend, als sie sein könnten. Wer sich eine bereicherndere Beziehung wünscht, sollte das *responsive Zuhören* üben.

Responsives Zuhören heißt, die andere Person bis zum Ende anzuhören und ihr dann zu signalisieren, wie Sie ihre Botschaft verstanden haben. Wenn Sie richtig liegen, hat der Sprecher das beglückende Gefühl, verstanden worden zu sein. Wenn Sie den Kern seiner Botschaft nicht richtig erfasst haben, kann er dank Ihrer Rückmeldung das Gesagte näher erläutern.

Responsives Zuhören lässt sich üben wie jede andere Kunst oder Fertigkeit. Wir müssen nur dazu bereit sein, uns auf diese Anstrengung einzulassen.

Denken Sie kurz darüber nach, in wie vielen Situationen es Ihnen wegen alltäglicher Sorgen, Spannungen oder Ablenkungen nicht gelang, so aufmerksam, rücksichtsvoll und mitfühlend zu sein, wie Sie es lieber hätten sein wollen. Wenn Ihr Partner oder Ihre Partnerin demnächst abends erschöpft von der Arbeit kommt, Ihr Kind begeistert in den Raum stürmt, um Ihnen etwas zu erzählen, oder eine Arbeitskollegin das Gespräch mit Ihnen sucht, bemühen Sie sich, besonders aufmerksam zu sein. Aufmerksamkeit zahlt sich immer aus. Ihre Anstrengung, anderen ein bisschen länger und ein bisschen genauer zuzuhören, wird einen positiven Einfluss auf alle Ihre Beziehungen haben.

xxxxxxxxxxxxxxxxxxxxxxxxxxxxxxxxxxxxxxxxxxxxx

Zuhören braucht Übung

Warum fällt es uns leicht, zuzugeben, dass wir nicht gut tanzen oder zeichnen können, aber umso schwerer, dass wir keine guten Zuhörer sind? Weil die meisten gutes Zuhören weniger als Fähigkeit und eher als Charaktereigenschaft ansehen; etwas, das für nette Menschen steht, die sich aufrichtig für andere interessieren. Wenn Sie kein guter Tennisspieler sind, liegt es daran, dass Sie nicht genug trainiert haben. Wenn Sie kein guter Zuhörer sind, sind Sie gleich ein schlechter Mensch.

xxxxxxxxxxxxxxxxxxxxxxxxxxxxxxxxxxxxxxxxxxxxx

„Ich weiß schon, was du sagen willst“

„Überhaupt nichts weißt du!“ Hatten Sie schon einmal das Bedürfnis, jemandem, der ständig Ihre Sätze für Sie beendet, diese Bemerkung ins Gesicht zu schleudern?

Die Person, die einen Satz beginnt, sollte ihn auch beenden können.

Leider neigen wir alle ab und an dazu, voreilige Schlüsse zu ziehen. Vielleicht haben Sie bisher noch nie direkt gesagt, Sie wüssten, was der andere Ihnen sagen will. Dennoch haben Sie bestimmt schon öfter Ihre Annahmen darüber gehabt, was Ihr Gegenüber Ihnen gleich mitteilen wird. Diese schlechte Angewohnheit verhindert, dass wir unserem Gegenüber richtig zuhören.

Rachel kam am Abend erst um halb sieben nach Hause und nicht um sechs, wie sie es versprochen hatte. „Tut mir leid, dass ich zu spät bin, ich ...“

„Schon okay”, unterbrach Patrick sie, „die Kinder und ich haben Spaghetti gekocht. Das Abendessen ist schon fertig.“

Rachel war dankbar dafür, dass sie sich nicht mehr ums Abendessen kümmern musste, fühlte sich aber von Patrick ausgebremst. Sie wollte gern loswerden, dass sie zu spät war, weil ihr Chef ihr in letzter Minute noch eine Aufgabe aufgedrückt hatte. Patricks Annahme, sie wolle sich nur bei ihm entschuldigen, weil sie ihm dadurch mehr Arbeit verursacht hatte, gab ihr das Gefühl, dass ihm ihr Tag egal war. Er schien einzig und allein daran interessiert zu sein, dass das Abendessen pünktlich auf dem Tisch stand.

Sie hätte es ihm ja trotzdem erzählen können, oder? Natürlich. Doch vielleicht gehört es zu seinen Gewohnheiten, sie zu unterbrechen, und sie ist es mittlerweile müde, darum zu kämpfen, bei ihm Gehör und Aufmerksamkeit zu finden.

Es ist ärgerlich, wenn wir unterbrochen werden, weil der andere das Gespräch an sich reißen möchte. Genauso ärgerlich ist es, wenn uns jemand mit zustimmenden oder bestärkenden Äußerungen ins Wort fällt oder eine ähnliche Erfahrung zum Besten gibt, obwohl wir unseren Satz noch gar nicht beendet haben.

Anfangs gefiel es Hank, wenn Sharon bei ihren Unterhaltungen immer aufmunternde kleine Bemerkungen machte. Ihre Ausrufe – Wow!, Oje!, Meine Güte! – gaben ihm das Gefühl, dass sie genau nachvollziehen konnte, wie es ihm ging. Doch nach einer Weile erschienen ihm diese Zwischenbemerkungen nur noch trivial und vorhersehbar. Er gewann den Eindruck, sie sei mehr daran interessiert, teilnahmsvoll zu wirken, als ihm wirklich zuzuhören.

Teilnehmendes Interesse zu zeigen heißt nicht, die Äußerungen des Gesprächspartners mit einfühlsamen Bemerkungen vorwegzunehmen oder sogar zu übertreffen. Ich kannte einmal eine Frau, die stets so viel Anteilnahme zeigte, dass sie Mitgefühl ausströmte wie ein Ofen heiße Luft. Sie mag lediglich versucht haben, sensibel und einfühlsam zu sein, doch übertrieb sie es damit derartig, dass es fast schon komödiantisch wirkte.

„Oh, ich weiß genau, was du meinst!", sagte Celia. „Mein Schulleiter ist genauso!" Todd wusste, dass sie ihm nur zeigen wollte, wie sehr sie mit ihm mitfühlen konnte, war aber trotzdem genervt. Er glaubte nicht, dass Celias Schulleiter ihr auf dieselbe Art Extraaufgaben aufbürdete, wie es sein Chef mit ihm tat. Darum ging es ihm außerdem auch gar nicht. Er kam gar nicht dazu, ihr zu erzählen, was ihn wirklich umtrieb, weil Celia ihn schon vorher unterbrach, um zu zeigen, dass sie bereits verstanden hatte.

Am besten vermeiden Sie es, andere Menschen zu unterbrechen, indem Sie sich ganz darauf konzentrieren, was diese Ihnen mitteilen wollen. Geben Sie ihnen die Möglichkeit, auszureden, erkennen Sie an, was sie Ihnen gesagt haben, und sagen Sie *erst dann*, was Ihnen dazu einfällt. Preschen Sie nicht gleich bei der ersten Sprechpause vor. Unterdrücken Sie den Impuls, das Gespräch auf Sie selbst und Ihre Gedanken zu lenken. Lassen Sie sich nicht sofort über jede Erfahrung oder Geschichte aus, die Ihnen spontan dazu einfällt. (Ich gestehe, dass mir das selbst auch schwerfällt.) Halten Sie inne und denken Sie darüber nach, ob Ihre Bemerkungen dem Sprecher dabei helfen, sich ausführlicher zu äußern, oder nur dazu führen, dass Sie die Gesprächsführung übernehmen.

Wenn Sie es sich angewöhnt haben, anderen ins Wort zu fallen, werden andere Menschen Sie vielleicht als übergriffig wahrnehmen. Sagen Sie beim nächsten Mal, wenn Sie den übergroßen Drang haben, etwas einzuwerfen, bevor Ihr Gegenüber ausgeredet hat: „Erzähl weiter!" oder „Entschuldige, ich will dich erst ausreden lassen."

Auch wenn Sie *tatsächlich* wissen, was der andere Ihnen gleich sagen wird, hat er oder sie dennoch das Bedürfnis, es auszusprechen und anerkannt zu werden, um sich verstanden zu fühlen. Gespräche sind kein Schachspiel. Sie müssen nicht den Zug des anderen vorausahnen, um strategisch klug zu reagieren. Jemand, der etwas loswerden möchte, will seine Gedanken und Gefühle äußern können. Hören Sie vorbehaltlos zu und finden Sie heraus, was Ihr Gegenüber auf dem Herzen hat. Das gibt ihm oder ihr die Möglichkeit, seine oder ihre Gedanken und Gefühle zu sortieren. Machen Sie dem

xxxxxxxxxxxxxxxxxxxxxxxxxxxxxxxxxxxxxxxxxxxxxxx

„Wann bin ich endlich dran?“

Vielleicht fällt uns das Zuhören zeitweise schwer, weil wir uns Gewohnheiten zugelegt haben, die unsere Empfänglichkeit beeinträchtigen. Wir ziehen voreilige Schlüsse, reagieren überempfindlich und konzentrieren uns nur auf das, was wir selbst zu sagen haben. Wir mögen vielleicht den Eindruck vermitteln, dass wir zuzuhören, können es uns aber nicht verkneifen, unsere eigenen Gefühle, Erfahrungen oder unseren Rat loszuwerden.

Wie schaffen wir es, diesen Drang zu unterdrücken? Indem wir uns Mühe geben. Oftmals hat das, was Sie beisteuern möchten, durchaus seine Berechtigung, verhindert aber in dem Moment, dass Sie die andere Person bis zum Ende anhören und verstehen, was sie gesagt hat.

Nicht: „Ich hasse meinen Job!“ – „Ja, ich auch.“
Vielmehr: „Ich hasse meinen Job!“ – „Das hört sich nicht gut an. Was ist los?“

Hören Sie zuerst immer zu. Signalisieren Sie Ihrem Gegenüber dann, was bei Ihnen angekommen ist. Wie Sie danach weiter verfahren, hängt davon ab, auf welcher Beziehungsebene Sie beide stehen. Wenn sich Ihr Kind bei Ihnen beklagt, hören Sie einfach nur zu. Weiter nichts. Ist es ein Freund, hören Sie erst zu und teilen Sie dann Ihre eigenen Erfahrungen mit ihm. Wenn eine Person aufgebracht oder verletzt ist, hat allein sie Vorrang – genauso, als wäre sie krank. Dieser Mensch braucht dann besondere Aufmerksamkeit. Stellen Sie Ihre eigenen Bedürfnisse in so einer Situation zurück.

Nicht: „Ich habe mich ziemlich alleingelassen gefühlt, als du bei deiner Betriebsfeier eine halbe Stunde lang verschwunden bist, um dich mit deinem Chef zu unterhalten.“ – „Was hätte ich denn machen sollen? Er zahlt mir meinen Lohn. Er wollte mit mir reden, also hatte ich keine andere Wahl.“

Vielmehr: „Ich habe mich ziemlich alleingelassen gefühlt, als du bei deiner Betriebsfeier eine halbe Stunde lang verschwunden bist, um dich mit deinem Chef zu unterhalten.“ – „Das tut mir leid.“

xxxxxxxxxxxxxxxxxxxxxxxxxxxxxxxxxxxxxxxxxxxxxxx

anderen das Geschenk Ihrer ungeteilten Aufmerksamkeit. Es hilft Ihnen dabei, den anderen zu verstehen, und dem anderen, sich verstanden zu *fühlen*.

Wie Sie voreilige Annahmen in Empfänglichkeit und Empathie verwandeln können

Um gut zuhören zu können, konstatiert der Psychoanalytiker Wilfred Bion, müsse man auf „Erinnerungen, Wünsche und Beurteilung“ verzichten.[1] Diese Anleitung zur Empfänglichkeit fordert den Zuhörer auf, vorgefasste Meinungen, Annahmen und Bedürfnisse zurückzudrängen. Richtiges Zuhören ist ein Akt der Selbst-Transzendenz, ein Über-sich-Hinauswachsen.

Wir mögen den wichtigen Menschen in unserem Leben sehr viel bedeuten. Dennoch geben sie hauptsächlich ihren eigenen Prioritäten den Vorrang, ihren eigenen Sorgen, Problemen, Vorhaben, Enttäuschungen, Hoffnungen und Träumen. Auch wenn (oder gerade wenn) solche persönlichen Prioritäten unausgesprochen bleiben, haben sie eine große Macht über unser Leben. Solange wir sie für uns behalten, können sie einen Keil zwischen uns und andere Menschen treiben. Geteilte Gedanken und Gefühle sind ein Schritt aufeinander zu, Empathie ist die Brücke.

Ein einfühlsamer Zuhörer erspürt, was der andere denkt und fühlt, erkennt es an und bestätigt so dessen Erfahrung. Diese Anteilnahme und Spiegelung hilft uns, unsere innere Zerrissenheit zu überwinden und wirkt geradezu beflügelnd.

Wir leben alle in unserer eigenen kleinen subjektiven Welt. Wenn wir uns wirklich auf andere einlassen wollen, müssen wir uns wenigstens zum Teil öffnen und Privates mit anderen teilen. Unsere Botschaften müssen aber auch beim Empfänger ankommen. Oft verstecken wir unsere wahren Gefühle nicht nur vor anderen, sondern auch vor uns selbst. Das Ergebnis ist eine Art Schattentanz, den wir in unseren Beziehungen mit den Menschen aufführen, die uns wichtig sind.

Empathie ist wie eine Brücke, die eine Verbindung zwischen uns Menschen schlägt. Damit dies gelingt, müssen wir für andere offen und empfänglich sein. Vorgefasste Annahmen behindern ein gegenseitiges Verstehen. Wenn wir nur darauf warten, dass wir endlich selbst an der Reihe sind, können wir kaum die Erfahrung eines anderen Menschen in all ihrer Tiefe verstehen und nachempfinden. Empathie ist harte Arbeit; sie verlangt uns einiges an Selbstbeherrschung ab.

Das Verständnis, das ein empathischer Zuhörer uns schenkt, stiftet eine tiefere Verbindung. Es ist weitaus mehr als das pflichtbewusste Mitgefühl unserer Friseurin. Das Verstehen findet auf einer weitaus tieferen Ebene statt. Erinnern Sie sich noch, als Sie in Kindertagen einen kleinen Unfall hatten oder schrecklich Angst bekamen, und ihre beste Freundin Sie fest drückte? Genauso fühlt sich Empathie an.

Empathisches Zuhören bedeutet, dass wir uns zunächst selbst ins Zeug legen, um den anderen zu verstehen, bevor wir ihn bitten, dasselbe für uns zu tun. Es bedeutet, Anmerkungen zu machen, die es dem anderen ermöglichen, seine Gedanken und Gefühle ausführlicher zu äußern. Einfache einfühlsame Äußerungen wie „Aha", „Ich begreife" oder „Ja" drücken Verständnis aus und helfen dem anderen, Erfahrungen zur Sprache zu bringen, die er uns sonst nicht mitteilen würde. So können wir uns aus dem Spiel des Gefühle-Versteckens lösen, das uns Menschen voneinander trennt. Vor einem Menschen, der Anteil nimmt und Verständnis zeigt, muss man nichts verbergen.

Ein empathischer Zuhörer nimmt die Gefühle seiner Mitmenschen offen an und bestätigt, dass sie etwas ganz Natürliches sind: „Kein Wunder, dass du sauer warst!" So hilft er dem anderen, sich nicht länger zu verschließen.

Empathie entsteht durch das Zurückstellen der eigenen Mutmaßungen und durch ein Einfühlen in die andere Person. Indem wir das Gesagte aufmerksam und empathisch aufnehmen, gelingt es uns, auch unterschwellige emotionale Botschaften zu erspüren. Empathie bedeutet zuzuhören, ohne ungeduldig darauf zu warten, endlich selbst an die Reihe zu kommen.

Dafür braucht es zwei Voraussetzungen. Die erste ist Empfänglichkeit. Ein Zuhörer sollte so offen an ein Gespräch herangehen wie ein Kinobesucher an einen Film, von dem er sich verzaubern lassen möchte. Die zweite ist ein gut ausgewogenes Gleichgewicht zwischen Denken und Fühlen bzw. die Fähigkeit, vom *Mitfühlen mit* einem Sprecher zum *Nachdenken über* den Sprecher umzuschalten. Was sagt er, meint er, fühlt er?

Stellen Sie sich vor, ihr Partner kommt nach Hause und sagt, er hatte einen richtig miesen Tag. Sie wissen, wie sich das anfühlt. Sie fühlen mit ihm mit. Also fragen Sie nach, was passiert ist. Er antwortet, er müsste nächste Woche auf Geschäftsreise. Sein Chef will, dass er die Agentur bei einem wichtigen Termin in einer anderen Stadt vertritt. Er ist ganz und gar nicht begeistert.

Sie wissen ganz genau, wie er sich fühlt. Die ganze Rumreiserei. Und ausgerechnet in dieses Kaff!

Vielleicht würde es *Ihnen* so gehen. Sie selbst können auf Geschäftsreisen gut und gerne verzichten, weil Sie nicht gern Ihr Zuhause verlassen.

Unsere eigenen Gefühle bewirken unser Mitgefühl. Wahre Empathie aber erfordert noch einen weiteren Schritt: Das *Nachdenken* über die andere Person. Warum genau ist Ihr Partner nicht begeistert?

Vielleicht freut er sich insgeheim, dass er als Vertreter seiner Agentur ausgewählt wurde. Schließlich ist das eine Chance, mit der er sich seinem Chef gegenüber beweisen und mehr Verantwortung zeigen kann. Vielleicht macht ihn das nervös. Einen Vortrag vor anderen zu halten ist umso schwerer, wenn man glaubt, sich dabei behaupten zu müssen.

Ob Ihr Partner nun über all diese Dinge mit Ihnen spricht oder nicht – er wird seine Gefühle und Gedanken nur dann mitteilen und sie sortieren können, wenn Sie ihm mit genügend Empathie zuhören. Wenn Sie wirklich wissen möchten, wie es jemandem geht, fragen Sie nach, und hören Sie dann gut zu.

Begnügen Sie sich beim Zuhören mit Ihrem Mitgefühl und gehen Sie einfach davon aus, dass Sie schon verstanden haben, oder bemühen Sie sich um Empathie?

Wenn kein Konflikt zu bewältigen ist, fällt es uns leichter, empfänglich für unser Gegenüber und seine Äußerungen zu bleiben. Bei einer Meinungsverschiedenheit vertreten Sie jedoch Ihre eigene Position und haben das Ziel, diese dem anderen klarzumachen. Zwei Kraftfelder können aber nicht gleichzeitig denselben Raum einnehmen. Insofern besteht der effektivste Weg, dem anderen Ihre Sichtweise zu verdeutlichen, darin, ihn zunächst anzuhören und ihm das Gefühl zu geben, dass Sie ihn verstehen und seine Position zur Kenntnis nehmen. Hier einige Beispiele:

Vor einigen Jahren bat mich ein Kollege als Herausgeber einer Sammlung psychoanalytischer Aufsätze, für ihn einzuspringen, da er gerade eine neue Stelle angetreten hatte. Ich sagte begeistert zu, bis ich sah, dass der größte Teil der Aufsätze – vorsichtig ausgedrückt – nicht sehr gut war. Ich war damals noch ein junger und relativ unbekannter Psychologe. Es war harte Arbeit, meine älteren, etablierteren und wesentlich renommierteren Kollegen dazu zu bewegen, ihre Beiträge zu überarbeiten. Einer der Autoren aber zeigte sich sehr beflissen. Er rief mich jede Woche an, um nachzufragen, wie es mit dem Buch voranging und bot sich sogar als Mitherausgeber an. Doch dann las ich seinen Beitrag. Er war nicht der allerschlechteste, ließ aber trotzdem arg zu wünschen übrig. Ich versuchte, es ihm diplomatisch beizubringen: Ich lobte die starken Passagen seines Manuskripts und bat ihn um einige kleine Änderungen. Drei Monate gingen ohne Antwort ins

Land. Schließlich bekam ich einen Brief, in dem er mir für meine „Anregungen“ dankte, gleichzeitig aber verkündete, sein Beitrag bedürfte keiner Änderungen, da auch einige seiner Freunde ihm nach dem Lesen bestätigt hätten, dieser sei so völlig in Ordnung. Arghh!

Also zählte ich bis zehn (gefühlte zwanzig Mal). Dann schrieb ich ihm, dass er sich anscheinend über irgendetwas an meiner ersten Nachricht geärgert hätte und ich gern wüsste, worüber. Als er den Brief erhielt, rief er mich noch am selben Tag an. Er erzählte mir sehr eindringlich, wie viel Arbeit er bereits in den Text investiert und wie viele Änderungen mein Vorgänger ihm bereits abverlangt hatte. Ich musste gar nichts weiter sagen. Er war so dankbar, dass ich ihm zugehört hatte, dass er mir, nachdem er sich Luft gemacht hatte, für mein Verständnis dankte und versprach, die von mir vorgeschlagenen Änderungen einzuarbeiten.

Ehrlich gesagt interessierten mich die Gefühle dieses Mannes nicht wirklich. Um ihn zum Einlenken zu bewegen, musste ich ihm aber zunächst zuhören, da er sonst nicht bereit gewesen wäre, meiner Bitte nachzukommen.

Bei Menschen, die uns wirklich wichtig sind, ist empathische Empfänglichkeit weit mehr als eine nützliche Strategie. Sie ist das einzige Mittel, das es uns ermöglicht, herauszufinden, wie die Welt aus dem Blickwinkel dieser Person aussieht.

Linda wusste ganz genau, dass Andrew nicht gern viel Zeit mit ihr verbrachte. Er war mit seinem Beruf verheiratet. Aus diesem Grund verfolgte sie im Laufe der Zeit viele anderweitige Interessen. Die Kinder waren aus dem Haus und studierten. Linda fühlte, dass ihre seit Langem nicht mehr harmonische Ehe nun ihrem tatsächlichen Ende entgegenging. Vielleicht war es jetzt an der Zeit, endgültig die Reißleine zu ziehen. Sie träumte davon, frei zu sein. Was hatte sie sich damals bei ihrer Hochzeit erhofft? Aufmerksamkeit, gemeinsame Interessen, Zuneigung, Gespräche. Jetzt blieb ihr nur das, was sie sich allein aufgebaut hatte.

Und Andrew? Nachdem er beruflich äußerst erfolgreich gewesen war, quälte ihn plötzlich seine Einsamkeit. Er sehnte sich nach mehr Nähe zu Linda, etwas, das über das Aufteilen der häuslichen Pflichten hinausging. Er träumte von Liebe. Leider hatten beide verlernt, miteinander zu reden. Andrew legte sich einen Panzer der Gleichgültigkeit zu und konzentrierte sich auf seine Arbeit.

Linda suchte mich in meiner Praxis auf. Vielleicht könnte ein Therapeut ihr sagen, was sie gern hören würde. Ich versuchte, ihr den Grund für ihre festgefahrene Situation zu verdeutlichen: Sie war nicht mehr dazu bereit, sich mit ihrem Mann auf ein Gespräch einzulassen, und sie sah außer ihren Kindern keinen Grund mehr dafür, mit ihm zusammenzubleiben.

Linda hatte angenommen, es wäre reine Zeitverschwendung, mit Andrew zu reden, da sich sowieso nichts ändern würde. Als sie sich schließlich einen Ruck gab und doch das Gespräch mit ihm suchte, fand sie heraus, dass er glaubte, sie wolle ihn sowieso verlassen, weshalb er sich völlig in sein Schweigen zurückzog.

Solche Vermutungen sind nichts weiter als Schutzmaßnahmen. Sie bewahren uns davor, zu große Hoffnungen zu hegen und am Ende verletzt zu werden. Sie hindern uns aber auch daran, zueinander durchzudringen.

Wenn keine Verständigung möglich ist, gehen wir meist davon aus, dass es am anderen liegt. Wir selbst haben schließlich unser Bestes gegeben.

Nachdem sie sich ausgesprochen hatten, kamen sich Linda und Andrew wieder etwas näher. Nicht viel, aber genug, um eine Verbesserung ihrer Beziehung zu erreichen. Dass sie Verständnis füreinander zeigten, war ihr erster gemeinsamer Schritt in die richtige Richtung.

Offenheit ist eine wichtige Voraussetzung für das Zuhören. Diese Offenheit sollte aber nicht die Qualität eines Vakuums haben oder an Gleichgültigkeit erinnern. Wirkliche Empfänglichkeit für andere Menschen entsteht erst durch Einfühlungsvermögen und aufrichtige Anteilnahme.

Einfühlungsvermögen: Erwartungen im bestmöglichen Sinne

Zu den Dingen, die wir oft erst nach und nach begreifen – oder aber nach sehr langer Zeit –, gehört, dass alle Menschen unterschiedliche Bedürfnisse haben. Die eine möchte lieber allein mit unangenehmen Situationen fertig werden, während der andere jemanden zum Reden braucht. Genauso unterscheiden sich Menschen in ihrer individuellen Kommunikationsweise. Ein guter Zuhörer sollte offen für den Kommunikationsstil seiner Gesprächspartner sein. Dieser Stil ist durch unbewusste Rhythmen und Nuancen geprägt, wie beispielsweise sehr detaillierte oder recht knappe Beschreibungen, ein schnelles oder langsames Sprechtempo und bestimmte bevorzugte Gesprächsthemen, wie beispielsweise das Reden über andere oder aber die eigene Arbeit.

Naomi fand, dass lautes Sprechen und wechselseitige Unterbrechungen Zeichen von Begeisterung und gegenseitiger Anteilnahme waren. Aus Wardells Sicht war dieser Kommunikationsstil ein Ausdruck unhöflichen und rücksichtslosen Verhaltens.

Hannah möchte gern immer alle Details erfahren. Ivan fühlt sich dabei wie bei einem Verhör.

Rick will, dass Sherry endlich zum Punkt kommt. Ihr kommt es so vor, als interessiere ihn nicht wirklich, was sie zu sagen hat.

Veronica möchte die Dinge gern ausdiskutieren. Sie beschwert sich darüber, dass Chet immer vorzeitig den Raum verlässt. Chet erwidert, dass Veronica etwas sagt und er ihr antwortet. Wenn er sich dann aber wieder seiner vorherigen Tätigkeit zuwendet, wird sie wütend auf ihn.

Gerade in Paarbeziehungen nimmt die Qualität des Zuhörens mit den Jahren immer mehr ab, da beide Partner oft darauf bestehen, Probleme auszudiskutieren. Doch wenn zwei unterschiedliche Kommunikationsstile aufeinanderprallen, können Diskussionen manche Dinge nur noch schlimmer machen.

Menschen, die eher indirekt kommunizieren, finden, dass ihre Partner doch wissen sollten, wie sie sich fühlen. Direkt kommunizierende Menschen denken stattdessen: „Wir sollten unsere Wünsche dem anderen klar und deutlich mitteilen."

Sie können sich auf den Kommunikationsstil anderer Menschen einstellen, ohne sie gleich gründlich zu analysieren. Sie müssen nur einfühlsam sein. Wenn Sie an das Maschinengewehrtempo von Großstädtern gewöhnt sind und es dann mit jemandem vom Land zu tun haben, der sich sehr viel mehr Zeit lässt, entspannen Sie sich am besten. Haben Sie Geduld. Vielleicht mögen Sie diese Abwechslung sogar.

Leider sorgen unterschiedliche Kommunikationsstile oft für Missverständnisse. Diese auszuräumen ist besonders dann schwierig, wenn Sie davon überzeugt sind, dass Sie selbst alles richtig machen und der andere alles falsch.

Belinda verbrachte den Silvesterabend mit ihrem Mann im Haus ihrer Schwiegereltern. Nach der Hälfte des Abends pirschte sich Belindas Schwiegermutter an sie heran und flüsterte ihr ins Ohr: „Na komm schon, entspann dich und amüsiere dich ein bisschen! Sei doch nicht so verkrampft!"

Belinda war verärgert. Sie amüsierte sich doch! Sie hatte sich angeregt mit den Cousinen ihres Mannes unterhalten. Sie war nicht „verkrampft", sie war einfach nur sie selbst.

Belinda wurde wütend. *Wofür hält die sich? Rege ich mich vielleicht darüber auf, dass sie immer gleich hysterisch loskichert, wenn jemand irgendetwas Belangloses erzählt?* Belinda empfand die affektierte und übertriebene Kommunikationsweise ihrer Schwiegermutter als äußerst unangenehm. Das war einfach nicht ihr Stil.

Beide Frauen verhielten sich an diesem Abend auf ihre Art und Weise völlig angemessen – nämlich so, wie man es ihnen anerzogen hatte.

Manche Leute finden, dass ein zurückhaltender Sprechstil „höflich" ist. Menschen, die einen temperamentvolleren Stil an den Tag legen, empfinden sie als „ungehobelt", „laut", „theatralisch" und „vulgär". Menschen, die emotionaler kommunizieren, halten sich selbst für „herzliche" und „freundliche" Sprecher, während sie ihre zurückhaltenderen Gesprächspartner als „reserviert", „kühl" und „distanziert" einschätzen.
(Haben Sie bemerkt, wie unterschiedlich sich Belinda und ihre Schwiegermutter charakterlich eingeschätzt haben? Die Schwiegermutter war je nach Sichtweise der beiden Frauen entweder „ehrlich" oder „unverschämt" und Belinda „höflich" oder „verkrampft".)

Einfühlungsvermögen bedeutet, für die Gefühle des Gegenübers empfänglich zu sein und daran Anteil zu nehmen. Es bedeutet nicht, voraussagen zu können, was derjenige gleich erzählen wird, sondern genug Interesse aufzubringen, um es herauszufinden. Es bedeutet gleichsam sehr wohl, das Wissen über die andere Person zu nutzen, um deren Perspektive nachzuvollziehen und sie als eigenständiges Individuum anzuerkennen.

Einfühlungsvermögen können Sie zeigen, indem Sie:

- aufmerksam dem zuhören, was Ihr Gegenüber zu sagen hat
- die Gefühle des anderen zur Kenntnis nehmen
- zuhören, bevor Sie Ihre Meinung abgeben
- zuhören, ohne einen Rat zu erteilen
- zuhören, ohne sofort zuzustimmen oder zu widersprechen
- anerkennen, was der andere zu fühlen scheint – und nachfragen
- nach dem Tag des anderen fragen
- akzeptieren, wenn der andere Zeit für sich braucht
- akzeptieren, wenn der andere ein Problem mit Ihnen besprechen möchte
- zuhören, ohne den anderen zu drängen, seine Gefühle preiszugeben

Manchmal können wir nicht zum anderen durchdringen, weil wir es immer auf dieselbe Art und Weise versuchen.

Am wenigsten einfühlsam sind wir bei den Menschen, die wir lieben

Was lässt uns so unsensibel auf die Worte unserer Lieben reagieren? Wenn Sie herausfinden möchten, warum ein Zuhörer in die Defensive geht, statt zuzuhören, überlegen Sie, wo diese Verteidigungsstrategie eigentlich herrührt. Manchmal sind bestimmte Ängste stressbedingt, ganz unabhängig davon, ob dieser Stress real oder eingebildet ist. Viele von uns reagieren ablehnend auf kurz bevorstehende oder angedrohte Veränderungen. Wir gehen davon aus, dass es in Beziehungen eher die starken Persönlichkeiten sind, die den Partner dominieren und nicht gewillt sind, zuzuhören. Tatsächlich sind es aber häufiger die Menschen in der unterlegenen Machtposition, die Zuhörprobleme haben. Ein Mann, der das Gefühl hat, seine Meinung zur Kindererziehung würde nicht gelten, wird seiner Frau womöglich nicht richtig zuhören, wenn sie mit ihm über die Kinder sprechen möchte. Eine Frau, die glaubt, dass ihr nicht das Recht eingeräumt wird, sich frei über ihre Vorlieben und Abneigungen zu äußern, wird sich wohl kaum mit ihrem Mann über ihr Sexualleben unterhalten wollen. Die meisten werden erst dann zu besseren Zuhörern, wenn sie erkennen, wie viel Macht sie in ihrer Beziehung wirklich haben.

Natürlich gibt es auch dominante Menschen, die in einer Beziehung die Oberhand haben und nicht zuhören – sei es ein Elternteil oder ein Partner. Bei diesen liegt es oft an unterdrückten emotionalen Themen, die sich zu Ängsten auswachsen und das Zuhören erschweren.

Als Tommy eines Tages von der Schule nach Hause kam, war er so angespannt und rastlos, dass er beschloss, den Rasen zu mähen. Der Rasenmäher fraß sich tief ins hochstehende Gras. Dabei stieg der typische süßlich-frische Geruch auf. Tommy hatte noch keine zwei Bahnen geschafft, als sich die Klinge plötzlich im nassen Gras verhedderte und festhakte. Nachdem er sie von den nassen Grasbatzen befreit hatte, mähte er weiter, doch die Klinge verhedderte sich immer wieder aufs Neue. Frustriert schob er den Rasenmäher zurück in den Schuppen, trampelte fluchend ins Haus, stampfte die Treppen hinauf und schlug seine Zimmertür laut hinter sich zu.

Tommys Eltern waren mittlerweile beide zu Hause und wurden Zeugen seiner schlechten Laune. Als Tommys Vater ihn fragte, was los wäre, erzählte er ihm, dass er einen ganz schlechten Tag in der Schule gehabt hatte und der Rasenmäher auch nicht mähte, wie er sollte. Tommy war frustriert und wütend.

Statt sich in ihn einzufühlen, begann Tommys Vater damit, ihn zu belehren: „Wenn du ein Problem hast, nützt es keinem, wenn du ausrastest und rumbrüllst. Du musst dich zusammenreißen und ruhig bleiben. Wenn du ausflippst, wird es davon auch nicht besser." Je länger sich sein Vater in seiner Ansprache erging, umso mehr ließ Tommy den Kopf hängen.

„Du kannst das Gras nicht mähen, wenn es so hoch ist und du es eilig hast. Du musst langsam und vorsichtig an die Sache rangehen. Mit Gewalt erreichst du gar nichts, nicht beim Rasen und auch nicht im Leben."

Tommy versuchte, sich zu erklären: „Ja schon, aber wenn du in der Schule einen richtig miesen Tag hattest, dann nach Hause kommst und da auch alles schiefläuft, dann wird deine Wut halt einfach immer größer. Und irgendwie musste ich mir Luft machen."

„Kannst du dich nicht daran erinnern, was wir erst letzte Nacht besprochen haben? Das Bewältigen von Problemen? Was habe ich dir da gesagt?"

„Du hast gesagt, man soll den Ärger herunterschlucken." Tommy erwartete schon keinerlei Verständnis mehr. Er wollte nur noch seinen Stolz retten.

Aber sein Vater war immer noch nicht fertig. „Ich habe dir außerdem gesagt, dass viele Probleme zusammen einen riesigen Problemberg bilden. Wenn du dir aber ein Problem vornimmst und versuchst, es Schritt für Schritt zu lösen, hast du es recht schnell aus dem Weg geschafft. Du kannst dich noch erinnern, dass wir darüber gesprochen haben?"

Tommy gab es auf, seinem Vater seine Lage zu erklären, und damit war das Gespräch beendet.

Dies ist das traurige Beispiel eines Vaters, der es versäumt, seinem Sohn zuzuhören. Er fragt ihn zwar, warum er wütend ist, hält ihm dann aber eine Standpauke über den Umgang mit Problemen, statt ihm zuzuhören. Tommy versucht noch, seine Gefühle zu erklären, weil er sich weiterhin mehr Verständnis von seinem Vater erhofft. Stattdessen wird er quasi in Geiselhaft genommen und dazu gezwungen, sich einen Vortrag über seine Verfehlungen anzuhören.

Das Traurige an diesem Austausch (und so vielen anderen, die ähnlich ablaufen) ist nicht der unterschiedliche Standpunkt, den Vater und Sohn vertreten. Es ist das Versäumnis des Vaters, seinem Sohn zuzuhören, weil er lieber die in ihm selbst auftauchenden Ängste beschwichtigen will, indem er seinem Sohn seine Sichtweise aufzwingt. Bei diesem Szenario weiß der Vater alles besser, und Tommys Sicht der Dinge scheint nicht zu zählen. Sie wird nicht einmal zur Kenntnis genommen. Stattdessen wird das Ergebnis des Ganzen vielleicht sein, dass Tommy zu einem dieser Männer heranwächst, die wie sein Vater anderen immer die eigene belehrende Sichtweise aufdrängen, ohne zuzuhören.

Doch *warum* konnte der Vater seinem Sohn nicht zuhören, als dieser ihm erklären wollte, warum er so wütend war? Was war daran so bedrohlich? Tommys Zorn.

Wer die Gefühle anderer nicht aushalten kann, dem fällt das Zuhören besonders schwer. Einige Menschen, wie z. B. Tommys Vater, reagieren so heftig auf Wut, dass sie nicht einmal die kleinsten Anzeichen dieses so menschlichen Gefühls ertragen können. Andere verhalten sich umgekehrt: Schon bei der kleinsten Provokation gehen sie in die Luft. Im nächsten Kapitel sehen wir uns an, wie wir mit unserem Ärger umgehen und dafür sorgen können, dass er unser Zuhören nicht sabotiert.

Es ist traurig, dass wir gerade bei den Menschen, die uns am wichtigsten sind, so heftig reagieren. Je enger unsere Beziehung ist, umso lauter melden sich unsere eigenen Bedürfnisse zu Wort, und je mehr wir vom anderen erwarten, umso weniger empfänglich sind wir für das, was er oder sie uns sagen möchte.

Sensibilität für die inneren Stimmen anderer Menschen

Wer das Bedürfnis anderer Menschen nach Gehör und Verständnis nicht wahrnehmen kann, ist auch schnell mit unerwünschten Ratschlägen zur Stelle. Wenn Sie das nächste Mal in Versuchung geraten, Ihrem Gegenüber einen guten Rat zu erteilen, hören Sie auf Ihre inneren widerstreitenden Stimmen. So vermeiden Sie es nicht nur, ins Leere zu reden und Ihre Glaubwürdigkeit zu verspielen, sondern gewinnen auch einen besseren Einblick in die Gefühle des anderen sowie die Chance, auch heikle Themen miteinander zu besprechen.

Was aber tun, wenn solch ein heikles Thema bereits einen handfesten Streit ausgelöst hat? Die beste Reaktion auf jemanden, der sich in einen Wutanfall hineinsteigert, ist anzuerkennen, wie er sich gerade fühlt. Etwas geht ihm außerordentlich nahe, und er versucht, Ihnen dies mitzuteilen. Natürlich gibt es Momente, in denen es uns wahnsinnig schwerfällt, einem Menschen zuzuhören, der uns anbrüllt. Dann ist die Frage nicht mehr, wie sich die Bombe entschärfen lässt, sondern wie sich die Dinge danach wieder kitten lassen. In so einem Moment hilft es, die Wut des anderen und die eigene Reaktion darauf im Lichte der Persönlichkeitsteile zu betrachten, die wir uns weiter vorn angesehen haben. So kann es Ihnen gelingen, sich etwas mehr in den anderen einzufühlen und seine Äußerungen nachzuvollziehen. Wenn Sie den Ausbruch des anderen wie den Wutanfall eines Kindes betrachten, kann Ihnen das zeigen, dass er sich gerade schwach und hilflos fühlt und kein bisschen mächtig. Mächtige Menschen müssen nicht schreien. Wenn das Geschrei Sie erschreckt (Willkommen im Club!), überlegen Sie, welchen Ihrer Persönlichkeitsteile es so einschüchtert. (Vielleicht das ängstliche Kind in Ihnen?) Das kann Ihnen schon einen Schritt weit dabei helfen, Ihr objektives erwachsenes Selbst zurück ans Steuer zu rufen und beim späteren Besprechen des Zwischenfalls souveräner aufzutreten.

„Hast du eine Minute für mich?“

Durch sensibles Nachfragen können Sie herausfinden, ob der andere gerade beschäftigt ist. Dies ist eine recht erfolgreiche Methode, um sich selbst Gehör zu verschaffen. Wir signalisieren bereits durch unsere Haltung, ob wir offen für ein Gespräch sind. Wer Sie erwartungsvoll anschaut, wenn Sie den Raum betreten, oder auf Sie zugeht und Sie begrüßt, ist sehr wahrscheinlich bereit für eine Unterhaltung. Wer aber seinen Kopf gesenkt hält, wenn Sie sich nähern, wegschaut, weiterliest, fernsieht oder sich intensiv irgendeiner anderen Beschäftigung widmet, wird eher weniger an einem Gespräch interessiert sein. Wenn Sie trotzdem mit jemandem sprechen wollen oder müssen, der gerade beschäftigt ist, fragen Sie nach, ob er oder sie Ihnen kurz zuhören kann: „Hast du eine Minute für mich?“ Sie würden vor dem Betreten einer Wohnung ja auch zunächst klingeln oder klopfen und nicht sprichwörtlich mit der Tür ins Haus fallen.

Glenn begann damit, eine Stunde früher von der Arbeit nach Hause zu kommen. Am ersten Tag freute er sich richtig darauf, vor dem Abendessen noch Zeit mit seinem sechzehnjährigen Sohn verbringen zu können. Er kam zur Haustür herein und rief „Hallo!“, doch er bekam keine Antwort. Schade, aber Jeremy war wohl noch länger in der Schule geblieben. Ein paar Minuten später aber hörte Glenn Musik aus Jeremys Zimmer.

Glenn lief die Hälfte der Treppe hinauf und rief: „Hey, Jeremy, ich bin's, Dad! Komm mal runter! Ich möchte gern mit dir reden!“

Ein paar Minuten später schlurfte Jeremy ins Wohnzimmer und fragte: „Was hab‘ ich jetzt wieder gemacht?“

Glenn war bestürzt. War das alles, was noch von seiner Beziehung zu seinem Sohn übrig war?

Nein, eigentlich nicht. Jeremy hatte sich nur überrumpelt gefühlt und das Rufen seines Vaters falsch interpretiert. Jetzt hat Glenn seine Strategie geändert: Wenn er weiß, dass er früher nach Hause kommt oder am Wochenende mehr Zeit mit Jeremy verbringen möchte, sagt er ihm morgens Bescheid. „Ich bin heute gegen halb sechs zu Hause. Vielleicht können wir vor dem Abendessen noch was zusammen machen.“

Erwartungen über die Art und den Zeitpunkt von Gesprächen sind nicht „richtig“ oder „falsch“. Ein Gespräch hat aber vor allem dann die beste Aussicht auf Erfolg, wenn beide ähnliche Erwartungen daran stellen.

Selbstreflektive Einsichten

Rücksicht und Einfühlungsvermögen machen Sie zu einem besseren Zuhörer. Noch wichtiger aber ist, dass Sie Ihr eigenes Verhalten und Ihre Gefühle reflektieren können. Wenn es Ihnen schwerfällt, jemandem zuzuhören oder jemanden dazu zu bringen, Ihnen zuzuhören, halten Sie einen Moment inne und analysieren Sie den Kommunikationsprozess zwischen Ihnen und Ihrem Gegenüber. Konzentrieren Sie sich wirklich allein auf den *Prozess*. Das Grübeln über Charaktereigenschaften von Menschen und deren Einfluss auf ihre Handlungen und Reaktionen bringt Sie nicht weiter. Verabschieden Sie sich von der Idee, dass die andere Person Sie dazu *bringt*, etwas Bestimmtes zu sagen, und sehen Sie stattdessen den Prozess als Ganzes und als Kreislauf an, den er darstellt.

Nehmen wir einmal an, Ihr halbwüchsiger Sohn redet nie mit Ihnen. Er lässt Sie zwar wissen, wann er neue Schuhe oder Ihre Dienste als Chauffeur braucht, aber er lässt Sie nicht mehr an sich heran wie früher, als Sie noch sehr vertraute Gespräche miteinander führen konnten. Jetzt scheint er nur noch schlechte Laune zu haben. Sie können diese Art der Verschlossenheit natürlich als typisches Pubertätssymptom abtun. Oder Sie sehen es als einen Teil eines zirkulären Prozesses.

Denken Sie darüber nach, welche Rolle Sie in diesem Prozess übernehmen, und fragen Sie sich, welche Ursachen das Schweigen Ihres Sohnes hat oder was es noch verstärkt. Schnüffeln Sie vielleicht zu stark in seiner Privatsphäre herum und versuchen Sie herauszubekommen, welche seiner Freunde Gras rauchen oder auf Partys Alkohol trinken? Löchern Sie ihn mit Fragen, wenn er sich in den Schutzraum seines Zimmers zurückziehen will? Und zeigen Sie, wenn er sich Ihnen gegenüber öffnet, genügend Respekt für seine Meinungen, oder widersprechen Sie allem, was er sagt?

Wie gut hören Sie sich selbst zu?

Den Respekt, den Sie vor den Gefühlen anderer Menschen zeigen, und das aufmerksame Gehör, das Sie ihnen schenken, sollten Sie auch sich selbst schenken. Wie stark respektieren Sie Ihr eigenes Recht darauf, so zu denken und zu fühlen, wie Sie es tun? Wie gut hören Sie auf sich selbst?

Kate litt unter starken chronischen Kopfschmerzen. Sie hatte es aufgegeben, Ärzte zu konsultieren, weil bei den Untersuchungen nie etwas herauskam. Keiner fand heraus, was die Ursache ihrer Kopfschmerzen war, und nur wenige machten sich die Mühe, ihr überhaupt genau zuzuhören, wenn sie ihre Beschwerden beschrieb. Auf das unablässige Drängen ihrer Schwester hin ging sie schließlich zu einer Spezialklinik in Boston.

Bei einer Untersuchung wurde eine Computertomographie ihres Gehirns erstellt. Kate wartete nervös darauf, dass der Radiologe sie über das Ergebnis aufklären würde. Als er schließlich zu ihr kam, war er sichtlich in Eile. Er stellte sich hastig vor, doch Kate verstand seinen Namen nicht. Dann zeigte er ihr die Aufnahmen des Scans. Sie konnte darauf einen kleinen weißen Punkt entdecken. „Das ist nur eine kleine Verkalkung in Ihrer Zirbeldrüse; nichts, worüber Sie sich Gedanken machen müssen". sagte er.

Als der Arzt schon wieder auf dem Weg hinaus war, fühlte sich Kate überrumpelt und unzufrieden. Sie wünschte sich, das Gespräch wäre etwas ausführlicher verlaufen. Sie wusste aber nicht, welche Fragen sie genau stellen sollte, und es war ihr außerdem peinlich, dass sie den Namen des Arztes nicht mitbekommen hatte.

Schon halb zur Tür hinaus drehte sich der Arzt noch einmal kurz um und sagte: „Noch irgendwelche Fragen?"

Kate antwortete mit belegter Stimme: „Nein."

Ihr war mehr als klar, dass der Arzt es sehr eilig hatte und auf dem Sprung war. Ihre eigenen Bedürfnisse schien sie aber weitaus weniger klar zu spüren. Ihre Ängste und Unsicherheiten, die durch das Verhalten des Arztes noch verstärkt wurden, führten dazu, dass sie ihre eigenen Bedürfnisse nicht mehr wahrnahm.

Wenn Sie sich selbst nicht zuhören, wird es vermutlich auch kein anderer tun.

Sich selbst zuzuhören bedeutet nicht nur, die eigenen Gefühle zu respektieren, sondern auch, mehr über den eigenen Kommunikationsstil zu lernen. Das ist nicht immer leicht, und es ist gewiss nicht immer angenehm.

Ich habe z. B. den Hang dazu, im Gespräch mit anderen Witze zu reißen und mit flapsigen Bemerkungen um mich zu werfen. Vielleicht sind einige meiner Witze ja ganz lustig, aber sie lenken trotzdem vom Thema ab. Herumwitzeln kann eine Verteidigungsstrategie sein, um soziale Scheu zu überwinden oder als Ventil für überschüssige Energie zu dienen. Egal welche Gründe es dafür geben mag – ich muss mich manchmal wirklich zusammenreißen, um nicht all die Sprüche loszuwerden, die mir bei manchen Gesprächen einfach so in den Sinn kommen.

Es wird Ihnen vermutlich leichter fallen, unangenehme Kommunikationsmuster bei anderen zu entdecken, die Sie gern ändern würden. Wenn Sie sich aber die Mühe machen, Ihre eigenen Muster zu erkennen, können Sie auch das Verhalten anderer Menschen besser nachvollziehen, ganz unabhängig davon, was sie tun.

In Kapitel 2 habe ich erwähnt, dass manche Menschen die Einsamkeit vorziehen, weil sie nicht gelernt haben, mit ihrer Scheu vor anderen Menschen umzugehen. Doch Einsamkeit hat auch viele Vorteile. Wer allein mit sich selbst ist und nicht abgelenkt wird, kann gut in sich hineinhören, die eigenen Gedanken wahrnehmen und sie nochmals durchdenken. Unter den Dingen, über die man in solchen Momenten vielleicht nachdenkt, sind eigene Gefühle, die man bisher nicht richtig wahrgenommen hat, und Gespräche, die nicht so gut verliefen, wie man sich es erhofft hatte.

Die meisten von uns sind den ganzen Tag mit allen möglichen Dingen beschäftigt. Viel zu oft verrichten wir diese Dinge automatisch statt mit sorgfältiger Aufmerksamkeit. Wenn Sie in einem Strudel voller Verpflichtungen gefangen sind, übernimmt dieser schnell die Kontrolle über Ihr Leben und reißt Sie mit sich fort.

> *Hast du die Geduld, zu warten, bis der Schlamm sich gesetzt hat und das Wasser wieder klar ist?*
>
> —Lao-Tse

Ich habe immer bereut, dass ich mich nach meinem Universitätsabschluss nicht in Psychoanalyse weitergebildet habe. Nachdem ich ein paar Jahre als Psychologe gearbeitet hatte, raffte ich mich zu einem Aufbaustudium auf. Am Institut belegte ich verschiedene Kurse und nahm für die Fälle, die ich gerade betreute, eine Supervision in Anspruch. Im Rahmen einer Supervision werden die jeweiligen Therapiesitzungen besprochen. Dabei finden Sie heraus, was Sie besser gemacht haben könnten, und wenden es im Idealfall beim nächsten Mal auch an. Durch die Supervision wurde ich zu einem besseren Therapeuten, doch fühlte ich mich anfangs jede Woche ein bisschen inkompetenter. *Warum habe ich das bloß gesagt? Warum ist mir das nicht aufgefallen?*

xxxxxxxxxxxxxxxxxxxxxxxxxxxxxxxxxxxxxxxxxx

„Ich kann mir nicht einmal eine Minute Pause gönnen."

Nun, nehmen Sie sie sich einfach. Finden Sie in den nächsten Tagen immer kurz Zeit für sich, in der Sie ohne irgendwelche Ablenkungen in sich hineinhören können. Werden Sie eins mit Ihrem Atem. Konzentrieren Sie sich darauf, tief ein- und vollständig auszuatmen. Und noch einmal: ein und wieder aus. Entspannen Sie sich und atmen Sie einfach nur. Wenn Sie entspannt sind, hören Sie darauf, was in Ihrem Inneren vorgeht.

xxxxxxxxxxxxxxxxxxxxxxxxxxxxxxxxxxxxxxxxxx

Nachdem ich mein Aufbaustudium abgeschlossen hatte, arbeitete ich wieder als Vollzeittherapeut in meiner eigenen Praxis und wurde mein eigener Supervisor. Zu diesem Zeitpunkt erkannte ich nach einer Sitzung bereits viel besser, welche Punkte ich übersehen hatte oder was ich besser gesagt hätte. Doch statt mich dumm zu fühlen, begann ich damit, meinen Patienten in der Pause zwischen den Sitzungen Briefe zu schreiben. Manchmal erstellte ich eine Zusammenfassung der Dinge, die wir besprochen hatte, wenn ich das Gefühl hatte, dass ich mich nicht klar genug ausgedrückt hatte. Andere Male schrieb ich zusätzliche Dinge in den Brief, die mir während der Sitzung nicht eingefallen waren.

Vielleicht sind Sie ja auch Ihr eigener Supervisor. Möglicherweise denken Sie nach bestimmten Gesprächen, dass Sie etwas lieber anders ausgedrückt oder besser zugehört hätten. Sie können versuchen, es das nächste Mal einfach besser zu machen. Oder Sie können sich noch einmal mit der Person zusammensetzen, mit der Sie etwas klären möchten, noch einmal versuchen, sich anzuhören, was sie zu sagen hat, und danach erklären, was Sie eigentlich sagen wollten.

Übungen

1. Denken Sie in der kommenden Woche ein- oder zweimal darüber nach, was alles bei Ihnen ansteht und mit wem Sie sprechen werden. Versuchen Sie vorauszusagen, was geschehen wird, wenn Sie diesem Menschen aufmerksam zuhören. Suchen Sie sich jemanden aus, der Ihnen viel bedeutet. Überlegen Sie, was Sie vom Zuhören ablenken könnte. Nehmen Sie sich nach den Gesprächen Zeit, fünf Minuten darüber zu reflektieren, wie diese abgelaufen sind. Wie gut haben Sie zugehört? Gab es etwas, das Ihnen das Zuhören schwer gemacht hat? Wie haben sich Ihre Anstrengungen ausgewirkt?
2. Üben Sie, Ihr Gegenüber nicht zu unterbrechen. Überlegen Sie sich ein oder zwei Sätze, die Ihren Gesprächspartner dazu ermuntern, seine Gedanken zu Ende zu führen. Sie könnten z. B. sagen: „Mm-hm." „Erzähl mir mehr!" oder irgendetwas anderes, das Ihnen mehr zusagt. Vielleicht werden Sie solche Sätze hilfreich finden, vielleicht auch nicht. Hauptsächlich geht es darum, dass Sie den anderen nicht unterbrechen. Üben Sie sich in Geduld.
3. Versuchen Sie erst zu fragen: „Hast du eine Minute Zeit?" bevor Sie andere mit Ihren Gedanken überfallen. Wie verändert sich dadurch der Grad der Aufmerksamkeit, mit dem Ihnen zugehört wird?

KAPITEL 9

»»»»»»»»»»»»»

„ICH SEHE, DASS DICH DAS SEHR MITNIMMT“

Wie Sie emotionale Reaktionen entschärfen

Jetzt sind wir bei dem Hauptgrund angelangt, der uns einander nicht zuhören lässt: bei unseren höchst emotionalen Reaktionen. Wir haben schon in Kapitel 6 gesehen, dass es mit dem gegenseitigen Verständnis schnell dahin ist, wenn jemand etwas sagt, das bei seinem Gegenüber tiefliegende Ängste auslöst. Wenn wir nicht annehmen können, was der andere sagt, wird eine Diskussion zu einem Tennismatch. Gesellen sich emotionale Überreaktionen hinzu, wird aus dem Schlagabtausch schnell eine dreckige Schlacht. Wenn Ihnen diese Kriegsmetapher zu melodramatisch vorkommt, überprüfen Sie nach dem nächsten heftigen Streit, wie verletzt Sie sich nach einer langen Reihe gegenseitiger Attacken und Gegenattacken fühlen.

Manche Leute können uns so stark provozieren, dass es nahezu unmöglich ist, beim Zuhören nicht wütend zu werden. Doch ganz egal, was diese Leute zu Ihnen sagen mögen: Wie Sie reagieren, liegt ganz bei Ihnen.

Und was ist mit den Menschen, die so dünnhäutig sind, dass sie schon beim kleinsten Anzeichen von Kritik am Boden zerstört sind oder in die Luft gehen?

Ja, sie mögen überempfindlich sein. Doch solange Sie auf diese Beziehung nicht verzichten können, sollten Sie einen Weg finden, sich mit ihnen zu verständigen.

Empathie kann Abwehrmechanismen auflösen

Jeder von uns hat mit Unsicherheiten zu kämpfen. Deshalb verteidigen wir uns, wenn wir uns bedroht fühlen, und sind nicht mehr für das empfänglich, was uns der andere sagen möchte.

Viele Menschen geben Unsummen für Therapiesitzungen bei Psychotherapeuten aus, weil diese ihnen endlich einmal zuhören. (Gute Therapeuten tun noch ein bisschen mehr als nur zuzuhören, aber sicherlich keinesfalls weniger.) Wenn sich Patienten über andere Menschen in ihrem Leben beschweren, fühlt sich der Therapeut nicht persönlich angegriffen und reagiert daher auch nicht defensiv. Wenn Sie sich aber mit Ihren Sorgen und Ärgernissen an Menschen wenden, die Ihnen sehr nahestehen, haben diese manchmal das Gefühl, eine Mitschuld an Ihren Gefühlen zu tragen. Aus diesem Grund reagieren sie häufig abwehrend: „Nein, so etwas darfst du gar nicht denken!" Eine akzeptierende und nicht abwehrende Antwort wäre eher: „So geht es dir gerade? Willst du mir mehr erzählen?"

Empathie ist ein Geschenk: Empfängliche und offene Zuhörer erteilen uns die Erlaubnis, unsere Gefühle frei zu äußern. Sie lassen auch unsere weniger beliebten Persönlichkeitsteile zu Wort kommen (und erlauben uns mehr Toleranz mit uns selbst). Sie erkennen unsere Gefühle auch dann an, wenn wir ihnen unberechtigte Vorwürfe machen.

xxxxxxxxxxxxxxxxxxxxxxxxxxxxxxxxxxxxxxxxxxxxxxxxxxx

Die Abwehrreaktionen der anderen haben ihre Gründe

Wenn jemand dem anderen vorwirft „Du schenkst deinen Eltern mehr Aufmerksamkeit als mir!", verteidigt sich dieser vielleicht mit einem „Ich sehe sie doch kaum!"

Doch gegen welche von ihm wahrgenommene Bedrohung verteidigt er sich eigentlich?

Wie könnte eine empathische Antwort auf diesen Vorwurf lauten?

In welcher Weise würde eine empathische Antwort ihn verletzbarer machen? Und in welcher Weise stärken?

xxxxxxxxxxxxxxxxxxxxxxxxxxxxxxxxxxxxxxxxxxxxxxxxxxx

Für den, der sie empfindet, sind Gefühle unleugbare Tatsachen.

Der so einfache und gleichzeitig so schwierige Vorsatz, nicht sofort abwehrend zu reagieren, wirkt sich entscheidend auf die Qualität unserer Beziehungen aus. Er ermöglicht es uns, besser mit schwierigen Diskussionen umzugehen und auch unter Druck die Kontrolle über uns zu behalten.

Wie Sie heftige Reaktionen vermeiden, wenn Sie sich provoziert fühlen

Wenn Nadine frustriert ist, lässt sie ihrem Unmut mit Gefühlsausbrüchen freien Lauf, die in der Regel auf die vielen Schwächen von Tim abzielen:

„Du bist egoistisch und rücksichtslos!"
„Du denkst einzig und allein an *dich* selbst!"
„Ich bin dir völlig egal, du willst ja nur mit mir schlafen!"

Tim kann dieses Theater nicht ertragen. *Warum sagt sie nicht einfach, dass sie unglücklich ist, statt mir sämtliche Gemeinheiten an den Kopf zu werfen, die ihr gerade einfallen?* Er gibt sich Mühe, ihr dennoch zuzuhören, doch wenn sie mit ihm fertig ist, möchte er sich am liebsten einfach nur in Luft auflösen.

Wenn Gordon Jane dafür kritisiert, wie sie mit den Kindern umgeht, wird sie fuchsteufelswild. Erst überlässt er ihr die ganze Arbeit, und dann mäkelt er an dem herum, was sie für richtig hält. *Er macht immer alles richtig, und sie macht immer alles falsch.* Also lässt sie ihn unmissverständlich wissen, wie sie sich dabei fühlt.

Alle diese vier Menschen haben Gefühle, die berechtigt sind. Nur hört keiner dem anderen zu. Um zuzuhören, ohne sofort zu explodieren, müssen wir lernen, ein gewisses Maß an Angst und Anspannung zu ertragen und dem „Kampf oder Flucht"-Reflex zu widerstehen.

„Geh' nicht gleich in die Defensive!"

Es gibt einen Haken an diesem guten Ratschlag: Es ist wesentlich leichter, mit einer Sache anzufangen, als mit einer Sache aufzuhören. Wenn Sie Ihren Kaffeekonsum einschränken wollen, ist es einfacher, sich eine Tasse Tee zu gönnen, als nur dazusitzen und auf den Kaffee zu verzichten. Wenn Sie weniger Junk Food essen möchten, ist das Knabbern einer Möhre einfacher, als ständig an die Chipstüte zu denken, die Sie sich jetzt verkneifen müssen. Anstatt sich also innerlich zu sagen, dass Sie nicht ablehnend oder defensiv reagieren möchten, können Sie sich darauf konzentrieren, noch aufmerksamer zuzuhören.[1]

Sie wissen bestimmt sehr gut, wie es sich anfühlt, von jemandem wütend angebrüllt zu werden oder jemandem zuhören zu müssen, der immer etwas findet, was er an Ihnen kritisieren kann, aber nie selbst zur Verbesserung einer unschönen Situation beiträgt. Wenn Sie in solchen Momenten in den Verteidigungsmodus umschalten, wird das Ganze leider nur noch schlimmer. Tim glaubt, dass sein Hauptproblem Nadines übertriebene Gefühlsausbrüche sind. Wenn wir dieses Problem aber ganzheitlicher betrachten, würde uns auffallen, dass Nadine versucht, vieles zu ignorieren und herunterzuschlucken, bis das Fass überläuft und sie explodiert – und dass es Tim weder gelingt, die Signale für Nadines Unzufriedenheit wahrzunehmen, *bevor* sich einer ihrer Gefühlsausbrüche anbahnt, noch ihr zuzuhören, ohne selbst wütend zu werden und sich abzuwenden. Genauso besteht Janes Problem nicht allein darin, dass Gordon ihr die ganze Erziehungsarbeit überlässt und dann ihre Herangehensweise kritisiert. Ihre Reaktion – wütend werden und zum Gegenangriff übergehen – ist auch einer von mehreren Gründen, weshalb Gordon sich lieber aus der Kindererziehung heraushält. Wer ein Problem ganzheitlich betrachten will, muss beide Sichtweisen mit einbeziehen.

Nicht die Provokation des anderen, sondern unsere eigene Abwehrreaktion lässt uns scheitern.

Wir können lernen, unsere eigenen Abwehrmechanismen zu kontrollieren, wenn wir den Mut aufbringen, in emotional herausfordernden Situationen empfänglich zu bleiben und unsere auftauchenden Ängste zu tolerieren. Wer unangenehmen Konfrontationen immer aus dem Weg geht, lebt nur in einer Illusion der vermeintlichen Selbstbeherrschung.

Ginny erzählte ihrer Mutter nichts von ihrem Autounfall, da sie sich nicht schon wieder ihre aufgeregten Fragen und übertriebenen Sorgen anhören wollte. Stattdessen bürdete sie ihrer Seele noch ein weiteres Geheimnis auf und vergab eine weitere Chance, besser mit emotionalem Druck umzugehen zu lernen.

Versuchen Sie immer wieder bewusst, dem Impuls zu widerstehen, Ihren eigenen Abwehrmechanismen das Feld zu überlassen. Ausweichmanöver, hitziges Streiten, Schuldzuweisungen, Rebellieren, Dominieren oder sich des lieben Friedens willen um jeden Preis anpassen – all dies sind Reaktionen, die durch Ängste entstehen und diese zugleich verstecken sollen. Es ist nicht leicht, sich den Menschen und Situationen zu stellen, denen wir am liebsten aus dem Weg gehen würden. Wenn wir dies dennoch tun und dabei versuchen, unsere eigenen emotionalen Reaktionen zu zügeln, werden unsere Ängste und Anspannungen mit der Zeit nachlassen und verschwinden.

In Kapitel 6 haben wir über feindselige Nachfragen gesprochen. Irgendetwas, was ein Sprecher sagt (oder nur der Fakt, dass der andere über etwas belehrt wird), lässt jemanden im Publikum widerspenstig werden. Er oder sie attackiert den Sprecher daraufhin, formuliert den Angriff aber als Frage.

„Verzeihen Sie", wirft der bedeutende französische Dekonstruktivist Claude Nasal-Passages nun ein, der rein zufällig im Auditorium sitzt, „aber ist nicht alles, was Sie gerade von sich gegeben haben, nichts weiter als sinnfreies Geschwafel und Sie nur ein aufgeblasener Blender?" Das würde er natürlich auf eine weitaus hochtrabendere Art formulieren.

Wenn wir selbst gerade die Leistung erbracht haben, etwa eine Stunde lang einem großen Publikum unsere Ideen zu unterbreiten, treffen solche bissigen „Fragen" natürlich einen wunden Punkt. Leider ist mir aufgefallen, dass die meisten (außer mir natürlich) einen gewissen bedauerlichen Hang dazu haben, auf ähnliche Art „zurückzubeißen".

„Natürlich, Professor Nasal-Passages, das ist ein sehr interessanter Punkt, den Sie da anführen. Aber Sie sind ein großspuriges Arschloch, und das hohe Ross, auf dem Sie sitzen, ist auch kein Stück besser." Auf genau diese Art, aber natürlich geschwollener ausgedrückt.

Besser gehen Sie mit solchen feindseligen Fragen um, indem Sie die Zauberformel gegen emotionales Reagieren beherzigen: Hören Sie dieser Person zu. Lassen Sie sie, statt ihr zuzustimmen oder ihr zu widersprechen, ihren Standpunkt erläutern. Wer eine feindselige Frage stellt, möchte eigentlich gar nichts wissen. Er möchte selbst etwas sagen. Also lassen Sie ihn oder sie das tun.

Mit dieser Strategie lassen sich auch andere heikle Situationen und Alltagskonflikte entschärfen. Als einer meiner Freunde bemerkte, wie heftige Auseinandersetzungen drohten, seine zweite Ehe zu vergiften, beschloss er, es damit zu versuchen.

Als Rob Carla heiratete, waren sie ein Herz und eine Seele – nur dann nicht, wenn es um Robs Tochter aus erster Ehe ging. Carla fand, dass Rob Melanie zu sehr verwöhnte. Er gab ihr ständig Geld und lieh ihr sein Auto, obwohl sie es nicht immer wie versprochen zurückbrachte. Doch immer wenn Carla das Thema anschnitt, glaubte Rob, er müsse sein Kind verteidigen. Statt Carla zuzuhören, reagierte er gereizt und defensiv. Solche oder ähnliche Probleme überschatten viele Zweitehen.

Als Rob bemerkte, dass sie auf eine große Krise zusteuerten, bemühte er sich, Carla wenigstens zuzuhören, als sie sich wieder einmal über Melanie beschwerte. Zwei Tage später passierte es erneut: Melanie hatte versprochen, vor acht mit dem Auto zurück zu sein, damit Carla noch vor Ladenschluss einkaufen fahren konnte. Doch Melanie kam erst neun Uhr dreißig zurück, als alle Läden schon zu waren. Als Carla sich bei Rob beklagte, spürte er, wie es ihm dabei die Kehle zuschnürte. Doch anstatt Melanie zu verteidigen, sagte er, was er sich schon länger für diese Situation zurechtgelegt hatte: „Sprich weiter."

Carla meinte, Rob würde Melanie so nichts Gutes tun. Rob beherrschte sich und hörte Carla weiter zu, wie er es sich vorgenommen hatte. Also erzählte sie ihm mehr. Sie offenbarte ihm, dass sie sich manchmal wie eine Fremde in ihrem eigenen Haus fühlte. Sie wusste, dass Rob und Melanie eine besondere Beziehung zueinander hatten und respektierte dies auch. Sie hatte keinesfalls vor, Melanies Mutter ersetzen oder Rob zu sagen, was er zu tun habe. Sie wollte aber die Möglichkeit haben, ihre Sorgen und Bedenken mit ihm zu teilen. Rob hatte sich fest vorgenommen, nicht zu kontern, also blieb er still. Jetzt war er überrascht, wie leicht ihm das Zuhören fiel, nachdem er nur in den ersten Minuten seine rebellierenden Gefühle unterdrücken musste. Er hörte aus Carlas Beschwerden nicht mehr die übermächtige Stimme seiner Ex-Frau heraus, die sich immer über die Kinder beklagt hatte, sondern die Gefühle seiner zweiten Frau, die sich ausgeschlossen fühlte. Rob begriff, dass Carla ihn gar nicht darum bat, etwas zu ändern, sondern nur wollte, dass er sich auch ihren Standpunkt anhörte. Nach diesem Gespräch änderte sich vieles zum Positiven. Zwar waren Rob und Carla nicht immer einer Meinung, wenn es um Melanie ging, doch fiel es Rob nun leichter, Carla zuzuhören, weil er wusste, dass er ihr nicht in allem zustimmen musste. So trieben ihre unterschiedlichen Auffassungen nicht länger einen Keil zwischen die beiden.

Wie Sie sich auf schwierige Begegnungen vorbereiten

Am besten entschärfen Sie explosive Situationen, indem Sie es vermeiden, selbst emotional zu reagieren. Das ist natürlich leichter gesagt als getan. Sie können sich auf solche Gespräche vorbereiten, wie Rob es getan hatte, nachdem ihm bewusst wurde, wie groß die Kluft zwischen ihm und Carla bereits geworden war. Viele Streitgespräche können Sie vorher schon in Gedanken durchspielen. Wenn wir keine Angst mehr davor haben, was unser Chef oder unsere pubertierende Tochter uns an den Kopf werfen könnte, fällt es uns leichter, nicht sofort zu explodieren. Das Vorausplanen schwieriger Gespräche kann daher ein sehr hilfreicher Schritt sein.

Vorausplanen schützt Sie vor Überreaktionen.

Sie können sich auch beibringen, Fragen zu stellen, statt sich von den üblichen Provokationen auf die Palme treiben zu lassen. Das Fragenstellen ist eine Variation der „Sprich weiter!“-Strategie. Manchmal lassen sich erhitze Gemüter auch beruhigen, wenn Sie rhetorische Fragen und Sarkasmus wörtlich nehmen und ernsthaft darauf antworten, statt mit einer ähnlichen Bemerkung zurückzuschießen.

„Denkst du eigentlich immer nur an Sex?“
„Nein, es ist für mich eher ein Hobby. So wie Schnitzen.“
„Musst du alles kritisieren, was ich sage?“
„Ja, aber nur um dir dabei zu helfen, zu dem wunderbaren Menschen zu werden, der in dir steckt.“

Wie Sie die Wut Ihres Gesprächspartners verstehen können

Wenn ein Mensch weint, verspüren wir den Drang, ihn zu trösten, damit er mit dem Weinen aufhört. Wir setzen sein Weinen mit inneren Schmerzen gleich. Auch Wut ist ein Ausdruck von Schmerz. Da dieser Schmerz nicht so offensichtlich ist, vergessen wir ihn oft.

Ich hospitierte einmal bei einem Therapiegespräch eines Therapeuten mit einem Paar, das seit fünf Jahren in zweiter Ehe verheiratet war. Es fiel ihnen schwer, ihre Verpflichtungen gegenüber ihren Kindern aus erster Ehe zu regeln, und noch schwerer, diese Diskussion nicht zu einem verbalen Schlagabtausch werden zu lassen. Als die Ehefrau ununterbrochen ihren Standpunkt kundtat und dabei vieles aus der Vergangenheit wieder aufwärmte, begann ihr Ehemann immer heftiger mit dem Fuß zu wippen. Ich saß in einem anderen Raum hinter einem Einwegspiegel und konnte die Explosion kommen sehen, aber nichts dagegen unternehmen.

Doch der Therapeut tat gottseidank genau das Richtige: Er nahm zur Kenntnis, was die Frau gesagt hatte, und ließ dann ihren Ehemann zu Wort kommen. Er ermunterte ihn, ihm und nicht seiner Ehefrau zu antworten, denn als Therapeut konnte er zuhören, während die Ehefrau in diesem Moment nicht dazu in der Lage war. Dennoch explodierte der Mann. Erbost focht er alles an, was seine Frau gesagt hatte, und stellte dann klar, wie es seiner Auffassung nach wirklich aussah. Während er sprach, ohne dass seine Frau darauf antworten durfte, beruhigte er sich sichtlich. Seine Schultern entspannten sich und sein Fuß hörte auf zu wippen. Die fehlende

Möglichkeit, seinem Ärger Luft zu machen, hatte diesen nur noch größer werden lassen. Das Sprechen darüber, *wenn auch in sehr zorniger Weise*, half ihm, seine Wut loszuwerden.

Der schwierigere Teil der Aufgabe bestand nun darin, diesem Paar beizubringen, einander zukünftig zuzuhören, ohne dass jeder von ihnen gleich in die Luft ging. Es ist eine Sache, das Herauslassen der Wut als befreienden Entgiftungsprozess zu begreifen. Dabei das Ziel dieser Wut zu sein, ist etwas völlig anderes.

Die Frau des von mir beobachteten Paares war aufgebracht, weil ihr Mann ihre Absichten in Frage stellte. Sie war der Auffassung, dass eines der Kinder – zufälligerweise ihr Sohn – finanzielle Unterstützung benötigte. Ihr Mann war eifersüchtig auf die Aufmerksamkeit, die seine Frau ihrem Sohn schenkte, und fühlte sich vernachlässigt. „Er ist dreiundzwanzig Jahre alt! Er kann für sich selbst sorgen!" Dabei waren es gar nicht die Meinungsverschiedenheiten, die sich zu einem Problem ausgewachsen hatten, sondern der erbarmungslose Streit, zu dem sich jedes Gespräch unvermeidlich entwickelte. Würde er sich darauf konzentrieren, ihre *Gefühle* wahrzunehmen und nicht darauf, seine Gegenargumente vorzubereiten, könnte er verstehen, dass sie sich Sorgen um ihren Sohn machte. Ob sie diesem am Ende wirklich Geld leihen würde oder nicht, hatte sie noch gar nicht entschieden – es war nur eine ihrer Ideen gewesen, etwas, womit sie ihre Besorgnis zum Ausdruck bringen wollte. Ihrem Mann ging es auch nicht wirklich um das Geld. Es störte ihn, dass er selbst gerade nicht mehr so viel Aufmerksamkeit bekam wie früher. Leider vertraute er seiner Frau diese Gefühle nicht an, sondern machte sie stattdessen dafür verantwortlich.

Wenn sich das Gefühl, nicht verstanden zu werden, in Form von Ärger oder Wut äußert, ist es am besten, zuzuhören und sich nicht taub zu stellen oder zurückzuschießen – so lässt sich eine heikle Situation am besten entschärfen.

Kim wusste, was ihr beim Nachhausekommen blühen würde. Ernie erwartete, dass sie ihm immer Bescheid sagte, wenn sie in die Stadt fahren wollte. Doch diesmal war sie einkaufen gefahren, ohne es ihn vorher wissen zu lassen. Eigentlich wäre sie noch pünktlich vor dem Abendessen zurück gewesen, doch nun steckte sie im Stau. Während sich die Autos unerträglich langsam vorwärts bewegten, überschlugen sich ihre Gedanken.

Natürlich rief ihr Ernie gleich beim Hereinkommen entgegen: „Wo warst du?"

„Ich musste ein paar Sachen bei Macy's besorgen und bin dann in den Feierabendstau geraten."

„Du hast mir nicht gesagt, dass du einkaufen fahren wolltest!"

Da ihr nichts einfiel, blieb Kim einfach still.

Ernie verlor sich wieder in einer Predigt darüber, dass er doch schließlich davon ausgegangen sei, sie würde ihm Bescheid sagen, wann und wohin sie mit dem Auto fahren würde. Weil Kim keine Entschuldigung in den Sinn kam, hörte sie ihm einfach zu.

Schließlich hörte Ernie schon nach zwei Minuten auf, sich zu beschweren. Er beruhigte sich und redete dann gelöst über andere Dinge.

Kim, die dieser Unterhaltung mit großem Unbehagen entgegengesehen hatte, war überrascht, dass sie sich gar nicht verteidigen musste. Sie musste Ernie einfach nur zuhören.

Gefühle ergeben nicht immer einen logischen Sinn. Natürlich ist es leichter, Gefühle anzuerkennen, wenn sie nicht in Form von wütenden Anschuldigungen geäußert werden. Ist dies doch der Fall, denken Sie daran, dass es sich um *Gefühle* handelt und nicht um wissenschaftlich belegte Fakten. Schreien Sie also nicht zurück, bedenken Sie Ihr Gegenüber nicht mit Schimpfwörtern und wärmen Sie keine alten Probleme auf.

Denise fuhr gerade rückwärts aus der Parklücke, als ihr ein Geländewagen mit Wucht in die Seite fuhr. Als sie die Fahrertür öffnete, schrie ihr die Fahrerin des anderen Wagens entgegen: „Warum schaust du nicht, wo du hinfährst, du blöde Kuh!" Denise fiel es sehr schwer, sich zusammenzureißen, während sie mit der anderen Frau Versicherungsdaten austauschte, den Automobilclub anrief und schließlich im Abschleppwagen nach Hause gebracht wurde. Als sie endlich zu Hause angekommen war und ihrem Mann Henry den Vorfall erzählte, fing sie an zu weinen.

„Diese Frau hatte kein Recht, mich derartig anzuschreien!", schluchzte sie aufgebracht.

„Beruhige dich", sagte Henry. „Es gibt keinen Grund, sich so aufzuregen. Erzähl mir einfach genau, wie alles passiert ist."

Da flippte Denise aus. „Sag mir nicht, dass ich mich beruhigen soll!", schrie sie. „Du bist ja nicht derjenige, dessen Auto zerbeult wurde und der sich dann noch diese Beleidigungen anhören musste!" Ihre Wut hatte nun nicht mehr die andere Frau zum Ziel, sondern richtete sich gegen ihren Mann und sein fehlendes Mitgefühl.

Sagen Sie wütenden Menschen nicht, dass sie sich beruhigen sollen. Dies lässt sie nur glauben, dass Sie ihnen nun auch noch das Recht verwehren, wütend zu sein.

Wie können wir lernen, uns zu beherrschen, wenn uns jemand wütend angreift? Die naheliegende Antwort lautet, durch das Dickicht an Gefühlen herauszuhören, was diese Person uns sagen will. Das ist viel leichter gesagt als getan. Wenn Frust und Wut sich in einer Beziehung entladen, ist es ein natürlicher Reflex von uns, angespannt zu reagieren und uns zu verteidigen. Es ist schwer, jemandem zuzuhören, der uns mit seinen Gefühlen in die Enge treibt. In so einer Situation können Sie versuchen, in der Stimme des Sprechers die des kleinen, zutiefst unglücklichen Kindes zu erkennen, das unbedingt angehört werden will. So können Sie Ihre eigenen Abwehrmechanismen vielleicht besser kontrollieren.

Wenn Sie lernen können, bemühter zuzuhören und selbst weniger empfindlich zu reagieren, statt sich darauf zu konzentrieren, wie schwierig der andere ist, wird Ihre Beziehung mit der Zeit weniger von Spannungen geprägt sein. Aufregung ist wie Elektrizität: Sie überträgt sich. Um fortzubestehen, muss sie weitergeleitet und verstärkt werden. Wenn Sie Ihrem Gesprächspartner aber zuhören und ruhig bleiben, wird er sich von Ihnen angenommen fühlen und sich beruhigen.

Bei hitzigen Streitgesprächen hilft es, den Standpunkt des anderen mit eigenen Worten wiederzugeben. Dies zeigt, dass Sie sich um Verständnis bemühen und es verhindert, dass Sie automatisch selbst heftig reagieren. Wenn die Situation sich so verschärft, dass Sie innerlich zu kochen beginnen, drücken Sie Daumen und Zeigefinger fest zusammen. Diese kurzzeitige Ablenkung (die weniger riskant ist, als sich sprichwörtlich auf die Zunge zu beißen) ermöglicht es Ihnen, in einer kontrollierteren Weise Druck abzubauen.

Wenn das nicht hilft und ein überreagierender Sprecher sich so an Ihnen auslässt, dass es Sie zu stark verletzt, müssen Sie wohl oder übel protestieren. Tun Sie dies möglichst, bevor das Fass überläuft und ohne den anderen anzugreifen. Sagen Sie beispielsweise: „Es tut mir leid, aber ich kann mir das gerade nicht anhören. Ich fühle mich zu stark angegriffen. Lass uns später weiterreden."

Wie Sie mit Kritik umgehen, ohne überzureagieren

Er sagt: „Du bist immer zu spät!“
Sie sagt: „Immer hetzt du mich!“
Ein Punkt für ihn. Ein Punkt für sie. Gemeinsame Punkte: Null.

Wenn Sie kritisiert werden, ist es besonders schwer, aber auch besonders wichtig, den anderen vollständig ausreden zu lassen, bevor Sie antworten. Überlegen Sie, bevor Sie reagieren, ob das Anliegen des anderen berechtigt ist. Falls ja, hören Sie weiter zu.

Wenn Ihre Partnerin sich darüber beschwert, dass Sie die Garagenausfahrt zuparken, sollten Sie vielleicht darüber nachdenken, ob Sie ihr damit tatsächlich ein Problem bereiten. Sollte sie sich aber darüber aufregen, wie Sie mit Ihrem Vorgesetzten reden, dürfen Sie gern anmerken, dass dies Ihre Sache ist. Gerade die Gewissheit, dass eine bestimmte Angelegenheit Ihre ganz individuelle Entscheidung ist, kann es Ihnen leichter machen, zuzuhören ohne zu widersprechen.

Wenn jemand Sie kritisiert, konzentrieren Sie sich auf diese Kritik. Schwenken Sie nicht gleich auf Ihre eigenen Kritikpunkte um, und vermeiden Sie einen sinnlosen Schlagabtausch.

> „Ach ja? Und wie sieht es bitte mit dir aus? Du bringst nie den Müll raus, nicht einmal, wenn ich dich darum bitte!“
> „Es ist mir völlig egal, ob du das Abendessen magst oder nicht. Wenn du dich dazu bequemen würdest, dein Zimmer aufzuräumen, wenn ich dich darum bitte, wäre ich vielleicht auch eher bereit etwas zu kochen, das du lieber isst.“

Nachdem Sie dem anderen erlaubt haben, seine Kritik vollständig loszuwerden, versuchen Sie zuzustimmen, soweit Sie können, oder wenigstens zu zeigen, dass Sie sein Anliegen ernst nehmen.

> „Stimmt, ich war in letzter Zeit wirklich etwas grantig. Es tut mir leid.“
> „Du findest also, dass ich Cindy besser behandle als Joshua?“
> „Ja, ich muss vorhin in der Einfahrt wohl tatsächlich deine Katze überfahren haben. Ich besorge dir eine neue.“

Gut und schön. Ich behaupte also, dass Sie am besten mit Kritik umgehen, indem Sie dem anderen zuhören und seinen Standpunkt anerkennen, bevor Sie etwas über Ihre Sicht der Dinge sagen. Ist das nicht fast so, als würde ich Ihnen raten, Sie müssten nur weniger Süßigkeiten essen, um fünf Kilo abzunehmen? Wenn sich ein anderer Mensch an Ihnen abarbeitet, vor allem dann, wenn es jemand ist, der Ihnen sehr nahesteht, ist es kein bisschen leicht, verständnisvoll zu nicken und zu sagen: „Oh, du findest also, ich bin eine egoistische Spezies „Tier vom Bauernhof? Aha, ich verstehe. Erzähl mir doch bitte mehr."

Kritik an uns selbst anzuhören ist eines der schwierigsten Dinge, mit denen wir im Leben zurechtkommen müssen. Doch extrem emotional zu reagieren macht alles nur noch schlimmer. Trainieren Sie deshalb das responsive Zuhören: Seien Sie aufmerksam, nehmen Sie ernst, was die andere Person Ihnen mitteilt, und erkennen Sie es an. Dies braucht wie auch sonst alles am Anfang etwas Übung. Lassen Sie es zu einer positiven Gewohnheit werden, die Sie davor bewahrt, überempfindlich zu reagieren.

Konzentrieren Sie sich auf das Thema. Versuchen Sie herauszuhören, was sich die andere Person von Ihnen wünscht, statt das Gesagte nur als Verurteilung aufzufassen.

Als Sid stöhnte: „Ich wünschte, wir müssten nicht jede Woche Fisch essen!", war Nancy beleidigt. Sie beschwerte sich darüber, wie mäkelig er sei. „Du meckerst doch immer!", sagte sie. „Eine Zeit lang wolltest du gar kein Fleisch mehr essen, und jetzt willst du *nur noch* Fleisch essen!" Sid fühlte sich getroffen. Er beklagte sich *nie* über das, was Nancy kochte. Er hasste nur, wie sie den Fisch immer zubereitete. *Hatte er nicht das Recht, seine Wünsche zu äußern? War es nicht besser, offen und ehrlich zu sein?* Genau solche trotzigen Selbstgespräche machen es uns schwer, den Standpunkt des anderen nachzuvollziehen. Dafür machen sie eine übertriebene Reaktion umso wahrscheinlicher.

Hätte Sid statt auf seine eigenen Gefühle lieber noch eine Minute länger darauf gehört, was Nancy sagte, wäre ihm vielleicht aufgefallen, dass es eine sehr herausfordernde Aufgabe ist, jeden Abend etwas zuzubereiten, das allen gut schmeckt. Wenn dann noch Kinder mit unterschiedlichen Vorlieben und sich ständig wechselnde Präferenzen ins Spiel kommen, wird es unglaublich kompliziert, diese Aufgabe zur Zufriedenheit aller zu lösen. Vielleicht wäre Sid mit etwas Nachdenken darauf gekommen, was Nancy jeden Tag zu leisten hatte. Dass sie ihren Gefühlen mit „übertriebenem" Ärger Luft machte (*Schließlich, findet Sid, hat er ja lediglich gesagt, er wolle nicht immer diesen Fisch essen*), zeigt nur, dass sich bei ihr bereits jede Menge Frust angestaut hatte. Denken Sie daran: Wer sich äußert, *befreit* sich so von seinem Ärger.

Doch was tun, wenn diese Kritik trotz all Ihrer Bemühungen, geduldig zuzuhören, weiterhin in Form eines erbarmungslosen Angriffs daherkommt?

Wenn Sie auf bösartige oder beleidigende Art kritisiert werden, haben Sie das Recht, diesen Ton mit einer entsprechenden Antwort abzulehnen. Können Sie jemandem, der Sie aufs Übelste beschimpft, nicht länger zuhören, dann sagen Sie es.

„Ich mag es nicht, als dumm bezeichnet zu werden!“ (oder „mit meiner Mutter verglichen zu werden“ oder „ein Miststück“ oder „Armleuchter“ genannt zu werden)

„Ich werde versuchen, mir deine Vorschläge anzuhören, sobald du sie mir in einem weniger garstigen Ton unterbreitest.“

Eigentlich aber holen Sie schon mit dem Wort *„garstig“* zum Gegenschlag aus. Besser wäre Folgendes: „Ich werde deinem Anliegen zuhören, wenn du es mir mitteilen kannst, ohne mir dabei zu sagen, dass ich egoistisch bin“ oder „... wenn du mir beschreiben kannst, was du von mir möchtest, anstatt mir zu sagen, was für ein schlechter Mensch ich bin.“

Werden solche Bemerkungen dazu führen, dass Sie sich beide beruhigen und einander besser verstehen? Wahrscheinlich nicht. Doch manchmal muss man den anderen wissen lassen, wann die eigenen Grenzen erreicht sind.

„Warum muss er [oder sie] immer alles in einem endlosen Redeschwall ersticken?“

Jackie sehnt den Tag herbei, an dem sich Fred einmal nicht darüber beklagt, dass ihm im Büro nicht genügend Anerkennung geschenkt wird. Manchmal möchte sie nur noch schreien. Wäre er nicht dermaßen mit seiner unglaublich wichtigen Karriere beschäftigt, würde er vielleicht etwas mehr Wertschätzung von seiner Frau und seinen Kindern bekommen. Natürlich spricht Jackie diese Gedanken nie aus. Fred wäre ja sofort wütend und würde sich dann beleidigt zurückziehen. Also lässt sie es in stummer Qual über sich ergehen, wenn Fred die alte Leier über sein Lieblingsthema anstimmt.

Sam wünscht sich, dass Cheryl damit aufhört, jedes Mal in endlose Tiraden zu verfallen, wenn sie sich von der Hausarbeit und der Kindererziehung überfordert fühlt. Natürlich hat sie das Recht, sich zu beschweren. Sam stört nur, *wie* sie es tut, und dass sie dabei kein Halten mehr kennt. Er versucht, Mitgefühl zu zeigen, aber es fällt ihm nicht leicht. Sie schimpft, das Haus sei ein Schweinestall oder die Kinder unerträglich und steigert sich dann immer weiter in ihre Nörgelei hinein. Sie ergeht sich in jedem noch so kleinen Detail, ohne ein Ende zu finden. Am schlimmsten findet Sam, dass sie sich immer über dieselben Dinge auslässt: „Suzie hat keine Freundinnen!“, „Suzie war gemein zu Soundso“, „Suzie dies“, „Suzie das.“ Warum kann sie das arme Kind nicht einfach in Ruhe lassen?

Die Themen, die bei manchen Menschen immer wieder zur Sprache kommen, verkörpern die zentralen Probleme dieser Personen. (Die zentralen Probleme *dieser Personen*, nicht unbedingt die größten Schwächen des jeweiligen Gesprächspartners.) Je besser sich eine Person verstanden und akzeptiert fühlt, umso besser gelingt es ihr, sich umfassend über diese Probleme zu äußern. Das mechanische Wiederholen solcher Klagen zeigt, wie selten sie Gehör und Anteilnahme finden. Aufmerksames Zuhören ist das größte Geschenk, das Sie einem Menschen mit verletzten Gefühlen machen können. Freds Überzeugung, dass seine Leistungen von niemandem gewürdigt werden, und Cheryls Sorgen um ihre Kinder werden vermutlich nie völlig verschwinden. Gerade deshalb müssen sie von Zeit zu Zeit darüber sprechen dürfen.

Wenn manche Menschen immer wieder dieselben Probleme aufwärmen, reißt uns manchmal der Geduldsfaden, und wir reagieren mit einem: „Wie oft müssen wir das denn noch durchhecheln?" So eine Reaktion ist verständlich, wenn Sie selbst das Gefühl haben, für das angesprochene Problem verantwortlich zu sein oder dieses lösen zu müssen. Aber ist es wirklich Ihre Aufgabe, das schwierige Verhältnis Ihrer Mutter zu Ihrer Schwester zu kitten, oder Ihrem besten Freund garantiert erfolgreiche Ratschläge zu geben, um Probleme bei der Kindererziehung zu bewältigen? Wenn Sie begreifen, dass es anderen Menschen bereits besser geht, wenn sie ihre Sorgen bei einem anderen loswerden können und sie gar keine Lösungsvorschläge von Ihnen erwarten, können Sie sich entspannen. Denken Sie immer daran, dass schon das Zuhören allein, ohne wechselseitige Überreaktionen, dazu führt, dass sich beide Gesprächspartner besser fühlen.

Geteilte Sorgen machen das Leben leichter. Unser aufmerksames Zuhören sorgt dafür, dass der andere sich besser fühlt und wir unsere Beziehung zu ihm vertiefen.

Wer andere nicht länger für seine eigenen Probleme verantwortlich macht und herausfindet, was bei ihm eine Überreaktion auslöst, wird sich früher oder später fragen: „Woher stammen diese wunden Punkte, die mich so emotional reagieren lassen?"

Wie Sie die Ursachen Ihrer wunden Punkte erkennen

Eine Überreaktion ist zunächst einmal ein Verteidigungsmechanismus, der uns vor zutiefst persönlichen Angriffen schützt. Je mehr Eltern ihren Kindern aufmerksam zuhören, sie ernst nehmen und ihre Meinungen und Gefühle respektieren, desto selbstsicherer und souveräner werden diese Kinder im Erwachsenenalter. Je weniger Kindern zugehört wird und je mehr sie kritisiert oder vernachlässigt werden, desto unsicherer und angsterfüllter werden sie später sein. Wer schon als Kind ständigen Anschuldigungen und heftigen Auseinandersetzungen ausgesetzt ist, lernt schnell, defensiv zu reagieren.

Was passiert in Ihrer Familie, wenn es zu Spannungen kommt? Schreien sich alle an? Oder schweigen sie und weichen einander aus? Solch ein Vermächtnis trägt jeder von uns mit sich herum.

Erinnern Sie sich noch an Peggy aus Kapitel 5? Die negative Art ihrer Mutter führte dazu, dass sich die beiden am Ende immer anschrien. Peggy bemerkte, wie das Verhalten ihrer Mutter sie wütend machte und das Vorausahnen der mütterlichen Reaktion sie überempfindlich werden ließ. Das Erkennen dieses Reaktionsmusters war eine Sache; es zu verändern, eine ganz andere.

Als Peggy beschloss, ihre Mutter nicht länger ändern zu wollen, begriff sie, dass diese kein gemeiner Mensch war. Ihre Mutter war nur so stark auf den innerfamiliären Zusammenhalt fixiert, dass sie sich sofort bedroht fühlte, wenn ein Familienmitglied unabhängig seinen eigenen Weg ging. Diese veränderte Sichtweise auf ihre Mutter machte es Peggy schon beim nächsten Mal leichter, ihr zuzuhören, als diese sich wieder einmal über ein Familienmitglied ereiferte, das irgendetwas tat, was sie nicht billigte.

xxxxxxxxxxxxxxxxxxxxxxxxxxxxxxxxxxxxxxxxxxxx

Zurück in die Vergangenheit

Wollen wir mit unseren Eltern Frieden schließen, müssen wir emotional mit ihnen in Kontakt bleiben, wir selbst sein und auch ihnen zuzugestehen, sie selbst zu sein. Möchten wir die Beziehung zu ihnen verbessern, sollten wir nicht unsere Eltern ändern, sondern die Art, wie wir auf sie reagieren. Finden Sie heraus, was Sie an Ihren Eltern besonders nervt, und achten Sie darauf, wie Sie auf dieses Verhalten reagieren. *Das* können Sie ändern. Je besser Sie lernen, den Impuls zu unterdrücken, aufbrausend auf Provokationen zu reagieren, umso souveräner und unerschütterlicher werden Sie auch in Ihren anderen Beziehungen. Unter all den Prüfungen, denen wir uns stellen müssen, um unsere eigenen Überreaktionen zu beherrschen, sind Konfrontationen mit unseren Eltern die schwierigsten.

xxxxxxxxxxxxxxxxxxxxxxxxxxxxxxxxxxxxxxxxxxxx

Peggy fand aber auch heraus, dass sie innerlich brodelte, wenn sie sich die Beschwerden ihrer Mutter nur schweigend anhörte. Statt also nur den Mund zu halten oder ihre Mutter zu kritisieren (weil diese ständig an anderen herumkritisierte), begann sie, so ruhig wie möglich zu sagen, dass sie den Standpunkt ihrer Mutter nachvollziehen konnte, ihn aber nicht teilte.

Peggys Bemühungen, ihren Standpunkt klarzustellen, ohne dabei ihre Mutter zu kritisieren, gingen an dieser zunächst völlig vorbei. „Ach so, du meinst also, ich habe unrecht, was?“

Es ist Peggy hoch anzurechnen, dass sie weiterhin ruhig blieb und es vermied, emotional auf solche Aussagen zu reagieren, obwohl sie innerlich kochte. Sie hörte ihrer Mutter zu, bis diese fertig war, widersprach ihr nicht und wehrte sich auch nicht.

Wenn sie schließlich zu Wort kam, sagte sie: „Nein, Mom, du verstehst mich nicht. Ich behaupte nicht, dass du unrecht hast, ganz und gar nicht. Du hast ein Recht auf deine eigene Meinung. Ich sage nur, dass ich eine andere Meinung habe. Das ist schon alles.“

In den folgenden Monaten bemühte sich Peggy weiterhin, ruhig ihre Meinung zu sagen, wenn sie sich gegen die unfairen Äußerungen ihrer Mutter sträubte. Sie versuchte, ihrer Mutter klarzumachen, dass sie ein unabhängiger Mensch war, sie aber deshalb nicht weniger liebte. Ganz im Gegenteil – je besser Peggy die Kritik ihrer Mutter an allem und jedem tolerieren lernte, umso näher kamen sich die beiden Frauen. Peggy fiel trotzdem hin und wieder in ihre defensiven Verhaltensmuster zurück, allerdings nur kurzzeitig. Wenn dies passierte, nahm sie wahr, dass sie selbst überreagierte, statt sich hilflos zu fühlen und ihre Mutter als unmöglichen Menschen abzustempeln. Dies half ihr enorm dabei, ihre Selbstbeherrschung wiederzufinden.

Natürlich stritten sich Peggy und ihre Mutter auch weiterhin ab und zu. Doch mittlerweile schaffte Peggy es, ihre Meinung zu äußern, bevor sie vor Wut auf der Palme war. In Kombination mit der Tatsache, dass sie ihre Mutter nicht „zurückkritisierte“, führte Peggys verändertes Kommunikationsverhalten dazu, dass die Gespräche mit ihrer Mutter weitaus friedlicher und harmonischer abliefen.

Nachdem Peggy so ihre Beziehung mit ihrer Mutter verbessert hatte, machte sie sich daran, an ihrem Verhältnis zu ihrem Vater zu arbeiten. Als Kind und Jugendliche hatte sie ihn für einen distanzierten und unnahbaren Menschen gehalten, einen großen, wohlwollenden Schatten, der nur am Rande des Familienkreises auftauchte. Sie konnte sich nur daran erinnern, wie er immer stumm hinter seiner Zeitung saß, während sie und ihre Mutter das Abendessen zubereiteten oder sich am Frühstückstisch unterhielten. Jetzt wünschte sie sich, ihn besser kennenzulernen, wusste aber nicht, wie sie das anstellen sollte. Wie redet man mit einem Schatten?

„Ich habe versucht, die Beziehung zu meinen Eltern zu verbessern, aber es hat nicht funktioniert."

Familiensysteme sind Veränderungen gegenüber auf hartnäckige Weise resistent. Oder, um es verständlicher auszudrücken: Ihre Eltern verhalten sich Ihnen gegenüber schon eine sehr lange Zeit in einer ganz bestimmten Art und Weise. Wenn Sie versuchen, das zu ändern, wird dies zwischen Ihnen zu großen Spannungen führen. Bereiten Sie sich auf Ihren nächsten Besuch vor. Vergessen Sie nicht, dass auch Ihre Wahrnehmung getrübt sein wird, wenn Sie sich wieder im alten familiären Spannungsfeld befinden. Also legen Sie sich vorher eine Strategie zurecht. Wenn Sie Ihr eigenes Verhalten ändern wollen, tun Sie dies in kleinen Schritten.

Nachdem sie geheiratet und selbst Kinder bekommen hatte, war ihr sehr daran gelegen, ihre Beziehung zu ihm zu vertiefen. Er hörte ihr höflich zu, wenn sie ihm Neuigkeiten von ihren Kindern erzählte, doch sobald sie über ihre Arbeit oder ihre Freunde sprach, schweifte sein Blick zum Fernseher oder ihm fiel plötzlich ein, dass er noch etwas erledigen musste. Für Peggy fühlte sich dieses Verhalten an wie ein Schlag ins Gesicht.

Was sie als Ablehnung empfand, war eigentlich die Angst ihres Vaters vor zu viel Vertrautheit. Ihre Bemühungen, ihm näher zu kommen, nahmen die Verfolger-Distanzierer-Dynamik an – ein Muster, von dem auch die Beziehung zu ihrem Mann geprägt war.

Vertrautheit umfasst viele verschiedene Ebenen: Sie beginnt zaghaft in Form eines Grußkontakts, steigert sich dann zu einem Gespräch über ein neutrales Thema wie das Wetter, entwickelt sich weiter zum Austausch über persönliche Dinge, die uns wichtig sind, und findet schließlich Ausdruck in sehr intimen Gesprächen über Beziehungen und heiklere Themen. An irgendeinem Punkt dieser Skala wird jeder von uns befangen reagieren. Dies hängt von uns selbst und von der Person ab, mit der wir in diesem Moment zusammen sind. Peggys Vater gehörte zu den Menschen, denen schon weniger persönliche Unterhaltungen unangenehm sind. Er liebte seine Tochter, doch er wusste nicht, wie er mit ihr sprechen sollte.

Um ihrem Vater näherzukommen, riet ich Peggy, sie solle versuchen, etwas Zeit allein mit ihm zu verbringen – ihn also aus dem Fernsehsessel heraus- und von den Enkelkindern wegzulotsen – und das Gespräch ganz langsam von einer Vertrautheitsstufe auf die nächste zu bringen, so lange, bis einer von ihnen begann, sich unwohl zu fühlen. Zu viel Druck hätte nur dazu geführt, dass sich Peggys Vater reflexhaft distanziert und Peggy wie einen begossenen Pudel im Regen stehen gelassen hätte.

Also schraubte Peggy ihre Erwartungen nach unten und beschloss, einfach etwas mehr Zeit mit ihrem Vater zu verbringen, in der sie unverfängliche Unterhaltungen mit ihm führte. Vor allem ging es ihr darum, dass er sich wohl und nicht unter Druck gesetzt fühlte. Auf Peggys neuen Kommunikationsansatz reagierte ihr Vater überraschend positiv; deshalb nahm sie sich vor, das Gespräch bei ihrem nächsten Besuch auf eine persönlichere Ebene zu lenken.

Früher hatte sie sich stets beklagt, ihr Vater interessiere sich nicht sonderlich für ihr Leben. Nun war ihr aufgefallen, dass sie auch nie großes Interesse an seinem gezeigt hatte. Ich schlug vor, das Eis mit einer Frage zu brechen, auf die die meisten Menschen gern antworten: „Womit bist du zurzeit beschäftigt?" Peggys Vater freute sich über ihr Interesse und dankte es ihr, indem er wissen wollte, was in ihrem Leben vor sich ging. Ab und an erwischte Peggy das falsche Thema – wie z. B. die Frage, ob er gut mit seiner Rente auskäme – und ihr Vater zog sich wieder in sein Schneckenhaus zurück. Dann fühlte sich Peggy abgewiesen. Sie versuchte aber, sich nicht von diesem Gefühl beherrschen zu lassen, und es verschwand bald darauf wieder. Ihr Vater entwickelte sich zwar nicht zu einem innigen Vertrauten, doch er blieb ihr Vater, und sie liebte ihn. Jetzt, da sie gelernt hatte, mit seiner Zurückhaltung umzugehen, bemerkte sie, wie sehr er auch sie liebte.

Menschen, die uns sehr nahestehen, haben keine Tricks auf Lager. Ihr Verhalten überrascht uns nur deshalb, weil wir weiterhin danach Ausschau halten, ob sie sich so verhalten, wie wir es wünschen. Das funktioniert aber nicht. Sie tun, was sie tun.

Sobald wir dies begriffen haben, wird ihr Verhalten uns weniger überraschen oder aufregen. Wir können sie die Menschen sein lassen, die sie sind. Eigentlich sollten wir dies von vorherein, denn sie werden sowieso so bleiben, wie sie sind, sei's drum.[2]

Eine Beziehung wird reifer, wenn wir dem anderen Menschen erlauben, ganz er oder sie selbst zu sein. Wenn Ihre Mutter auf allen anderen herumhackt *und* Sie das nicht ertragen können, wird Ihr Leben wahrscheinlich davon geprägt sein, Ihrer Mutter (und wahrscheinlich allen anderen auch) dieses ständige Kritisieren abzugewöhnen. Sobald Sie Ihrer Mutter das Recht einräumen, ein sehr kritischer Mensch zu sein bzw. Sie sie so akzeptieren, wie sie ist, müssen Sie nicht länger gegen Ihre Mutter ankämpfen und Ihr eigenes Leben nach ihr ausrichten.

Wenn Sie andere Menschen so akzeptieren, wie sie sind, können Sie auch aufhören, diese verändern zu wollen – und werden weniger heftig reagieren, wenn diese sich so verhalten, wie sie es immer tun.

Peggys entspannterer Umgang mit ihren Eltern ließ ihre Mutter nicht zu einer weniger kritischen Person oder ihren Vater zu einem leutseligeren Menschen werden. Er bewirkte aber, dass Peggy weniger heftig auf deren Verhalten sowie auf das anderer Leute reagierte, wenn diese bei ihr ähnliche wunde Punkte trafen.

Zu lernen, einander ohne Überreaktionen zuzuhören, ist eine Übung, die uns akzeptieren lehrt, dass jeder von uns ein unabhängiger Mensch mit einem ganz eigenen Wesen ist. Vielleicht können wir ja sogar lernen, diese Unterschiede zu begrüßen. Menschen, die Sie vielleicht als „schwierig" und „unangenehm" empfinden, werden schnell umgänglicher, wenn Sie sie so sein lassen, wie sie sind.

Warum emotionales Reagieren sich im Laufe von Beziehungen verstärkt

Anfangs ist in den meisten Beziehungen alles rosarot. Die Menschen können einander vorurteilsfrei zuhören – sonst ginge es mit der Beziehung auch nicht lange gut. Leider ist diese Harmonie nicht von ewiger Dauer. Beziehungen neigen dazu, wie instabile chemische Verbindungen zu verfallen. Sobald eine Beziehung durch wechselseitiges Überreagieren stark belastet ist, muss diese Spannung wohl durch emotionale Distanz gelöst werden, indem sich die Partner aus dem Weg gehen oder potentiell explosive Gesprächsthemen vermeiden.

Wenn zu große Nähe zwischen den Partnern herrscht oder diese heiklen Themen besprechen wollen, kann es schnell zu einer emotionalen Kettenreaktion kommen.

Vielleicht versucht einer von beiden die Harmonie aufrechtzuerhalten und übernimmt als einziger die Arbeit des Zuhörens. Dem anderen fällt womöglich gar nicht auf, dass es Unstimmigkeiten gibt. Dennoch braucht es zwei Menschen, um dieses Ungleichgewicht aufrechtzuerhalten. Der Fehler des friedensstiftenden Partners besteht darin, dass er oder sie Selbstbeherrschung mit Selbstverleugnung verwechselt. Selbstbeherrschung führt dazu, dass beide Partner und die Beziehung gewinnen; Selbstverleugnung erzielt das Gegenteil. Solange einer sich von der Emotionalität des anderen einschüchtern lässt und der andere seinen rücksichtlosen Kommunikationsstil nicht ändert, tragen beide dazu bei, dass ihre Beziehung in diesem beide unglücklich zurücklassenden Stadium verharrt.

Das emotionale Klima in einer Beziehung kann sich ständig ändern – von heiß zu kalt, turbulent zu stabil, sicher zu unsicher oder auch umgekehrt. Ungelöste Konflikte sind die Vorboten stürmischer Zeiten. Es gibt Beziehungen, in denen beide Partner gänzlich unterschiedliche Vorstellungen von Gemeinsamkeit und Unabhängigkeit haben. Da genügt schon eine harmlose Unterhaltung darüber, wer was mit wem unternehmen möchte, um Ängste hervorzurufen und eine Auseinandersetzung zu provozieren.

Wenn jemand Sie aufs Heftigste beschimpft oder Ihnen mit geheucheltem Interesse zuhört, liegt es nahe, dies seiner oder ihrer Persönlichkeit zuzuschreiben. Wenn jemand allein aufgrund dessen, was Sie gesagt haben, gleich an die Decke geht, ist es fast unmöglich, den Fehler nicht bei ihm zu sehen. Doch emotionale Überreaktionen entstehen genau wie vieles andere in einer Beziehung aus der gegenseitigen Interaktion. Das einzige, was Sie an dieser Gleichung ändern können, ist Ihr eigener Anteil daran.

Wenn Sie anderen Menschen ausweichen oder versuchen, sie zu kontrollieren, tun Sie damit nichts gegen Ihren eigenen Hang zur Überreaktion.

Ein überempfindlicher Zuhörer schlägt sich ständig mit der Angst herum, dem anderen zu viel von sich zu geben oder zu wenig von ihm zurückzubekommen. Diese Voreingenommenheit führt dazu, dass andere Menschen ihm aus den Weg gehen, was ihn weiter vereinsamen und seine Empfindlichkeit noch größer werden lässt. Je weniger emotionale Reife ein Mensch besitzt, umso mehr ist er auf andere Menschen angewiesen, um sich wohlzufühlen. Diese Abhängigkeit lässt seine Erwartungen ins Unermessliche steigen – ebenso wie seine Tendenz zu unkontrollierten Gefühlsausbrüchen.

Um Überreaktionen zu vermeiden, sollten Sie sich selbst das Recht gewähren, so zu sein wie Sie sind – und dieses Recht auch den anderen zugestehen.

Souveräne, selbstbeherrschte Menschen fühlen sich nicht so leicht vom Verlust ihrer eigenen emotionalen Integrität bedroht und können in ihren

Beziehungen flexibel reagieren. Sie akzeptieren, dass es Phasen mit mehr Nähe und Phasen mit mehr Distanz gibt. Sie gestehen sich selbst und ihrem Partner zu, ihre jeweils eigenen Interessen zu verfolgen. Sie fühlen sich nicht von den Bedürfnissen des anderen unter Druck gesetzt. Wenn wir unsere eigenen emotionalen Reaktionen verleugnen, anderen Menschen dafür die Schuld geben, anderen ausweichen oder sie verfolgen, um unsere eigenen Ängste zu unterdrücken, berauben wir unsere Beziehungen der Flexibilität, die sie brauchen. Es geht nicht darum, dass wir unsere eigenen Gefühle unterdrücken sollen, sondern darum, dass wir uns bewusst entscheiden, wie wir auf sie reagieren.

Reife Zuhörer übernehmen Verantwortung für ihre Reaktionen. Statt sich zu sagen „Er (oder sie) ist einfach unerträglich!“ hören sie zu, was gesagt wird, spüren ihren Gefühlen nach und beschließen dann, wie sie darauf antworten.

Jemandem zuzuhören, der sich nicht öffnet, bedeutet anzuerkennen, dass er nicht viel sagen möchte. Ist diese sehr zurückhaltende Person jemand, der Ihnen sehr wichtig ist, fühlen Sie sich vielleicht ausgeschlossen. Doch wenn Sie auf dieses Gefühl des Ausgeschlossenseins so reagieren, dass Sie die andere Person unter Druck setzen, sich zu öffnen, projizieren Sie Ihre eigenen Ängste auf sie und sorgen nur dafür, dass sie sich bedroht fühlt.

Jemanden dazu zu nötigen, sich zu öffnen, hat nichts mit aufmerksamem Zuhören zu tun. Auch wenn Ihnen wirklich viel daran liegt, die Gedanken und Gefühle des anderen zu erfahren, wenn Sie glauben, dass Sie ihm oder ihr helfen können oder es ihm oder ihr und Ihrer Beziehung guttäte, mehr zu reden – Druck bleibt Druck.

Am besten nähern Sie sich emotional verschlossenen Menschen, wenn Sie ihnen zeigen, dass Sie für sie da sind, ohne sie zu irgendetwas zu drängen. Diese zwanglose Offenheit ermöglicht es Ihrem Gegenüber, die Angst zu überwinden, dass es gefährlich sei, zu viel von sich preiszugeben. Wenn Sie die emotionale Grenze respektieren, die es Ihnen erlaubt, Sie selbst zu sein (ein Mensch, der engen Austausch möchte) und Ihrem Gegenüber, er oder sie selbst zu bleiben (ein Mensch, der viel Zeit braucht), können Sie verhindern, dass Angstgefühle überhandnehmen und sich einander besser nähern.

Wenn Sie sich aus einem Käfig sklavisch erfüllter und unbefriedigender Verpflichtungen befreien wollten, sollten Sie darauf verzichten, zu viel Ihrer Energie in Beziehungen zu stecken, die eigentlich entbehrlich sind. Doch da die meisten unserer Beziehungen für uns unentbehrlich sind, bleibt das Beste, was Sie tun können, um nicht in einem Kreislauf emotionaler Überreaktionen festzuhängen, Sie selbst zu sein und ruhig zu bleiben. Mit Ihrer Offenheit erkennen Sie die Individualität des anderen an. Empfänglichkeit für andere bedeutet umgekehrt nicht, dass Sie Ihre eigene Individualität verleugnen.

Ein selbstbeherrschter Zuhörer ist weder distanziert noch gefühllos, sondern vor Überreaktionen geschützt.

Wie Sie den Ton Ihrer Botschaft abmildern und Gehör finden

Sie wissen bestimmt, wie frustrierend es sein kann, wenn einem nicht zugehört wird. Doch wie oft halten Sie selbst einen Moment inne und überlegen, ob es vielleicht an Ihrem Ton liegt, der andere taub für Ihr Anliegen macht?

Vor einigen Jahren wollte mein Freund John mir zeigen, wie ich mein englisches Motorrad aufmotzen könnte. Als er am vereinbarten Tag vor meiner Tür stand, sah er, wie nervös ich war, und meinte: „Du solltest dich zuerst ein bisschen entspannen." Wie soll man sich denn entspannen, wenn man kurz davor ist, eine fünfzehntausend Dollar teure Maschine, mit der man später mit über 150 km/h herumbrettern will, in all ihre Einzelteile zu zerlegen und dann wieder zusammenzuschrauben? Er hatte aber völlig recht. So wie meine Hände zitterten, hätte ich es nie fertig gebracht, alles richtig einzustellen. Also begannen wir unser Projekt in der Küche mit einem Bier. Später durfte ich dann herausfinden, dass es nicht an meiner Nervosität lag, dass ich das vermaledeite Ding nicht wieder zusammenschrauben konnte. Es lag daran, dass ich einfach zwei linke Hände habe.

Warum gelingt es den meisten von uns in unseren Beziehungen nicht, einfach den Rat meines Freundes John zu befolgen und uns erst einmal zu beruhigen, bevor wir loslegen?

Wir haben bereits gesehen, dass manche Sprecher ihre eigenen Botschaften sabotieren, indem sie sie in so viel Wut verpacken, dass der Zuhörer nur diese wahrnimmt, der Inhalt der Botschaft völlig an ihm vorbeigeht und er sich später nicht einmal mehr daran erinnern kann. Alles, was hängen bleibt, ist der Ärger. Nehmen wir z. B. die Frau, die sich so darüber aufregt, in welchem Zustand ihr Mann das Badezimmer hinterlässt, dass sie alle paar Monate voller Wut explodiert. Es macht sie wahnsinnig, dass es völlig an ihm vorbeizugehen scheint – sogar dann, wenn sie ihm ausdrücklich sagt, wie sehr sie sich darüber ärgert. Er hingegen erinnert sich nur daran, dass er wieder einmal angeschrien wurde.

Es ist nicht einfach, zuzuhören, wenn man sich angegriffen fühlt. Genau das ist der Grund dafür, warum manche Leute bestimmte Dinge einfach nicht begreifen – auch wenn Sie sich schon jahrelang darüber beklagen. Sie haben es ihnen schon millionenfach vorgebetet, und trotzdem scheinen sie es nicht zu kapieren. Seelische Angespanntheit ist der Feind des Zuhörens.

Ein Thema, mit dem Sie es garantiert schaffen, den anderen auf Krawall zu bürsten, sind überflüssige Ausgaben. Der große Humorist S. J. Perelman hat seine großartige Technik in dieser Disziplin auf folgende Art beschrieben:

> Der nächtlichen weinseligen Abende überdrüssig und danach dürstend, die Flamme der zärtlichen Liebe zwischen uns neu zu entfachen, blieben wir zu Hause und blätterten uns durch die bibliothekshohen Stapel an Rechnungen, viele von ihnen noch frische Erstausgaben. Wie immer traf mich eine Flut entzückender kleiner Überraschungen: Kontoüberziehungen, Liebesbriefe von Modistinnen und Hutmachern, die meine Auserwählte beschlossen hatte, mir vorzuenthalten, Anschreibekonten, auf denen seit den Zeiten der Kreuzzüge nichts beglichen worden war. Sollte nur der kleinste Verdruss mein Blut in Wallung gebracht haben, war ich doch viel zu geschickt, mir diesen anmerken zu lassen. Stattdessen zog ich meine leeren Hosentaschen als Zeichen meiner drohenden Insolvenz nach außen, schlug mir in bester Tradition des jiddischen Theaters wiederholt verzweifelt an die Stirn und skandierte zusammenhanglose Fetzen aus dem Insolvenzrecht. Doch die teuflische weibliche Intuition kam meinen wahren Gefühlen flugs auf die Schliche. Just in dem Moment, als ich eine Rechnung von Hattie Carnegie für eine brokatbesetzte Schürze aus dem Stapel zog und unter der Nase meiner Angebeteten umherwedelte, reagierte ebendiese urplötzlich empfindlich.
>
> „Sechzehn Dollar!“, schrie ich. „Da fehlt nur noch das Blattgold! Für wen hältst du dich, für Katharina von Aragon? Warum reißt du nicht den Foyerboden heraus und lässt ihn mit Malachit auslegen?“ Mit dramatischer Geste riss ich mein Hemd auf: „Nur zu!“, brüllte ich. „Melke mich! Melke mich bis auf den letzten Tropfen! Ab ins Schuldgefängnis! Oder gleich ins Armengrab!“
>
> „Komm mal wieder runter, bevor dein Magengeschwür platzt!“, ertönte es aus dem Gelass meiner Gattin. „Du weckst die Kinder auf.“
>
> „Glaubst du, sechzehn Dollar wachsen als Blättchen auf Bäumen?“, klagte ich flehentlich, um wenigstens ein Fünkchen des Schamgefühls in ihr zu erzeugen.[3]

Sehen Sie, wie gezielt Perelman sein psychologisches Feingefühl einsetzt? Wenn Sie Ihren Gesprächspartner beschämen, können Sie sich seiner Aufmerksamkeit zu 100 Prozent sicher sein.

Ein weiteres wunderbares Beispiel zeigt, wie geschickt Perelman mit dem heiklen Thema des Trinkgeldgebens umgeht. Er zieht mit seiner Familie aus seinem Apartment aus und sieht sich mit der Herausforderung konfrontiert, den Hausangestellten seine Dankbarkeit auszudrücken.

> Neben dem Bordstein stand ein kunstvoll aufgestapelter Berg aus Gepäck, der ausschließlich aus vierzehn riesigen Schrankkoffern bestand. Im Hintergrund, aufgereiht wie Figuren auf einem antiken Fries, hatten sich der Hausmeister, der Handwerker und Reparaturenspezialist und die Fahrstuhlführer mit stumm ausgestreckten Händen in Stellung gebracht.

> Ich konnte förmlich sehen, dass sie zu stark von ihren Gefühlen überwältigt waren, um auch nur ein Wort herauszubekommen – diese Männer, die keine noch so unmenschliche Anstrengung gescheut hatten, um alles Schlechte von uns fernzuhalten und den Speisenaufzug mit unserem Müll vollzustopfen. Schließlich trat ein grauhaariger Veteran, der wagemutiger als seine Mitstreiter war, nach vorn und zupfte dabei unterwürfig an seiner Stirnlocke.
>
> „Wir werden diesen Tag nicht vergessen, Sir", tat mir die ehrliche alte Haut kund, während er seine Kappe nervös zwischen seinen knotigen Händen kreisen ließ. „Nicht wahr, Leute?" Ein verhaltenes Knurren der Zustimmung drang aus dem Halbkreis hinter ihm. „Wie viele Male haben wir Sie durch diese Lobby hier getragen, und mit Ihnen den Wacholdergestank, den Sie ausströmten und den jeder fünf Meilen gegen den Wind riechen konnte. Wir haben in diesem Haus schon so einige merkwürdige Sachen gesehen und mit den absonderlichsten Widerlingen zu tun gehabt. Es ist fast so etwas wie ein kleiner Mikrokosmos, könnte man sagen. Aber wir wollen, dass Sie wissen, dass es niemals – nicht einmal in den Nitratfeldern Chiles, den Schmelzereien Nevadas oder den Ausbeuterbetrieben der erbarmungslosen East Side – einen Mann gegeben hat, der – ". Seine Stimme versagte, und ich unterbrach ihn sanft.
>
> „Freunde!", rief ich mit belegter Stimme. „Ich bin nicht reich an weltlichen Gütern, doch lasst mich eines sagen – das Wenige, das ich besitze, ist ... mein! Solltet ihr jemals etwas brauchen, ob Juwelen, Geld oder handelbare Wertpapiere, erinnert euch an diese meine Worte: Ihr bettelt den Falschen an. Geronimo."[4]

Zwar mag Perelmans Antwort nicht wirklich das gewesen sein, was sich seine Adressaten erhofft hatten, doch die Art und Weise, wie er sie seelenruhig zum Besten gab, brachte ihm bestimmt schallendes Gelächter ein (so schien es jedenfalls aus weiterer Ferne, und wir wollen es für ihn hoffen).

Doch jetzt mal ganz im Ernst: Was tun, wenn jemand emotional überreagiert? Vielleicht leben Sie mit jemandem zusammen, der schon bei der kleinsten Kritik wütend reagiert und sich beleidigt zurückzieht. Bemühen Sie sich dann nicht ganz so stark um sein Verständnis, aber bleiben Sie innerhalb der Beziehung offen und empfänglich, und zwar etwas mehr zu den Bedingungen des anderen. Das schaffen Sie auch, ohne Ihre eigenen Bedürfnisse völlig zu unterdrücken. Genau hier liegt der Unterschied zwischen Selbstaufgabe – klein beigeben – und Selbstbeherrschung – warten, bis Sie an der Reihe sind.

Nehmen wir als Beispiel die Frau, die ihrem Mann auf sehr nette Weise sagt, er möge bestimmte Teller und Tassen bitte nicht in den Geschirrspüler stellen, woraufhin er mit einem verletzten Blick reagiert und in gekränktes Schweigen verfällt. Dasselbe passiert, wenn sie sich über Reparaturen im Haus beklagt, die er noch nicht erledigt hat: Er schmollt beleidigt. Sie hat das Gefühl, sie lebt mit einem bockigen Kleinkind zusammen. Doch wenn sie ihr eigenes Verhalten reflektiert und überlegt, welche Ursachen ihre Kritik hat, wird sie vielleicht erkennen, dass hier unrealistische Erwartungen im Spiel sind.

Die Menschen, mit denen wir zusammenleben, haben alle ihre Stärken und Schwächen. Wenn Sie Ihre Erwartungen eher an den Stärken des anderen und nicht an seinen Schwächen ausrichten, ist die Chance größer, dass Sie angehört und verstanden werden. Wenn Sie sich mit der realen Person abfinden, mit der Sie es zu tun haben, anstatt sich den Kopf zu zerbrechen, dass diese nicht anders ist, werden Sie Ihre eigenen Überreaktionen wesentlich besser unter Kontrolle bekommen.

Finden Sie heraus, worauf der andere besonders heftig reagiert, und versuchen Sie, den Ton Ihrer Botschaften mit vorbereitenden Worten abzumildern:

> „Ich weiß, dass es nicht deine Schuld ist. Aber ich habe wirklich genug davon, dass die Kinder ihre Spielsachen überall in der Wohnung verstreuen."
>
> „Ich weiß nicht genau, wie ich es sagen soll, aber ... "

Wenn Sie den anderen um etwas bitten und ihn nicht kritisieren wollen, dann tun Sie es. Doch überprüfen Sie, bevor Sie Ihre Bitte loswerden, noch einmal Ihre eigenen Absichten. Wenn Sie sagen, dass die Kinder ihr Spielzeug nicht überall herumliegen lassen sollen, glauben Sie vielleicht nicht doch, dass es an Ihrem Partner oder Ihrer Partnerin liegt, weil er oder sie das zulässt? Trifft die Unterstellung zu, auf die er oder sie heftig reagiert? Auch wenn Sie bestimmte Vorwürfe nicht direkt zur Sprache springen, sind sie oft genug herauszuhören.

Wenn Sie möchten, dass der andere Ihnen zuhört, ohne sofort gekränkt zu sein, achten Sie auf Ihren Ton und Ihr Timing. Wählen Sie manchmal den falschen Zeitpunkt, um bestimmte Dinge zur Sprache zu bringen? Lassen Sie es zu, dass Ihre Botschaft von unterschwelliger Kritik gefärbt wird?

Wenn jemand, den Sie kennen, auf Ihre Ratschläge ruppig reagiert, fragen Sie das nächste Mal lieber nach, bevor Sie Ihren Rat anbieten: „Möchtest du meinen Rat hören, oder soll ich lieber nur zuhören?" Haben Sie vor, ein unangenehmes Thema zu besprechen, geben Sie dem anderen eine Vorwarnung. Manche Dinge wirken sich traumatisch aus, weil sie den anderen völlig unvorbereitet treffen. Je mehr Sie mit einer Überreaktion des anderen rechnen, umso besser müssen Sie das Gespräch vorbereiten. Eine Nachricht oder ein vorwarnender Anruf, dass Sie mit dem anderen etwas Bestimmtes besprechen möchten, hilft diesem, sich zu wappnen.

Auch wenn es sich aufgesetzt anfühlt: Das Ansprechen heikler Angelegenheiten in einem Brief kann dabei helfen, heftige Gefühlsausbrüche zu vermeiden.

Schlussendlich ist die Überreaktion des anderen nicht Ihr Problem, wohl aber die Art und Weise, *wie Sie* darauf reagieren. Nur weil Ihr Gesprächspartner verletzt oder wütend reagiert, müssen Sie es ihm oder ihr nicht gleichtun.

Wenn starke Gefühle das Zuhören erschweren, denken Sie immer daran, dass *Sie selbst großen Anteil daran haben, wie das Gespräch weiter verläuft.* Darauf zu warten, dass der andere sich ändert, oder mit dieser Hoffnung verbal auf ihn einzuprügeln, mag eine verständliche Strategie sein; zum Ziel führt sie Sie aber nicht. Wenn Sie unter strapaziösen Beziehungen zu bestimmten Menschen leiden, die in Ihrem Leben entbehrlich sind, ist es manchmal sinnvoller, auf diese zu verzichten. Wer bei fast allem, was Sie sagen, aus der Haut fährt und verletzend wird, ist vielleicht den ganzen Ärger nicht wert. Leider aber geben viele Leute Beziehungen zu Menschen auf, die *nicht* entbehrlich für ihr Leben sind – sei es zu ihren Partnern, Eltern oder Kollegen – weil diese am schwierigsten sind und besonders viel Kraft kosten.

„Was stimmt bloss nicht mit ihm?“

Wenn Sie das nächste Mal in einer Situation sind, in der Ihr Gegenüber wegen etwas, das Sie gesagt haben, heftig reagiert, fragen Sie sich: „Wo liegen die Ursachen der Reaktion?“ oder „Welchen wunden Punkt habe ich gerade erwischt?“ und nicht „Was stimmt nicht mit ihm (oder ihr)?“

Die folgenden Bemerkungen gießen nur Öl ins Feuer:

„Du benimmst dich wie ein Baby!“
„Heute ist wohl jemand mit dem falschen Fuß aufgestanden!”
„Kannst du nicht einmal einen einfachen Vorschlag annehmen?“
„Du klingst genau wie deine Mutter!“
„Du bist so unreif!“
„Hast du schon wieder deine Tage?“
„Was ist bloß los mit dir? Ich brauche nur den Mund aufzumachen, und schon willst du mir den Kopf abreißen!“

Claire findet, dass ihr Sohn Jeffrey extrem empfindlich ist. Schon bei der kleinsten Bemerkung geht er in die Luft. Eines Tages sagte sie ihm, dass seine Lehrerin ihn wohl nicht so sehr auf dem Kieker haben würde, wenn er sich im Unterricht etwas reifer benähme. Sofort brach er in Tränen aus und stürmte in sein Zimmer. „Ständig hat er solche Wutanfälle!", beschwert sie sich.

Ein Kind, das in Tränen ausbricht und aus dem Zimmer rennt, hat keinen Wutanfall. Kinder sind nicht blöd. Wenn sie etwas gegen den Willen der Eltern durchsetzen wollen, lassen sie das Theater vor deren Augen stattfinden. (Wenn Sie einen Trotzanfall beenden wollen, entziehen Sie dem Schauspieler sein Publikum.)

Wer Überreaktionen vermeiden will, muss sie verstehen lernen und nicht verurteilen. Stellen Sie sich einen kleinen Jungen vor, der aus dem Zimmer rennt, nachdem seine Mutter etwas zu ihm gesagt hat. Was hat ihn so stark reagieren lassen? Vermutlich hat das, was seine Mutter gesagt hat, bei ihm zu großer Scham geführt. Wer sich gedemütigt fühlt, wird schnell äußerst wütend und hat das Gefühl, ungerecht behandelt zu werden. Verletzungen des Selbstwertgefühls können genauso schmerzhaft sein wie ein körperlicher Angriff. Fragten Sie den Jungen, was passiert sei, würde er vermutlich antworten: „Mama hat mich angeschrien" oder „Nichts, lass mich in Ruhe."

Die wenigstens von uns, und Kinder zuletzt, gestehen sich und anderen gern ein, dass sie Scham empfinden. Leider lassen sich Eltern, die eine Schamreaktion nicht als solche erkennen oder mit den aufgebrachten Gefühlen ihres Kindes nicht umgehen können, oft auf ein verbales Tauziehen ein, das alles nur noch schlimmer macht. Sie wollen wissen, was los ist, und verlangen eine Erklärung – als ob ein von seinen Gefühlen überwältigtes Kind ihnen diese liefern könnte.

Lassen Sie einem Menschen, der Scham empfindet, Raum und Zeit, um seine Wunden zu lecken. Scham kann für ein Kind eine solch schmerzhafte Erfahrung sein, dass es zeitweise die Kontrolle über seine Gefühle verliert. Es braucht Zeit, um wieder zu sich selbst zu finden. Diese Zeit sollten Sie ihm lassen.

Wenn jemand wütend wird, weil Sie etwas zu ihm gesagt haben, denken Sie darüber nach, ob Sie vielleicht in irgendeiner Weise seine Würde verletzt haben. Haben Sie ihn wie ein kleines Kind behandelt? Oder ihm durch die Blume mitgeteilt, dass seine Meinung nicht zählt? Dass seine Gefühle keine Daseinsberechtigung haben? Eine „extreme" Überreaktion entschlüsseln Sie nicht, indem Sie dem anderen – oder sich selbst – die Schuld dafür geben, sondern indem Sie überlegen, welchen wunden Punkt Sie wohl getroffen haben könnten.

Manchmal ist es ein Fehler, die eigenen Gefühle kontrollieren zu wollen

Manche Menschen haben Angst davor, auf Hochzeiten oder Beerdigungen eine Rede zu halten, weil sie vielleicht anfangen könnten zu weinen – als wäre Weinen ein Zeichen der Schwäche und nicht des Mitgefühls. „Aber", protestierte eine Frau, als ich versuchte ihr zu sagen, dass Weinen nichts Schlimmes wäre, „wie soll ich denn meine Rede zu Ende bringen, wenn ich zu weinen anfange?!"

Wenn Sie tatsächlich zu weinen anfangen und sich dann innerlich zurechtweisen, das sei doch entsetzlich und Sie müssten sofort damit aufhören, wird es Ihnen wohl wirklich nicht gelingen, weiterzusprechen. Es ist schwer, sich auf zwei Dinge gleichzeitig zu konzentrieren. Was aber spricht dagegen, seine Gefühle zu zeigen, wenn man gerührt ist?

Manche Menschen greifen auf folgenden Trick zurück, wenn sie Lampenfieber haben und vor einem großen Publikum sprechen müssen: Anstatt ihre Angst zu unterdrücken, akzeptieren sie, dass sie da ist. „Guten Morgen, mein Name ist Soundso, und ich bin ein bisschen nervös, weil ich vor so vielen Leuten stehe." Mit so viel Aufrichtigkeit sichern Sie sich die Sympathie Ihrer Zuhörer. Die meisten von uns kennen diese Nervosität, die uns befällt, wenn wir vor einem großen Publikum eine Rede halten müssen. Umso wichtiger ist es, dass wir uns bemühen, unsere Gefühle als etwas völlig Natürliches anzunehmen, anstatt sie zu bekämpfen.[5]

Das Unterdrücken von Gefühlen führt darüber hinaus häufiger zu Überreaktionen. Wenn Sie jemanden wissen lassen, wie wütend Sie sind, und dabei all Ihre aufgestaute Frustration an dieser Person auslassen, wird dies schnell als Angriff gewertet. Reagiert diese Person nun mit einer Gegenattacke oder verlässt einfach den Raum, kommen Sie vielleicht zu dem Schluss, dass es ein Fehler war, über Ihre Gefühle sprechen zu wollen. Diese Schlussfolgerung führt zu einem Kreislauf von übermäßiger Selbstkontrolle und anschließenden Gefühlsausbrüchen. Sie schlucken alles hinunter, bis Sie explodieren. Die Folge ist nicht mehr, sondern weniger Selbstbeherrschung.

Sich früher auszusprechen hilft Ihnen dabei, den richtigen Ton zu treffen.

Probieren Sie es anstelle von „Du machst hier ja nie etwas!" lieber mit „Die Hausarbeit wächst mir über den Kopf. Ich brauche mehr Hilfe."

Lassen Sie Ihre Gespräche nicht zu einem *Nullsummenspiel* werden, bei dem einer gewinnt (recht hat) und der andere verliert (unrecht hat).

Es ist nicht dasselbe, ob Sie ausdrücken, wie Ihnen zumute ist, oder einfach nur ihren Gefühlen freien Lauf lassen. Letztens hatte ich eine Auseinandersetzung mit einer Frau, die genug von den abwertenden Sticheleien ihres Schwiegervaters hatte und ihm endlich ihre Meinung sagen wollte. Als ich ihr riet, sie solle ihre Emotionen etwas zügeln, bevor sie mit ihm redete, fauchte sie mich an: „Was ist denn schlimm daran, wütend zu sein?"

Diese Frau hatte durchaus das Recht, wütend zu sein. Die bissigen Bemerkungen ihres Schwiegervaters waren nur schwer zu ertragen. Doch wer sich von seinen Gefühlen übermannen lässt, kann sein Anliegen nicht gut genug artikulieren und sich nicht verständlich machen. Ließe diese Frau einfach nur ihren Ärger heraus, würde dies wohl nur dazu führen, dass ihr Schwiegervater sie als „überempfindlich" oder „launisch" wahrnimmt. Ich empfehle niemandem, seine Gefühle zu unterdrücken. Ärger und Wut helfen uns dabei, unsere Integrität und Selbstachtung zu bewahren. Es hilft uns aber nicht beim Lösen unserer Probleme, wenn wir diese Gefühle unkontrolliert herauslassen. Mir geht es hierbei nicht um den Unterschied zwischen Gefühlen und Vernunft, sondern um den Unterschied zwischen impulsivem und wohlüberlegtem Handeln. An starken Gefühlen gibt es nichts auszusetzen, und ebenso wenig daran, jemandem die Meinung zu geigen – falls es denn wirklich das ist, was Sie wollen. Schlussendlich ist es nicht unsere emotionale Reaktion, die dafür sorgt, dass wir uns kindisch und unfähig vorkommen, sondern der Verlust unserer Selbstbeherrschung.

Übungen

1. Notieren Sie eine Woche lang einige Gespräche, die einen (a) kritischen oder erzieherischen, (b) ausweichenden oder (c) herzlich bzw. anerkennenden Grundtenor hatten. Wenn Sie eine Ihrer Beziehungen verbessern möchten, versuchen Sie, die Gespräche von (a) und (b) in Richtung (c) zu steuern, und beobachten Sie, was passiert.

   Diese scheinbar so einfache Aufgabe ist tatsächlich ein sehr harter Brocken. Probieren Sie es trotzdem aus – je mehr Sie sich damit auseinandersetzen, umso besser können Sie nachvollziehen, wie Sie auf die Menschen wirken, die Ihnen sehr nahestehen.
2. Welche Art der Interaktion führt bei Ihnen dazu, dass Sie Ihre Selbstbeherrschung verlieren? Können Sie schlecht mit Wut und Ärger umgehen? Fangen Sie an zu weinen, wenn Sie über Ihre Gefühle sprechen? Geraten Sie bei einem Streit schnell aus der Fassung?

   Versuchen Sie, in der nächsten oder in einer der kommenden Wochen bei einem für Sie einigermaßen sicheren Anlass, sich

in eine Situation hineinzuversetzen, in der Sie normalerweise leicht überreagieren. Wenn Sie Teenager zu Hause haben, könnte es z. B. vorkommen, dass diese sich wieder einmal gegen Ihre Regeln auflehnen. Haben Sie kleinere Kinder, werden diese Sie bestimmt demnächst wieder um etwas Süßes bitten. Am einfachsten erkennen Sie, wann genau Sie schnell überreagieren, wenn Sie an die Situationen denken, die Sie gewöhnlich vermeiden. Stellen Sie nicht zu hohe Erwartungen an sich selbst. Konzentrieren Sie sich allein darauf, die Situation zu meistern, ohne Ihre Selbstbeherrschung zu verlieren.
(Tipp: Am besten behalten Sie die Oberhand über Ihre Gefühle, wenn Sie sich darauf konzentrieren, den anderen aus der Reserve zu locken.)

3. Wenn einer Ihrer Gesprächspartner das nächste Mal heftig reagiert, überlegen Sie, was die Ursachen dieser Reaktion sein könnten. Wenn Ihnen dies während Ihres Gesprächs gelingt, sind Sie schon weitaus beherrschter als ich selbst. Sie können aber auch noch später über einen Streit nachdenken. Wenn Sie es schaffen, Ihr Einfühlungsvermögen so zu nutzen, dass Sie dem anderen Empathie für seine Gefühle entgegenbringen können, haben Sie sich eine Eins mit Stern bei dieser Aufgabe verdient. (Gelingt dies nicht, denken Sie daran, dass Sie auch später einen Schritt auf die andere Person zugehen und sich mit ihr aussprechen können.)
4. Wahrscheinlich kennen Sie einige Menschen, denen die Kommunikationsvorschläge und -tipps in diesem Kapitel deutlich weiterhelfen könnten. Warum kaufen Sie nicht ein paar Exemplare dieses Buches und verteilen sie an strategisch klug ausgewählten Orten?

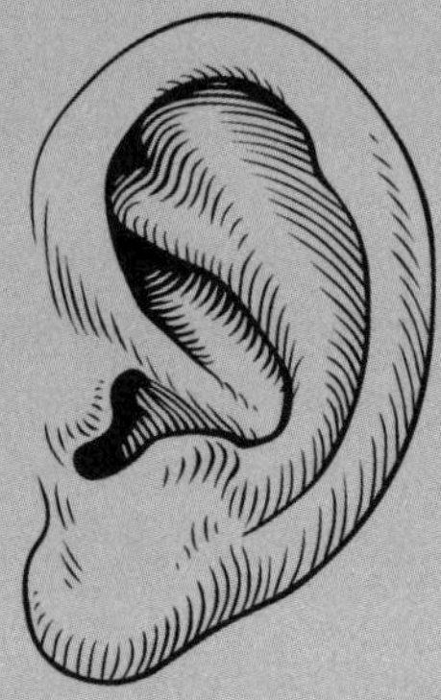

Teil IV

Zuhören im Kontext

KAPITEL 10

»»»»»»»»»»»»»»»»»»»»»»»»

„WIR REDEN NICHT MEHR MITEINANDER“

Zuhören in Paarbeziehungen

Es fing alles ganz harmlos an. Sie traf ihn auf einer Betriebsfeier und sie unterhielten sich sehr lange miteinander. Doch als Maureen nach Hause kam und ihr Mann sie fragte, ob sie einen schönen Abend verbracht hätte, sperrte sie sich innerlich dagegen, ihm von der Unterhaltung mit Arthur zu erzählen – als wäre es ein Geheimnis, das sie mit niemand anderem teilen wollte. Schon am nächsten Tag rief Arthur sie an und fragte, ob sie Lust auf ein gemeinsames Mittagessen hätte. Ein Mittagessen folgte auf das nächste, und plötzlich waren es kurze Barbesuche nach der Arbeit. Eine Woche später fuhren sie zu einem Park, um sich den Sonnenuntergang über dem Tal anzuschauen. Nichts passierte, bis auf den kurzen Moment, als Maureens Blick von Arthurs Augen hinunter zu seinem Mund wanderte, und sie dabei innerlich ein leichtes Beben verspürte.

Um diesen Zeitpunkt herum beschloss Maureen, in meine Praxis zu kommen und sich meinen Rat einzuholen. Sie hatte das Gefühl, an einem Scheideweg angekommen zu sein. Arthur war all das, was sie an ihrem Mann vermisste: erfolgreich, souverän und selbstbeherrscht, aber vor allem aufmerksam – er hörte ihr genau zu, wenn sie miteinander sprachen. Maureen war sichtlich nervös, als sie mir all dies erzählte. Ihr Blick war prüfend und schien nach Verständnis zu suchen. Vielleicht erwartete sie, dass ich sie verurteilen würde, oder sie erhoffte sich, dass ich ihr die Erlaubnis dafür erteilen würde, wonach sie sich sehnte.

Ich fragte sie, wann genau die Leidenschaft aus ihrer Ehe verschwunden sei. Sie schaute weg. Dann wischte sie sich verstohlen die Tränen ab und sagte, ihr Mann sei ein guter Mensch, doch sie hätten sich einfach ... auseinander gelebt. Er redete einfach nicht mehr mit ihr.

Ich hatte viel Mitgefühl mit Maureen. Es gibt im Leben nur wenige Entscheidungen, die so folgenreich sind wie die zwischen Erfüllung und Sicherheit. Dennoch hatte ich es bereits zu oft erlebt, dass erkaltete Ehe- und Paarbeziehungen immer dem anderen Partner angelastet wurden.

Als ich vorschlug, Maureen sollte zu unserem zweiten Termin ihren Ehemann mitbringen, sträubte sie sich. Sie wollte gar keine Paartherapie, erklärte sie mir, und erst recht nicht, dass Raymond etwas über Arthur herausfand. Sie entschloss sich dann aber doch dazu, ihn mitzubringen – wohl weil sie hoffte, dass ich sehen würde, wie er wirklich war, und dann verstehen könnte, warum sie ihn verlassen wollte.

Raymond kam tatsächlich, und Maureen eröffnete ihm, dass sie unglücklich in ihrer Ehe sei. Er schien Mitgefühl mit ihr zu zeigen, doch eher so, als hätte er sich über die Jahre die Gewohnheit zugelegt, mit ihr übereinzustimmen. Wirklich nahezugehen schien es ihm nicht. Er hörte zwar zu, erwiderte aber kaum etwas. Erst als ich ihm Fragen über seine Arbeit stellte, wurde er lebhafter. Wir unterhielten uns ein paar Minuten, bis uns Maureen mit der Beschwerde unterbrach, mit ihr würde er nie über solche Dinge sprechen. Warum konnte er seine Gefühle nicht mit ihr teilen? Raymond fiel darauf keine gute Antwort ein. Ich aber fühlte mich ermutigt: Es schien, als ob bei dieser Beziehung doch noch etwas zu retten war.

Wenn zwei Menschen nicht miteinander reden können, erklärte ich, stimmt etwas nicht. Dann drehte ich die Stühle der beiden so zueinander, dass sie einander gegenübersaßen und sich ansahen, und bat Raymond, Maureen etwas von seiner Arbeit und seinen Gedanken und Sorgen zu erzählen. Sie bat ich, ihm zuzuhören und ihn zu ermutigen, mehr in die Tiefe zu gehen.

Raymond sprach über seine Bedenken, mitten in der Wirtschaftsflaute eine neue Anwaltspraxis zu eröffnen. Momentan bekam er nur sehr wenige Aufträge, doch er war davon überzeugt, dass es nach etwa einem harten Jahr bergauf gehen würde. Maureen unterbrach ihn, um einzuwerfen, dass nichts bergauf gehen würde, solange er sich nicht endlich von diesem Idioten Ernie, seinem Kanzleipartner, trennen würde. Sie stritten sich eine Minute lang, dann schwieg Raymond beharrlich.

Hier haben wir einen Grund dafür, warum die beiden keine Gespräche mehr miteinander führten. Immer, wenn Raymond darüber sprach, was ihn bewegte, widersprach Maureen ihm oder erteilte ihm Ratschläge. In solchen

Situationen protestierte er zunächst schwach, zog sich dann aber schnell in sein Schneckenhaus zurück. Vielleicht mochte sie ja diese Art des Gebens und Nehmens in Gesprächen. Er schien sich dabei jedenfalls nicht wohl zu fühlen. Vielleicht wollte er sich ihre Meinung zu verschiedenen Dingen nicht anhören, weil er nicht glaubte, selbst gute Entscheidungen treffen zu können und ihn das Zuhören noch unsicherer machte. So oder so – hier gab es ein konkretes Problem, das in Angriff genommen werden musste.

Doch bevor ich den beiden dabei helfen konnte, ihre Beziehung zu verbessern, musste ich unter vier Augen mit Maureen reden. Ich wollte ihr vorschlagen, probeweise eine Zeit lang darauf zu verzichten, Arthur zu sehen, und stattdessen all ihre Energie darauf zu konzentrieren, an ihrer Ehe zu arbeiten und herauszufinden, ob diese sich retten ließe.

Maureen war erleichtert, dass ich Raymond erlebt hatte. „Jetzt sehen Sie ja", sagte sie, „dass unsere Ehe am Ende ist. Es wird sich nie etwas ändern." (Maureen glaubte fest an das „Knistern" zwischen zwei Menschen, diese unbändige Anziehungskraft, deren Macht mehr in ihrer Intensität als in ihrer Dauer liegt.) Mein Vorschlag, ihre Entscheidung einige Wochen hinauszuzögern, um herauszufinden, ob sich ihre Ehe verbessern ließe, stieß bei ihr auf taube Ohren. Sie begann noch in derselben Woche, sich wieder mit Arthur zu treffen. Als Raymond die Woche darauf herausfand, dass sie sich mit einem anderen Mann traf, war er in dem Maße nachsichtig, wie es wohl die meisten Ehemänner in so einem Fall sind.

Ihre Scheidung wurde ein Jahr und einen Tag nach unserer gemeinsamen Sitzung rechtskräftig – elf Monate, nachdem Maureens Affäre mit Arthur richtig an Fahrt aufgenommen hatte, und acht Monate, nachdem diese Affäre bereits wieder vorbei war. Maureen blieb allein mit einem Haus, zwei Kindern, Hypothekenzahlungen, die sie nicht begleichen konnte, und der Erinnerung an jenes so aufregende wie schicksalhafte Beben zurück.

Maureen hatte ihre Ehe als eine Art Problem angesehen – in etwa wie ein eigenständiges Gebilde, an dem zwar beide in ihrer Art beteiligt gewesen waren, das sich aber irgendwann verselbstständigt und ein Eigenleben entwickelt hatte. Die meisten von uns beschleicht manchmal ein ähnliches Gefühl. Eine Beziehung ist aber weder eine Sache, noch ist sie ein Zustand; sie ist ein Prozess wechselseitiger Beeinflussung. Eine Beziehung ist nicht etwas, das Sie haben – sie ist etwas, das Sie aktiv mit Ihrem Handeln beeinflussen.

Paare, die lernen, einander mit Verständnis und gegenseitiger Toleranz zuzuhören, erkennen oft, dass sie den anderen nicht ändern müssen.

Der Drang, Dinge zu verändern, um sie zu verbessern, ist etwas ganz Natürliches, und meistens auch sehr konstruktiv. Doch wer glaubt, eine Partnerschaft oder Ehe sei eine Vereinbarung, die sich immer weiter optimieren lässt, ist auf dem Holzweg. Das Ideal der Perfektion führt zu Frustration auf allen Seiten. Viele Probleme lassen sich lösen. Doch das „Problem", mit einem Menschen zusammenzuleben, der die Dinge nicht immer so sieht wie wir, gehört nicht dazu. Manchmal geht es in einer engen Partnerschaft nicht darum, sämtliche Differenzen aus dem Weg zu schaffen, sondern darum, zu lernen, mit diesen zu leben.

Ein ständiger Kreislauf

Als ich in der dritten Klasse war, zeigte uns unsere Lehrerin Miss Halloway mit einem Stroboskop, wie unser Sehen durch das Licht beeinflusst wird. An einem späten Winternachmittag, die Schatten waren schon lang, stellte sie einen kleinen Ventilator mit einem Propeller aus Metall auf den Tisch und steckte den Stecker in die Steckdose. Sie drückte auf den Schalter, und der Propeller begann, sich zu drehen und immer schneller zu surren. Dann schaltete sie das Stroboskop ein. Während sie die Frequenz der Lichtblitze regulierte, wurde der Propeller immer langsamer und kam schließlich zum Stehen. Er sah völlig ruhig und harmlos aus. Wie leicht wäre es, dachte ich bei mir, einfach nur die Hand auszustrecken und ihn zu berühren.

Der Propeller schien aber deshalb stillzustehen, weil das Stroboskop nur einen kleinen Punkt in seinem Kreislauf beleuchtete, erklärte uns Miss Halloway später. Viel später erkannte ich, dass wir auch unsere Beziehungen auf diese Weise betrachten.

Das Wichtigste, was man über Paarbeziehungen wissen muss, ist, dass sie durch das Leitprinzip der *Komplementarität* regiert werden. Unser Verhalten findet nicht in einem Vakuum statt, sondern im Kontext unserer Beziehungen, in denen wir handeln und aufeinander reagieren. In jeder Beziehung hängt das Verhalten der einen Person funktional mit dem der anderen zusammen. Wenn wir mitunter nur einen Punkt in diesem Kreislauf erkennen – das Versäumnis eines Freundes, uns anzurufen, oder das fehlende Interesse unseres Partners oder unserer Partnerin an dem, was wir zu sagen haben – heißt das nicht, dass unsere Beziehungen sich nicht in einem Kreislauf bewegen.

Das größte Hindernis auf dem Weg zu gegenseitigem Verständnis in engen Paarbeziehungen ist das Gefühl, unfair behandelt zu werden. Es lässt uns die Ursache unserer Probleme und Enttäuschungen überall anders als bei uns selbst suchen. Wir wünschen uns ja lediglich, dass unsere Partner sich ein bisschen mehr dafür interessieren, was wir zu sagen haben, und ein bisschen weniger heftig darauf reagieren, was wir über sie zu sagen haben. Spätestens an diesem Punkt verwandelt sich unsere romantische Vorstellung von unserer Ehe in ein Melodram – ein Trauerspiel über ein Ungeheuer und sein Opfer, mit dem sich viele verheiratete Menschen identifizieren, und das sie, wenn es richtig in Fahrt kommt, jedem vorbeten, der ihnen zuhören will.

In den meisten Beziehungen erwarten die Partner zu viel voneinander und schätzen ihre Schwierigkeiten weitaus dramatischer ein, als sie wirklich sind. Die wahre Tragödie der als so tragisch empfundenen Beziehung liegt darin, dass wir nicht mehr erkennen können, was wirklich vor sich geht. Ähnlich wie Maureen sind wir auf all das Unrecht fixiert, das uns unser Partner antut, und glauben, dass unsere Schwierigkeiten unvermeidbar sind.

Letztlich lassen sich Ehe- und Paarbeziehungen und ihre berühmten Komplikationen besser erklären, wenn wir uns auf eine einzige Sache konzentrieren: das ihnen zu Grunde liegende Interaktionsmuster zwischen zwei Menschen. Sie können getrost mit den verletzenden Verhaltensweisen Ihres Partners beginnen – dem ständigen Ausweichen, seinem Egoismus oder seiner Reizbarkeit –, aber fragen Sie sich dann auch: Was ist die Ergänzung zu diesem Muster?

Rhythmen der Veränderung in einer festen Beziehung

Der Zyklus eines Menschenlebens mag bestimmten Abläufen folgen, aber er ist kein kontinuierlicher Vorwärtsmarsch. Es gibt Phasen des Wachstums und der Veränderung, auf die Phasen einer relativen Stabilität folgen, in denen die vorherigen Veränderungen gefestigt werden. Die gute Nachricht ist, dass das Leben keine ständige Bergetappe ist, bei der Sie sich mühevoll hinaufkämpfen müssen. Manchmal erreichen Sie eine Hochebene und können die Dinge rollen lassen. Die schlechte Nachricht ist, dass Sie sich nicht zu lange ausruhen können. Genau wie das Leben durchlaufen auch Partnerschaften verschiedene Zyklen und Jahreszeiten.

Die Zeit des umeinander Werbens – was für ein wunderbar altmodischer Begriff – ist eine Zeit der Offenheit, in der man herausfindet, ob man zueinander passt. Die Partner sind in dieser Phase des Verliebtseins völlig voneinander fasziniert und gehen ineinander auf. Die Gespräche ergeben sich wie von selbst und das Zuhören macht Spaß. Beide finden so viel Neues und Zauberhaftes aneinander, sind aufmerksam, interessant, und vor allem *interessiert*.

Die völlige Faszination füreinander lässt sie die Momente übersehen, in denen sie einander nicht richtig zuhören. Irgendetwas lässt sie an ihre

xxxxxxxxxxxxxxxxxxxxxxxxxxxxxxxxxxxxxxxxxxxxxxx

Zu einem Streit gehören immer zwei

Wenn Sie ein Problem mit dem Verhalten einer anderen Person haben, finden Sie heraus, was genau daran Sie verärgert. Überlegen Sie dann, was das Gegenstück sein könnte. Das könnte Ihnen genau den Schlüssel zur Lösung des Problems geben.

Problem	**Ergänzung**
„Er redet nicht mit mir."	Er mag nicht, wie Sie ihm zuhören.
„Sie ist nicht sehr liebevoll."	Sie hat versteckte Ressentiments.
„Er ist egoistisch."	Er denkt, Sie seien egoistisch.
„Er fragt mich nie, wie mein Tag war."	Sie fragen nie, wie sein Tag war.

Die andere Seite der Gleichung – Ihr Anteil an der misslichen Lage – muss nicht unbedingt etwas sein, das Sie tun. Es ist vielleicht nur Ihre Art, das Problem fortbestehen zu lassen.

Was stört	**Wodurch es fortbesteht**
„Ich mag nicht, wie er mich berührt."	Sie zeigen ihm nicht, wie sie berührt werden möchten.
Er denkt: „Na toll, geht das wieder los."	Er lässt Sie Ihre Sorgen nie vollständig ausdrücken und zeigt kein Verständnis.

xxxxxxxxxxxxxxxxxxxxxxxxxxxxxxxxxxxxxxxxxxxxxxx

Schulzeit denken, und sie fragt ihn, wie er diese erlebt hat. Er erzählt freudig von seinen Erinnerungen, und wenn er sie im Gegenzug nicht nach den ihren fragt, wird sie annehmen, es sei nur ein kleines Versehen – sie wird bestimmt später noch die Gelegenheit haben, ihm davon zu erzählen.

Wenn wir jung und verliebt sind, genießen wir die Gegenwart des anderen so sehr, dass das Diktat des Herzens sämtliche nüchternen Betrachtungen übertrumpft. Das sich Verlieben ist wie ein fantasievoller Schöpfungsakt. Nach einiger Zeit werden unsere jetzt so weiten Herzen vielleicht wieder zusammenschrumpfen und mit ihnen die Begeisterung, mit der wir dem anderen zuhören. Doch das passiert erst später. Im Moment werden wir durch den Drang der Natur, möglichst viele Gene miteinander zu vermischen, trotz oder gerade wegen unserer Unterschiede unwiderstehlich voneinander angezogen – obwohl wir vielleicht besser zu einem Menschen passen würden, der uns selbst ähnlicher ist.

Die große Herausforderung für frisch Verliebte ist es, zu einem Paar zu werden und trotzdem ganz sie selbst zu bleiben.

Wenn es um die Liebe geht, sind wir schnell bereit, ein bisschen zu flunkern. Darunter fallen zärtliche Lügen, einige selbstschützende Lügen und weitaus mehr als nur ein paar selbsttäuschende Lügen. Rückblickend wünschten wir uns, wir wären etwas ehrlicher gewesen und hätten nicht alles daran gesetzt, die Zuneigung des anderen zu gewinnen.

Wenn sich die Beziehung frisch verliebter Paare verfestigt und sie versuchen, herauszufinden, wohin die gemeinsame Reise gehen soll, machen sie meistens zwei Schritte vorwärts und einen zurück. Im Laufe der letzten Jahre haben mich ungefähr ein Dutzend Paare wegen einer vorehelichen Paarberatung aufgesucht. Was für eine gute Idee, dachte ich damals. Leider waren diese Beratungen meist eine sehr frustrierende Angelegenheit. Die meisten Paare, die meine Hilfe in Anspruch nahmen, kamen nicht zu mir, weil sie erstaunlich vorsichtig waren, sondern weil sie, offen gesagt, erstaunlich schlecht zueinander passten. Dennoch waren sie wild entschlossen, um jeden Preis zu heiraten. Zu den Dingen, mit denen sie sich später wohl auseinandersetzen mussten, zählt auch ihr Urteilsvermögen.

Wären die Menschen in der Zeit des umeinander Werbens hellsichtiger, würden sie stärker darauf achten, wie gut ihnen ihr neuer Partner zuhört.

Bei der Partnerwahl ist es besonders wichtig darauf zu achten, wie gut Sie mit dem anderen reden können. Die Frage, wie gut zwei Menschen miteinander sprechen und eine tiefe Freundschaft zueinander aufbauen können, ist weitaus wichtiger als gutes Aussehen, Gewitztheit oder dieses schwer fassbare, prickelnde Gefühl des Verliebtseins. (Aber erzählen Sie das einmal jemandem, der frisch verliebt ist!)

Er braucht Zeit für sich, sie braucht Nähe[1]

Er will in Ruhe gelassen werden, und sie möchte mehr Aufmerksamkeit. Also lässt er sie in Ruhe, und sie überschüttet ihn mit noch mehr Aufmerksamkeit.

Jack und Irene waren ein sehr attraktives Paar Mitte dreißig. Irene war eine schöne Frau mit aschblonden Haaren, die vor Energie sprühte. Als sie mich das erste Mal aufsuchten, trug sie ein Leinenkostüm und eine Seidenbluse. Jack, groß und schlank, trug eine Jeans. Sie hatte sich sehr elegant, er sehr lässig gekleidet. War das nur der Ausdruck einer unterschiedlichen Einstellung zu unserem Gespräch, oder vielleicht zum Leben generell?

„Was bringt Sie zu mir in die Praxis?", fragte ich, während ich sie beide musterte. Jack antwortete zuerst. „Na ja, ich bin wohl etwas intolerant."

„Was an Irene lässt sich schwer tolerieren?"

Die beiden wechselten einen Blick. Irene lächelte Jack müde zu, und er drehte sich wieder zu mir. „Sie nörgelt und beschwert sich ständig. Sie vermutet irgendwelche Dinge, und ich kann nichts dagegen tun – gegen diese Vermutungen – also gebe ich einfach auf und kümmere mich um meine Angelegenheiten."

„Sie meinen, Sie weichen ihr aus?"

„Ähm ... Ja."

Er beschrieb sich daraufhin als einen Mann, der nicht sonderlich gern und viele Gefühle zeigte, aber mit einer emotionalen Frau verheiratet war.

Ich wandte mich an Irene. „Jack möchte also lernen, toleranter zu werden und Ihnen gegenüber weniger ausweichend zu reagieren. Was möchten Sie denn lernen?"

„Ich bemühe mich wirklich sehr, meine Gefühle so auszudrücken, dass er sie verstehen kann. Doch er will immer eine Erklärung dafür, *warum* ich aufgebracht bin. Manchmal weiß man doch selbst nicht, warum, aber wohl, dass man es eben ist."

Jack reagierte auf Irenes Kummer wie ein eher zwanghaft veranlagter Mensch, der einen gefühlsbetonten Menschen beruhigen will: Er bestürmte sie mit Fragen, die deutlich machten, auf welche Art er mit Gefühlen umging – indem er sie kategorisierte und aufgliederte.

Irene hingegen war öfter von ihren Gefühlen überwältigt, ohne dass sie dies wirklich in Worte fassen konnte. In solchen Momenten hätte ihr Mann sie trösten können, indem er einfach nur für sie da gewesen wäre und sie vielleicht in den Arm genommen hätte, statt zu verlangen, sie sollte endlich mit dem Weinen aufhören und ihm alles ruhig erklären. Immer, wenn Irene weinte, hatte Jack die Befürchtung, dass er der Grund dafür war, und fühlte sich deshalb angegriffen. Seine Fragen dienten letztendlich nur dazu, dass er sich besser fühlte. „Was ist denn nur los?" bedeutete also eigentlich „Sag mir, dass ich nicht daran schuld bin!"

Dann erzählte Jack von Irenes Launen, die ihm das Zuhören ebenfalls schwer machten. Wenn Irene ihm aufgeregt etwas erzählen wollte, wurde er nervös und reagierte darauf, indem er entweder alles analytisch auseinanderpflückte oder – wenn diese Taktik nicht aufging – sich distanzierte. Dies wiederum verärgerte Irene, die ihn mit ihrer Wut noch weiter von sich wegstieß. Dass beide einander nicht zuhören konnten, lag nicht an Irenes Temperament oder Jacks Befangenheit, sondern an der Kombination aus beidem.

Jack glaubte, Irene könne ihr Verhaltensmuster durchbrechen, indem sie einfach ihre Gefühle etwas mehr unter Kontrolle brachte. Irene fand, Jack sollte lernen, besser mit ihren Gefühlen umzugehen. Sogar in meiner Praxis dominierte ihr eingefahrenes Kommunikationsmuster unser Gespräch. Je mehr Druck Irene ausübte, umso befangener und defensiver wurde Jack – oder, um das kreisförmige Muster aus einem anderen Blickwinkel zu betrachten: Jacks Unfähigkeit, das von ihr Gesagte zu akzeptieren, ließ sie nur noch aufbrausender werden.

Schließlich unterbrach ich die beiden, um ihnen die Geschichte vom Nordwind zu erzählen. „Eines Tages stritten sich der Nordwind und die Sonne darüber, wer von beiden die mächtigere Naturgewalt sei. ‚Ich kann die Ozeane zum Tosen bringen und einen Schneesturm toben lassen!', sagte der Nordwind. ‚Ja, aber ich kann den Schnee schmelzen und eine Flut zum Versiegen bringen!', erwiderte die Sonne. Da kam ein Mann in einem dicken Mantel des Wegs. ‚Ich hab's!', sagte die Sonne. ‚Lass uns sehen, wer ihm zuerst den Mantel auszieht!' Der Nordwind blies, so stark er konnte. Doch je stärker er blies, umso fester hüllte sich der Mann in seinen Mantel. Schließlich sagte die Sonne: ‚Ich bin dran!' Sie schien mit ihren warmen Strahlen, und der Mann knöpfte seinen Mantel auf. Sie ließ es noch wärmer werden, und er zog den Mantel ganz aus."

Irene und Jack lächelten beide.

„Irene, manchmal verhalten Sie sich wie der Nordwind. Und ich kann es Ihnen nicht verdenken, denn es ist sehr frustrierend, wenn man ausgeschlossen wird. Und wegen dieser Frustration geben Sie entweder auf, oder Sie werden zum Nordwind."

„Sie haben recht. So habe ich es noch nie gesehen."

Zu diesem Zeitpunkt war Jack merklich erleichtert. Es fiel ihm leichter, sich zu öffnen, und er sprach darüber, dass er mehr „Freiraum brauchte".[2] Bei der Arbeit musste er großem Druck standhalten, und wenn er nach Hause kam, brauchte er einfach etwas Zeit für sich, um sich zu erholen. Irene hatte Angst davor, ihm diesen Freiraum zu gewähren – die Freiheit, etwas zu lesen, einen Spaziergang zu machen oder sich mit seinen Freunden zu treffen.

„Jack", sagte ich, „wie ich sehen konnte, haben Sie die Geschichte verstanden, und ebenso, warum Irene eher dem Nordwind ähnelt. Doch wissen Sie, der Mann mit dem Mantel kommt auch darin vor. Es ist ein Spiel zwischen beiden. Der Nordwind bläst, und der Mann hüllt sich ein. Also bläst der Nordwind stärker, und der Mann hüllt sich noch fester ein. Er tut das aus sehr guten Gründen – auch er hat seine Launen, seine Arbeit ist anstrengend, er braucht seinen Freiraum, er liest gern ... Ich respektiere all das. Aber das Sich-Einhüllen ist auch ein Teil des Problems."

„Ja, das ist mir klar", sagte Jack. Er fügte hinzu, dass er sich bereits Mühe gab. Aber, gab er zu, „es fällt mir einfach nicht leicht, so viel Nähe."

Mittlerweile hatte sich das Gesprächsklima deutlich gewandelt. Jack und Irene war klar geworden, dass sie in einem Kommunikationsmuster feststeckten, in dem sie beide den anderen dazu brachten, in eben der Weise zu reagieren, wie sie es nicht vertrugen.

Wenn Irene einsieht, dass ihr Drängen bei Jack nur dazu führt, dass er sich weiter verschließt, und *er* begreift, dass sein ausweichendes Verhalten sie dazu bringt, noch emotionaler zu reagieren und ihn stärker zu bestürmen, können beide überlegen, wie sie aus diesem Kreislauf ausbrechen können. Wird sich dann alles auf wundersame Weise ändern? Verwandelt sich ein Frosch in einen Prinzen, wenn Sie ihn küssen? Vielleicht nicht sofort.

Wie Sie ein Gleichgewicht zwischen vertrauter Nähe und Freiraum schaffen

Um den Bedürfnissen beider Partner gerecht zu werden, müssen Paare den Abstand zwischen sich aushandeln – und ebenso den Abstand zwischen ihnen als Paar und dem Rest der Welt.

Wenn wir einen anderen Menschen körperlich und emotional sehr nah an uns heranlassen, öffnen wir die Grenzen unseres privaten Selbst und lassen ihn herein. Verliebte reißen alles nieder, was sie voneinander trennt, während sie einen großen Schutzwall um ihre neu gefundene Zweisamkeit bauen, um äußere Einflüsse abzuwehren. Diese Nähe und Intimität bringt auch mehr Vertrautheit in ihre Gespräche, was seine Vor- und Nachteile hat.

Wenn zwei Menschen sich ständig gegenseitig bei der Arbeit anrufen, keiner von beiden eigene Freunde oder andere Interessen hat als der andere, wenn sie sich nur als Paar und nicht als zwei Individuen betrachten, dann mangelt es ihnen eindeutig an Eigenständigkeit. Dieser Druck des ständigen Zusammenseins bewirkt, dass jede Form der Kommunikation durch Konfliktangst geprägt ist. Wer allein mit nur einer weiteren Person in einem Rettungsboot auf dem Meer treibt, fängt keinen Streit an.

Den Kontrast dazu bilden Paare, bei denen die eigene Unabhängigkeit einen weit größeren Stellenwert als die gemeinsame Verbindung hat. Sie unternehmen wenig zusammen, haben getrennte Zimmer, fahren getrennt in den Urlaub, haben getrennte Konten, investieren mehr Zeit in ihre Karriere oder andere Beziehungen als ineinander und reden auch nicht viel miteinander. Sie hören einander nur sehr eingeschränkt zu, weil es so viele andere Ablenkungen gibt.

Die meisten Paare sind nicht von Anfang an so losgelöst voneinander. Die Mauer, die mit der Zeit zwischen ihnen gewachsen ist, hat ihren Ursprung in ungelösten Konflikten. Oft handelt es sich dabei gar nicht um konkrete Verfehlungen, sondern um fehlendes Zuhören und fehlendes Verständnis. Beide fühlen sich, als ob sich der andere nicht genügend um ihn kümmert. Dass den Partnern viel aneinander liegt und sie sich nur aus Konfliktscheu nicht aufmerksam genug zuhören, ändert nichts an dem Gefühl fehlender Wertschätzung. Frieden um jeden Preis ist teuer erkauft.

Typischerweise kommen zwei Partner, die sich neu gefunden haben, aus Familien, in denen ein unterschiedliches Maß an Nähe und Distanz herrscht. Dementsprechend tendiert jeder Partner dazu, sich in der Art Beziehung am wohlsten zu fühlen, mit der er aufgewachsen und die ihm vertraut ist. Da nun unterschiedliche Erwartungen aufeinanderprallen, kommt es oft zu einem Ringen darum, wie viel man miteinander teilt und was man lieber für sich behält. Genau das ist vielleicht die größte Herausforderung, die es zu meistern gilt, wenn wir einem neuen Partner zuhören: Wir müssen genug Einfühlungsvermögen für seinen speziellen Kommunikationsstil entwickeln.

Am Anfang einer Beziehung sorgt die Leidenschaft dafür, dass Kommunikationsprobleme in den Hintergrund treten. Manche Menschen haben sich von ihren Familien losgesagt und beginnen ihre neue Beziehung mit einem unstillbaren Hunger nach einer tiefen Bindung. Ein solch grenzenloses Miteinanderverschmelzen, das Wunschziel der jungen Liebe, lässt sich kaum lange aufrechterhalten – besonders wenn diejenigen, die im Bann dieses Verliebtseins sind, sich von ihrer Familie und ihren Freunden isolieren. Vor allem den Paaren, die erwarten, dass all ihre Wünsche und Bedürfnisse innerhalb ihrer Beziehung erfüllt werden, steht ein böses Erwachen bevor. Zu hohe Erwartungen sind ein Hauptgrund dafür, warum manche Leute nicht die ersehnte Erfüllung in ihrer Paarbeziehung finden können.

Spannungen und Probleme in der Beziehung kann ein Paar auf drei verschiedene Arten lösen: durch das Arbeiten an der Auflösung von Konflikten, durch eine Dreieckskonstellation oder durch Distanzierung. Wenn eine Distanzierung voneinander nicht wenigstens zum Teil dadurch ausgeglichen wird, dass sich das Paar gegenüber der Außenwelt immer noch als abgegrenzte Einheit versteht, leben sich die Partner oft auseinander.

Als Brendan und Gina heirateten, waren sie sehr verliebt, aber auch sehr jung und naiv, was ihre unterschiedliche Herkunft und Erziehung betraf. Sie kam aus einer großen, eng verflochtenen Familie, deren höchstes Gut der gemeinsame Zusammenhalt war. Er hingegen stammte aus einer kleinen zerbrochenen Familie, bei der Unabhängigkeit und die persönliche Leistung an erster Stelle standen.

Brendan fand, dass Gina nahezu süchtig nach Nähe war. Sie wollte ununterbrochen reden. Sogar wenn sie fernsahen oder lasen, unterbrach sie ihn alle paar Minuten, um ihm zu erzählen, was ihr gerade durch den Kopf ging. Das störte seine Konzentration und verärgerte ihn. Er versuchte, ihr dies indirekt deutlich zu machen, indem er seufzte oder genervt „Ja?“ sagte. Doch bei Gina schienen seine Signale nicht anzukommen.

Für Gina war eine besondere zwischenmenschliche Nähe etwas ganz Natürliches. Sie empfand Brendans „Kälte“ und „Unnahbarkeit“ als egoistisch und gemein. Warum war er immer so abweisend zu ihr?

Jeder von ihnen beharrte auf seiner Sichtweise oder schaffte es bestenfalls nur zeitweise, die des anderen nachzuempfinden. Eine traurige und doch leider allzu bekannte Geschichte. Zwei junge Menschen, die zu unterschiedliche Erwartungen aneinander haben, um gut miteinander auszukommen, und zu wenig Erfahrung, um zu wissen, wie sie ihre Probleme bewältigen können.

Es waren aber nicht die Unterschiede zwischen den beiden, die ihnen die ersten gemeinsamen Jahre so schwer machten; es war ihre Unfähigkeit, miteinander über diese Unterschiede zu sprechen. Mindestens einmal pro Woche war Gina wegen Brendans Distanziertheit so aufgebracht, dass ihr der Kragen platzte. Brendan hingegen war entsetzt über ihre übertriebenen und gemeinen Äußerungen. Am härtesten traf ihn „Du scherst dich doch einen Dreck um andere, du kümmerst dich nur um dich selbst!“ *Wie konnte sie ihm bloß so etwas an den Kopf werfen?* Das wollte er sich tatsächlich nicht anhören. Gina, die frustriert war, weil sie sich ignoriert fühlte, schrie ihn noch schriller an, wodurch Brendan erst recht innerlich dicht machte. Am Ende brach Gina meist in Tränen aus und schluchzte: „Warum bist du nur so gemein zu mir?“ Brendan fragte sich haargenau dasselbe, aber nur innerlich, und immerhin niemals öfter als zweimal am Tag.

Wie viele Paare, die nicht besonders gut zueinander passen, lernten auch Brendan und Gina mit der Zeit, miteinander auszukommen. Nach einer Weile hatten sie Kinder, die die Konflikte ihrer Paarbeziehung in den Hintergrund rückten und dämpften. Sie lernten, besser aufeinander einzugehen. Gina gewöhnte sich an Brendans Schweigen und daran, dass er häufig mit seinen Freunden Golf spielte. Brendan begann dafür, mehr Zeit mit ihr und den Kindern zu verbringen. Doch leider lernten beide nie, wirklich miteinander zu sprechen. Brendan redete nicht mit Gina, weil er fand, dass sie überzogene Erwartungen hatte und ihm nicht das Recht einräumte, eigene Vorlieben zu haben. Gina beklagte sich immer noch hin und wieder darüber, wie enttäuscht sie von Brendans Teilnahmslosigkeit war, doch er lernte nie, ihr richtig zuzuhören. Wenn er zuhörte, dann gerade genug, um sie zu beschwichtigen – „Tut mir leid." „Ja, Schatz." – doch nicht, um wirklich zu verstehen, wie sie sich fühlte. Er wünschte sich, sie wäre anders, er wünschte sich, er könne einfach davonrennen, und all diese Gedanken hielten ihn davon ab, sich tatsächlich mit dem Menschen auseinanderzusetzen, den er geheiratet hatte. So wie ein Gefangener, dessen Gedanken nur um seine Flucht kreisen, konnte er sich nicht der Realität seiner Beziehung stellen.

Verfolger und Distanzierer

Verfolger wünschen sich eine tiefe Bindung, Distanzierer fühlen sich davon unter Druck gesetzt. Je mehr sie ihn verfolgt, umso stärker distanziert er sich – und umso intensiver nimmt sie die Verfolgung auf. Es ist ein ewiger Kreislauf, der aber doch manchmal unterbrochen wird.

Wenn Verfolger genug davon haben, ständig abgewiesen zu werden, ziehen sie sich gekränkt zurück. Nach einer Weile beginnen sie aber, sich einsam zu fühlen, und der Kreislauf beginnt von neuem.

Sie will mehr reden. Er will weniger Streit. Um ihre Ziele zu erreichen, müssen beide mehr auf das eingehen, was der andere will.

Wenn Sie ein Verfolger sind, versuchen Sie, sich stärker zurückzuhalten. Probieren Sie, sich in den nächsten Tagen weniger auf den anderen zu fokussieren. Diese Art der geplanten Distanz ist nicht dasselbe wie reaktive Distanz, also kein gekränkter Rückzug, bei dem man dem anderen die kalte Schulter zeigt. Es ist ein Unterschied, ob wir den anderen trotzig ignorieren oder ihn eine Zeit lang etwas weniger beachten. Ein bestrafendes Schwei-

„Warum willst du nicht mit mir reden?"

Wie können Sie einen Distanzierer davon überzeugen, dass Sie offen und empfänglich für das sind, was er denkt und fühlt? Wie lässt sich dies bewerkstelligen, ohne noch mehr Druck auf den anderen auszuüben?

Wer sich schnell zurückzieht, bezweifelt, dass Diskussionen zu einem befriedigenden Ergebnis führen können. Wenn Sie mit einem Distanzierer zusammenleben, müssen Sie ihn oder sie davon überzeugen, dass Sie für das offen sind, was er oder sie sich wünscht. Gut, Sie müssen das nicht – Sie können auch einfach so weitermachen wie bisher, genau wie die meisten unglücklich verheirateten Paare.

gen wird nicht dazu führen, dass Ihnen Ihr Partner nicht ständig durch den Kopf geht. Investieren Sie Ihre Energie lieber in andere Dinge, statt passiv-aggressiv zu reagieren.

Achten Sie darauf, was passiert, wenn Sie Ihren Partner nicht mehr bedrängen.[3] Sie werden vermutlich bemerken, dass Sie sehr angespannt sind. Das ist eine wichtige Selbsterfahrung. Sie gibt Ihnen die Möglichkeit, zu überprüfen, inwieweit Ihr Drängen ein Schutzmechanismus sein könnte, der Sie davor bewahrt, sich mit Ihren eigenen Ängsten und dem Fehlen anderer erfüllender Dinge in Ihrem Leben auseinanderzusetzen.

Akzeptieren Sie jeden Schritt, den ein Distanzierer auf Sie zugeht, auch wenn er oder sie dies nur tut, um sich zu beschweren. Auch dies ist wichtig. Viele Verfolger behaupten, sie wollen nur, dass ihr Partner seine Gefühle mit ihnen teile. Dabei meinen sie aber ausschließlich die positiven. Ein Verfolger, der darum bemüht ist, ein eingefahrenes Muster aufzubrechen, sollte nicht abwehrend auf das reagieren, was der Distanzierer ihm mitteilt. Distanzierer haben auch Gefühle, sie schließen sie nur sicher in kleinen, sorgfältig voneinander getrennten Schubladen weg. Wenn sich ein Distanzierer überwindet und Ihnen seine Gefühle offenbart, versuchen Sie, ihm zuzuhören, ohne heftig auf das zu reagieren, was er sagt.

Wenn Sie ein Distanzierer sind, wird Ihnen das Zusammenleben mit einem Verfolger nicht leichtfallen. Sie fühlen sich ständig in die Enge getrieben. Wie soll man denn aufhören, wegzurennen, wenn einem ständig jemand auf den Fersen ist? Am wichtigsten ist es zu erkennen, dass Sie nicht von Ihrem Partner oder Ihrer Partnerin verfolgt werden, sondern in einem eingefahrenen Muster aus Verfolgung und Distanzierung gefangen sind. Statt Ihrem Verfolger oder Ihrer Verfolgerin auszuweichen, versuchen Sie, einen Kontakt ganz nach Ihren Regeln herzustellen. Rufen Sie Ihre bessere Hälfte tagsüber an und schlagen Sie ihr oder ihm vor, einen gemeinsamen Spaziergang zu machen. Sprechen Sie aus, was Ihnen durch den Kopf geht, und fragen Sie dann, was der andere denkt oder fühlt.

Wenn eine Verfolgerin sich bemüht, Ihren Partner häufiger in Ruhe zu lassen, wird er sich ihr nicht sofort stärker zuwenden. Durch die daraus resultierende Distanz zwischen den beiden wird sie sich vielleicht enttäuscht oder betrogen fühlen. Sie hat sich zu einer Veränderung durchgerungen, er nicht. An diesem kritischen Punkt – dem dritten Schritt des Veränderungsprozesses – kann sie entweder in ihr altes Verhaltensmuster zurückfallen oder durchhalten und dabei ruhig bleiben, ihre eigenen Interessen entwickeln und ihrem Partner genug Raum und Zeit geben, um sein Bedürfnis nach Nähe zu ihr zu entdecken.

Wenn sich ein Distanzierer doch dazu überwindet, das Muster zu durchbrechen und sich seiner Partnerin mehr zu nähern, reagiert diese vielleicht nicht sofort so, wie er es sich erhofft. Eventuell offenbart er ihr seine Sorgen, doch sie erkennt diese nicht an, sondern kritisiert ihn. Wenn ihre Reaktion ihn verletzt und er sich daraufhin erneut zurückzieht, denkt er

xxxxxxxxxxxxxxxxxxxxxxxxxxxxxxxxxxxxxxxxxxxx

Veränderung ist ein Prozess in drei Schritten

Wenn Sie eine Woche lang versuchen, Ihren Anteil am Verfolger-Distanzierer-Muster zu ändern, werden Sie bemerken, dass diese Veränderung ein Prozess in drei Schritten ist: Erst verändern Sie sich. Dann reagiert Ihr Partner auf diese teilweise Veränderung – normalerweise in einer Weise, die Sie zum Teil erfreuen und zum Teil verärgern wird. Der dritte Schritt ist Ihre Antwort auf diese Reaktion: Entweder Sie verfallen wieder in Ihr altes Muster, oder Sie bemühen sich weiter um eine Veränderung.

An welchem Punkt geben Sie normalerweise auf? Was würde Ihnen dabei helfen, Ihre Bemühungen um eine positive Veränderung in Ihrer Beziehung aufrechtzuerhalten? Versuchen Sie zunächst, nur eine kleine Veränderung zu bewirken, und beobachten Sie, was passiert – wie *Sie* sich fühlen – wenn die andere Person versucht, Sie zurück in Ihr altes Muster zu drängen. Vergessen Sie nicht: Wir scheitern nicht an dem, was die anderen tun, sondern an unserer Reaktion auf ihr Handeln.

xxxxxxxxxxxxxxxxxxxxxxxxxxxxxxxxxxxxxxxxxxxx

sich wahrscheinlich: *Ich habe es ja versucht, aber sie wird sich niemals ändern.* Fällt er nun wieder in sein altes Verhaltensmuster zurück, liegt das nicht an der Reaktion seiner Partnerin, sondern an *seiner* Reaktion auf ihre Reaktion.

Ein weiterer Grund dafür, warum sich die Verfolger-Distanzierer-Dynamik nicht so einfach auflösen lässt, sind die gänzlich verschiedenen Verhaltensweisen beider Beteiligten. Verfolger bevorzugen es, möglichst viel Zeit für die Beziehung aufzubringen, während Distanzierer lieber Zeit für sich haben oder diese, wenn schon zusammen, dann mit gemeinsamen Aktivitäten verbringen. (Deshalb kann es vorkommen, dass manche Menschen, die sich emotional distanzieren, trotzdem sexuelle Verfolgertypen sind.) Verfolgern fällt es leicht, ihre Gefühle auszudrücken, Distanzierer unterdrücken sie lieber. Verfolger haben recht durchlässige persönliche Grenzen und können schnell Beziehungen zu einer ganzen Reihe neuer Menschen aufbauen. Distanzierer trauen sich nur bei sehr wenigen, vorsichtig ausgewählten Menschen aus der Deckung.

Auch wenn jeder von uns eine eigene dominante Verhaltensweise mitbringt, kann die Dynamik der Komplementarität dazu führen, dass wir in verschiedenen Beziehungen verschiedene Rollen einnehmen. So kann ein Mann sich seinen Freunden gegenüber z. B. wie ein Distanzierer und seiner Mutter gegenüber wie ein Verfolger verhalten. Eine Frau übernimmt vielleicht die Rolle der Verfolgerin in ihrer Partnerschaft, während sie sich gegenüber ihrem Stiefvater wie eine Distanziererin verhält.

Distanzierer sind gerade innerhalb von Beziehungen sehr unsicher. Ihre Privatsphäre gewährt ihnen Schutz. Sie fühlen sich von Verfolgern bedrängt und in die Enge getrieben.

Wenn Sie die Nähe eines Distanzierers suchen, bedrängen Sie ihn nicht. Klopfen Sie an, bevor Sie eintreten. Geben Sie ihm Zeit, sich auf Ihre Gesellschaft vorzubereiten.

Distanzierer reagieren auf bedrohliche Themen, indem sie sie unterdrücken oder ihnen ausweichen. Auch wenn man ihnen nicht ansieht, wie viel Angst manche Themen bei ihnen auslösen, ist diese Furcht unterschwellig immer da. Die Spannungen, die durch solche versteckten Ängste entstehen, entladen sich im Rahmen von Beziehungen oft als heftige Konflikte oder führen bei einem der beiden Partner zu seelischen Problemen.

Emotionale Verfolgertypen bewältigen ihre Probleme, indem sie sie immer und immer wieder auf sehr aufgeregte Weise besprechen wollen. Doch so werden diese Probleme nie gelöst, und die mit ihnen verbundene Emotionalität bleibt ebenfalls bestehen. Für die Partner von Verfolgern fühlt dieser sich ständig wiederholende Ablauf wie Salz in einer offenen Wunde an.

Wie bei vielen anderen komplementären Verhaltensmustern – Unterfunktion/Überfunktion, Nachsicht/Strenge, Schnelligkeit/Trägheit – ist auch die Verfolger-Distanzierer-Dynamik kein statischer Zustand. Überhaupt sind an einer Beziehung nur sehr wenige Dinge statisch.

Wie Sie lernen, Unterschiede auszugleichen

Eine Lebenspartnerschaft ist ein Prozess, bei dem beide Partner ihr jeweiliges Leben zu einer neuen Einheit, dem Paar, umstrukturieren: Freunde laden *das Paar* zum Abendessen ein, das Finanzamt fordert die Steuern vom *Paar* ein, und *das Paar* erwirbt gemeinsames Eigentum. Die zwei individuellen Persönlichkeiten verschwinden natürlich nicht, doch ihre Partnerschaft ist nun ein System, in dem beider Schicksale miteinander verknüpft sind.

Das Wichtigste an einer Partnerschaft ist die gegenseitige Anpassung, um die vielen kleinen Herausforderungen des Alltags erfolgreich zusammen zu meistern. Dabei versucht jeder Partner, die Beziehung gemäß seinen gewohnten Prinzipien zu gestalten und drängt den anderen dazu, sich anzupassen. Sie müssen die großen Entscheidungen gemeinsam treffen: wo sie leben wollen oder ob und wann sie Kinder haben möchten. Weniger offensichtlich, aber genauso wichtig ist das Abstimmen der gemeinsamen täglichen Rituale – welche Sendung sie sich im TV ansehen wollen, was es zum Abendessen gibt, wann sie ins Bett gehen und was sie im Bett tun. Leider liegt zwischen Anpassung und Kapitulation ein sehr schmaler Grat.

Lynn war erst neunzehn, als ihre Mutter starb. Nachdem tiefer Schmerz einer inneren Leere Platz gemacht hatte, entschloss sie sich, New York zu verlassen und nach Montana zu ziehen. Als sie aus dem Flugzeug stieg, war sie von der Kraft des Sonnenlichts überwältigt. Der letzte Schnee schmolz, und das Tal erblühte. Auf den Frühling folgte ein endloser Sommer, und schon hielt der Herbst Einzug. Nun setzte die Einsamkeit ihr immer mehr zu, und Lynn fragte sich, was sie mit ihrem Leben anfangen solle. Zu dieser Zeit traf sie Travis. Lynn, die in New York fast nur Männer gekannt hatte, die pausenlos über sich selbst redeten, fasste Travis‘ Schweigsamkeit als Stärke auf. Sie glaubte, er sei der Richtige. Als er sie fragte, ob sie zu ihm in seinen Wohnwagen ziehen wollte, schien dies die allerbeste Entscheidung zu sein.

Nach einem Jahr hatte sich ihre Beziehung nicht wesentlich weiterentwickelt. Vielleicht würde sich das durch eine Hochzeit ändern. Also stellte Lynn Travis ein Ultimatum: Entweder er heiratete sie oder sie würde ausziehen. Doch schon auf dem Weg zum Altar dachte Lynn: *Das wird niemals halten.* In ihrer Hochzeitsnacht betrank sie sich und hoffte, damit diesen riesigen Schritt ins Unbekannte auszublenden.

Lynn wurde schon in den Flitterwochen schwanger. Zwei Wochen später meldete sich Travis zur Air Force. Als Travis in Korea stationiert wurde, bereitete er alles dafür vor, dass Lynn bald nachkommen könnte. Sie zog währenddessen zu seinen Eltern. Es war keine glückliche Zeit. Als sie sechs Wochen später in das Flugzeug nach Incheon stieg, war sie erleichtert – und hatte gleichzeitig Angst vor der Zukunft.

Nach dem Jetlag und der ersten Eingewöhnungszeit sah sich Lynn mit der harten Realität konfrontiert. Sie verbrachte den ganzen Tag allein mit dem Baby in einer winzigen Wohnung. Sie hatte von den USA aus an Travis geschrieben und ihn gebeten, ein Auto mit Automatikgetriebe zu kaufen, weil sie sich mit einer manuellen Gangschaltung nicht auskannte. Er hatte nicht auf sie gehört. Ohne Auto fühlte sie sich wie eine Gefangene. Als sie versuchte, mit Travis darüber zu sprechen, meinte er nur: „Du kriegst das schon hin. Sei kein Baby." Was sollte sie darauf antworten?

Leider bestand Lynn nicht darauf, dass Travis sich anhörte, wie es ihr ging. Sie fragte auch nicht nach, was er fühlte. „Ich jammerte", sagte sie. „Ich war wütend und gemein. Damals wusste ich nicht, was mit mir los war. Mein Frust wurde einfach immer größer, bis ich explodierte und Travis attackierte. Statt ihm zu erklären, was in mir vorging, sagte ich Dinge wie ‚Wir unternehmen ja nie etwas; nie gehst du mit mir aus!'. Er zahlte mir es auf gleiche Weise heim. 'Was ist dein Problem?!' war seine Standardantwort auf alle meine Beschwerden." Sie konnte sich nicht wirklich daran erinnern, ob und worüber Travis sich beklagte. Sie hatte sich nur gemerkt, dass er ihr nie zuhören wollte.

Als Lynn heiratete, glaubte sie, wenn sie alles richtig mache, würde Travis zu dem liebevollen und zärtlichen Mann werden, den sie sich wünschte. Sie war mit einem selbstsüchtigen Vater aufgewachsen und hatte sich ständig gefragt *Wie kann ich Daddy glücklich machen?* Für Travis spielte sie die liebende Ehefrau und hoffte, irgendwann mit zärtlicher Zuneigung und Aufmerksamkeit dafür belohnt zu werden. Aber es gab keine zärtliche Zuneigung; es gab nur Sex. Lynn fand sich damit ab, dass ihre Bedürfnisse nicht erfüllt werden würden, weil sie nicht wusste, wie sie sie in Worte fassen sollte.

Irgendwann schlug Lynns Frust in Verbitterung um, und ihre Gespräche mit Travis verwandelten sich in einen offenen und unbarmherzigen Schlagabtausch. Beide fühlten sich in ihrer Beziehung gefangen und missverstanden, und beide schlugen mit aller Macht zurück. Nachdem sie sich jahrelang vernachlässigt gefühlt hatte, schnürte es Lynn jedes Mal vor Wut die Kehle zu, wenn sie über ihre Gefühle sprechen wollte. Dann wurde sie gemein und fiel zeternd über Travis her. Dieser fühlte nur, wie sich sein Magen zusammenzog, und machte völlig dicht. Ein- oder zweimal trieb sie ihn so in die Enge, dass ihre Schuldzuweisungen bei ihm zum Ausbruch seiner eigenen lange aufgestauten Wut führten. Nach so einem Streit gingen sie wieder dazu über, sich zu ignorieren.

Die ihnen in Korea durch ihre Wohnverhältnisse aufgezwungene Nähe mag dazu geführt haben, dass sie länger zusammenblieben, als es woanders der Fall gewesen wäre. Vielleicht aber forderte diese Nähe auch einen zu großen Tribut von ihrer ohnehin wenig stabilen Beziehung. Wie dem auch sei – als Travis wieder in den USA stationiert wurde und Lynn ihr Studium wieder aufnahm, zerbrach ihre Ehe endgültig. Durch ihr Studium und ihre eigenen Freunde fühlte sich Lynn stärker und selbstsicherer und war nicht länger gewillt, in einer für sie so unglücklichen Beziehung auszuharren. Ironischerweise begann Travis um Lynn zu kämpfen, je weiter sie sich von ihm entfernte. Er flehte sie an, zu bleiben, und versuchte das erste Mal seit dem Beginn ihrer Beziehung, ihr wirklich zuzuhören. Doch es war zu spät.

Lynn sagte: „Er wollte jemanden, der ihn bemuttert, für ihn putzt, kocht usw. Solange ich das alles ohne zu murren tat, war er glücklich. Doch sobald ich mehr von ihm wollte, konnte er nicht damit umgehen, und hasste mich dafür. Meine Unabhängigkeit gab ihm endlich den Raum, den er brauchte; also begann er wieder, mich zu mögen. Ich weiß aber jetzt, dass das Ganze von Anfang an ein Fehler war." Also trennten sie sich.

Travis und Lynn hätten mit anderen Partnern vielleicht mehr Glück gehabt. Vielleicht aber auch nicht. Zweite und dritte Ehen scheitern nicht daran, dass die Leute sich nach wie vor den falschen Partner suchen. Es liegt nicht an den Unterschieden, sondern wie wir damit umgehen. Vielleicht war Lynn die ganze Zeit viel zu kompromissbereit. Und vielleicht hat Travis viel zu wenig Bereitschaft für Kompromisse gezeigt. Er war jung und zu sehr damit beschäftigt, sich seine Männlichkeit zu beweisen, als sich um die Liebe seiner Frau zu bemühen. Vielleicht hatte er auch Angst davor, sich selbst zu verlieren, wenn er zu sehr zum Nachgeben bereit war. Das Problem der beiden war, dass keiner den Mut hatte, sich den Standpunkt des anderen anzuhören.

Travis und Lynn hätten es vielleicht geschafft, miteinander über ihre Differenzen zu sprechen, wenn es beiden besser gelungen wäre, sich zu beherrschen und nicht überzureagieren. Statt ihren Ärger ständig zu unterdrücken, bis sie explodierte, hätte Lynn sich vielleicht ruhig an Travis wenden können (man muss sich nicht unbedingt innerlich ruhig *fühlen*, um ruhig *sprechen* zu können): „Mich belastet etwas, und ich will mit dir darüber reden. Hast du gerade Zeit?"

Am besten bekommen wir unsere Gefühle in den Griff, wenn wir nicht zu lange warten und Probleme totschweigen, sondern sie offen ansprechen – bevor unsere Wut sich Bahn bricht.

Travis glaubte, wenn er sich Lynns Gejammer nicht anhörte, müsste er sich auch nicht weiter damit auseinandersetzen, und er könnte dem unangenehmen Gefühl entkommen, das ihre Schuldzuweisungen bei ihm verursachten. Er musste aber herausfinden, dass Gefühle sich wie jede andere Form von Energie verhalten: Wenn sie nicht geäußert werden dürfen, suchen sie sich ein anderes Ventil.

Ruhe und Offenheit können dafür sorgen, dass der andere weitaus weniger defensiv reagiert. Wenn Sie etwas nicht verstehen, bitten Sie um eine genauere Erklärung. Ansonsten halten Sie einfach den Mund und hören Sie zu.

„Warum können Frauen nicht ein bisschen mehr wie Männer sein?“

Wenn Unterschiede, die sich anziehen, uns das Leben später schwer machen, sind wir wahrscheinlich geneigt zu glauben, dass eine Beziehung dann am besten funktioniert, wenn sich beide Partner so ähnlich wie möglich sind. Das stimmt leider nicht. Sind sich beide Partner zu ähnlich, besteht die Gefahr, dass gemeinsame Schwächen sich verstärken und dadurch ein übergroßes oder sogar zerstörerisches Ungleichgewicht entsteht. Zwei äußerst temperamentvolle oder verschwenderische Menschen sind eine verhängnisvolle Kombination.

Lynn sagte sich, sie hätte den falschen Mann geheiratet. Travis war gutaussehend und klug, doch er hatte nie gelernt, anderen Menschen seine Gefühle anzuvertrauen. Ein Mann, dem seine Unabhängigkeit über alles ging, heiratete eine Frau, der ein enges Miteinander wichtig war. Auch Travis glaube, er hätte sich die falsche Partnerin ausgesucht. Es wäre ihm nie in den Sinn gekommen, dass diese außergewöhnliche und begehrenswerte Frau, in die er sich verliebt hatte, zu solch einer zänkischen Nervensäge werden würde.

„Ich hab‘ dich schon beim ersten Mal verstanden!”

Am häufigsten beklagen sich Männer darüber, dass die Frauen in ihrem Leben ständig nörgeln. Wenn eine Person sich kontinuierlich beklagt, mag es damit zu tun haben, dass sie schon seit langer Zeit kein Gehör für ihre Sorgen gefunden hat. Wer weiß, dass ihm mit Anteilnahme und Einfühlungsvermögen zugehört wird, fühlt sich verstanden und erleichtert. Wenn uns niemand zuhört, fühlen wir uns mit unseren Gefühlen allein gelassen.

„Er scheint gar nicht zu merken, dass ich hier alles in Schuss halte. Und Hilfe bekomme ich von ihm nur, wenn ich darum bettele."

Wenn einem Menschen nicht zugehört wird, wächst bei diesem die Frustration und der innerliche Groll. Kein Wunder, dass er oder sie daraufhin als nörglerisch empfunden wird.

„Sie verhält sich, als sei sie meine Mutter. Sieht sie denn gar nicht, dass ich meinen Teil der Hausarbeit sehr wohl erledige?"

Lloyd *hasst* Cathys Genörgel.

Mach' endlich das Schlafzimmerfenster zu; dreh' die Heizung nicht so weit auf; tu dies, tu jenes. Irgendetwas stört sie immer. Das jedenfalls sagt er sich selbst, und von sich selbst hat er keinen Widerspruch zu erwarten.

Cathy hasst es, dass Lloyd ihr niemals zuhört. „Warum muss ich dir alles immer und immer wieder sagen? Warum kannst du mir nicht einmal eine einfache Bitte erfüllen?" So etwas in der Art wirft sie ihm oft an Kopf. Ihrer Freundin Samantha erzählt sie: „Immer wenn ich versuche, ihm etwas zu sagen, taucht er ohne Vorwarnung buchstäblich ab – und lässt mich allein sitzen."

Wenn man Sie für nörglerisch hält

Jedes unserer Gespräche wird positiv wie auch negativ durch vorangegangene Gespräche mit derselben Person beeinflusst. Ständige Kritik schafft eine negative Atmosphäre und führt letztendlich dazu, dass der andere den Nörgler oder die Nörglerin ignoriert – so ähnlich wie in einem Cartoon von Gary Larson, in dem ein Mann seinem Hund irgendetwas erklärt, und der Hund nur „Blablabla" hört.

Die kritische Person wird zum Ärgernis. Aber was tun, wenn die ständigen Bitten darum, die schmutzige Wäsche in den Wäschekorb im Bad zu werfen oder das schmutzige Geschirr endlich wegzuräumen, immer ungehört verklingen?

Sie sind in der Nörgler-Rolle gefangen: Auch wenn Sie wissen, dass jemand vergessen wird, worum Sie ihn bitten, nerven Sie ihn weiter damit. Sie fragen nie nur einmal, Sie äußern sich stets in kritischem oder klagendem Ton, Sie ärgern sich über viele Dinge, die die andere Person tut, und Sie lassen sie es wissen. Sie lassen sich eher davon bestimmen, was „getan werden sollte" als von dem, was Sie wollen, und die andere Person zuckt jedes Mal zusammen, wenn Sie etwas von ihr verlangen. Vielleicht finden Sie selbst nicht, dass Sie ein sehr kritischer oder nörglerischer Mensch sind. Wenn die andere Person dies aber so empfindet, ist es gut möglich, dass sie Ihnen nicht richtig zuhört.

Nörgelei entsteht im Ohr des Zuhörers.

xxxxxxxxxxxxxxxxxxxxxxxxxxxxxxxxxxxxxxxxxxxxxxxxxxxx

„Warum ist immer alles meine Schuld?“

Versuchen Sie, weniger von den Menschen in Ihrem Leben zu verlangen und sie seltener an Ihre Aufforderungen zu erinnern. Das ist unfair, meinen Sie? Sie haben jedes Recht zu motzen? Das stimmt. Aber mit weniger erreichen Sie mehr. Konzentrieren Sie sich auf die Dinge, die Ihnen am wichtigsten sind, und formulieren Sie Ihr Anliegen wie eine höfliche Bitte.

xxxxxxxxxxxxxxxxxxxxxxxxxxxxxxxxxxxxxxxxxxxxxxxxxxxx

Zuhören ist schwer, weil es bedeutet, die Kontrolle abzugeben. Wenn Sie Angst vor dem haben, was Sie hören könnten, möchten Sie Ihre Ohren am liebsten verschließen. Die Dinge, die jemand, der sich kritisiert fühlt (auch wenn er die ersten zwölf Male nicht zugehört hat), am wenigsten heraushören möchte, sind Schuldzuweisungen und Aufforderungen zu Dingen, die für ihn nicht zur Diskussion stehen.

Bei all unseren Gesprächen kämpfen wir um unsere Unabhängigkeit. Wir wollen nicht von anderen kontrolliert werden und unser Mitspracherecht aufgeben, aber auch nicht ihre Zuneigung verlieren. Wenn ein Mensch Ihre Bitte oder Aufforderung so interpretiert, dass Sie über ihn bestimmen, wird er sich dagegen sperren – nicht weil er nicht das tun will, worum Sie ihn bitten, sondern weil er sich gegen die (implizierte oder vermutete) Metabotschaft sträubt, Sie seien der Boss. Wenn Sie möchten, dass Ihre Botschaft weniger herrisch beim anderen ankommt, ergänzen Sie Ihre Bitte oder Anregung am Ende mit einem „Was meinst du?“ Damit halten Sie dem anderen einen Fluchtweg offen und Ihren Dialog am Laufen. Betonen Sie, wie wichtig Ihnen diese Bitte ist, und versuchen Sie ernsthaft, den Standpunkt des anderen nachzuvollziehen – „Was denkst du?“ Aber machen Sie deutlich, dass Sie auf der Einhaltung einer Abmachung bestehen. Wenn Sie nicht bereit sind, ein „Nein“ zu akzeptieren, können Sie sich nicht auf ein „Ja“ verlassen.

Menschen, die uns nicht sehr nahestehen, können oft besser mit unserem Frust oder unserer Wut umgehen, weil sie sich nicht dafür verantwortlich fühlen. Wenn Sie wollen, dass man Ihnen in Ihrem eigenen Haus mehr zuhört, sagen Sie zu Ihrem Partner: „Ich weiß, dass es nicht dein Fehler ist“ oder „Ich gebe dir nicht die Schuld.“ Wenn er oder sie Ihnen dann zuhört, lassen Sie ihn oder sie wissen, dass Sie dies wertschätzen: „Ich bin erleichtert, dass ich mit dir darüber reden konnte. Danke fürs Zuhören.“

Wenn Sie Dinge sagen wie „Es bedeutet mir wirklich viel, dass du dir meine Gedanken und Gefühle anhörst“, motivieren Sie andere Menschen dazu, Ihnen besser zuzuhören.

Wenn Sie sich aus der Nörgler-Rolle befreien wollen, versuchen Sie, die Sichtweise Ihres widerspenstigen Gesprächspartners nachzuvollziehen. Vielleicht findet der Mann, der die Waschmaschine laufen lässt, wenn sie nur halbvoll ist, dass er ein Recht darauf hat, genau das zu tun. Vielleicht will die Frau, deren Mann sie immer daran erinnern muss, beim Einkaufen das Bier nicht zu vergessen, gar keines mit nach Hause bringen – weil sie entweder findet, dass er weniger trinken sollte, oder weil sie ihm wegen etwas anderem böse ist.

Auch wenn Sie mit den Gründen, warum der andere Ihrer Bitte nicht nachkommt, nicht einverstanden sind, wird er wesentlich geneigter sein, Ihnen zuzuhören, wenn Sie sich seinen Standpunkt anhören und diesen anerkennen.

Wie Sie sich beschweren, ohne einen Streit zu provozieren

Beschwerden werden oft mit Nörgelei gleichgesetzt. Oft führen die Erwartungen des einen, so legitim sie auch sein mögen, zu einem unerwarteten Streit, weil der andere sich angegriffen fühlt.

Finden Sie zuallererst heraus, ob das, was der andere tut, sich in irgendeiner Weise auf Sie auswirkt. Wenn jemand überall in der Wohnung dreckiges Geschirr herumstehen lässt, und Sie sich allein darum kümmern dürfen, es wegzuräumen, ist dies der Fall. Wenn Ihr Partner oder Ihre Partnerin ein paar Kilo zu viel auf den Rippen hat, ist das nicht der Fall – es sei denn, Sie besitzen zufällig seinen oder ihren Körper.

Überlegen Sie, in welcher Beziehung Sie zu der Person stehen, die Sie kritisieren. Einem Zwölfjährigen zu sagen, dass Sie von ihm erwarten, den Rasen mehr als zweimal im Monat zu mähen, ist eine Sache. Wenn Sie dies in der gleichen Weise zu Ihrem Mann sagen, wird er sich wohl fragen: *Für wen hält sie sich, für meine Mutter?*

Partner, die erwarten, wie gleichberechtigte Erwachsene behandelt zu werden, reagieren nicht sehr wohlwollend darauf, wenn sie gesagt bekommen, wie sie die Wäsche zu falten, den Geschirrspüler einzuräumen oder das Auto einzuparken haben. Wenn Sie wollen, dass diese Dinge auf eine

×××

Sollten Sie öfter Nein sagen?

Menschen, die sich kritisiert oder gegängelt fühlen, fällt es oft schwer, Nein zu sagen. Wenn eine Frau ihren Mann bittet, den Müll rauszubringen, und dieser das nicht tut, ist sie wahrscheinlich dem Trugschluss erlegen, dass er es tun wollte – obwohl dies gar nicht der Fall war. Manche Leute sollten einfach häufiger Nein sagen.

×××

ganz bestimmte Art und Weise erledigt werden, sollten Sie sich vielleicht selbst darum kümmern.

Wenn Sie sich sicher sind, dass Ihre Beschwerde berechtigt ist, denken Sie darüber nach, wie wahrscheinlich es ist, dass sich der andere in dieser Hinsicht ändert. Zahlreiche Feldstudien haben ergeben, dass manche männlichen *Homo sapiens* bei ausreichender Motivation lernen können, schmutziges Geschirr ins Spülbecken zu stellen. Doch nur wenige von uns fangen an, abzunehmen oder zu trainieren, weil ein anderer der Meinung ist, dass wir dies tun sollten.

Wenn Sie Ihren Partner oder Ihre Partnerin schon tausendmal gebeten haben, das dreckige Geschirr nicht im Wohnzimmer stehen zu lassen, sollten Sie es lieber sein lassen. Manchmal ist es einfacher, sich mit einigen Dingen abzufinden – auch wenn sie nicht fair sind – als die Rolle des ständigen Nörglers zu spielen, dessen Gemecker bei den meisten Leuten in ein Ohr hinein und gleich zum anderen wieder hinaus geht.

Es ist sehr wichtig, *wie* Sie Ihre Kritik äußern. Warnen Sie die Person vor, mit der Sie reden wollen.

> „Es gibt da etwas, das mich ärgert, und ich würde gern mit dir darüber reden. Wie wäre es heute Abend nach der Arbeit?“
>
> „Ich habe ein Problem und möchte es gern mit dir besprechen. Können wir nach dem Abendessen einen Spaziergang machen?“

Vorwarnungen weisen die anderen darauf hin, dass etwas im Busch ist und sie sich darauf gefasst machen sollten. Seien Sie sehr bedacht bei der Auswahl von Zeit und Ort. Am besten sprechen Sie über schwierige Themen, wenn Sie und Ihr Gesprächspartner ruhig und entspannt sind. Tun Sie dies unbedingt unter vier Augen.

Wie Sie sich richtig beschweren

Neigen Sie dazu, Ihren Frust so lange zu unterdrücken, bis Sie richtig die Nase voll haben und dann umso heftiger auf den anderen einschimpfen? Bemerken Sie, wie solche Konfrontationen dazu führen, dass genau diese Tendenz – sich nicht beklagen, bis Ihnen wirklich der Kragen platzt – sich weiter verstärkt?

Wie beschwert man sich richtig? Indem man behutsam vorgeht.

Dass Kritik am besten geäußert wird, wenn man allein ist, scheint allen einzuleuchten. Dennoch verärgern viele Menschen ihre Partner, wenn sie ihnen ihre Fehler vor den Augen und Ohren ihre Freunde oder Kinder vorhalten. Nur eine weitere Variante desselben Fehlers ist es, die Freunde oder Familie Ihres Partners zu kritisieren. Er darf sich gern über seine Mutter beschweren, doch wenn Sie es tun, überschreiten Sie damit eine unsichtbare Grenze. Manche Menschen neigen dazu, besonders dann an ihrem Partner oder ihrer Partnerin herumzukritisieren, wenn sie mit einem anderen Paar ausgehen. Oftmals machen sie sich dann im Beisein des anderen über dessen Äußerungen lustig. Witzig ist so etwas ganz und gar nicht.

Wenn Sie jemandem etwas sagen müssen, tun Sie es. Wenn Sie etwas über die Freunde oder die Familie des anderen sagen möchten, behalten Sie es besser für sich.

Wenn Sie jemandem sagen „Ich habe ein Problem" oder „Ich brauche deine Hilfe" wird Ihnen dies, auch wenn das Problem mit dieser Person zusammenhängt, garantiert besser Gehör verschaffen als direkte Kritik. Am schlechtesten kommt Kritik an, wenn sie als Schuldzuweisung, Herabsetzung, Belehrung oder Vergleich daherkommt:

„Warum musst du immer ...?"
„Nie machst du ...!"
„Du solltest ...!"
„Warum kannst du nicht sein wie ...?"

Konzentrieren Sie sich auf Ihre eigenen Gefühle und nicht auf die Verfehlungen Ihres Partners oder Ihrer Partnerin: „Ich würde mir wünschen, dass du dich ein bisschen mehr in Schale wirfst, wenn wir ausgehen. Ich mag es sehr, wenn du elegant aussiehst." Das wird bestimmt besser ankommen als „Warum läufst du wieder so abgewetzt herum?"

Beschreiben Sie, wie es Ihnen in einer bestimmten Situation geht, statt dem anderen die Schuld dafür zu geben. Konzentrieren Sie sich auf das bestimmte Verhalten und nicht den Charakter Ihres Gegenübers. Machen Sie dem anderen klar, dass Sie über das reden, was Sie mögen oder nicht mögen, und nicht darüber, ob etwas grundsätzlich richtig oder falsch ist. Lenken Sie das Gespräch darauf, wie Ihr Partner oder Ihre Partnerin Ihnen helfen kann, statt sich darauf zu fokussieren, was er oder sie falsch macht.

Auch wenn Sie der- oder diejenige mit dem Anliegen sind, vergessen Sie nicht, Ihrem Gegenüber auch die Chance zu geben, dazu Stellung zu beziehen. Sprechen Sie aus, was Sie belastet, aber fragen Sie den anderen, bevor Sie weiter in die Tiefe gehen, was seine Meinung dazu ist. Reagieren Sie nicht gereizt, wenn der andere sich angegriffen fühlt – schließlich haben Sie ihm gerade gesagt, dass Sie etwas, was er tut, nicht gut finden.

Wenn Sie jemanden bitten, sein Verhalten zu ändern, und er oder sie stimmt Ihnen zu, ohne viel dazu zu sagen, wird dies wahrscheinlich nicht von Erfolg gekrönt sein. Besser funktioniert es, wenn Sie anerkennen, warum sie oder er sich nicht ändern will oder warum es ihr oder ihm schwerfällt.

Wendy erklärte Hank, dass sie es nicht allein schaffte, die Kinder zu all ihren Nachmittagsaktivitäten zu fahren. Er sah dies auch ein. Wendy ging noch einen Schritt weiter und sagte: „Ich weiß, dass du nicht gerade wild darauf bist, sonst würdest du es bestimmt öfter tun. Wann würde es dir *denn gar nicht* passen, sie herumzukutschieren?"

Hank war dankbar, dass Wendy seine Gefühle in Betracht zog. (Die Möglichkeit, auch mit Nein reagieren zu können, machte es ihm wesentlich leichter, Ja zu sagen.) Er sagte, es mache ihm nichts aus, die Kinder am Wochenende oder unter der Woche am frühen Abend umherzufahren, aber er hasse es, an einem Arbeitstag abends nach neun noch einmal das Haus verlassen zu müssen. Er sagte auch, dass es für ihn leichter wäre, die Kinder irgendwo hin zu fahren, wenn er schon einen Tag vorher Bescheid wüsste.

Also ging Wendy noch einen Schritt weiter und fragte: „Noch etwas?" Hank war einen Augenblick lang still. Dann antwortete er: „Ja, da ist noch etwas. Ich finde, ehrlich gesagt, dass du sie zu viel in der Gegend herumchauffierst. Ich glaube nicht, dass wir sie immer fahren müssen, wann und wohin sie gerade wollen."

Wendy, der nicht klar gewesen war, dass Hank so dachte, meinte, er solle das nächste Mal eher etwas sagen, wenn er zu etwas eine andere Meinung hätte. Wenn es für sie in Ordnung wäre, die Kinder zu fahren, wenn er keine Lust hätte, würde sie es eben tun. „Aber", fügte sie hinzu, „vielleicht hast du recht. Vielleicht chauffiere ich sie tatsächlich zu viel herum."

Auf dem Weg aus dem Kino drehte sich Ralph zu Carmen um und sagte: „Wow, das war ja wohl ein Totalreinfall, oder?" Dann fing er an, sich darüber auszulassen, wie eine an sich gute Geschichte durch Robin Williams' überzogene Darstellung und das scheinheilige Moralisieren des Regisseurs völlig ruiniert worden war.

Carmen sagte nichts. Ihr hatte der Film gefallen. Sie liebte Robin Williams. Für sie war es Ralphs vernichtende Kritik, die ihr den Kinoabend vermieste.

Da es Carmen war, die den Film sehen wollte, hatte sie das Gefühl, dass Ralph ihren Geschmack kritisierte. Darüber hinaus hatte er, während sie sich amüsiert hatte, einen fürchterlichen Abend verbracht.

Eigentlich erinnerte sich Ralph aber gar nicht mehr daran, dass der Film Carmens Idee gewesen war. Vielleicht hatte sie ihn zuerst erwähnt, aber er hatte ihn sich auch ansehen wollen. Und sein Abend war auch nicht fürchterlich gewesen, ganz und gar nicht. Er hatte an einigen Stellen selbst lachen müssen, und manchmal sogar an den Stellen, die er besonders überzogen fand.

Was sollte man sagen, wenn man nach einem Film, den man selbst nicht mochte, der andere aber schon, das Kino verlässt? Gar nichts.

Wenn zwei Menschen einen Film oder ein Konzert entsetzlich finden, bringt es sie einander näher, wenn sie sich darüber austauschen. Geteiltes Leid, doppelte Freude. Wenn Sie allerdings eine Vorstellung genossen haben und der andere sie dann zerpflückt, verdirbt Ihnen das die gute Laune.

Kritik an einem Film oder einem Restaurant, das wir mögen, fühlt sich so an wie Kritik an unserem Geschmack. Wenn Sie finden, dass das Essen oder das Theaterstück grottig schlecht war, Ihre Begleitung es allem Anschein nach aber mochte, lassen Sie ihr die Freude. Heben Sie sich Ihre Kritik lieber für später auf. Viel später.

Sie sagen *Ch*ina, ich sage *K*ina

Ihr Partner oder Ihre Partnerin verfügt nicht über die Macht, zu bestimmen, was so und nur so richtig ist, oder wer recht hat und wer nicht. Auch die Menschen, die den Anschein erwecken, als hätten sie diese Allmacht, besitzen sie nicht – allein *Sie* selbst geben Ihnen diese Macht, wenn Sie so reagieren, als sei dies tatsächlich der Fall.

Um den Standpunkt eines anderen anzuerkennen, müssen Sie nicht zwangsweise seiner Meinung sein.

Am stärksten wird unser gegenseitiges Verständnis durch einen Akt der Unterlassung behindert: Wir erkennen nicht an, was uns die andere Person sagen will, bevor wir unseren eigenen Standpunkt verkünden. Wenn niemand von uns weiß, ob er tatsächlich gehört wurde, ist auch niemand von uns bereit, dem zuzuhören, was der andere zu sagen hat. Also wenden wir uns ab oder werden laut. Vielleicht hört uns ja der oder die andere zu, wenn wir kräftig genug schreien.

Emotionale Auseinandersetzungen sollten so kurz wie möglich gehalten werden. Lassen Sie nicht alles heraus, was sich in den letzten Jahren angestaut hat. Dies führt nur dazu, dass sich Ihr Zuhörer völlig vor den Kopf gestoßen und in die Enge getrieben fühlt – und dabei nur zwei Auswege sieht: Verteidigung oder Flucht.

Wie in der Falle. Auf diese Art gefangen fühlen sich viele unglückliche Menschen, die eine Beziehung zu einem sehr sturen Menschen führen. Kompromisse und Zugeständnisse helfen, besser miteinander auszukommen. Viele Menschen lassen dies aber völlig außer Acht und glauben, Beziehungen seien Alles-oder-nichts-Gemeinschaften, in denen man entweder zueinander passt oder nicht.

Reife Paare haben gelernt, ihre Unterschiede zu akzeptieren und sich aufeinander einzustellen. Das heißt nicht, dass sie zu einer harmonischen Einheit verschmelzen. Vielleicht wird sie sich niemals für Politik interessieren. Und er wird sich wohl auch nie richtig mit ihren Eltern anfreunden. Doch statt sich wegen dieser Differenzen in die Haare zu geraten oder aber sich selbst völlig aufzugeben, indem sie sich dem anderen klaglos unterordnen, vermeiden es einsichtsvolle Partner, auf Themen herumzureiten, in denen sie grundsätzlich unterschiedlicher Meinung sind. Sie lassen nicht zu, dass dadurch eine Kluft zwischen ihnen entsteht, sondern suchen stattdessen nach anderen Gebieten, die ihre Verbindung zueinander festigen.

Es braucht jede Menge Toleranz und bedachtsam ausgewählte Momente der einander geschenkten Aufmerksamkeit, um sich auf die jeweilige Realitätswahrnehmung des anderen einzustellen. Natürlich sind es die Partner manchmal leid, von den Querelen auf der Arbeit des anderen zu hören. Dennoch schulden sie einander am Ende des Tages ein paar Minuten aufmerksames Zuhören. (Das Stellen konkreter Fragen kann allzu bekannte Litaneien wieder interessanter machen.) Umso wichtiger ist es daher, dass Paare herausfinden, welche Gesprächsthemen beide auf gleiche Weise begeistern. Für ihre Beziehung ist ein ähnliches Gleichgewicht auch in anderen Bereichen als der Kommunikation hilfreich.

Als Dennis eines Sonntagsmorgens vom Golfspielen zurück nach Hause kam, lag Lorraine noch im Bett. Schnell streifte er seine Sachen ab und schlüpfte zu ihr unter die Decke.

Als er sie wachküsste, sah sie ihn skeptisch an. Das war sicherlich nicht die Reaktion, die er sich erhofft hatte, doch hatte er mit der Zeit gelernt, wann die Ampel bei Lorraine auf Rot und wann sie auf Gelb stand. Als junge Verheiratete hatte Dennis von Lorraine erwartet, sie habe allzeit bereit zu sein, wenn er Lust auf Sex hatte. Wenn sie versuchte, ihn zu bremsen oder später direkt Nein sagte, fühlte er sich abgewiesen und zog sich beleidigt zurück. Heute konnte er in ihrem Blick lesen, dass sie sich zwar freute, ihn zu sehen, aber nicht bereit dazu war, mit ihm zu schlafen. Sie kommunizierten sehr viel über Blicke, doch diesmal sagte Dennis auch: „Lass uns einfach nur ein bisschen kuscheln." Das taten sie, und nach einer Weile war Lorraine entspannt und in der Stimmung dazu, doch noch weiter zu gehen. Schließlich schliefen sie sehr zärtlich miteinander.

Nach dem Mittagessen erwähnte Dennis, dass er sich für eine Weile ein Footballspiel ansehen würde. Früher hätte er am liebsten den ganzen Sonntag vorm Fernseher gesessen und sich die Spiele angeschaut, doch Lorraine, die aus einer wenig footballbegeisterten Familie kam, machte dies rasend. In ihren ersten Ehejahren hatte dies stets zu einer der folgenden beiden Situationen geführt: Entweder Dennis saß vor dem Fernseher und Lorraine schäumte vor Wut, oder er verzichtete zähneknirschend darauf und war dafür den ganzen Tag lang übel gelaunt. An diesem Sonntag aber schaute er sich nur die erste Hälfte des Spiels an, während sie zunächst ein langes Telefongespräch mit einer Freundin führte und daraufhin die Zeitung las, während sie immer nur dann kurz aufblickte, wenn die Menge im Stadion johlte. Nach der Halbzeit fragte sie ihn, ob er nicht Lust hätte, ins Kino zu gehen. Ja, er hatte Lust. Kinofilme gehörten zu den Dingen, die beide begeisterten. Sie sahen sich *Ocean's Eleven* an, gingen aber danach nicht shoppen, wovon er wusste, dass sie es gern tat, und sie wusste, dass er es hasste. Nach dem Abendessen sahen sie noch ein bisschen gemeinsam fern, bis Lorraine ins Schlafzimmer ging, um dort noch etwas zu lesen. Es war ein schöner gemeinsamer Tag gewesen.

Dieses Beispiel zeigt, dass Zuhören auch bedeutet, auf die Bedürfnisse des anderen einzugehen. Dennis hörte heraus, in welcher Stimmung Lorraine am Morgen war; sie respektierte seinen Wunsch, sich einen Teil des Footballspiels anzusehen, und gemeinsam erreichten sie an diesem Tag ein gut funktionierendes Gleichgewicht aus Zusammen- und Getrenntsein.

Trotz aller großen Gefühle geht es in einer Ehe nicht allein um die Bewältigung der monumentalen Dinge, denen sich ein Paar mitunter stellen muss, sondern vor allem um die kleinen Details des täglichen Zusammenseins und darum, zu wissen, dass beide jeden Morgen mit einer neuen Chance aufwachen, an ihrer Beziehung zu arbeiten und diese auf einen besseren (oder auch schlechteren) Kurs bringen zu können.

Wie Sie Ihre Verbitterung überwinden

Wenn Paare ihre „Eingewöhnungszeit" überstanden haben und weniger große Konflikte austragen, gehen sie weiterhin durch Zyklen von Nähe und Distanz. Einige der bleibenden Konflikte lassen sich lösen, andere werden verdrängt, und wieder andere tauchen von Zeit zu Zeit erneut auf. Es kommt natürlich weiterhin ab und zu zum Streit, doch sollte sich die Art und Weise dieser Auseinandersetzungen verändert haben: Sie werden weniger erbittert und auch weniger feindselig ausgetragen. Es gibt weniger gegenseitige Schuldzuweisungen und ein größeres Bewusstsein, dass beide im selben Boot sitzen. Sollte die Häufigkeit erhitzter Streitgespräche im Laufe einer Beziehung nicht abnehmen und diese Konflikte nicht weniger intensiv und kürzer sein, täten beide Partner gut daran, herauszufinden, was jeder von beiden dazu beiträgt, dass die Verbitterung bleibt und das gegenseitige Verständnis fehlt.

Glückliche Paare haben gelernt, dass emotionale Erpressung oder Manipulation, sei es in Kombination mit Jammern, Schmeicheln, Schönreden, Nörgeln, Schuldzuweisungen oder Aufbrausen, nicht funktioniert. Wer eine erfolgreiche Beziehung führt, zwingt sich mitunter, dem Partner zuzuhören, auch wenn ihm die Empathie in manchen Momenten fehlt oder das Zuhören schwerfällt. (Sie müssen nicht wirklich mit dem anderen *mitfühlen*, um gut zuhören zu können. Manchmal entsteht das Mitgefühl erst später im Gespräch von selbst – ähnlich wie gute Laune, die durch ein längeres Lächeln hervorgerufen wird.)

Probleme entstehen dann, wenn die Partner zu viele Geheimnisse voreinander haben, Ja sagen, wenn sie es gar nicht meinen, oder ihre Gefühle vor dem anderen verbergen, weil sie Angst vor Auseinandersetzungen haben. Versprechen, die gebrochen werden, weil einer von beiden Angst hatte, Nein zu sagen, sind ein zu hoher Preis für das Vermeiden eines ehrlichen Streits. Wer lernt, Nein zu sagen, ist auch eher zum Ja sagen bereit und meint das dann auch aufrichtig. Wenn Sie sich wünschen, dass Ihr Partner oder Ihre Partnerin dies einsieht, denken Sie darüber nach, was ihn oder sie dazu bringen könnte, Sie anzulügen.

Vertrauen hilft Menschen dabei, die Person zu sein, die sie wirklich sind. Ehrlichkeit ist eine wichtige Voraussetzung für dieses Vertrauen – genauso wie Offenheit, Aufmerksamkeit und Empfänglichkeit für die teilweise harten Worte, die Sie vielleicht von Ihrem Partner oder Ihrer Partnerin zu hören bekommen. Liebe, die aus Selbstachtung erwächst, ist eine Liebe, die uns ganz nimmt, wie wir sind, und nicht nur einen bedachtsam ausgewählten Teil von uns. Wenn eine Person zögert, das zu sagen, was sie denkt, fragt sie sich, ob es sicher genug ist, bestimmte Themen anzusprechen. Die Person, die sich niemals öffnet, fragt sich das nicht mehr – sie hat ihre Entscheidung bereits getroffen.

Wenn Sie möchten, dass Ihr Gegenüber Ihnen die Wahrheit sagt, müssen Sie dafür sorgen, dass er oder sie sich sicher genug fühlt, diese auszusprechen.

Trotz allerbester Absichten erreichen manche Paare einen Punkt, an dem ihre Beziehung von Verbitterung dominiert wird. Verfolger werden es leid, dem anderen nachzustellen, und Distanzierer ertragen den Druck nicht mehr. Schließlich zieht sich einer oder gleich beide auf die „Insel der Unverletzbarkeit" zurück, wie es der Familientherapeut Phil Guerin bezeichnet hat.[4] Wut wird zu erbitterter Feindseligkeit, und zwei Menschen, die einst voneinander fasziniert waren, geben einander auf. Doch die Flucht auf die Insel der Unverletzbarkeit bietet nur schwachen Trost. Trotzdem lässt sich sogar Einsamkeit manchmal leichter ertragen als ständige Konflikte.

Wenn die Beziehung eines Paares an gegenseitiger Verbitterung zu zerbrechen droht, kann es hilfreich sein, wenn beide Partner ihre so tief enttäuschten Erwartungen einer ehrlichen Prüfung unterziehen. Sind Sie bereit, die gegenseitigen Schuldzuweisungen aufzugeben und nach einem Weg zu suchen, der Sie wieder zueinander führt? Dann stellen Sie Ihre eigenen Erwartungen auf den Prüfstand. Hängen Ihre Konflikte vielleicht damit zusammen, dass Sie sich nach einem Partner sehnen, der sich grundlegend von dem Menschen unterscheidet, mit dem Sie zusammenleben? Wenn Sie ein Problem mit Ihrem Partner oder Ihrer Partnerin als der Person haben, die er oder sie ist, und nicht mit einer seiner oder ihrer Eigenschaften oder Gewohnheiten, dann sind Sie tatsächlich in der falschen Beziehung. Es lohnt sich nur, um die Dinge zu kämpfen, die sich ändern lassen.

Die meisten Menschen beginnen eine Paarbeziehung mit widersprüchlichen Erwartungen: Sie wollen, dass ihr Partner oder ihre Partnerin eine Kopie der guten Eigenschaften ihrer eigenen Familie darstellt und sie gleichzeitig für all deren schlechte Eigenschaften entschädigt. Noch komplizierter wird es, wenn diese Erwartungen auf die Schwächen, und nicht auf die Stärken des Partners oder der Partnerin abzielen. („Ich weiß genau, er könnte ein wesentlich geselligerer Mensch sein, wenn er sich nur ein bisschen anstrengen würde.")

Urteilen Sie nicht über Ihren Partner, indem Sie ihn mit Ihren eigenen Stärken vergleichen. Messen Sie ihn an *seinen* Stärken. Wir alle wünschen uns, so angenommen zu werden, wie wir sind.

Wenn die Schwächen oder Verfehlungen des anderen im Fokus der Beziehung stehen, gewinnt keiner von beiden.

Wenn Sie Ihre eigene Verbitterung überwinden möchten, konzentrieren Sie sich auf die Stärken Ihres Partners oder Ihrer Partnerin. Prüfen Sie, ob all die Dinge, die Sie an ihm oder ihr auszusetzen haben, nicht vielleicht die Schattenseiten der Eigenschaften sind, die Sie am Anfang Ihrer Beziehung besonders anziehend fanden. Falls Ihre bessere Hälfte in einer bestimmten Art, die Sie fasziniert und begeistert hat, anders war als Sie, könnte es genau diese andere Art sein, die Sie mittlerweile stört. Sie können Ihren Partner bitten, bestimmte Aspekte seines Verhaltens zu ändern. Bestrafen Sie ihn aber nicht für das, was Sie als Verfehlung ansehen. Finden Sie Ihren eigenen Weg zu mehr gegenseitiger Akzeptanz, und Sie werden mit Liebe und Anerkennung dafür belohnt werden.

Je reifer wir werden, umso stärker verlagert sich unsere Sinnsuche von außen nach innen, und unser Streben, die Welt zu erobern, zu einem ständigen Ringen mit uns selbst – um die zu sein, die wir sind, und uns gleichzeitig unsere Verbundenheit zu anderen zu bewahren. Wir sind auf der Suche nach einer Form von Liebe, die unsere Vergangenheit zur selben Zeit auferstehen und ungeschehen machen lässt, also klammern wir uns an einen anderen Menschen und hoffen das Beste.

Jungen Paaren stehen noch alle Möglichkeiten offen. Mit der Zeit strukturieren sie sich zu einem System um, das von den Zwängen des Zusammen- und vielleicht Familienlebens organisiert wird. Wie wir gesehen haben, geht es bei diesem Prozess, in dem zwei Menschen ein Paar werden, sowohl um ein aufeinander Eingehen als auch um ein sich voneinander Abgrenzen.

Anfangs variieren die Verhaltensmuster bei jungen Paaren noch stark, doch mit der Zeit werden sie immer festgefahrener. Doch auch dann sind Veränderungen möglich. Der Schlüssel dazu heißt Komplementarität: Diejenigen, die etwas an ihrer Situation ändern möchten, müssen lernen, die ärgerlichen Gewohnheiten ihrer Partner als Teil eines Musters zu erkennen; eines Musters, das zwei Menschen in Zyklen von Aktion und Reaktion miteinander verbindet. Schauen Sie sich Ihren Teil des Musters an.

* * *

In diesem Kapitel wollte ich deutlich machen, dass sich ein besseres Verständnis von Freud und Leid in einer Beziehung erreichen lässt, wenn wir über persönliche Eigenschaften hinausgehen und uns die Interaktionsmuster zwischen uns anschauen. Probleme lassen sich leichter lösen, wenn wir nicht versuchen, unseren Partner oder unsere Partnerin zu verändern, sondern unsere eigene Reaktion auf ihr Verhalten. Wenn Sie herausgefunden haben, dass er auf Ihr X-Verhalten mit Y reagiert – oder er eingesehen hat, dass Sie, je mehr er sich auf Y versteift, umso stärker mit X darauf antworten – kann einer von Ihnen beiden dieses Muster durchbrechen, indem er oder sie seinen Beitrag dazu verändert. Wenn aus zweien aber drei werden, wird alles gleich noch ein bisschen komplizierter.

Im nächsten Kapitel sehen wir uns an, wie wir uns statt auf die Dynamik der Interaktion zwischen zwei Menschen auf die Organisation der ganzen Gruppe konzentrieren müssen, wenn wir herausfinden möchten, was in unserer Familie vor sich geht. Ich hoffe, dass diese Anregungen Ihnen dabei helfen werden, zu erkennen, was zwischen Ihnen und den Mitgliedern Ihrer Familie passiert.

Übungen

1. Überlegen Sie sich drei Dinge, die Sie an Ihrem Partner oder Ihrer Partnerin stören. Achten Sie in der nächsten Woche auf Anzeichen dafür, die gegen diese negativen Annahmen sprechen. (Tipp: Achten Sie auf die Motivation und nicht nur auf das Verhalten.)
2. Lassen Sie die letzten drei Tage Revue passieren und denken Sie an drei oder vier Male, als Ihr Partner oder Ihre Partnerin etwas Positives für Ihre Beziehung getan hat, Sie es aber versäumt haben, ihm oder ihr zu verstehen zu geben, dass Ihnen dies etwas bedeutet hat.
3. Sind Sie in Ihrer Beziehung eher der Verfolger- oder der Distanzierer-Typ? Warum ist das so? Haben Sie Angst vor Veränderungen? Oder Angst vor Konflikten? Worum geht es Ihnen, wenn Sie in die Verfolger-Rolle abdriften? Um beidseitigen Nutzen oder um Veränderungen, von denen hauptsächlich Sie selbst profitieren? Wovon distanzieren Sie sich? Warum macht Sie das, was Sie vermeiden wollen, unsicher und nervös? Was würden Sie gewinnen, wenn Sie ab und zu mehr Nähe als Distanz suchen würden?

   Ist Ihr Partner oder Ihre Partnerin ein Distanzierer-Typ? Was vermeidet er oder sie Ihrer Meinung nach? Was können Sie tun, damit das, wovor er oder sie Angst hat, nicht eintritt?

   Ist Ihr Partner oder Ihre Partnerin ein Verfolger-Typ? Was will er oder sie von Ihnen? Wie können Sie ihm oder ihr mehr davon geben, ohne sich selbst ausgebeutet zu fühlen?
4. Ein Freund ist jemand, bei dem Sie sich entspannen und ganz Sie selbst sein können. Sie können ihn um einen Gefallen bitten, auf ihn zählen, offen mit ihm reden. Frauen tun dies untereinander oft in intimer Atmosphäre von Angesicht zu Angesicht, während viele Männer sich ihren Freunden häufig bei irgendeiner gemeinsamen Aktivität öffnen.

Was würde passieren, wenn Sie versuchten, Ihrem Partner oder Ihrer Partnerin für ein paar Tage lang ein/e gute/r Freund/in zu sein? Warum probieren Sie es nicht einfach aus?

5. Erstellen Sie eine Liste mit Ihren Verhaltensweisen, die Ihr Partner oder Ihre Partnerin nur schwer akzeptieren kann. Wie würde sich Ihre Beziehung ändern, wenn er oder sie jeweils einen dieser Verhaltensunterschiede besser tolerieren könnte?

   Erstellen Sie eine Liste mit den Verhaltensweisen Ihres Partners oder Ihrer Partnerin, die Sie selbst schwer akzeptieren können. Wie würde sich Ihre Beziehung ändern, wenn Sie versuchten, jeweils einen dieser Verhaltensunterschiede besser zu tolerieren?

KAPITEL 11

»»»»»»»»»»»»»

„NIEMAND HÖRT MIR HIER ZU!"

Zuhören und Gehörtwerden in der Familie

Wie wir mittlerweile gesehen haben, hängt die Qualität des wechselseitigen Verstehens nicht mit bestimmten Charaktereigenschaften zusammen, sondern mit dem *Interaktionsprozess* zwischen zwei Menschen. Wer erkennt, dass Beziehungen ein Prozess sind, sieht auch deren Flexibilität. Ein als sich wechselseitig beeinflussendes Muster erkanntes Verhalten lässt sich ändern. Doch es gibt einen Haken: Sobald Kinder mit von der Partie sind, reicht die Dynamik einer Partnerschaft nicht mehr aus, um zu erklären, was alles zwischen den einzelnen Familienmitgliedern passiert. Es sind nicht mehr nur zwei Menschen, die miteinander interagieren und dadurch ab und an mit Problemen konfrontiert sind; nun beeinflusst die Gesamtorganisation der Familie jedes einzelne Familienmitglied und all ihre Beziehungen untereinander. Familiäre Kommunikationsmuster lassen sich nur sehr schwer ändern, weil sie in machtvolle, aber unsichtbare Strukturen eingebunden sind.

Die Familienstruktur

Familien bieten genau wie andere Gruppen viele Möglichkeiten, ein erfülltes und zufriedenstellendes Leben zu führen. (Ist nicht unsere Erwartung, glücklich zu sein, der Grund dafür, dass wir Partnerschaften eingehen und Kinder in die Welt setzen?) Walt Whitman schrieb einst: „Ich enthalte Vielheiten." Dasselbe ließe sich auch über Familienbeziehungen sagen. Leider erstarren viele dieser innerfamiliären Beziehungen zu stark abgegrenzten und einander einschränkenden Gussformen.

Das Zuhören ist eine Kunst, die Offenheit für die Einzigartigkeit der anderen und die Akzeptanz menschlicher Unterschiede erfordert.

Bestimmte Umgangsweisen in einer Familie wiederholen sich ständig, sodass sie zu verfestigten Verhaltensmustern werden.[1] Sobald diese Muster etabliert sind, verwenden Familienmitglieder nur noch einen Bruchteil der Bandbreite aller möglichen Verhaltensweisen. Wenn ein Baby zum allerersten Mal schreit oder die Schwiegereltern zum Antrittsbesuch erscheinen, steht noch nicht fest, wer wie reagieren wird. Wird die Arbeit geteilt? Wird es Streit geben? Wird alles an einer Person hängen bleiben? Schnell kristallisieren sich bestimmte Muster heraus, und das Verhalten wird gleichförmig und vorhersagbar.

Wenn eine Mutter ihren Sohn ermahnt, er solle seine Spielsachen wegräumen, er dies aber ignoriert, bis sein Vater ihn deswegen anschreit, entsteht ein Interaktionsmuster. Wiederholt sich dieses Interaktionsmuster, wird eine Struktur etabliert, in der der Vater die Rolle des disziplinarischen und die Mutter die des nachgiebigen Elternteils übernimmt.

Familienmitglieder haben in der Regel reziproke und komplementäre Funktionen. Je mehr ein Elternteil sich mit den Kindern beschäftigt, umso weniger tut es das andere. Wenn ein Partner schwach ist, übernimmt der andere die Rolle des Starken.

Die Möglichkeiten einzelner Dyaden

Jedes Familiensystem bildet *Subsysteme* heraus, mit deren Hilfe es seine Funktionen erfüllt. Jedes einzelne Familienmitglied stellt ein Subsystem dar, und Dyaden (das Zusammenspiel zwischen zwei individuellen Subsystemen, z. B. zwischen Mann und Frau oder Mutter und Kind) sowie auch größere Gruppen bilden weitere Subsysteme, die durch Merkmale wie Generation, Geschlecht und Funktion bestimmt werden.

Individuen, Subsysteme und ganze Familien sind durch interpersonale *Grenzen* definiert, emotionale Schranken, die den Umfang der Kontakte zu anderen bestimmen. Diese Grenzen schützen die Autonomie der Familie und ihrer Subsysteme. Eine Regel, die das Telefonieren während des Abendessens verbietet, funktioniert als Grenze, die die Familie vor Störungen von außen schützt. Wenn Kindern erlaubt wird, jederzeit die Gespräche zwischen ihren Eltern zu unterbrechen, verschwindet die Abgrenzung zwischen Erwachsenen und Kindern.

Werden Subsysteme nicht genügend durch Abgrenzungen geschützt, kann dies dazu führen, dass sie ihr Potential nicht voll entfalten können: Wenn Eltern jedes Mal versuchen, die Konflikte ihrer Kinder für sie zu lösen, werden diese nicht lernen, ihre eigenen Kämpfe auszutragen. Ähnliches passiert, wenn sich Schwiegereltern zu stark in die Belange eines jungen Paares einmischen: Es wird seine eigenen Ressourcen nur sehr langsam entwickeln.

Heutzutage nehmen Arbeit und Aktivitäten nach der Schule so viel Platz in unserem Leben ein, dass wir für uns selbst und unsere Familien kaum Zeit übrig haben. In den wenigen Stunden, die uns miteinander bleiben, sträuben sich viele von uns dagegen, Dinge getrennt zu unternehmen, wie beispielsweise einen Mutter-Sohn-Nachmittag im Kino oder ein Basketballspiel nur zwischen Vater und Tochter. Das ist bedauerlich.

Wenn zwei Familienmitglieder Zeit nur zu zweit verbringen, können sie unbeschwert miteinander sprechen und sich aufmerksam zuhören.

Das wohl augenfälligste Beispiel einer Beziehung, in der die Zweisamkeit vernachlässigt wird, ist die zwischen den Eltern.

Lewis hatte das Gefühl, seine Frau an die Kinder verloren zu haben. Früher war Iris nicht nur seine Frau, sondern auch seine Freundin und seine Geliebte. Ihr gemeinsamer Kinderwunsch, die Schwangerschaft und die ersten wunderbaren, aber kräftezehrenden Monate der Babyzeit hatten sie einander noch näher gebracht. Doch dann hatte Iris – so jedenfalls empfand es Lewis – sich in ihr Muttersein eingehüllt wie in eine warme Decke. Sie waren zwar noch Freunde, aber in erster Linie funktionierten sie als Eltern. Sie hörten einander kaum zu, weil sie kaum mehr unter vier Augen miteinander sprachen. Als Lewis sich dazu entschloss, einen Schritt weiter zu gehen als sich nur selbst zu bemitleiden oder Iris die Schuld für diese Entwicklung zu geben, bemerkte er, dass allein schon kurze Momente der Zweisamkeit mit Iris dazu führten, ihre Ehe wieder neu zu beleben. (Während dieses Prozesses erkannte er auch, dass zwei Menschen, die keine Zeit miteinander verbringen, nicht einfach nur zu beschäftigt sind; sie sind auch unzufrieden mit der Menge an Gehör und Verständnis, das sie von ihrem Partner bekommen.)

Eltern brauchen ebenso ungestörte Zeit mit jedem einzelnen ihrer Kinder. Am besten können sie ihren Kindern zuhören, wenn sie kleine gemeinsame Ausflüge mit ihnen unternehmen. Einmal pro Woche sollte dies mindestens machbar sein. Auch wenn das Kind zu dem einen oder anderen Elternteil eine sehr gute Beziehung hat, wird es beiden fern von den alltäglichen Ablenkungen leichter fallen, ein vertrautes Gespräch zu führen. Die Zeit, die sich ein Elternteil nimmt, um mit seinem Kind auswärts zu essen, zu wandern oder zu einer Busfahrt in die Stadt mitzunehmen, könnte zur besten Zeit im Leben beider werden. Jede Dyade hat ihre Möglichkeiten.

Schauen wir uns nun an, wie strukturelle Probleme in der Familie das gegenseitige Verständnis erschweren.

Wenn Grenzen verschwimmen

Die zwei größten Fehler, die Eltern bei der Interaktion mit ihren Kindern begehen, hängen beide mit verschwommenen Grenzen zusammen: Einer ist das Versäumnis, das Verhalten der Kinder zu lenken, und der zweite eine zu große Einmischung in deren Leben.

Das Wichtigste, das Sie stets im Hinterkopf behalten sollten, wenn Sie Ihren Kindern zuhören, ist der gewaltige Unterschied zwischen der Möglichkeit, ihnen zu erlauben, all das zu *sagen,* was sie wollen, und der Möglichkeit, sie all das *tun* zu lassen, was sie wollen. Wenn Ihr Kind zu Ihnen sagt: „Ich will nicht ins Bett!", drückt es seine Gefühle aus und formuliert gleichzeitig ein Anliegen. Weise Eltern können beides voneinander unterscheiden und erkennen das Gefühl an, bevor sie das Anliegen ablehnen.

Natürlich wollen Kinder nicht ins Bett! Sie könnten schließlich etwas verpassen. Das Wachbleiben ist ihre Art, so intensiv wie möglich am Leben teilzuhaben. Eltern, die den Unterschied zwischen dem Ausdruck von Gefühlen und dem Ausführen bestimmter Handlungen nicht erkennen, lassen sich schnell auf sinnlose Debatten mit ihren Kindern ein. Sie sagen Dinge wie „Es ist mir egal, was du willst, du gehst jetzt sofort ins Bett!“ oder sie versuchen, ihre Kinder davon zu überzeugen, dass diese müde seien – als ob das Einhalten von Regeln davon abhängig wäre, dass die Kinder mit ihnen einverstanden sind.

Eltern, die Liebe mit Nachsicht verwechseln, schaffen es oft nicht, ihre Regeln geltend zu machen. Sie halten ihre Nachgiebigkeit für Verständnis und demokratische Freiheiten für Respekt. Damit verwirren sie aber ihre Kinder, da diese nicht verstehen, wer in der Familie das Sagen hat. Am Ende sind solche Eltern oft zu stark damit beschäftigt, angespannt das Verhalten ihrer Kinder zu überwachen, und sind nicht wirklich in der Lage, ihnen und ihren Gefühlen zuzuhören. Der vermeintliche Gegensatz zwischen Autorität und Verständnis ist irreführend, denn eigentlich gehen beide Hand in Hand.

Das Gegenteil von Disziplin ist häufig ständiges Nörgeln. Wer ununterbrochen an seinen Kindern herumkritisiert, verletzt deren Stolz und sorgt langfristig eher dafür, dass ihr Selbstwertgefühl Schaden nimmt, statt dass die eigene elterliche Autorität gefestigt wird. Erfolgreiche Eltern lernen, das Leben ihrer Kinder frühzeitig behutsam zu lenken und setzen nur sehr selten auf disziplinarische Maßnahmen.

Kinder lernen aus den Konsequenzen, die ihr Verhalten mit sich bringt. Wenn die Konsequenz jeder dritten oder vierten Sache, die sie tun, darin besteht, dass sie von ihren Eltern kritisiert werden, lernen sie, dass ihre Eltern nie zufrieden und sie selbst ein Ärgernis sind.

Zu wissen, dass sie die Verantwortung und letztlich das Sagen in der Familie haben, ist die Grenze, die es Eltern leichter macht, ihren Kindern zuzuhören. Dadurch können sie anerkennen, was ihre Kinder ihnen sagen, bevor sie darauf mit ihrer Meinung reagieren.

Erinnern Sie sich noch an Tommy, den Jungen, der sich von seinem Vater eine Standpauke über den Umgang mit seinen Gefühlen anhören musste? Wenn sein Vater zunächst Verständnis für Tommys Gefühle gezeigt hätte, wäre Tommy wohl offener für das gewesen, was sein Vater ihm erklären wollte. Nachdem er sah, wie Tommy nach oben stürmte und die Tür hinter sich zuknallte, hätte er sagen können: „Es nervt, wenn der Rasenmäher nicht funktioniert, stimmt's?“ oder „Schlechten Tag gehabt?“

Eltern sind nicht automatisch gute Zuhörer, weil sie in der Familie bestimmen. Doch zu wissen, dass sie es sind, die am Ende die Entscheidungen treffen, erlaubt es ihnen, beim Zuhören weniger von einem Kontrollzwang geleitet zu werden.

Stellen Sie sich ein kleines Mädchen vor, das aufgeregt in die Küche gerannt kommt: „Schau mal, ich habe eine Raupe gefangen!“ Antwortet die Mutter mit „Los, wasch dir schnell deine schmutzigen Hände!“, sorgt sie dafür, dass der Enthusiasmus ihrer Tochter sofort verebbt. „Ja, das ist schön, aber jetzt wasch' dir mal die Hände!“ ist auch keine sehr gute Antwort.

„Ja, aber …“ reicht nicht aus. Das „aber“ sorgt dafür, dass die Bestätigung zurückgenommen wird.

„Ja, aber …“ ist keine wirkliche Zustimmung. Genau wie Erwachsene brauchen auch Kinder das Gefühl, angehört und verstanden worden zu sein, bevor sie dazu bereit sind, sich den Gedanken ihres Ansprechpartners zu öffnen. Nähme sich die Mutter eine Minute Zeit, die Begeisterung ihres Kindes anzuerkennen, würde sie vielleicht sagen: „Was für eine schöne Raupe!“ oder „Hey, das ist ja toll!“ Daraufhin würde das kleine Mädchen, das seine Begeisterung teilen konnte, vielleicht sogar von sich aus und ohne Aufforderung ihre Hände waschen, besonders wenn sie weiß, dass das eine Hausregel ist.

Nicht nur Kinder leiden, wenn die Grenzen zwischen ihnen und ihren Eltern verschwimmen, sondern auch die Eltern. Eltern, die zu sehr in das Leben ihrer Kinder involviert sind, haben oft recht wenig Zeit füreinander. Das mag einigen Eltern nicht auffallen, weil sie das Gefühl haben, sehr viel zusammen zu unternehmen. Doch wie viel Zeit verbringen sie gemeinsam ohne Kinder?

Das emotionale Dreieck

Als er die Treppen herunterkam, war Marshall überrascht, denn er sah, dass seine Tochter im Teenager-Alter seelenruhig am Küchentisch saß und heiße Schokolade schlürfte. Noch bevor er sie fragen konnte, warum sie noch zu Hause war, sprang Paula auf und fiel ihm um den Hals: „Keine Schule heute!“ Marshall schaute aus dem Fenster und sah, dass der gesamte Garten unter einer dicken Schneedecke lag.

Da Marshall annahm, dass die Straßen wohl noch nicht geräumt waren, beschloss er, erst nach neun Uhr zur Arbeit zu fahren. Bis dahin müssten sie wieder frei und der schlimmste Berufsverkehr vorüber sein. Während er Wasser kochte und die Bohnen für den Kaffee mahlte, zündete Paula das Feuer im Kamin an. Als der Kaffee fertig war und das Holz im Kamin prasselte, saßen beide zusammen auf dem Sofa, schauten in die Flammen und teilten etwas miteinander, das sich in letzter Zeit aus ihrer Beziehung verflüchtigt hatte: gemeinsame Zeit nur zu zweit.

Genau in diesem Moment flog die Haustür auf und Paulas Freund marschierte zur Tür herein: „Schon gehört? Die Schule fällt aus!"

„Hi, Jerry", sagte Marshall wenig begeistert. Dann ging er nach oben in sein Büro. Er knallte die Tür nicht zu, aber er schloss sie auch nicht gerade leise.

Paula und ihr Vater hatten immer ein sehr enges Verhältnis gehabt. Doch in ihrem letzten Schuljahr entfernten sie sich immer mehr voneinander. Als Marshall in seinem Büro saß und grimmig darüber nachdachte, wie Paula alles – einschließlich ihrer Schularbeiten – zu vergessen schien, sobald Jerry in ihrer Nähe war, wusste er doch, dass er damit nicht recht hatte. Töchter wurden nun einmal erwachsen und hatten Freunde, und ein Vater musste solche Dinge akzeptieren. Er wusste, dass es nicht fair war, einen derartigen Groll gegen Jerry zu hegen. Jetzt musste er zusätzlich auch noch mit seinem schlechten Gewissen zurechtkommen.

Als Paula geboren wurde, schwor sich Marshall, niemals einer dieser Väter zu werden, die ihr Kind ständig vertrösteten: „Ich spiele morgen mit dir!" Schließlich war es ein kleines Wunder, ein Vater zu sein und mit dem großen Geschenk und der Pflicht zu leben, seinem Kind viele Momente der größten Freude zuteilwerden zu lassen. Als Paula älter wurde, unternahmen sie immer noch viel zusammen, doch mittlerweile bemerkte Marshall, dass sie ihre Freude an seiner Gesellschaft nicht mehr so spontan und begeistert zum Ausdruck brachte. Er wusste, dass sie zumindest manchmal nur deshalb Zeit mit ihm verbrachte, um *ihm* eine Freude zu machen.

Zwei Wochen später trennte sich Jerry von Paula. Sie weinte, zeigte aber sonst keine Anzeichen von tiefer Trauer. So etwas passiert eben. Marshall war insgeheim erleichtert und sagte dies auch seiner Frau Elaine.

Am Montagmorgen sagte Paula, sie brächte es nicht über sich, zur Schule zu gehen. Könnte sie nicht einmal, nur für einen Tag, zu Hause bleiben? Warum sollte man ihr so eine kleine Bitte abschlagen? An diesem Nachmittag entschloss sich Elaine, eher nach Hause zu kommen, um Paula mit einer kleinen Shopping-Tour aufzumuntern. Dass Paula noch im Schlafanzug war und in ihrem Bett schlief, überraschte Elaine zunächst nicht. Schließlich war es nicht leicht, siebzehn Jahre alt zu sein und ein gebrochenes Herz zu haben. Elaine wusste nicht mehr, was sie dazu brachte, ins Badezimmer zu gehen. Dort aber fand sie eine leere Packung Aspirin im Mülleimer.

Paula verbrachte vier Wochen in der Abteilung für Jugendliche der psychiatrischen Einrichtung Twin Oaks, wo sie lernte, wie wichtig es ist, die eigenen Gefühle zum Ausdruck zu bringen. Als sie ihre unterdrückte Wut entdeckte, richtete sie sie zunächst gegen ihre Mutter, die immer alles „hübsch und nett" haben wollte und glaubte, dass sich mit einem Einkaufsbummel alle Probleme lösen ließen. Ihre Mutter reagierte völlig überraschend: Sie hörte ihr einfach nur zu. Doch als Paula sich an Marshall wandte und ihm vorwarf, es sei ungerecht, dass er ihr ankreidete, erwachsen zu werden und einen Freund zu haben, reagierte dieser abwehrend. Nichts tut so weh wie die Wahrheit.

In der letzten Woche ihres Klinikaufenthalts besuchte Jerry Paula. Nachdem sie entlassen wurde, kamen sie wieder zusammen. Marshall war ganz und gar nicht begeistert.

Abgesehen von seiner früheren Abneigung gegen Jerry fand er, dass es für Paula gar keine gute Idee war, sich so schnell wieder in solch eine verletzliche Position zu begeben. Er wurde von finsteren Gedanken geplagt: Dieser herzlose Grünschnabel, der seiner Tochter so wehgetan hatte, würde es vielleicht wieder tun. Abgesehen davon richtete sich Paulas unversöhnliche Wut nun auf *ihn*, ihren Vater. Vielleicht war diese Verbitterung für Marshall einfacher zu ertragen als der Gedanke, seine Tochter ziehen zu lassen.

Wenn Jerry jetzt zu Besuch kam, musste sich Marshall extrem anstrengen, um nicht die Beherrschung zu verlieren. Er wollte mit Paula über so vieles reden: darüber, wie wichtig es war, sich nicht zu abhängig zu machen und viele verschiedene Freunde zu haben. Doch er hatte Angst vor ihrer Wut, und auch vor seiner eigenen. Also begann er, sich bei Elaine zu beschweren.

Auch Paula beklagte sich bei ihrer Mutter: „Warum ist Daddy bloß so ungerecht?" Die Zeit ging ins Land, und die Krise – Marshall brachte es nicht über sich, sie einen Suizidversuch zu nennen – erschien ihm plötzlich nur noch unwirklich und vor sehr langer Zeit passiert zu sein. Die Familie kehrte zu ihren alten Routinen zurück, und die einzigen Momente, in denen es zu Spannungen kam, waren Gelegenheiten, wenn Paula mit Jerry irgendwohin gehen wollte und Marshall nur finster dreinblickte und nichts dazu sagte. Wenn Paula auf eine Antwort drängte, sagte er sarkastisch: „Frag' doch deine Mutter!" Er empfand immer noch Wut und Trauer, aber nicht mehr so stark wie früher.

Der Winter verging und der Frühling hielt Einzug. Nach ihrem Schulabschluss beendete Paula ihre Beziehung zu Jerry und sagte ihm, sie wolle noch einen freien und ungebundenen Sommer mit ihren Freundinnen und Freunden zu Hause verbringen. Männer, so hatte sie inzwischen gelernt, können ziemlich besitzergreifend sein.

In D. H. Lawrences Roman *Söhne und Liebhaber* glaubt der Protagonist Paul Morel, ein junger Künstler, nie er selbst sein und so leben zu können, wie er es möchte, bevor seine Mutter ihn nicht von ihrer eifersüchtigen Liebe befreit – durch ihren Tod. In der letzten Szene, in der ihn seine Geliebte Miriam fragt, ob er nun frei und bereit sei, zu heiraten, sagt er Nein. Er war nun frei, seinen eigenen Weg zu gehen.

Eines der großen Themen der Literatur ist der Ödipuskomplex – die enge Bindung eines Kindes an ein Elternteil und seine Rivalität mit dem anderen. In realen Familien sind Kinder viele Male mal in das eine und dann wieder in das andere Elternteil verliebt, wobei sie sich genauso häufig wieder „entlieben". Wir halten es für normal, dass Söhne zu den Rivalen ihrer Väter werden, und gehen davon aus, dass sie dieser Rivalität auch wieder entwachsen. Wenn eine Tochter sich aber von ihrem Vater entfremdet, so wie in Marshalls Fall, suchen wir nach Erklärungen, die mit gewissen Umständen oder Charaktereigenschaften zu tun haben. Vielleicht stand Marshall seiner Tochter zu nahe, um einen Rivalen zu ertragen. Vielleicht war er zu sturköpfig, um sie ziehen zu lassen. Vielleicht könnten wir aber auch mit etwas mehr Milde auf ihn blicken und sagen, dass es ganz natürlich war, dass er sich Sorgen um Paula wegen ihrer Beziehung zu Jerry machte – nach allem, was bereits passiert war.

Das kann zwar die Entstehung des Konflikts erklären, nicht aber, warum er sich nicht lösen ließ. Die meisten Familienkonflikte lassen sich tatsächlich aus der Welt schaffen – aber nur, *wenn* alle Beteiligten bereit sind, einander zuzuhören.

xxxxxxxxxxxxxxxxxxxxxxxxxxxxxxxxxxxxxxxxxxxxxx

Der Co-Therapeut in der Familientherapie

Wie Ihnen selbst bekannt sein dürfte, sind viele Familien häufig in ihrem Trott gefangen. Ihre Probleme werden durch die sich gegenseitig beeinflussenden Handlungen mehrerer Familienmitglieder weiter verstärkt. Deshalb beschrieben die ersten Familientherapeuten Familien auch als homöostatische Systeme, die gegenüber Therapiebemühungen und Veränderungen resistent sind. Doch meine Erfahrung aus vielen Jahren als Therapeut hat mich gelehrt, in jeder Familie nach einem Co-Therapeuten Ausschau zu halten – einer Person, die bereit ist, Schuldzuweisungen zurückzustellen und mit ihrem Beitrag den ersten Schritt für die Veränderung eines familiären Verhaltensmusters zu tun. Eine Familie besteht aus mehr als nur einer Person, aber eine Person kann eine Veränderung herbeiführen. Könnten Sie diese Person in Ihrer Familie sein?

xxxxxxxxxxxxxxxxxxxxxxxxxxxxxxxxxxxxxxxxxxxxxx

Als Paula wütend war, weil sie sich von ihrem Vater missverstanden fühlte, schien es eine völlig natürliche Reaktion von ihr zu sein, dass sie sich ihrer Mutter zuwandte. Und als Marshall sich Sorgen machte, weil Paula sich wieder mit Jerry traf, war es ebenso logisch, dass er sich bei seiner Frau darüber beschwerte. Indem sie sich voneinander abwandten und Elaine in ihren Streit einbanden, sorgten Paula und ihr Vater dafür, dass sich ein emotionales Dreieck bildete – eines der größten Hindernisse auf dem Weg zu mehr gegenseitigem Verständnis zwischen zwei Menschen.

Denken Sie einen Moment lang über die schwierigste Beziehung innerhalb Ihrer eigenen Familie nach. Vielleicht kommt Ihnen Ihre Beziehung zu Ihrer Partnerin oder Ihrem Partner, zu einem Ihrer Eltern, einem Ihrer Kinder oder vielleicht Ihren Schwiegereltern in den Sinn. Diese Beziehung besteht aber höchstwahrscheinlich nicht nur zwischen Ihnen und der jeweiligen Person, sondern involviert darüber hinaus auch noch eine oder mehrere andere Parteien.

Fast alle emotional bedeutsamen Beziehungen zwischen zwei Menschen werden von einem Dritten überschattet – einem Verwandten, Freund oder manchmal sogar einer Erinnerung.

Die berüchtigtste Dreiecksbeziehung ist wohl die außereheliche Affäre. Eine Affäre mag das kompensieren, was in einer Ehe fehlt. Doch solange die emotionale Energie eines Partners in einen anderen Menschen investiert wird, besteht kaum Aussicht darauf, dass sich die eheliche Beziehung verbessert. Wenn junge Partner zu stark an ihren Eltern hängen und sich bei diesen ständig über den anderen beschweren, hat das junge Paar ebenfalls nicht die besten Chancen, seine Schwierigkeiten allein zu bewältigen. Manche Dreiecksbeziehungen erscheinen von außen so harmlos, dass wir ihre destruktive Wirkung kaum wahrnehmen. Einige Eltern können es nicht lassen, sich ab und zu vor ihren Kindern über den anderen zu beschweren: „Deine Mutter kommt *ständig* zu spät!“, „Dein Vater lässt *nie* jemand anderen ans Steuer!“ Solche Äußerungen scheinen nicht weiter schlimm zu sein. Wenn man sich über etwas ärgert, will man es schließlich loswerden, oder nicht?

Wenn Sie eine Geschichte hören, in der eine Person das Opfer und eine andere Person der Übeltäter ist, werden Sie zu einer Dreiecksbeziehung eingeladen.

Wenn Ihnen etwas schwer auf dem Herzen liegt und Sie sich nicht trauen, darüber zu reden, weil Sie glauben, beim anderen kein Gehör zu finden, wird der Drang übermächtig, sich einem Dritten anzuvertrauen. Es ist nichts Falsches daran, bei jemand anderem Trost zu suchen. Problematisch wird es, wenn diese Dreiecksbeziehung zu einer chronischen Umleitung wird, die das Zuhören in Familienbeziehungen beschädigt und beeinträchtigt.

Mary war eine zwanzigjährige alleinstehende Mutter, die zu mir in die Klinik kam, weil sie Probleme mit ihrer dreijährigen Tochter hatte. Nachdem ich ihr vierzig Minuten lang zugehört hatte, gestand sie mir, dass sie die Kleine geschlagen und nun Angst davor sie hatte, sie eines Tages ernsthaft zu verletzen. Ich war alarmiert und bat Mary, Tamara zu unserer nächsten Sitzung mitzubringen.

Mary lebte allein und hatte nur wenige Freunde. Das Verhältnis zu ihrer Tochter glich dem zu einer Spielgefährtin. Wenn Tamara einen Turm aus Bausteinen aufstapelte, riss Mary ihr ein paar Klötze aus den Händen, um selbst einen zu bauen, und bestand darauf, dass Tamara mit ihr zu „teilen" habe. Später während der Sitzung versuchte ich, mit Mary über ihr Leben als alleinerziehende Mutter zu sprechen. Die kleine Tamara begann, mit Bauklötzen nach uns zu werfen. Mary schrie sie ihn: „Hör damit auf, okay? Ich rede gerade mit dem Doktor!", tat aber sonst nichts, um ihre Aufforderung durchzusetzen. Tamara schaute für eine Minute auf und fuhr dann damit fort, uns mit Bauklötzen zu bewerfen. Ihre Mutter zu ignorieren, war für sie schon zur Gewohnheit geworden.

Während der nächsten zwei Sitzungen versuchte ich Mary zu erklären, was es bedeutet, eine souveräne und selbstsichere Mutter zu sein. Eltern erfüllen ihre Rolle, indem sie sich wie Eltern verhalten, und das vor allem mit zwei Leitprinzipien: Fürsorge und Lenkung. (Das zweite macht das erste leichter.) Mary lernte, nicht in alles einzugreifen, was ihre kleine Tochter tat. Gleichzeitig gelang es ihr besser, eine Regel durchzusetzen, indem sie sie klar und deutlich formulierte und Konsequenzen nicht nur androhte. Da sie sich nun souveräner in ihrer Rolle als Mutter fühlte, konnte sie besser mit Tamara umgehen und mehr Toleranz zeigen. Die Sprache kleiner Kinder ist die Handlung; ihnen nur zuzuhören (statt konsequent zu handeln) bedeutet, sie die Führung übernehmen zu lassen.

Mary lernte sehr schnell, und ebenso schnell verbesserte sich ihre Beziehung zu Tamara. Sie kamen nun besser miteinander aus, doch in der fünften Sitzung berichtete mir Mary, dass sie zu Hause immer noch Probleme mit Tamara hatte. Erst dann erzählte sie mir, dass die Großmutter im selben Gebäude in einer Wohnung am Ende des Flurs wohnte – und Tamara, immer wenn sie bestraft wurde, sofort zu ihr rannte. Statt ihre Tochter in ihrer Mutterrolle zu stärken und sich hinter sie stellen, „tröstete"

Marys Mutter Tamara damit, dass sie keine Angst haben sollte und „Oma sie doch lieb habe".

Dieses Verhalten der Großmutter, die die Erziehungsmaßnahmen ihrer eigenen Tochter untergräbt, erscheint Ihnen wahrscheinlich eindeutig falsch – so falsch, dass Sie vielleicht nicht darauf kommen, wie dieses Verhalten mit den Problemen beim Zuhören in Ihrem eigenen Leben zusammenhängen könnte. Aber spielen Sie nicht ab und zu dasselbe Spiel, wenn Sie sich in einer Auseinandersetzung klar auf die Seite einer der beiden involvierten Personen stellen?

Die meisten Familienprobleme hängen mit Dreieckskonstellationen zusammen. Darum sind Therapien mit zwei Personen häufig nur sehr begrenzt erfolgreich. Einer Mutter beizubringen, wie sie souveräner mit ihrem Sohn umgeht, löst nicht das Problem, dass ihre übermäßige gefühlsmäßige Bindung an ihn mit der Gefühlskälte ihres Mannes zusammenhängt. Einem Paar zu zeigen, wie es besser miteinander kommuniziert, wird die Partner einander nicht näher bringen, solange deren Prioritäten ganz klar bei den Kindern oder ihren Karrieren liegen.

Sind Dreieckskonstellationen immer ein Problem? Nein. Es gibt Situationen, in denen sie sich einfach einem Dritten anvertrauen *müssen*. Wie zum Beispiel in meinem Fall, wenn ich mich bei einem Freund darüber beschwere, dass meine Frau mich ständig damit nervt, den Müll hinauszubringen – weil sie einfach nicht versteht, dass ich darauf nicht immer Lust habe! Wenn ich dies direkt mit ihr besprechen möchte, führt das ja unweigerlich immer zu diesen leidigen und unnötigen Diskussionen über Gerechtigkeit, Ungleichheit und all diesen Kram ....

Wenn starre Grenzen Menschen voneinander trennen

Manche Menschen errichten starre Grenzen in ihrem Leben, die so undurchdringlich sind, dass sie den Kontakt zur Außenwelt fast unmöglich machen. Die Folge ist eine *Loslösung*. Von anderen losgelöste Menschen sind unabhängig, aber isoliert. Der Vorteil dieser Loslösung ist, dass dadurch ihre Autonomie verstärkt wird.

Wenn Eltern nicht ständig über ihren Kindern schweben, ihnen sagen, was sie zu tun haben und ihre Konflikte für sie lösen, sind die Kinder gezwungen, sich auf ihre eigenen Ressourcen zu besinnen und diese zu nutzen. Der Nachteil ist, dass diese Loslösung die gegenseitige Zuneigung und Fürsorge füreinander unterminiert.

Wenn Eltern ihren Kindern zuhören, helfen sie ihnen, Vertrauen in ihre eigenen Kommunikationsfähigkeiten zu gewinnen. Eltern mögen nicht immer zuhören können, doch eine Erzieherin, die sich um acht Kinder gleichzeitig kümmern muss, schafft dies bis auf einige kurze Momente fast gar nicht.

Ein Besuch im Kindergarten oder in der Schule Ihres Kindes wird Ihnen auf ernüchternde Weise zeigen, wie wenig Kindern zugehört wird, und Sie vielleicht dazu motivieren, eine aktivere Zuhörrolle im durch den Kindergarten oder die Schule bestimmten Leben Ihres Kindes einzunehmen. Wenn Sie Zeit mit Ihren Kindern verbringen- ohne dies in einen Machtkampf ausarten zu lassen – können Sie diese eine Zeitlang vom Gruppenzwang und einer Pädagogik befreien, die die Kinder entweder zur Anpassung oder zur Rebellion zwingt; beides Dinge, die nicht gerade förderlich sind, wenn sie sich selbst entdecken und frei entfalten wollen.

Wenn Sie Ihren Kindern helfen wollen, ihr eigenes Selbst zu entdecken, sollten Sie ihnen zuhören.

Sich abzukoppeln ist ein Verhalten, bei dem es an gemeinsam verbrachter Zeit, gemeinsamen Unternehmungen und Gesprächen fehlt. Die Menschen, die sich lieber zurückziehen, sind nicht unbedingt gefühlskalt oder völlig egoistisch, auch wenn sie einen Großteil ihrer Zeit damit zu verbringen scheinen, ihre eigenen Interessen zu verfolgen. Sie verstecken sich vielmehr hinter ihrer Distanz und ihrer Abwesenheit, um ihre eigenen Empfindlichkeiten gegen die Außenwelt abzuschirmen.

Suzanne und Rick machten sich Sorgen, weil ihr Sohn nicht leicht Freunde zu finden schien. Wie sich später herausstellte, handelte es sich dabei aber nicht um ein schwerwiegendes Problem, sondern allenfalls etwas, was einer Empfehlung zu einem Therapiegespräch bedurft hätte. Tatsächlich machte sich Suzanne auch mehr Sorgen um ihre emotionale Nähe zu Rick. Sie beschwerte sich über seine distanzierte Art und darüber, dass ihm ihre Bedürfnisse egal waren. Dabei drückte sie sich in einer sehr aufgeregten, umständlichen Weise aus und redete um ihre Gefühle herum, ohne klar zu sagen, was sie meinte.

Rick versuchte ihr zuzuhören, doch es gelang ihm nicht wirklich. Vielleicht störte ihn Suzannes unterschwellig weinerlicher Ton. Darüber hinaus erwähnte Suzanne „nebenbei", dass sie bereits mit einem Psychologen über diese Probleme sprach. Als ich sie fragte, warum, antwortete sie, sie bräuchte jemanden, der verstand, wie sie sich fühlte. (*Na wunderbar,* dachte ich. *Sie vertraut sich einem Therapeuten an, während sie gleichzeitig versucht, mehr Vertrauen in die Beziehung zu ihrem Ehemann zu bringen.)*

Der Kern von Suzannes und Ricks Problem, keine Nähe und Zärtlichkeit mehr in ihrer Beziehung zu finden, war nicht, dass sie beide zu beschäftigt waren, dass die einst so große Leidenschaft verschwunden war oder sie vergessen hätten, wie sich Nähe anfühlt und wie man sie lebt. Sie schafften es nur nicht, miteinander zu reden und einander zuzuhören. Suzannes Beitrag zu dieser verfahrenen Situation bestand darin, ihre Enttäuschungen und Beschwerden so lange zu verdrängen, bis sie explodierte. Ricks Beitrag war, dass er nicht aufmerksam genug zuhörte, um zu erkennen, dass sich hinter Suzannes „Jammerei" eine tief empfundene Einsamkeit versteckte, und er selbst nicht in der Lage war, seine eigenen Gefühle in Worte zu fassen. Also ließ er sich auf einen sehr typischen, wenn auch unbewussten Handel ein: Wenn er ihre Bedürfnisse nicht erfüllen konnte, würde er seine am besten gar nicht zur Sprache bringen.

Nach einer Weile schafften es beide, wieder zueinander durchzudringen. Suzanne lernte, ihre Wünsche direkter zu formulieren, nachdem sie erkannt hatte, dass sie sich ihr ausweichendes Kommunikationsverhalten zugelegt hatte, weil sie erleben musste, wie sich ihre eigene Mutter ständig beschwerte. Rick bemühte sich, besser zuzuhören und öfter das auszusprechen, was ihn bewegte. Dann machte uns Suzanne bei einer Sitzung eine Art Geständnis: Jahrelang hatte sie Stunden damit verbracht, ihre Wünsche und Gedanken in einem Tagebuch festzuhalten. Sie sprach darüber fast so herzlich wie ein Kind über einen unsichtbaren Freund. Das war also Ricks größter Rivale.

Ist es falsch, sich bei einem eigenen Therapeuten über den Partner zu beschweren? Ist es falsch, sich einem Tagebuch anzuvertrauen? Natürlich nicht. Doch je mehr Sie ihre Gefühle anstatt mit der Person, der Sie näherkommen wollen, mit einem anderen Menschen oder beispielsweise einem Tagebuch teilen, desto weniger Druck verspüren Sie, an Ihren Beziehungen zu arbeiten.

Distanzierte Beziehungen existieren nicht in einem Vakuum. Wenn Sie die Kluft zwischen Ihnen und einem Menschen, den Sie lieben, verkleinern möchten, sollten Sie sich folgendes zu Herzen nehmen: Mit Honig fängt man mehr Fliegen als mit Essig. Seien Sie bereit, sich die Klagen und Beschwerden des anderen anzuhören, wenn Sie ihm wieder näherkommen wollen. Ein Rückzug ist nicht nur emotionale Distanz – er hat für den anderen auch eine schützende Wirkung.

Wenn zu viel Nähe die Vertrautheit erstickt

Manchmal sind die Grenzen, die die Mitglieder einer Familie vom Rest der Außenwelt trennen, so starr, dass ein verstricktes Beziehungsgeflecht entsteht und Vertrautheit auf Kosten der Autonomie geboten wird. Solche eine Isolation von einem, verallgemeinernd ausgedrückt, Austausch mit dem Rest der Welt ist für jede Beziehung eine zu starke Belastung. Vertrautheit wächst durch gemeinsam und getrennt verbrachte Zeit.

Einigen Menschen ist die Zusammengehörigkeit sehr wichtig. Sie legen sehr großen Wert auf Nähe und Verbundenheit. Diese Werte können eine Vertrautheit aber auch sabotieren; nämlich dann, wenn sie sich zu einem Anpassungsdruck entwickeln. Wirkliche Nähe entsteht dann, wenn wir die individuellen Erfahrungen unserer Familienmitglieder sowie ihr Recht auf eigene Gefühle und Meinungen respektieren.

Verstrickte Beziehungen können sich wohlig anfühlen wie ein kuschliger warmer Mantel an einem kalten Wintertag – oder scheuernd wie eine Wolldecke in einer heißen Sommernacht. Kinder, die zu stark mit ihren Eltern verstrickt sind, werden abhängig. Sie sind weniger selbstsicher und können sich schwertun, Beziehungen mit Menschen außerhalb ihrer Familie einzugehen.

Wir gehen normalerweise davon aus, dass elterliches Engagement eine gute Sache ist, und glauben, dass Kinder dann Probleme haben, wenn sich ihre Eltern nicht gut genug um sie kümmern. In vielen Fällen stimmt dies auch. Doch manchmal ist die elterliche Überfürsorglichkeit das Problem: Sie erlaubt es den Kindern nicht, sich selbst zu entdecken, ihre eigenen Probleme zu lösen, Fehler zu machen und schließlich ihren eigenen Weg zu gehen.

Klare Grenzen zwischen den Generationen helfen Eltern dabei, ihre Rolle souverän auszufüllen, ihre eigenen Rechte und ihre Privatsphäre zu behaupten und gleichermaßen die Eigenständigkeit ihrer Kinder auch im familiären Rahmen zu respektieren.

Wenn Familientherapeuten auf Mütter treffen, die zu stark mit ihren Kindern verstrickt sind, würde es ihnen natürlich niemals einfallen, den Müttern dafür die Schuld zu geben (als ob sich die Familienstruktur aus dem einseitigen Tun eines einzelnen Familienmitglieds ergäbe). Oh nein, das würde kein Familientherapeut jemals tun!

Dabei sind es doch wirklich die Mütter, die ihre Kinder emotional ersticken, oder nicht?[2] Den Müttern für eine Familienstruktur die Schuld zu geben, in der sie von ihren Männern vernachlässigt werden und sich deshalb emotional zu stark an ihre Kinder binden, ist so, als behaupte man, ein Auto ohne Zündkerzen fahre nicht, weil die Kolben nicht funktionieren. Sogar Neugeborene und ihre Mütter, die die ersten Wochen zusammen in einer Art Symbiose miteinander verbringen, brauchen das Engagement der Väter – allerdings nicht als frustrierte Rivalen, sondern als tatkräftige Unterstützer und Vertraute.

Kinder brauchen enge Bindungen? Ihre Eltern ebenso.

Die Überidentifikation einiger Mütter mit ihren Kindern mag damit zusammenhängen, dass sie zu stark die Rolle der selbstlosen Dienerin einnehmen. Einige Kritiker meinen, dass zu stark mit ihren Kindern verstrickte Mütter sich einfach mehr Mühe geben sollten, ein eigenes Leben zu führen, also sich auf ihren Beruf zu konzentrieren, sich Hobbys zuzulegen, mehr Zeit mit ihren Freundinnen zu verbringen usw. Was sie aber auch brauchen, ist die Erfahrung, dass ihnen zugehört wird, dass sie wertgeschätzt werden und dass ihnen Verständnis entgegengebracht wird. Durch dieses Verständnis werden sie gestärkt, und nicht durch den Versuch, alles in Eigenregie und allein zu schaffen.

Eltern müssen an einem Strang ziehen. Natürlich haben Eltern zumindest zu einigen Themen, die ihre Kinder betreffen, unterschiedliche Ansichten. Wie sollen sie damit umgehen? Indem sie über ihre Standpunkte reden und einander zuhören. Danach können sie entscheiden, was sie tun wollen.

Eine Einheitsfront bilden

Um eine funktionierende Allianz zu bilden, müssen beide Eltern etwas von ihrer Eigenständigkeit aufgeben. *Aufeinander eingehen* nennt sich dieser Prozess, bei dem Menschen ihre Differenzen und Unterschiede zurückstellen, um zusammenzuarbeiten und einander näher zu kommen. Solche Kompromisse sind manchmal Verhandlungsergebnisse, manchmal aber auch instinktive Korrekturen. Eltern können dann gemeinsam erfolgreich die Familienführung übernehmen, wenn sie sich untereinander einig werden und das Ergebnis ihren Kindern als Entscheidung präsentieren, die sie beide gleichermaßen unterstützen. Die meisten Eltern verstehen zu irgendeinem Zeitpunkt, wie wichtig es ist, ihre persönlichen Differenzen hintanzustellen, um vor den Kindern als Einheitsfront aufzutreten. In ähnlicher Weise verstehen auch viele Partner irgendwann, dass es wichtig ist, den anderen so zu akzeptieren wie er ist und nicht verbessern zu wollen, damit eine Partnerschaft Bestand hat.

Wenn Kinder sich ständig danebenbenehmen, können Sie darauf wetten, dass ein Elternteil den anderen nicht genügend unterstützt.

Wenn Sie das Gefühl haben, dass Ihr Partner oder Ihre Partnerin Sie die ganze Erziehungsarbeit machen, den Chauffeurdienst übernehmen oder Sie dafür sorgen lässt, dass die Regeln eingehalten werden, wälzen Sie die Schuld nicht völlig auf ihn oder sie ab. Vielleicht ist er oder sie mit bestimmten Dingen nicht einverstanden, die Sie tun. Versuchen Sie einfach einmal, nachzufragen.

> „Ich habe das Gefühl, du bist nicht ganz damit einverstanden, wie ich mit der Sache umgehe. Vielleicht glaubst du, dass mich deine Meinung nicht interessiert, doch das tut sie. Ich würde wirklich gern wissen, was du darüber denkst."

Die gemeinsame Elternschaft bietet zudem eine gute Möglichkeit, sich die Kehrseite der Komplementarität genauer anzuschauen: die Polarisierung. Statt sich bei bestimmten Sachverhalten einig zu sein, entfernen sich die Elternteile immer mehr voneinander. Ist einer zu streng, wird der andere zu nachgiebig. Je mehr ein Elternteil auf den Kindern herumhackt, umso mehr versucht das andere, sie zu verwöhnen.

Eine Polarisierung läuft in etwa so ab wie das Hoch- und Herunterstellen der Heizung: Der eine mag es wärmer und stellt sie herauf, der andere kälter, also stellt er sie herunter. Und schon wird ein Kreislauf von wechselseitigen Fehlanpassungen in Gang gesetzt.

Schon kleine Unterschiede können Partner in gegensätzliche Positionen treiben. Eine Mutter, deren Schmerzgrenze geringfügig höher liegt als die ihres Mannes, wenn es um den Lautstärkepegel der Kinder geht, bekommt vielleicht nie die Gelegenheit, ihnen klar zu machen, sie sollten leiser sein, wenn er ihr jedes Mal zuvorkommt. Vielmehr hat sie jedes Mal, wenn er die Kinder anherrscht, das Gefühl, dass er zu streng mit ihnen ist. Also ermahnt sie ihn für seine Ungeduld, und er wird wütend. Das Familienleben kann schon aufgrund solcher Kleinigkeiten zu einer Schlacht ausarten, in der beide Eltern zu Gegnern in einem Spiel werden, bei dem keiner gewinnt.

Warum können sich Paare auf einige Dinge einigen, auf andere aber überhaupt nicht? Weil wir alle immer dann Kompromisse eingehen, wenn wir es gefühlsmäßig können, uns aber dagegen wehren, wenn sie einen inneren Konflikt bei uns auslösen.

Dieser Motor, der Konflikte in uns zu Konflikten zwischen uns macht, nennt sich Projektion. Diese Dynamik kommt ins Spiel, wenn wir das Ungleichgewicht zwischen miteinander konkurrierenden Impulsen (Abhängigkeit-Unabhängigkeit, Offenheit-Zurückhaltung, Verlangen-Angst, Privatsphäre-Gemeinschaft) dadurch ausgleichen wollen, dass wir unsere eigene Motivation auf den anderen projizieren. Jemand, der Angst vor Wutausbrüchen hat, bringt dies vielleicht durch eine passive Selbstbeherrschung zum Ausdruck, die dann den Partner provoziert. Bei einem Streit der beiden könnte der erste dann wütend werden und der zweite sich verletzt fühlen. Der Mann, der sich verletzt fühlt, kocht vielleicht vor Wut, ist sich dieser Gefühle aber nicht bewusst, solange er seine Partnerin dazu bringen kann, diese Wut für ihn auszuleben. Die Wut der provozierten Partnerin mag dieser indes dabei helfen, ihre eigenen Gefühle der Hilflosigkeit zu unterdrücken.

Polarisierte Partner bekämpfen die Eigenschaften des anderen, die sie bei sich selbst nicht akzeptieren können.

Projektion und Polarisierung lassen Paare zu Gegnern werden und hindern den Partner daran, latent vorhandene Möglichkeiten ihres Charakters in ihr Selbst zu integrieren, da der andere diese bereits auslebt. Ein starker Mann mag unfähig sein, die weichere Seite an sich zu erkennen und zum Ausdruck zu bringen, weil seine Frau sich stets überemotional und hilflos verhält. Er verleugnet seinen Wunsch nach Abhängigkeit und seine Verletzlichkeit, weil er dies als ihre Domäne betrachtet. Sie übernimmt daraufhin die Rolle der abhängigen und fordernden Frau. Dies mag einer der Gründe dafür sein, warum sich Männer für ihre Abhängigkeit – dieses unstillbare Bedürfnis nach mütterlicher Liebe und Fürsorge – rächen, indem sie ihre Frauen tyrannisieren und dafür demütigen, dass diese genau die Bedürfnisse äußern, die sie sich selbst nicht trauen zu zeigen.

Heutzutage sind die Unterschiede zwischen den Geschlechtern ein Thema, das in der Öffentlichkeit angekommen ist. Wir glauben nicht mehr, dass Männer stark und Frauen schwach sind. Aber ist die heutige Betonung der Einzigartigkeit von Frauen nicht auch eine Art der modernen Stereotypisierung? Wie sollen Männer und Frauen an ihren Beziehungen arbeiten, wenn sie überall hören, dass Frauen sich auf eine andere Art mitteilen als Männer und Männer sowieso eine sonderbare Form von Kommunikation an den Tag legen?

Gehen wir schon wieder davon aus, dass unsere Anatomie unser Schicksal bestimmt? Viele Männer und Frauen verlieren in ihren Partnerschaften die Geduld miteinander, und mit ihr auch die Hoffnung, jemals vom anderen verstanden zu werden. Dieses quälende Gefühl der Frustration sucht uns alle von Zeit zu Zeit heim. Wenn es einigen Menschen hilft, Verständigungsprobleme auf unüberwindbare Unterschiede zwischen den Geschlechtern zurückzuführen und sie sich so gegen ihre eigene Verzweiflung abschirmen können, bitte sehr. Wenn diese Stereotypisierung aber dazu dient, die Vertreter des anderen Geschlechts in Schubladen einzusortieren und so aufrichtige Begegnungen zwischen zwei Menschen zu vermeiden, dann ist das mehr als bedauerlich. Wer die Unterschiede zwischen den Geschlechtern überbetont, hat oft Probleme damit, Verständnis zu finden – nein, Verständnis zu *suchen*.

In der heutigen Zeit liegen unser verletzter Narzissmus und unser grenzenloser Ehrgeiz häufig im Widerstreit mit unserer Selbstlosigkeit, unserer Kompromissfähigkeit und unserem Willen, funktionierende Partnerschaften zu führen. In harten und unruhigen Zeiten wie unseren werden Treue, Toleranz, Zusammenarbeit und Komplementarität – die notwendigen Werte zur Schaffung und Aufrechterhaltung von Harmonie in der Familie – unterbewertet. Zu oft hören wir, dass das, was früher als Teamwork angesehen wurde, mittlerweile als Co-Abhängigkeit bezeichnet wird.

Wir neigen dazu, unsere Möglichkeit der Ergänzung nicht zu erkennen. Stattdessen nehmen wir Herrschaft und Unterwerfung, Macht und Schwäche, Schurken und Opfer wahr. Während wir versuchen, mehr Flexibilität für Frauen und Männer zu erreichen, laufen wir Gefahr, die Vorteile zu übersehen, die die Komplementarität für beide Seiten bereithält. Selbstverwirklichung bedeutet nicht, sich ständig selbst behaupten zu müssen. Ein gefestigtes Selbst kann Unterschiede tolerieren und an ihnen wachsen.

Übungen

1. Schreiben Sie drei ärgerliche Gewohnheiten eines Familienmitglieds auf. Schreiben Sie neben jede dieser Gewohnheiten, wie diese Person wahrscheinlich gern von anderen gesehen werden möchte. Versuchen Sie, sich bei Ihrem nächsten Treffen der bevorzugten Sichtweise dieser Person anzunähern. Oder anders gesagt: Versuchen Sie, diese Person wie den Menschen zu behandeln, als den sie sich selbst gern sehen möchte.

2. Versuchen Sie eine Grenze in Ihrer Familie zu erkennen, die Sie nicht mögen – z. B. dass Ihre Frau zu sehr auf die Kinder fixiert ist, oder dass Ihr Mann sich zu distanziert verhält. Denken Sie daran, dass diese Grenzen eine reziproke Funktion haben (Eine Verstrickung auf der einen Seite hängt mit Distanzierung auf der anderen Seite zusammen), und versuchen Sie herauszufinden, worin Ihr Beitrag zu dieser Grenze besteht. Gehen Sie nicht sofort dazu über, etwas verändern zu wollen, sondern nehmen Sie die Situation zuerst einfach nur wahr.

3. Versuchen Sie, zwei oder drei Dreieckskonstellationen zu erkennen, in die Sie verwickelt sind. Sollten Sie bei einer von dieser die unangenehme Rolle des Dritten einnehmen, versuchen Sie, sich nicht der Person zuzuwenden, der Sie näherkommen möchten, sondern der Person (oder Verhaltensweise) am anderen Pol. Wenn Sie als Vater z. B.

Ihrer Frau verübeln, zu viel Zeit mit den Kindern zu verbringen, versuchen Sie, selbst mehr für die Kinder da zu sein, und beobachten Sie, was passiert.

4. Sind Sie zu stark oder zu wenig involviert, wenn es um Ihre Kinder geht? Oder um Ihren Partner? Versuchen Sie sich etwas mehr zu distanzieren oder zu engagieren, und nehmen Sie wahr, welche Art des Widerstands oder unbeugsame Routine Ihnen diese Verhaltensänderung schwer macht.

KAPITEL 12

»»»»»»»»»»»»»»»»»»»»»»»»»

VON „MUSS ICH WIRKLICH?“ BIS „DAS IST NICHT FAIR!“

Wie Sie Kindern und Teenagern zuhören

Wenn frischgebackene Eltern mit ihrem erstgeborenen Baby, diesem winzigen lächelnden Wunder der Schöpfung, das Krankenhaus verlassen, fragen sie sich oft: *Was nun? Woher wissen wir, was wir tun müssen?* Sie werden es schnell genug herausfinden. Die Bedürfnisse eines Babys sind noch einfach, und das Schreien, das diese Bedürfnisse ankündigt, dringt bis ins Mark.

Ist das Baby satt, frisch gewickelt und ausgeschlafen, zeigen seine Eltern ihm durch Liebkosungen und gemeinsames Spielen, dass sie für seine Bedürfnisse empfänglich sind und darauf eingehen. Das Zuhören besteht in diesem Alter darin, die Stimmung des Babys richtig zu deuten – und ihm nicht die eigene Stimmung aufzuzwingen, als sei das Baby nur eine Erweiterung des elterlichen Selbst.

Schon lange bevor ein Baby sprechen lernt, zeigen ihm seine Eltern, wie gut sie ihm zuhören können. In dieser wie auch in jeder anderen Beziehung stehen Flexibilität und Empfänglichkeit für den Willen, die Unterschiede eines anderen Wesens zu tolerieren und anzuerkennen. Nennen wir es einfach Einfühlungsvermögen.

Das Geschenk der elterlichen Empathie

Die Empathie von Eltern, die verstehen, was ihr Kind fühlt und ihm dies auch zeigen, schlägt eine Brücke des Verständnisses zwischen ihnen. Das Kind wird dadurch mit zwei Menschen verbunden, die ihm zuhören und sich für es interessieren. So bekommt es die Bestätigung, dass seine Gefühle berechtigt sind. Das Teilen emotionaler Erfahrungen ist das wichtigste Merkmal einer wirklichen Verbundenheit.

Wie können Sie sich in ein Kind einfühlen, das nicht damit aufhört, Sie zu reizen und zu belagern, als ob es der Mittelpunkt des Universums wäre und Sie sich nicht auch noch um andere Dinge kümmern müssten? Die Lösung liegt in der richtigen Interpretation des Begriffs „Einfühlen". Einfühlen heißt nicht mitfühlen. Mitgefühl, oder in seiner intensiveren Form auch Mitleid, bedeutet, die Gefühle des anderen sprichwörtlich *mit*zufühlen statt sie zu verstehen. Dieses Mit*leiden* mit dem anderen führt dazu, dass Eltern ihren Kindern ihre Gefühle entweder ausreden oder bestimmte Dinge für sie tun wollen, anstatt sich in sie einzufühlen, um sie zu verstehen.

Zu den größten Hindernissen, die unsere Fähigkeit einschränken, unseren Gesprächspartnern wirklich zuzuhören, zählt unser Bedürfnis, auf ihre Aussagen zu reagieren und etwas zu *tun*: uns zu verteidigen, zu widersprechen oder die Probleme der anderen für sie zu lösen. Besonders Eltern sind sehr großzügig im Verteilen von Ratschlägen – es gehört ja quasi zu ihrem Berufsbild dazu. Doch wenn das Erste, was sich ein Junge mit einem sonnenverbrannten Rücken von seinem Vater anhören muss, dessen Ermahnung ist, er hätte doch Sonnencreme verwenden sollen, wird er sich getadelt und nicht verstanden fühlen. Wenn ein kleines Mädchen, das sich beklagt, es habe keine Freundinnen, von seiner Mutter hört, es müsse eben etwas aufgeschlossener sein, damit andere Kinder es mögen, wird es daraus vielleicht schließen, dass nicht einmal seine Mutter es mag.

Psychologen sprechen von „empathischem Eintauchen", wenn sie das intensive und konzentrierte Zuhören beschreiben, mit dem Therapeuten versuchen, die Erfahrungswelt ihrer Patienten zu verstehen – eine sinnträchtige, wenn auch etwas übertriebene Metapher. Eine bessere Metapher für Empathie wäre das Halten der Hand des anderen.[1] Zwei ineinander gelegte Hände sind immer noch zwei Hände – aber zwei Hände, die sich berühren, einander Wärme spenden und in diesem Kontakt den Puls des anderen wahrnehmen.

Um zu besseren Zuhörern zu werden, sollten Eltern etwas von ihrer Führung abgeben und ihren Kindern mehr folgen. Ist ein Kind niedergeschlagen, kann ein einfaches „Dir geht es gerade nicht so gut, stimmt's" mehr dazu beitragen, dass es sich verstanden fühlt, als ein Drängen darauf, dass es seine Gefühle erklärt. Wenn ein wütendes Kind klare Zeichen gibt, dass es allein sein möchte, lassen Sie es allein. Es braucht Zeit, um wieder zu sich zu kommen. Wenn es einem anderen Menschen sehr schwerfällt, seine Gefühle in Worte zu fassen, ist es einfühlsamer zu sagen „Es lässt sich nicht so einfach erklären, oder?“ als herumzuraten, was genau er oder sie gerade ausdrücken möchte. Ein Elternteil, das die Gedanken seines Kindes ungeduldig vorwegnimmt und ihm das Wort abschneidet, ist das Gegenteil von einfühlsam.

Gutes Zuhören ähnelt eher der Arbeit einer Hebamme als der eines Zahnarztes. Mit einem einfühlsamen Zuhörer an ihrer Seite gelingt es Kindern, ihre eigenen Meinungen und Gefühle zu entdecken, anstatt zu rebellieren oder sich in ihrem Verhalten den Erwartungen anderer Menschen zu unterwerfen.

Fehlende Empathie, die die Selbstachtung untergräbt, ist nicht die Art von Kindesmissbrauch, von der wir normalerweise hören; es ist der stille, fatale Mangel an Ansprechbarkeit und Zuwendung. Ein Mangel an Empathie verursacht bei Kindern keine Schrammen und blauen Flecken – sie verkümmern.

Empathie verleiht Energie. Wenn uns zugehört wird und wir verstanden werden, befreit uns dies aus unserer grüblerischen Selbstversunkenheit und motiviert uns, mit der Welt um uns herum in Kontakt zu treten. Ohne Empathie wachsen Kinder nur mit sich selbst beschäftigt auf, so als ob Aufmerksamkeit ein Bedürfnis wäre, das – wenn es unerfüllt bleibt – immer weiter wächst. Das ungehörte und unverstandene Kind ist in einem stillen Zwiegespräch mit sich selbst gefangen, oft angsterfüllt oder nervös und dadurch nicht in der Lage, sich der Freiheit des Augenblicks hinzugeben.

Kleinkindern zuhören

Wenn uns zugehört wird, haben wir das Gefühl, dass wir den anderen wichtig sind. Nicht gehört zu werden, führt hingegen zu großer Unsicherheit. In der Realität kann sich dieses verweigerte Verständnis in Verhaltensformen ausdrücken, die nicht immer offensichtlich sind. Die folgenden Beispiele zeigen, wie es ist, wenn wir Kleinkindern nicht zuhören – trotz der Tatsache, dass sie uns sehr am Herzen liegen.

„Pass auf!"

Einige Eltern, die sehr aufmerksam und fürsorglich erscheinen, sorgen sich mehr um die äußere Umgebung als um ihre Kinder. Sie bemuttern ihre Babys und geben einfühlsame Geräusche von sich, aber sie hören ihnen nicht zu. Sie achten akribisch auf die Gefahren, die von spitzen Tischecken, scharfkantigen Dingen auf dem Boden, kalten Luftzügen und zu heißem Essen ausgehen. Da sie ständig wegen irgendwelcher Dinge besorgt sind, scheint es so, als würden sie sich ausgiebig mit ihren Kindern befassen. Weil sie aber so damit beschäftigt sind, die Welt zu einem sicheren Ort umzugestalten, sind sie viel zu ängstlich und angespannt, um die Erfahrungswelt ihres Babys teilen zu können. Diese „kindzentrierten" Eltern bieten ihren Kindern fast keinerlei intersubjektive Erfahrung. Der Eindruck der Nähe zu ihren Kindern, den sie auf andere machen, ist eine Illusion. Überbehütete, aber nicht angehörte und nicht verstandene Kinder können von ihren Eltern oder anderen Menschen abhängig werden, da sie sich allein unwohl fühlen – nicht, weil sie sehr viel Nähe gewöhnt sind, sondern weil sie unter einem allgegenwärtigen Gefühl des Alleinseins leiden, das so unerträglich ist, dass sie sich zur Ablenkung schnell in oberflächliche Beziehungen begeben.

„Sei leise, wasch deine Hände und fass dich um Gottes Willen nicht da unten an!"

Häufiger als dieser generelle Mangel an Einfühlsamkeit ist die selektive Einfühlsamkeit, mit der Eltern ihren Kindern vermitteln, welches Verhalten akzeptabel und welches beschämend ist. Die so übertragenen Wünsche, Ängste, Verbote und Phantasien der Eltern greifen in das Selbst des Kindes ein und schwächen sein Selbstwertgefühl.

Selektive Einfühlsamkeit bestimmt, was akzeptabel ist und was nicht. Darf das Kind Spielzeug auf den Boden knallen, schmutzig werden, sich selbst berühren? Dazu gehören auch Vorlieben für bestimmte Personen: Ist es in Ordnung, manchmal sauer auf Oma zu sein oder lieber mit ihr als mit Mama zu spielen? Das selektive Einfühlungsvermögen der Eltern bestimmt auch, in welchem Maße das Kind seine Gefühlszustände – Freude, Trauer, Begeisterung – mit anderen Menschen teilen kann. Wird das Kind, dessen Eltern ständig versuchen, es mit lustigen Scherzen und Kaspereien von seinen Ängsten abzulenken, später, wenn es älter ist, mit diesen Ängsten immer noch zu ihnen kommen?

Das gesamte Empathiespektrum der Eltern – von Großzügigkeit bis zu Engherzigkeit – bestimmt, ob die Kinder sich selbst annehmen können, und ob die Bandbreite ihrer Erfahrungen später vielfältig oder eher eingeschränkt ausfallen wird.

Stellen wir uns einmal vor, ein kleines Kind hört sich *Peter und der Wolf* an und ist dabei ganz fröhlich und aufgeregt. Die Musik begeistert es, und es fragt sich, ob es seiner Mutter wohl auch so geht. Es schaut auf und sie lächelt es an – ihre Augen glänzen und sie nickt. *Ja, sie empfindet genauso!* Diese Art der Einfühlung vermittelt dem Kind, dass es etwas empfindet, was es mit anderen teilen kann, und nicht etwas, das ungehörig oder peinlich ist und um jeden Preis vermieden werden sollte. Seine Gefühle werden anerkannt, und da seine Gefühle ein Teil seines Selbst sind, fühlt sich auch das Kind anerkannt.

„Gib nicht so an. Das ist nicht schön."

Neben den Lektionen, die Eltern ihren Kindern bewusst erteilen, prägen sie deren Erfahrungswelt auch durch – häufig negative – Gefühlsreaktionen. Wenn ein Kind seinen Eltern voller Stolz imponieren will und diese mit Empörung oder Desinteresse reagieren, ist dies ein Schlag ins Gesicht für seinen gesunden kindlichen Narzissmus. Es wird beschämt.

Wenn Kinder vor ihren Eltern angeben, um deren Anerkennung zu gewinnen, geht es nicht nur darum, was sie wirklich schon können, sondern auch um ihre Fantasien und Vorstellungen davon, wer sie gern wären oder was sie unbedingt gern tun könnten. Sie sind nicht klein und schwach – oh nein, sie sind groß und stark! Wenn Eltern diesen Wunsch, sie zu beeindrucken, zerplatzen lassen, könnte das Kind auf die Idee kommen, dass es wertlos ist oder nur dann die Aufmerksamkeit anderer verdient, wenn es etwas wirklich Großes geleistet hat.

Bevor Sie angesichts solcher kindlichen Prahlereien ablehnend reagieren, denken Sie kurz darüber nach, warum Sie den Drang haben, sich kritisch oder tadelnd zu äußern. Braucht Ihr Kind wirklich eine Zurechtweisung, oder machen Sie sich vielleicht mehr Gedanken darüber, was die Leute um Sie herum denken könnten? Wenn wir versuchen, unseren Kindern zu früh beizubringen, gesellschaftliche Erwartungen brav zu erfüllen, können wir damit ihr Selbstwertgefühl zerstören. *Hören Sie auf das*, was Ihr Kind Ihnen sagen möchte. Wenn ein kleines Mädchen ruft: „Ich kann viel höher springen als Robbie!" will es damit seinen kleinen Freund nicht herabsetzen, sondern sucht nur nach Ihrer Bestätigung. Warum sollten Sie ihr diese verweigern?

Hängen unsere Ermahnungen damit zusammen, dass wir unser Kind unbewusst dazu bringen wollen, unseren eigenen Erwartungen zu entsprechen? Ein Mädchen rennt zu seiner Mutter und ruft: „Mama, Mama, rate mal! Ich habe den Vorlesewettbewerb gewonnen!" „Das ist toll, Maus", sagt die Mutter mäßig begeistert. Die Kleine probiert es erneut: „Wir waren *neunundzwanzig* Kinder, und ich habe die höchste Punktzahl von allen!" „Das ist schön, Schatz." Das Gespräch geht noch einige Minuten ähnlich weiter – das kleine Mädchen, ganz stolz und begeistert, versucht mehr Enthusiasmus aus ihrer Mutter herauszukitzeln. Die Mutter freut sich zwar, dass ihre Tochter gut abgeschnitten hat, will sie aber nicht zu stark loben, damit sie nicht so leistungsorientiert wird (wie ihr Vater). Als das kleine Mädchen hartnäckig bleibt, sagt die Mutter schließlich: „Gib nicht so an! Das ist nicht schön."

Eben noch hüpfte die Kleine vor Freude und Begeisterung. Den Wettbewerb zu gewinnen, war wunderbar. Sie eilte nach Hause, um ihrer Mutter davon zu erzählen und damit ihre Erfahrung zu krönen. Man könnte sagen, dass sie bei ihrer Mutter auf Unverständnis stieß, aber es war sogar noch schlimmer. Wenn ein Kind, das Anerkennung finden möchte, sich einem Erwachsenen schutzlos öffnet, ist eine ausbleibende bestätigende Antwort wie ein Frontalzusammenstoß.

Mangelndes Einfühlungsvermögen drückt sich mitunter in gemein klingenden Aussagen aus, wie beispielsweise „Heul' nicht rum wie ein Baby!" oder „Gib nicht so an!" Doch auch fehlende Begeisterung kann ein nach Aufmerksamkeit dürstendes Kind verletzen. Wenn unsere Kinder es wagen, sich anders zu verhalten als die Kinder unserer Träume, wenn sie unverschämterweise ihren eigenen Kopf und ihren eigenen Willen entwickeln, dann werden wir auf die Probe gestellt.

„Warum musst du grundsätzlich allem widersprechen, was ich sage?"

Es gibt wohl kaum Dinge, die Eltern so sehr auf die Palme bringen wie ständiges Widersprechen und Streiten. „Muss ich das jetzt wirklich?", „Das ist nicht fair!", „Ich will aber nicht!" und natürlich „Warum denn?" – wer will sich das schon den lieben langen Tag anhören?

Am besten lassen sich solche Auseinandersetzungen entschärfen, indem wir die *expressive* Funktion der Kommunikation von der *instrumentellen* unterscheiden. Lassen Sie Ihren Kindern die Möglichkeit, sich zu beschweren. Zeigen Sie Ihr Verständnis, indem Sie ihnen zuhören. Das Zuhören sollte Ihnen nicht schwerfallen, wenn Sie am Ende sowieso das letzte Wort haben. Doch leider hilft die altbekannte Formel „Ich verstehe, aber ..." nicht viel weiter. Kinder fühlen sich nicht dadurch ernst genommen, dass Sie das paraphrasieren, was sie Ihnen gesagt haben, oder weil Sie ihnen versichern, dass Sie sie verstehen. Sie fühlen sich ernst genommen, wenn sie sich ausdrücken dürfen. Und wenn ihnen dabei zugehört wird.

Durch *responsives Zuhören* werden Kinder aus der Reserve gelockt und motiviert, über das zu reden, was ihnen auf dem Herzen liegt. Im besten Fall wird eine endgültige Entscheidung über die jeweilige Angelegenheit auf später verschoben. Je mehr Kinder dazu ermutigt werden, sich frei auszudrücken und je weniger solche Gespräche mit dem Festlegen von Regeln zu tun haben, umso mehr werden sie akzeptieren, was von ihnen verlangt wird.

XXXXXXXXXXXXXXXXXXXXXXXXXXXXXXXXXXXXXXXXXXXXXXXX

Wie kann man am besten den Unwillen bekämpfen, mit dem sich Kinder gegen das sträuben, was ihnen gesagt wird?

Die Antwort lautet: Sie bekämpfen ihn nicht. Sie akzeptieren ihn als völlig legitimen Gefühlsausdruck Ihres Kindes.

XXXXXXXXXXXXXXXXXXXXXXXXXXXXXXXXXXXXXXXXXXXXXXXXX

Kinder verdienen und brauchen es, dass ihre Gefühle ernst genommen werden. Was sie nicht brauchen, sind weitschweifige Erklärungen. Es mag gut gemeint sein, wenn Sie Ihrer vierjährigen Tochter erklären möchten, *warum* sie jetzt ins Bett gehen soll. Doch das Erklären Ihrer Entscheidung impliziert, dass sie gerechtfertigt werden muss – und somit zur offenen Diskussion steht. Natürlich sieht die Sachlage bei Teenagern anders aus. Wenn Sie Jugendlichen bestimmte Regeln erklären, zeigen Sie damit Respekt für ihre wachsende Reife. Weitaus jüngere Kinder müssen aber nicht wissen, warum es im Elternhaus Regeln gibt; sie müssen wissen, dass die Eltern bestimmen.

Quengeln[2]

Wenn kleine Kinder nicht bekommen, was sie wollen, fangen sie an zu jammern und zu quengeln. Sie maulen und betteln, und zwar so lange, bis die Eltern nachgeben oder ihnen endgültig der Geduldsfaden reißt.

Wir wissen alle, dass es nichts bringt, dem Gequengel von Kindern nachzugeben. Und wir liegen alle falsch.

Nachgeben bringt tatsächlich etwas; es funktioniert sogar sehr gut. Es führt zum Ende der nervigen Quengelei (und bestärkt das Kind darin, es beim nächsten Mal wieder zu tun). Genauso wird das Elternteil bestärkt, erneut nachzugeben – da das Kind sich dadurch ja endlich beruhigt. Psychologen nennen dieses Verhalten *negative Verstärkung*. Eine positive Verstärkung unterstützt ein gewisses Verhalten durch eine Belohnung. Wenn wir einer

Taube Futter dafür geben, dass sie einen Hebel nach unten drückt, und wenn wir einem Kind einen Keks für sein Gequengel geben, verstärken wir in beiden Fällen ein bestimmtes Verhalten auf positive Weise. Die negative Verstärkung funktioniert, indem ein unangenehmer Reiz beseitigt wird. Eine Taube, die eine Taste drückt, um einen Luftstoß zu deaktivieren und ein Elternteil, das dem Quengeln eines Kindes nachgibt, um es zu beruhigen, sind Beispiele für eine negative Verstärkung.

Kinderpsychologen empfehlen Eltern meist einhellig, sich nicht vom Gequengel ihrer Kinder manipulieren zu lassen. Die effektivste Strategie ist, das störende Verhalten einfach zu ignorieren. Keine Antwort, keine Form der Bestätigung. Wenn das Jammern oder Quengeln in der Öffentlichkeit geschieht, verzichten Sie darauf, Ihr Kind zu ermahnen oder mit ihm zu streiten. Bringen Sie es an einen ruhigeren Ort ohne Publikum. Die Lektion dabei ist, dass störendes Gequengel zu einem zeitweisen Ausschluss aus der Gemeinschaft führt.

Wenn das Gequengel zu Hause stattfindet, wird den Eltern geraten, es nicht zu beachten. Sie sollen einfach ihren bisherigen Tätigkeiten nachgehen, ohne das Kind zu belehren oder sich aufzuregen, da dies nur zu einer langwierigen Diskussion führt. Das Ignorieren des quengelnden Kinds heißt nicht nur, keinen Disput mit ihm zu führen, sondern auch auf Dinge wie Seufzer oder wütende Blicke zu verzichten. Solche nonverbalen Signale sind ebenfalls Antworten, und sie verlängern des Gequengel auf dieselbe Weise wie das Ausschimpfen.

Wenn Sie Ihrem Kind das Quengeln abtrainieren wollen, ist die Strategie des Ignorierens ein guter Rat. In keiner Weise auf bestimmte Verhaltensweisen zu reagieren, ist der beste Weg, diese verschwinden zu lassen. Aber wollen Sie wirklich, dass Ihr Kind nie wieder quengelt?

Ja, Quengeln wird ab einem bestimmten Zeitpunkt zu einer manipulativen Verhaltensweise. Es ist aber nicht von Anfang an manipulativ, sondern zunächst nichts anderes als ein Gefühlsausdruck Ihres Kindes. Durch responsives Zuhören können Sie sich in Ihr quengelndes Kind einfühlen und die gemeinsame Interaktion von einer Konfrontation in ein Gespräch verwandeln.

Quengeln ist eine Bitte um Aufmerksamkeit. Wenn Sie innehalten und sich auf Ihr Kind konzentrieren – „Was möchtest du mir sagen, Schatz?“ – hört das Gequengel normalerweise auf.

Alice war in ein Gespräch mit ihrer Mutter vertieft: Sie sprachen darüber, wie sie ein geeignetes Altersheim für ihren Vater finden könnten. Die vierjährige Amy unterbrach die beiden immer wieder – vielleicht fühlte sie, wie angespannt ihre Mutter war –, also wies Alice sie an leise zu sein und spielen zu gehen. Amy hörte dennoch nicht mit der Quengelei auf und reizte ihre Mutter so lange, bis diese die Beherrschung verlor, Amy den Hintern versohlte und sie ins Bett steckte.

Alternative: Alice versuchte, mit ihrer Mutter darüber zu sprechen, wie sie am besten ein passendes Altersheim für ihren Vater finden könnten. Die vierjährige Amy unterbrach die beiden immer wieder – vielleicht fühlte sie, wie angespannt ihre Mutter war –, also wies Alice sie an leise zu sein und spielen zu gehen. Als das nicht funktionierte, beugte sich Alice zu Amy herunter und fragte: „Was ist los, Schatz?“ „Warum darf ich denn nie mit Oma reden?“, fragte Amy. „Ich weiß, Schatz, ich weiß, du möchtest gern mit Oma spielen.“ Dann nahm sie Amy an die Hand, ging mit ihr zur Spielecke und sagte: „In zehn Minuten kannst du mit Oma nach draußen gehen und ihr deine neue Schaukel zeigen.“

Kinder quengeln nicht, weil sie ihre Eltern ärgern wollen. Sie haben berechtigte Anliegen. Sie quengeln, weil sie sich noch nicht in einer reiferen Weise verständlich machen können. Sie sind frustriert, sie sind müde, und sie sind noch klein. Die Eltern, die bestrafend auf dieses Verhalten reagieren – „Hör damit auf!“ – liefern nur ungewollt den fehlenden Beitrag zu einer Diskussion oder einem Streit. Wer ein quengelndes Kind ignoriert, gibt ihm damit zu verstehen: „Ich werde dir nicht zuhören, wenn du frustriert bist.“ Oder schlimmer noch: „Ich werde dir erst dann zuhören, wenn du *wirklich* wütend bist.“

Wutanfälle

Das Quengeln steigert sich zu einem Wutanfall, wenn das Kind nicht länger um das bitten möchte, was es will, und sich dann völlig seiner Frustration hingibt. Jetzt verfolgt es nicht mehr sein Anliegen, sondern schreit und tritt um sich.

Ein Kind, das einen Wutanfall hat, versucht vielleicht immer noch, seinen Willen zu bekommen, ist aber viel zu wütend, um seine Gefühle in Worte zu fassen. Auch bei einem Wutanfall gelten die Prinzipien des responsiven Zuhörens weiter, allerdings müssen Sie dabei auch den Kontrollverlust Ihres Kindes mit einrechnen. Am allerwichtigsten ist, dass Sie auf einen Wutanfall nicht mit einem Gegenargument antworten. Wiederholen Sie nicht das, was das Kind erst dazu gebracht hat, sich in einen Wutanfall hineinzusteigern – „Ich habe Nein gesagt, und dabei bleibt es!“, und sagen Sie ihm während eines Wutanfalls auch nicht, es solle sich doch bitte beruhigen.

Einem aufgebrachten Kind zu sagen, es solle sich beruhigen, impliziert, dass seine Gefühle nicht berechtigt sind.

Wenn Sie es mit einem Kind zu tun haben, das gerade einen Wutanfall hat, denken Sie daran, dass ein Streit wie Tauziehen ist:

„Wirst du wohl!"
„Nein, werde ich nicht!"

Vermeiden Sie den Streit weiter eskalieren zu lassen, indem Sie Ihrem Kind widersprechen – „Ist mir ganz egal, was du tust; ich werde meine Meinung nicht ändern!" –, und sagen Sie ihm auch nicht, es solle sich zusammenreißen. Versuchen Sie stattdessen, anzuerkennen, was Ihr Kind fühlt. Da es wahrscheinlich zu aufgebracht ist, um seine Gefühle in Worte zu fassen, helfen Sie ihm dabei.

„Oje, du bist wirklich wütend, stimmt's?"

Wenn Sie diese Aussage in Form einer Frage formulieren, laden Sie Ihr Kind dazu ein, Ihnen zuzustimmen. Das ist nicht immer eine gute Idee, da dies auch die Option für einen Streit offenlässt. Eine bessere Alternative wäre es also, die Gefühle des Kindes zu reflektieren, ohne seine Zustimmung zu erfragen:

„Oje, du bist wirklich wütend!"

Was ich Ihnen hier empfehle, scheint eine Ausnahme von der Regel zu sein, anderen Menschen durch Nachfragen dabei zu helfen, sich eingehender über ihre Gefühle zu äußern. Was hat „Oje, du bist wirklich wütend!" mit responsivem Zuhören zu tun?

Der Kern des responsiven Zuhörens ist das *Geben einer Erlaubnis*: Die Idee besteht darin, Kindern die Erlaubnis zu geben, das zu fühlen, was sie fühlen, und diese Gefühle jemandem mitzuteilen, der sich dafür interessiert. Während eines Wutanfalls aber sollten Sie Ihr Kind deshalb nicht nach seinen Gefühlen fragen, weil es in dem Moment zu aufgebracht ist, um Ihnen diese zu erklären. Eine Reflexion dieser Gefühle Ihrerseits verdeutlicht Ihrem Kind, dass Sie es verstehen – und gibt ihm die Erlaubnis, sich je nach eigenem Wunsch näher dazu zu äußern oder Ihnen zu widersprechen.

Die treffendsten Reflexionen von Gefühlen enden mit einem Ausrufezeichen. Versuchen Sie, laut zu sagen: „Oje, du bist wirklich wütend." Und jetzt versuchen Sie es noch mal, aber so, als endete die Aussage mit einem Ausrufezeichen. Bemerken Sie den Unterschied? Äh, ich meine natürlich: Was für ein Unterschied!

Die Gefühle eines Kindes mitten in einem Wutanfall zu reflektieren, wird dieses nicht auf magische Weise dazu bringen, sich zu beruhigen. Es wird ihm aber zeigen, dass Sie verstehen, was es empfindet, und es hilft

Ihnen dabei, das Tauziehen zu umgehen, das unweigerlich beginnt, wenn Sie mit einem Kind diskutieren wollen, das gerade völlig außer Kontrolle ist.

Für sich selbst eintreten

Im Alter von fünf bis zwölf Jahren verbringen Kinder jede Menge Zeit damit, verschiedenste Regeln zu lernen. Sie lernen, sich den Erwartungen ihrer Lehrer, Schuldirektoren, Cafeteria-Angestellten, Busfahrer, Fußballtrainer, Pfarrer und Jugendgruppenleiter anzupassen – und natürlich denen ihrer Eltern. Eltern von Schulkindern müssen darauf achten, dass diese morgens pünktlich schulfertig sind, abends ihre Hausaufgaben machen, ihre Sachen und ihre Kleidung wegräumen, ihre häuslichen Pflichten erledigen, den Computer ausschalten, ihre Brüder und Schwestern nicht töten, ihre Zähne putzen und früh genug ins Bett gehen. Diskussionen sind jetzt vorprogrammiert.

Wenn Kinder sich gegen Regeln auflehnen, reagieren einige Erwachsene so, als würden sie persönlich attackiert. Autoritäre Eltern und Lehrer erwarten, dass ihnen widerspruchlos Folge geleistet wird. Schon ein einfaches Hinterfragen ist ein Affront gegen ihre Autorität. Ein Kind, das mehr Flexibilität einfordert, hat wahrscheinlich überhaupt nicht die Absicht, jemandes Autorität in Frage zu stellen. Es will einfach mehr Freiheiten. Doch wenn Erwachsene darauf bestehen, dass Respekt vor ihrer Autorität bedeutet, fraglos zu gehorchen, sind Kinder geradezu dazu gezwungen, respektlos zu sein, um solche Regeln zu hinterfragen. Daher liegt es an der Interpretation der Erwachsenen, ob sie glauben, dass Kinder, wenn sie für sich selbst eintreten, nur ihr legitimes Recht auf das Ausdrücken ihrer Gefühle wahrnehmen oder sie attackieren wollen.

Es hat nichts mit Respektlosigkeit zu tun, wenn wir für das eintreten, was wir wollen. Wenn Eltern und Lehrer Kindern das Recht zugestehen, ihnen zu widersprechen, werden Kinder diesen auch das Recht zugestehen, Entscheidungen zu treffen. Doch Kinder, deren Gefühle nicht als legitim anerkannt werden, verzichten irgendwann darauf, ihren Standpunkt verdeutlichen zu wollen, und stellen das Recht ihrer Eltern infrage, über sie zu bestimmen. Zeigen Sie Respekt für das, was Ihre Kinder Ihnen sagen wollen, indem Sie ihnen zuhören – auch dann, wenn es unbequem ist oder Ihnen ungelegen kommt.

Bei Studien zu Familien mit fünf- bis zwölfjährigen Kindern fanden Forscher heraus, dass ein motivierendes Geben und Nehmen mit einer hohen Kommunikationsfähigkeit assoziiert wurde, während Eltern mit einem autoritären Erziehungsstil („Weil ich es gesagt habe!"), die ihren Kindern die Motivation nahmen, zu antworten, bei diesen weitaus aggressivere

Äußerungen provozierten.[3] Die Lektion besteht wohl darin, dass es so aus dem Wald schallt, wie zuvor hineingerufen wurde.

Um eine kooperative Beziehung mit Ihrem Kind zu entwickeln, sollten Sie ihm zuhören, wenn es etwas sagen will. Wenn Kinder die Möglichkeit haben, auszudrücken, was ihnen durch den Kopf geht, und ihre Gefühle anerkannt werden, sind sie empfänglicher für das, was Sie ihnen mitteilen möchten.

Wenn ein Kind nicht das tut, was Sie mit ihm vereinbart haben, schimpfen Sie nicht. Finden Sie den Grund dafür heraus.

„Mir ist aufgefallen, dass du mir deine Hausaufgaben gar nicht gezeigt hast, was du doch eigentlich machen wolltest."
„Ich hab's vergessen."
„Vielleicht gibt es einen Grund dafür, dass du es vergessen hast. Findest du Hausaufgaben blöd, oder stört es dich nur, sie mir zu zeigen?"

Wie Sie Ihre Empathie aufrechterhalten, wenn Ihre Kinder älter werden

Kaum jemanden lässt ein trauriges kleines Kindergesicht kalt. Wir wollen so ein Kind am liebsten in den Arm nehmen und drücken. Wir wissen, wie es sich fühlt. Doch genau an diesem Punkt ist es leicht, sich zu irren. Empathie ist großzügig, also könnten wir schnell versucht sein, sie als Metapher für liebevolle Zuwendung aufzufassen. Empathie ist liebevoll, aber Empathie bedeutet nicht, zärtlich, unterstützend, hilfsbereit oder etwas anderes Nettes zu sein. Manche Eltern sind überaus liebevoll, doch äußert sich ihre Liebe in solch erdrückender Weise, dass sie die Initiative ihrer Kinder erstickt. Das hat nichts mit Empathie zu tun.

Eltern können sich die Wünsche ihrer Kinder leichter anhören, wenn sie selbst einen festen Willen haben.

Eltern, die keine klare Grenze zwischen den Generationen ziehen, verhalten sich nicht wie verantwortungsvolle und souveräne Erwachsene, sondern eher wie Freunde und Spielgefährten ihrer Kinder. Dadurch fehlt ihnen die Autorität, Grenzen zu setzen, und auch die Glaubwürdigkeit, um ihren Kindern Trost und Schutz zu bieten. Ein Nein ist weniger angenehm als ein Ja, also wird es oft mit einer Flut von Worten serviert – ganz ähnlich wie man Kinder dazu bringt, ihr Gemüse zu essen, indem man das Gemüse ordentlich mit Butter und Salz bedeckt. Solche Eltern werden nicht wie durch Zauberhand die Verantwortung in der Familie übernehmen, sobald ihnen jemand sagt, sie sollten „Belohnungspunkte" oder den „Auszeitstuhl" einsetzen. Das frühzeitige Aufzeigen von Grenzen und das Durchsetzen von Regeln – bereits dann, wenn die Kinder noch klein sind – ergibt sich fast natürlich, wenn die Grenzen zwischen den Generationen klar gezogen sind. Das macht es leichter, Empathie zu fühlen und zu zeigen.

Wenn die Kinder noch klein sind, wird das Einfühlungsvermögen der Eltern oft dadurch eingeschränkt, dass sie ihre Rolle nicht souverän ausüben. Werden die Kinder älter, besteht die schwierigste Aufgabe in Sachen Empathie darin, sie sie selbst sein zu lassen. Die allermeisten Eltern können sich in ihre Kinder einfühlen, wenn diese noch klein sind. Die Nähe zueinander macht es ihnen einfach. Empathie aufrechtzuerhalten bedeutet aber, den Kindern zu erlauben, sich abzugrenzen und ihre eigenen Wünsche, Interessen und Gefühle zu haben. Kinder sind nicht nur süß oder stur; sie sind Menschen, die wie Sie und ich das starke Bedürfnis haben, ernst genommen zu werden.

Der wichtigste Schritt, den wir als Eltern tun können, besteht darin, uns davon zu verabschieden, unsere Kinder zu erfolgreichen Wesen zu formen, und stattdessen froh über ihre Gesellschaft zu sein und den Moment zu genießen, sie zu lieben, uns an ihnen zu erfreuen und sie so zu akzeptieren, wie sie sind. Sie sind eigenständige Menschen; sie sind sie selbst. Eltern können ihre Kinder erst dann richtig verstehen, wenn sie aufhören, sie als unfertige Produkte anzusehen, oder als eine Art Ton, der von ihnen in die richtige Form gebracht werden muss. Das heißt keinesfalls, dass wir keinen Einfluss auf das Verhalten unserer Kinder nehmen sollten – das sollten wir allein schon zu unserem eigenen und zu ihrem Wohl. Doch sobald wir akzeptieren, dass sie so sind, wie sie sind, ob nun so oder so, können wir anfangen, uns weniger um sie zu sorgen und dem Drang widerstehen, sie zu kontrollieren, umzugestalten oder zu manipulieren und uns einfach darauf konzentrieren, ihnen zuzuhören.

Jugendlichen zuhören

Das Elternsein ist ein Amateursport: Jedes Mal, wenn Sie glauben, dass Sie den Dreh raushaben, wird Ihr Kind wieder ein bisschen älter und lässt Sie an völlig neuen Dingen verzweifeln. Kluge Eltern lernen schnell, ihren Erziehungsstil der ständigen Entwicklung ihrer Kinder anzupassen.

Marlene konnte kaum glauben, dass ihr kleiner Junge nun schon fünfzehn Jahre alt war. Es schien doch noch gar nicht so lange her zu sein, dass Dylon noch an ihrem Rockzipfel hing und ihr überall hin folgte, weil er alles mit ihr zusammen machen wollte. Doch jetzt war er ein schlaksiger Teenager, der nichts mehr mit ihr zu tun haben wollte. Fast über Nacht, so kam es ihr jedenfalls vor, war ihr kleiner Junge in die Höhe geschossen, hatte plötzlich Haare im Gesicht und seine eigenen Einstellungen entwickelt.

Dylan tolerierte immer noch ab und zu die Gesellschaft seiner Mutter, doch konnte sie auch in solchen Momenten kaum mit ihm reden. In einem Moment unterhielten sie sich freundlich miteinander, im nächsten verfiel Dylan schon wieder in düsteres Schweigen.

Dylan stritt sich nicht offen mit seinen Eltern, wie es viele andere Teenager tun. Sie konnten nur kaum mehr mit ihm reden. Er schien die Hälfte der Zeit nur in seinen kaum vorhandenen Bart zu knurren.

Die Pubertät ist bekanntlich eine ziemlich schwierige Zeit für Familien. Die meisten Teenager durchleben eine rebellische Phase und behaupten ihre Unabhängigkeit, indem sie sich ihren Eltern widersetzen. Einige tragen ihre Schlachten offen aus, andere führen sie, so wie Dylan, lieber aus dem Untergrund.

Wenn wir uns die Familie als ein im Umbruch begriffenes System anschauen, dann stehen die Teenager an der Spitze des Wandels. Ihr Drängen nach Autonomie zielt darauf ab, die Bindungen zu lockern, die sie in ihrem Unabhängigkeitsstreben zurückhalten, und die Beziehung zu ihren Eltern neu zu definieren. Konflikte sind unvermeidlich, weil Eltern diese Entwicklung meist verlangsamen („Ich bin immer noch dein Vater!"), die Teenager sie aber beschleunigen wollen („Vertraust du mir nicht?").

Die ersten Trotzzeichen zeigen sich mit zwölf oder dreizehn Jahren. Vorpubertäre Jugendliche fangen an, sich über alles Mögliche mit ihren Eltern zu streiten – ausgebeulte Hosen, kurze Röcke, Tätowierungen, Essgewohnheiten, häusliche Pflichten, chaotische Zimmer, Hausaufgaben, Handys, Computerzeit, Fernsehen, nicht jugendfreie Filme, Partys usw. usf. Es ist verlockend, nun zu behaupten, dass das Ergebnis dieser Auseinandersetzungen von der Qualität der Kommunikation zwischen Eltern und Kindern abhängt. Zu einem gewissen Grad stimmt das auch, doch hat das eigentliche Problem mit einer Frage der Einstellung zu tun.

Es geht nicht wirklich nur um feste Ausgehzeiten oder den Kleidungsstil, sondern darum, dass Teenager die Regeln in Frage stellen, die das Gerüst der familiären Beziehungen bilden. Sie wollen nicht länger wie Kinder behandelt werden. Sie wollen behandelt werden wie erwachsene Menschen.

Als Eltern sehen wir die Welt durch die Brille unserer eigenen Erfahrungen. Doch wir sind in einer ganz anderen Welt aufgewachsen. Wir kannten als Kinder noch keine Notebooks, Smartphones oder iPads. Unsere Eltern xxxxxxxxxxxxxxxxxxxxxxxxxxxxxxxxxxxxxxxxxxxxxxxxxxxx

Festhalten und Loslassen

Eltern können sich auf beide Arten irren: indem sie ihre Kinder zu früh und zu leicht ziehen lassen und diese dadurch auf den elterlichen Rückhalt und Rat verzichten müssen; oder indem sie sie zu lange und zu stark festhalten und dadurch zu einer Macht werden, gegen die ihre Kinder mit aller Kraft rebellieren. Flexible Grenzen geben Teenagern genügend Raum, um sich selbst und die Welt zu entdecken, lassen aber immer einen Zugang zur Kommunikation offen. Wie jedoch finden Sie das perfekte Gleichgewicht heraus? Zuhören kann hier Wunder wirken.

Damit ist aber nicht ein Zuhören in Form einer passiven Informationsaufnahme gemeint. Es geht um ein bewusstes, einfühlsames Zuhören, das sich auf das konzentriert, was Ihr Teenager Ihnen sagen will. Es ist ein Zuhören, das eine Verbundenheit zwischen Ihnen beiden schafft.

xxxxxxxxxxxxxxxxxxxxxxxxxxxxxxxxxxxxxxxxxxxxxxxxxxxx

haben nicht so viel Geld in uns investiert, wie wir es heute bei unseren Kindern tun. Die Jugendlichen von heute haben es leicht! Sie müssen nicht viel mehr tun als abzuwarten, bis ihre von Hormonen regierten Körper in die Höhe schießen, die Proportionen sich verwandeln und plötzlich an den unwahrscheinlichsten Körperstellen Haare sprießen.

Nun ja, nicht einfach nur abwarten: Sie müssen die Schule beenden, herausfinden, was sie mit dem Rest ihres Lebens anfangen wollen, gute Noten bekommen, sich als Freiwillige engagieren, sich verlieben und zusehen, wie ihr Herz gebrochen wird, Freunde finden, Freunde verlieren und von den Kindern, die sie waren, zu den jungen Erwachsenen werden, die sie gern sein möchten. Wie schwer kann das sein!

Die Pubertät ist fast unvermeidlich eine schwierige Phase für die gesamte Familie. Aber sie muss deshalb nicht zu einem Krieg werden, wie viele von uns es wahrscheinlich befürchten. Sie kann sich sogar als eine angenehme und sogar spannende Zeit für die ganze Familie entpuppen. Teenager bringen mit neuen Stilen, neuen Haltungen und Meinungen und neuen Informationen frischen Wind in die Familie. Sie halten ihre Eltern auf dem Laufenden und gehörig auf Trab. Einige Eltern reagieren auf diese Veränderungen ablehnend und sperren sich gegen die Verwandlung ihrer Kinder, während andere die neuen Impulse und Ideen als willkommene Abwechslung annehmen.

„Meine Kinder reden nicht mehr mit mir."

„Wie war die Schule heute?" „Gut."
„Was machst du gerade?" „Nichts."

Eltern von Teenagern machen oft die schmerzliche Erfahrung, dass ihre Kinder sie nicht mehr an sich heranlassen. Ab etwa elf Jahren beginnen manche Kinder, ihren Eltern zu entgleiten und sich immer mehr in ihre eigene Welt zurückzuziehen. Mit vierzehn Jahren sind die meisten Teenager ihren Eltern ein völliges Rätsel.

Teenager öffnen sich ihren Eltern nicht mehr, weil sie davon ausgehen, dass diese ihnen sowieso nicht zuhören. Würden Sie sich jemandem anvertrauen, wenn Sie glauben, mit Kritik, Verhören oder guten Ratschlägen rechnen zu müssen?

Während der Pubertät sind Jugendliche Kritik gegenüber besonders empfindlich, da es nicht nur ihr sich entfaltendes, sondern auch ihr sich veränderndes Selbst ist, das sich Akzeptanz erhofft und besonders verletzt auf Ablehnung reagiert. Schutzlos und gefangen im eigenen Körper, besorgt und beunruhigt über Sex, Beliebtheit, Erfolg, Maßlosigkeit und Selbstverleugnung, stehen viele Teenager jeden Tag in der Schule auf dem Prüfstand und fühlen sich schrecklich kontrolliert. Kein Wunder, dass sie empfindlich auf das reagieren, was ihre Eltern ihnen sagen.

Ob sich Kinder ihren Eltern öffnen oder nicht, hängt davon ab, welche Art von Reaktion sie erwarten.

Teenager werden sich ihren Eltern nicht anvertrauen, wenn sie erwarten, dass diese ihre Gefühle nicht anerkennen.

„So schlimm wird es schon nicht sein."
„Jetzt übertreibst du aber ein bisschen."

Bohren Sie nicht nach

Am schnellsten macht Ihr Kind dicht, wenn Sie es mit Ihren Fragen zu stark bedrängen. Verbringen Sie Zeit mit Ihren Kindern, seien Sie geduldig und warten Sie ab, bis sich die Auster von allein öffnet.

„Niemand ist wirklich so gemein."

„Du musst irgendetwas getan haben, das ihn dazu gebracht hat, so zu reagieren."

Fehlende Akzeptanz wird nicht nur mit Worten vermittelt; sie wird für unser jugendliches Gegenüber auch dann spürbar, wenn wir das Thema wechseln, mit den Augen rollen oder seine Gefühle völlig ignorieren.

Was treiben viele Teenager bloß, wenn sie sich die Nacht um die Ohren schlagen? Viele Eltern wüssten das nur zu gern. Doch wenn sie zu viele Fragen stellen, werden sie nur wenige Antworten darauf bekommen, denn Kinder mögen es nicht, ins Verhör genommen zu werden.

„Was hast du gemacht?"

„Wer war dabei?"

„Warum hast du das getan?"

„Was wolltest du überhaupt dort?"

Eltern, die solche Fragen stellen, beschweren sich vielleicht auch darüber, dass ihre Kinder ihnen nicht erzählen, wie es mit ihren Freunden oder in der Schule läuft.

„Hast du heute Spaß gehabt?"

„Warum hängst du nur in deinem Zimmer rum?"

„Warum gehst du nicht zur Schulveranstaltung?"

„Nehmen irgendwelche deiner Freunde Drogen?"

„Was ist denn falsch daran, Fragen zu stellen?", wollen Sie jetzt vielleicht wissen. Nichts. Es sind auch nicht unbedingt die Fragen, die Teenager so stören, sondern die Tatsache, dass ihre Eltern von ihnen verlangen, ihre Gefühle preiszugeben, dies selbst aber nicht tun. Dadurch fühlen sich solche Gespräche an wie Verhöre, und nicht wie ein beidseitiger Erfahrungsaustausch.

Eine andere Art von Jugendlichen, sich ihren Eltern zu entziehen, ist die „stumme Verweigerung".

Todd kam ins Wohnzimmer, wo sein Teenager-Sohn Danny ausgestreckt auf der Couch lümmelte und fernsah. „Danny", sagte Todd, „morgen kommt die Müllabfuhr. Kannst du bitte den restlichen Müll rausbringen, bevor du ins Bett gehst?"

„M-hm", erwiderte Daniel.

Als Todd am Abend darauf nach Hause kam, war er verärgert, als er sah, dass der Müll immer noch genau an der Stelle in der Küche stand, wo er ihn die Nacht zuvor für Daniel platziert hatte. Er war verärgert – nicht nur, weil der Müll immer noch im Haus war, sondern auch, weil Daniel schon wieder eine Übereinkunft mit ihm ignoriert hatte.

XXXXXXXXXXXXXXXXXXXXXXXXXXXXXXXXXXXXXXXXXXXXXXXX

Was passiert, wenn Ihre Kinder mit Ihnen reden?

Worüber denken Sie bei dieser Frage nach? Über das, was Ihre Kinder in einem Gespräch mit Ihnen tun? Oder über das, was Sie selbst tun?

Schenken Sie ihnen Ihre volle Aufmerksamkeit? Schalten Sie den Fernseher oder den Computer aus? Legen Sie die Zeitung aus der Hand? Schauen Sie sie an?

Wenn Sie Ihren Kindern nur halbherzig Aufmerksamkeit schenken, werden diese daraus nicht Rückschlüsse ziehen, wie viel sie Ihnen wirklich wert sind?

Oh, Sie schenken Ihren Kindern bereits Ihre volle Aufmerksamkeit? Sie können es sogar gar nicht erwarten, mit ihnen zu reden? Aber sind Sie bei diesem Gespräch auch offen und für alles empfänglich, was sie womöglich gesagt bekommen? Sind Sie wirklich bereit, sich anzuhören, was in Ihren Kindern vor sich geht, oder wollen Sie sie lieber dazu drängen, mit Ihnen über das zu reden, was Ihnen selbst gerade wichtig ist?

XXXXXXXXXXXXXXXXXXXXXXXXXXXXXXXXXXXXXXXXXXXXXXXX

Offensichtlich hatte Todd nicht wirklich eine Vereinbarung mit seinem Sohn getroffen. Er hatte ihn darum gebeten, etwas zu tun, als dieser beim Fernsehen war, also murmelte Daniel nur irgendetwas, um seinen Vater so schnell wie möglich dazu zu bringen, ihn in Ruhe zu lassen. Daniel hatte den Müll sehr wahrscheinlich nicht absichtlich liegen lassen, aber er hatte auch nicht wirklich eine bewusste Vereinbarung mit seinem Vater getroffen, den Müll nach draußen zu bringen.

Einige Teenager streiten zwar nicht offen mit ihren Eltern, sie tun aber auch nicht das, worum diese sie bitten. Sie stimmen nur oberflächlich zu, um Diskussionen zu vermeiden. Ihr „Okay" bedeutet nicht „Okay, ich werde es tun", sondern „Okay, ich habe dich gehört, jetzt lass mich in Ruhe".

Stumme Verweigerung wurzelt in dem Glauben, dass die anderen nicht an unserem Standpunkt interessiert sind.

„Irgendwie muss ich dich immer daran erinnern, den Rasen zu mähen. Ärgerst du dich darüber, dass du es tun sollst?"
„Findest du es unfair, dass wir von dir verlangen, morgens dein Bett zu machen?"

„Ich glaube, es gibt bestimmt einen Grund dafür, warum du es nie schaffst, deine Hausaufgaben zu machen. Auch wenn du es mir nicht glaubst – ich würde wirklich gern wissen, was deine Meinung dazu ist."

Bei geschäftlichen Verhandlungen ist das responsive Zuhören ein machtvolles Werkzeug, das helfen kann, den Widerstand von Geschäftspartnern abzubauen. Wenn Sie einen anderen Menschen von etwas überzeugen wollen, ist die beste Strategie, diesen zunächst all die Gründe aufzählen zu lassen, die gegen Ihren Vorschlag sprechen. Wenn Sie sich alle seine Bedenken angehört haben, fungieren diese nicht länger als unausgesprochene Barriere gegen das Anhören der Ideen, die Sie äußern wollen.

Dieselbe Strategie können Sie anwenden, um den Widerstand Ihrer Kinder zu verringern. Aber wollen Sie Ihre Kinder tatsächlich so behandeln, als seien sie potentielle Gegner, die durch geschicktes Taktieren überlistet werden müssen? Oder liegt Ihnen wirklich etwas daran, zu erfahren, was in ihnen vorgeht, und sind Sie willens, ihren Vorstellungen über das, was „fair" ist, Rechnung zu tragen?

Studien zur Beziehung zwischen heranwachsenden Mädchen und ihren Müttern ergaben, dass die Töchter besonders wertschätzen, wenn ihre Mütter ihnen zuhören, die Mütter ihnen ihre eigenen Gefühle anvertrauen und sich die Beziehung durch ein kontinuierliches Geben und Nehmen weiterentwickelt. Die Töchter waren viel eher bereit, sich den Standpunkt ihrer Mutter anzuhören, wenn sie zuvor die Möglichkeit hatte, ihre eigene Meinung auszudrücken.[4]

Stumme Verweigerung

Die Strategie der stummen Verweigerung versteckt sich im Verhaltensmuster von Teenagern, die nicht tun, was Sie von ihnen erwarten, und die Auseinandersetzungen und Diskussionen generell aus dem Weg gehen. Werden stumme Verweigerer mit ihren Verfehlungen konfrontiert, sagen sie „Ich hab's vergessen" oder „Okay, ich mach's später".

Wenn jemand wiederholt nicht das tut, wozu Sie ihn auffordern, können Sie davon ausgehen, dass er oder sie es nicht tun möchte. So viel ist wenigstens offensichtlich. Weniger offensichtlich ist der Grund dafür, dass stumme Verweigerer oft „vergessen", etwas zu tun: Wahrscheinlich hängt es damit zusammen, dass sie nicht der Meinung sind, es müsse wirklich erledigt werden oder dass sie es ungerecht finden, dass gerade sie es tun sollen. Wie Sie herausfinden, woran es liegt? Nachfragen wäre eine Möglichkeit.

Einige Teenager beschreiben ihre Eltern als dominant, sich selbst aber auch als stur: „Wir geben nicht gern zu, dass der andere recht hat. Ich denke mir manchmal ‚Sie hat wohl recht‘ und glaube auch, dass es richtig ist, was sie sagt, aber ich sage es nicht laut.“[5]

Diese ständige Bereitschaft, sich einer äußeren Kontrolle zu widersetzen, kann durch responsives Zuhören überwunden werden. Teenager halten sich besser an Vereinbarungen, wenn ihre Bedingungen bei deren Aushandlung berücksichtigt wurden. Doch wenn die Eltern nicht wirklich bereit sind, Kompromisse einzugehen, sehen Teenager „Verhandlungen“ als das an, was sie sind: eine Mogelpackung, nichts mehr als ein weiterer Elterntrick, um ihnen ihren Willen aufzuzwingen.

> „Du kannst am Sonntag nicht eislaufen gehen, wenn du vorher nicht deine Hausaufgaben für Montag erledigt hast.“

Das ist keine gegenseitige Vereinbarung, denn es gab vorher keine Verhandlung darüber.

> „Du willst also eislaufen gehen. Aber wann willst du dann deine Hausaufgaben machen?“
> „Ich mache sie, wenn ich wieder zu Hause bin.“
> „Wenn du von der Eishalle zurückkommst, ist es Abendbrotzeit.“
> „Okay. Wie sieht's aus, wenn ich meine Hausaufgaben vor dem Eislaufen mache. Kann ich dann gehen?“
> „Sicher, das ist ok.”

Warum sollen wir dieses ganze Gespräch durchexerzieren, wenn die Lösung so simpel und an sich dieselbe wie im ersten Beispiel ist? Weil unser Kind diese Lösung selbst vorschlägt. Hätten wir sie als Eltern durchgedrückt, würde sie oder er wahrscheinlich beleidigt reagieren und weitaus weniger motiviert sein, das zu erfüllen, was wir zur Bedingung gemacht haben.

Wenn eine Diskussion zum handfesten Streit wird, behält das Elternteil, das mit responsivem Zuhören reagiert, die Kontrolle über die Situation. Allerdings kann es mitunter äußerst kompliziert sein, den richtigen Zeitpunkt abzupassen, in dem wir vom Verhandeln zum responsiven Zuhören übergehen und dabei auch ruhig genug bleiben. Die beste Strategie ist daher, proaktiv und nicht reaktiv zu handeln. Statt so lange zu warten, bis sich der erste Widerstand regt, können Eltern viele Auseinandersetzungen erfolgreich umschiffen, wenn sie mit ihren Kindern über Familienregeln sprechen, bevor diese zu einem Problem werden.

Nehmen Sie sich die Zeit, um sich mit ihren Kindern zusammenzusetzen und über ihre Wünsche und Einwände zu sprechen. Solch ein Gesprächsanstoß wird die Stimmung in Ihrer Familie positiv verändern.

Wie Sie Machtkämpfe vermeiden

Nur zu oft hören wir, dass die Kinder von heute keinen Respekt mehr vor Autoritäten haben. Sie streiten mit ihren Eltern und verhalten sich ihren Lehrern gegenüber unhöflich und teilweise sogar unverschämt. Doch wer bringt unseren Kindern dieses Verhalten bei? Erwachsene, die sich in sinnlose Machtkämpfe verstricken, um die Kontrolle zu behalten.

„Du hast recht."

Die meisten Menschen sehen ein, dass pubertäres Rebellieren etwas völlig Normales ist. Dennoch tendieren wir als Erwachsene dazu, die Erfahrungen unserer Kinder in erster Linie mit uns selbst in Verbindung zu bringen. Eltern, die ihre Kinder als „aufsässig" wahrnehmen, verwechseln ihr Streben nach Selbstbestimmung mit Sturköpfigkeit. Die meisten Teenager haben zwar einen starken Willen, gehen aber nicht grundsätzlich in Opposition zu ihren Eltern. Ihnen geht es nicht darum, ihre Eltern herauszufordern, sondern darum, sich Respekt und mehr Freiheiten zu erkämpfen. Wie weit sie in diesem Kampf gehen und wie extrem sie sich dabei verhalten, hängt zum Großteil auch davon ab, wie hartnäckig ihre Eltern ihre Stimme überhören, um in der Familie die Oberhand zu behalten.

Zu viele Eltern haben Angst davor, „Du hast recht" zu sagen. Sie fürchten, ihren Kindern recht zu geben, führe dazu, dass sie selbst im Unrecht seien. Sie glauben, die Kinder gewinnen zu lassen, bedeute automatisch, dass sie als Eltern verlieren. Tatsächlich aber ist das Gegenteil der Fall.

Ein junges Mädchen, dem nicht erlaubt wird, selbst zu entscheiden, welche Kleidung es in der Schule trägt, wird sich vielleicht aus Rebellion nach dem Verlassen des Elternhauses ziemlich extrem schminken. Gewinnt sie diese

"Ich bin halt kein Frühaufsteher."

1. *Hundepfeife*: Eine Pfeife mit sehr hoher Frequenz, die Menschen nicht hören können.
2. *Wecker*: Ein Weckgerät mit mittelhoher Frequenz, das Teenager nicht hören können.
3. *Eltern*: siehe Definition Nr. 2.

Schlacht nicht, wird sie den Konflikt auf andere Felder ausweiten, indem sie womöglich zu spät nach Hause kommt oder sich mit ihrer Mutter hitzige und vor allem lautstarke Wortgefechte liefert. Vielleicht rebelliert sie auch gegen ihre Eltern, indem sie raucht, kleinere Diebstähle in Geschäften begeht oder mit Drogen experimentiert. Leichtsinnige Experimente, riskante Beziehungen – und das alles nur, um zu beweisen, dass sie selbst über ihr Leben bestimmt. Wäre es da nicht einfacher, ihr vorher mehr Kontrolle zu überlassen?

Responsives Zuhören gestaltet sich bei Teenagern schwieriger, weil sie nicht länger nur dafür dankbar sind, dass ihre Meinung angehört wird. Sie erwarten, dass diese bei Entscheidungen auch berücksichtigt wird.

Teenager beklagen sich recht häufig darüber, dass ihre Eltern ihnen nicht zuhören. Sie sind besonders empfindlich, wenn sie das Gefühl haben, nicht genügend respektiert zu werden, und sie möchten wie Menschen behandelt werden, die ein Recht auf ihre eigene Meinung haben. Eltern bemerken oft nicht einmal, dass sie ihre jugendlichen Kinder provozieren, wenn sie weiterhin so dominant mit ihnen umgehen, wie sie es taten, als diese noch klein waren. Die „unverschämte“ Antwort, die oft folgt, ist eine Form des Protests der Teenager gegen das, was sie als Herabsetzung empfinden. Eltern können verhindern, dass sich Auseinandersetzungen zu unkontrollierten Machtkämpfen auswachsen, indem sie das Recht ihrer Kinder tolerieren, das zu sagen, was sie denken – auch wenn diese sich dabei in einer Weise ausdrücken, die den Eltern gegen den Strich geht.

Denken Sie daran: Sie sind die Eltern. Sie sind souveräner und können mehr tun, als einfach nur in die Defensive zu gehen. Mit responsivem Zuhören können Sie herausfinden, was hinter den sarkastischen Seitenhieben ihres Teenagers steckt.

> „War ich ungerecht zu dir?“
> „Was genau tue ich, dass du glaubst, es sei gerechtfertigt, wie du gerade mit mir umgehst?“

Wenn Sie Ihrem Kind solche Fragen stellen, tun Sie es behutsam, denn Sie müssen es davon überzeugen, dass Sie wirklich willens sind, sich die Antworten darauf anzuhören. Eltern, die ihren Kindern zuhören, auch wenn es ihnen wirklich schwerfällt, können mit den unvermeidlichen Auseinandersetzungen, die sie mit ihren Teenagern haben werden, wesentlich besser umgehen.

×××

Lassen Sie sich nicht ködern

Wie schaffen Sie es, sich von den Sprüchen Ihres Teenagers nicht provozieren zu lassen? Genauso, wie ein Fisch es schafft, nicht gefangen zu werden: indem er den Köder einfach ignoriert.

Ignorieren ist natürlich leichter gesagt als getan, wenn Sie es mit einem Virtuosen der Provokation und des Sarkasmus zu tun haben. Diese Kunstfertigkeit erwerben Teenager im Schlagabtausch mit ihren Freunden und Freundinnen, wo sie lernen, sich selbst zu schützen, indem sie den anderen ordentlich zurechtstutzen. Wenn Teenager auf diese Art mit ihren Eltern kommunizieren, sagen sie natürlich nicht immer direkt, was sie meinen.

Was gesagt wird	Übersetzung
„Was auch immer."	„Das ist bescheuert. Vergiss es einfach."
„Jetzt chill' doch mal."	„Reg' dich nicht so auf, du benimmst dich wie ein Depp."
„Okay, Mama."	Freundlichere Version von „Was auch immer." Bedeutet „Lass mich in Ruhe."
„Ja klar, Paps."	„Das ist total lächerlich, und du bist ein Idiot."
Sarkastischer Blick	„Das ist wirklich das Allerletzte, aber ich traue mich nicht, dir zu sagen, was ich denke."

Gegen solche Nettigkeiten kann man sich kaum verteidigen, da sie selten die rote Linie überschreiten. Warum sagen Teenager nicht einfach, was sie meinen? Weil sie Angst davor haben, wie ihre Eltern darauf reagieren.

Was sollen wir also tun, wenn ein Teenager uns gegenüber „frech" wird? Wir können zum Gegenangriff übergehen, uns umdrehen und gehen oder mit ihm oder ihr darüber reden.[6] Wenn Sie jemand verletzt, ist es am direktesten und ehrlichsten, einfach zu sagen: „Das tut mir weh."

×××

Wie Sie das Bedürfnis nach Ablösung anerkennen

Ein Hauptgrund für die mangelnde Kommunikation zwischen Teenagern und ihren Eltern ist die fehlende Bereitschaft der Eltern, das Unvermeidliche zu akzeptieren: Wenn Kinder groß werden, müssen sie sich von der älteren Generation ablösen. Das Kritisieren der eigenen Eltern gehört quasi zu den Pflichten des Teenager-Daseins. Dieselben Kinder, die früher zu Mama und Papa aufblickten wie zu Helden, die absolut nichts falsch machen konnten, schauen nun auf sie herab, als wären sie alte Knacker, die nichts mehr auf die Reihe kriegen. Diese verächtliche Einstellung den Eltern gegenüber ist eine natürliche Phase in der Entwicklung der Familie und des individuellen Selbst. Sie ist ein wichtiger Schritt auf dem Weg zur Bildung einer eigenständigen Persönlichkeit.

Es mag nicht unbedingt sehr angenehm zu sein, zu hören, wie Teenager alles und jeden kritisieren, doch ist gerade das Teil des Prozesses, durch den sie ihr Selbstwertgefühl aufbauen. Eltern, die ihre Kinder dafür kritisieren, dass sie so kritikfreudig sind, gießen nur zusätzliches Öl ins Feuer.

Je unflexibler die Eltern sind, umso trotziger werden die Teenager reagieren. Zu viele Zurechtweisungen nagen an ihrem Selbstwertgefühl und bringen sie dazu, ihren Eltern mit Ablehnung zu begegnen. Manche Menschen schämen sich so sehr für ihre Eltern, dass sie ihr Leben lang versuchen, bloß nicht so zu werden wie diese. Sie stecken so viel Energie in das Ziel, *nicht wie ihre Eltern zu werden*, dass ihnen keine Zeit mehr bleibt, sie selbst zu sein.

Teenager, die nach neuen Vorbildern Ausschau halten, an denen sie sich ausrichten wollen, suchen sich oft jemanden außerhalb der eigenen Familie. Das könnte fast jede Person sein, solange diese nur anders ist als die Familienmitglieder und mehr Bereitschaft zeigt, sie ernst zu nehmen. Wenn dies geschieht, finden die Eltern bei ihnen kaum noch Gehör. Dennoch bleibt noch ein Kanal für die Kommunikation mit den Eltern offen. Wenn die Eltern ihrem jugendlichen Kind ruhig zuhören können und offen für das sind, was es zu sagen hat, dieses respektvolle Verhalten aber nicht erwidert wird, können sie sagen: „Du bist gerade nicht fair zu mir." Wahrscheinlich wird ihr Kind ihnen dann zuhören. Teenager legen viel Wert auf Fairness und respektieren sie, vor allem dann, wenn sie auf Gegenseitigkeit beruht.

Wie Sie sich aus verhärteten gegensätzlichen Positionen befreien

Ein Grund dafür, warum Eltern und Teenager nicht zueinander durchdringen können, besteht darin, dass jede Seite die andere nur als Objekt in Bezug auf sich selbst wahrnimmt. Wenn Teenager, die sich Respekt und Freiheiten wünschen, nur Kritik und übermäßige Kontrolle von ihren Eltern erwarten, verschließen sie sich dem gegenüber, was ihre Eltern ihnen sagen wollen, und reagieren reflexartig mit Widerstand oder passiver Konformität. Es sind nicht nur die jeweiligen Interaktionen zwischen Eltern und Kindern, die zu Konflikten führen, sondern es ist auch die Art und Weise, wie beide Seiten diese Interaktionen interpretieren.

„Es tut mir leid, dass ich sie angeschrien habe, aber sie hat keinerlei Respekt vor dem, was ich sage."
„Okay, ich habe gelogen. Aber meine Eltern lassen mich nie das machen, was ich will."

Eltern, die ihre Teenager für „aufsässig" halten, entwickeln schnell einen Tunnelblick, der sie nur die Ereignisse wahrnehmen und erinnern lässt, die völlig ihrem bereits verfestigten Bild des „aufsässigen Teenagers" entsprechen. So wird z. B. ein Vater, der seinen Sohn für „selbstverliebt" und „verantwortungslos" hält, sich bestens an die Zeiten erinnern, als dieser seinen Pflichten nicht nachkam oder beim Biertrinken erwischt wurde, nicht aber daran, dass er freiwillig den Rasen mähte oder bei der Zubereitung des Abendessens half. Jede Verfehlung des Sohnes bestätigt die Auffassung des Vaters, dass dieser nicht verantwortungsvoll handelt. Der Sohn registriert indessen nur zu deutlich, wenn sein Vater sich weigert, ihn zum Einkaufszentrum zu fahren oder zu einer Party mit seinen Freunden gehen zu lassen. Daher entwickelt er nach und nach die Überzeugung, dass er seinen Vater nie zufriedenstellen kann, wodurch es ihm schließlich gleichgültig wird, was sein Vater über ihn denkt. Vater und Sohn stecken nicht nur in einem unglücklichen Kreislauf aus Kontrolle und Rebellion fest, sondern, genauer gesagt, in einem Kreislauf, in dem nur noch die Ereignisse bemerkt werden, die mit Kontrolle oder Rebellion zu tun haben.

Solche festgefahrenen Überzeugungen führen dazu, dass Eltern und Teenager empfindlich aufeinander reagieren und schnell miteinander streiten.

Marcias fünfzehnjähriger Sohn Jonathan wollte bei einem Freund übernachten, dessen Eltern noch nicht kannten.

„Ich möchte einfach nicht, dass du im Haus von Leuten übernachtest, die wir noch nicht kennen. Du weißt genau, dass du mich danach gar nicht zu fragen brauchst", verteidigte Marcia ihre Entscheidung entrüstet, als wäre das Anliegen ihres Sohnes ein weiteres Beispiel für seine egoistische Missachtung jeglicher vernünftiger Erwartungen.

Jonathan bekam einen roten Kopf. Er hatte sich bereits auf einen Streit eingestellt, und wie erwartet, hier war er. „Warum nicht?", rief er kampfeslustig. „Ich bringe meinen Freund einfach nach der Schule mit nach Hause, dann kannst du ihn ja kennenlernen, wenn dir das so wichtig ist." Es war bereits völlig egal, was Marcia darauf erwiderte. Welche Gründe sie auch gegen die Übernachtung ins Feld führen würde – Jonathan war entschlossen, sie abzuschmettern.

Marcia, die eigentlich keine guten Gründe hatte, ihrem Sohn die Übernachtung zu verbieten, war nun aufgrund dieses erneuten Beispiels für die „Unverschämtheit" ihres Sohnes völlig auf der Palme und fauchte: „Weil ich es nicht will, darum!"

„Mom! Was zur Hölle?!?! Du reagierst total über!"

„Lass mich in Ruhe, ich bin erschöpft", erwiderte Marcia mit geröteten Wangen. „Ich mag es einfach nicht, wenn du mich in letzter Sekunde vor vollendete Tatsachen stellen willst. Das ist alles."

„Warum kann ich meine Freunde nie sehen?", stöhnte Jonathan. „Ich will nur noch hier weg!"

Bemerken Sie, wie dieser Streit von „totalitären" Ansichten geprägt ist? Mutter und Sohn reduzieren einander auf die Essenz ihrer frustrierenden Gegenantworten. Jonathan war nicht sauer, weil seine Mutter ihn nicht die Nacht im Haus seines Freundes verbringen ließ. Er war sauer, weil sie ihn *niemals auch nur irgendetwas machen lässt*. Seine Mutter ist *absolut unfair*. Trifft das nicht auf alle Eltern zu?

Ebenso war Marcia nicht deshalb aufgebracht, weil Jonathan bei seinem Freund übernachten wollte. Sie war wütend, weil ihr Sohn *unverschämt* ist. Und darüber hinaus noch *egoistisch*, *fordernd* und *respektlos*. Trifft das nicht auf alle Teenager zu?

Eltern, die sich nur auf das konzentrieren, was sie an ihren Kindern stört, reduzieren diese auf Stereotypen. Ein Kind, das nicht so will wie wir, ist ja auch laut Definition sturköpfig, oder etwas nicht? Eltern, die ihre Kinder für „stur" und „verantwortungslos" halten, als ob diese Eigenschaften deren gesamtes Wesen ausmachten, werden von ihren Kindern schnell als

xxxxxxxxxxxxxxxxxxxxxxxxxxxxxxxxxxxxxxxxxxxxxxxxxxx

Was ist bloß los mit diesem Kind?

Wenn Teenager sich völlig unangemessen verhalten, kann es hilfreich sein, herauszufinden, wie diese ihre Eltern wahrnehmen und ob diese Wahrnehmung ihr Verhalten angemessener erscheinen lässt.

Nutzen Sie einen entspannten Moment, um Ihren Teenager zu fragen: „Findest du, ich bin ...?" Wenn Ihr Kind mutig genug ist, Ihnen eine ehrliche Antwort zu geben, versuchen Sie zu sagen: „Das tut mir leid. Daran muss ich wohl arbeiten."

xxxxxxxxxxxxxxxxxxxxxxxxxxxxxxxxxxxxxxxxxxxxxxxxxxx

xxxxxxxxxxxxxxxxxxxxxxxxxxxxxxxxxxxxxxxxxxxxxxxxxx

Eine gewisse Kontrolle

Konflikte mit Teenagern lassen sich natürlich nicht einfach dadurch lösen, dass Sie ihnen besser zuhören. Sie gewinnen nur dann, wenn Sie auch bereit sind, ein bisschen zu verlieren. Anders ausgedrückt, können Sie sich nur dann eine gewisse Kontrolle über Ihren Teenager bewahren, wenn Sie sich von der kompletten Kontrolle verabschieden. Bei Teenagern ist *eine gewisse Kontrolle* das Beste, was Sie sich erhoffen können.

All die Dinge, die Sie als Eltern Ihren Teenager auf keinen Fall tun sehen wollen – rauchen, trinken, Sex haben, Schule schwänzen, mit den falschen Leuten herumhängen – werden die meisten Teenager trotzdem irgendwann ausprobieren, ganz egal, was ihre Eltern sagen. Es ist aber noch etwas komplizierter.

Die Eltern der Heranwachsenden sind bereits ein Teil von ihnen – in Form eines sich entwickelnden Gewissens. Es ist diese innere Stimme, die nun den mächtigsten Einfluss auf die Entscheidungen der jungen Menschen hat – aber nicht, wenn die eigenen Eltern sie zu stark kontrollieren oder bestrafen. Teenager denken erst dann darüber nach, was richtig und was falsch ist, wenn niemand in ihrem Nacken sitzt, der ihnen vorschreibt, was sie zu tun haben.

xxxxxxxxxxxxxxxxxxxxxxxxxxxxxxxxxxxxxxxxxxxxxxxxxx

„unfair" und „herrisch" wahrgenommen. Kommt es so weit, dann sammeln beide Seiten gezielt solche unangenehmen Konfrontationserlebnisse, als wären es irgendwelche Treuepunkte. Wozu bloß?

Ist die weit verbreitete elterliche Auffassung, dass Teenager faul sind, also nichts weiter als eine völlig verzerrte Wahrnehmung? Nein; wenn es um Hilfe im Haushalt geht, sind sehr viele Teenager tatsächlich nicht die bemühtesten. Das liegt daran, dass das Zuhause für Jugendliche ein sicherer Hafen ist, in dem sie ihre abhängige, kindliche und manchmal auch kindische Seite ausleben können. Ihre unabhängigere und rücksichtsvollere Seite demonstrieren Teenager normalerweise nur außerhalb des sicheren Zuhauses, und damit auch außerhalb der Sichtweite ihrer Eltern.

Wir haben gesehen, wie jugendliche Rebellion mit elterlicher Kontrolle zusammenhängt, und wie der Kreislauf aus Rebellion und Kontrolle durch die Tendenz beider Generationen, sich in gegensätzlichen Stereotypen wahrzunehmen, aufrechterhalten wird. Dadurch gelingt es uns, Konflikte mit Teenagern nicht mehr länger nur auf deren Aufmüpfigkeit zurückzuführen, sondern dieses Aufbegehren als Teil eines interpersonellen Musters zu verstehen, das mit bestimmten Verhaltensweisen und kognitiv auch mit der Erkenntnis zusammenhängt, dass das Verhalten von Menschen von ihren jeweiligen Wahrnehmungen geprägt ist.

„Papa, kann ich mir bitte das Auto ausleihen? Ich bringe es spätestens heute Abend halb elf zurück, versprochen." Der Vater wollte gerade Nein sagen, hielt aber einen Moment inne, um sich daran zu erinnern, wie es damals für ihn als Teenager war, als er samstagabends ein Auto brauchte. Jetzt, wo er sich mit viel Empathie in die Lage seines Teenager-Sohnes eingefühlt hatte, rief er aus: „Oh mein Gott!" und kettete seinen Sohn mit Handschellen an den Bettpfosten.

Verfestigte Überzeugungen loszuwerden, ist schwierig, aber nicht unmöglich. Eine Methode, um sich von totalitären Ansichten zu befreien, ist das Nachdenken darüber, wie die andere Person sich selbst gern sieht. Wie möchte sie wahrgenommen werden? Sobald Sie anfangen, mehr auf diese Weise zu denken, werden Sie beginnen, das Verhalten der anderen in einem neuen, vernünftigeren Licht zu betrachten.

Wie Sie ein Gleichgewicht zwischen Autonomie und Bindung herstellen

Trotz ihres Widerstands gegen die Eltern und trotz ihrer atemlosen Begeisterung für die Abenteuer des Erwachsenenlebens brauchen Teenager immer noch ihre Familien.

Heranwachsende brauchen die Aufmerksamkeit ihrer Eltern, deren offenes Ohr für ihre Ängste, Sorgen, Hoffnungen und Ambitionen, und zum Teil auch für ihre hochtrabenden Pläne. Je toleranter wir als Eltern sind, umso offener können wir ihnen zuhören, und umso wahrscheinlicher ist es, dass wir unsere Bindung zu ihnen aufrechterhalten.

„Ich denke darüber nach, nicht zu studieren."

(Zählen Sie ganz langsam bis zehn.) „Das ist eine Überraschung. An was denkst du stattdessen?"

Wenn Jugendliche erkennen, dass sie ihren Eltern widersprechen und sich sogar mit ihnen streiten dürfen, lernen sie den Unterschied zwischen einer konventionellen Auffassung von Familie – als konfliktfreiem Raum – und einer realistischeren Auffassung kennen, nämlich der, dass Konflikte und Auseinandersetzungen sowie das gemeinsame Erarbeiten von Kompromissen Teil gesunder Beziehung zwischen Menschen sind.

Viele halbstarke junge Männer erwarten immer noch, dass ihre Eltern sie unterstützen und verstehen. Am allermeisten wünschen sie sich aber Freiheit und Unabhängigkeit. Mädchen im Teenageralter haben vergleichsweise oft komplexere und stärker ambivalente Beziehungen zu ihren Eltern, besonders aber zu ihren Müttern. Im Rahmen von Carol Gilligans Studie zur Beziehungswelt heranwachsender Mädchen fand Sharon Rich heraus, dass die Abhängigkeit der Mütter von ihren Töchtern diese verunsichert und es den Müttern erschwert, die Unabhängigkeit ihrer Töchter zu akzeptieren. Töchter wollen, dass ihre Mütter weiterhin für sie da sind, aber auch, dass diese ihre Unabhängigkeit und ihre Entscheidungen anerkennen. Immer wieder berichteten Mädchen, wie unglücklich sie mit ihren Müttern waren, die sie als schlechte Zuhörerinnen wahrnahmen.

„Diese Mädchen beschreiben, dass sie zwei Botschaften empfangen, wenn sie das Gefühl haben, dass ihre Mütter ihnen nicht zuhören: Erstens interessieren sich ihre Mütter nicht für sie und sind nicht für sie da, und zweitens scheint ihre Meinung nicht zu zählen."

Eines der befragten Mädchen erklärte: „Ich glaube, ich möchte nicht, dass sie sehr viel über mich weiß. Ich will nicht alles vor ihr geheim halten, aber trotzdem ich selbst sein und mich nicht von ihr in irgendeine Form pressen lassen. Darum gibt es vieles, das ich ihr nicht erzähle, weil ich schon weiß, was sie dazu sagen würde ... und ich es mir nicht anhören will."[7]

Teenager, die glauben, dass ihnen nicht zugehört wird, werden schnell wütend und ziehen sich später in stummes Schweigen und Geheimniskrämerei zurück, da dies für sie der leichteste Weg ist, ihre verletzliche eigene Stimme und sich selbst zu schützen. Bei dem Versuch, um jeden Preis zu vermeiden, dass sie sich „schrecklich" fühlen, lassen sie manchmal die letzte Brücke einstürzen, die ihre Beziehung zu ihren Eltern verbessern könnte: die Kommunikation.

Unverstandene Teenager, die aus ihren Familien fliehen, sind selten wirklich frei. Die schützende Distanz vermittelt ihnen die Illusion, schon erwachsen zu sein. Aber es ist nur eine Illusion.

* * *

Die Probleme der meisten Familien liegen nicht darin begründet, dass irgendetwas mit ihnen nicht stimmt, sondern darin, dass sie sich in einer festgefahrenen Situation befinden. Familiensysteme sperren sich noch heftiger gegen Veränderungen als Einzelpersonen, da die Struktur, die sie zusammenhält, durch das Verhalten jedes einzelnen Familienmitglieds unterstützt wird. Darum sind diese Systeme so sperrig. Dennoch sollten wir nicht vergessen, dass diese Familiensysteme aus einzelnen Menschen bestehen, die sich in einer bestimmten Art und Weise verhalten. Und auch einzelne Menschen können, wie Sie bestimmt schon bemerkt haben, manchmal zu sehr mutigen Handlungen fähig sein.

Übungen

1. Besorgen Sie sich ein kleines Notizbuch und schreiben Sie eine Woche lang jede Situation auf, in der Sie Ihr Kind für etwas kritisieren. Das ist alles. Einfach nur festhalten. Wenn Sie mehrere Kinder haben, legen Sie sich für jedes ein eigenes Büchlein zu. Schreiben Sie auch die Kommentare auf, die positiv beginnen, aber negativ enden, wie beispielsweise: „Ich freue mich, dass du das Geschirr abgewaschen hast, aber bitte spüle doch das nächste Mal das Spülmittel auch richtig ab."

   Achten Sie darauf, welche Wirkung dieser Wechsel von einer positiven zu einer negativen Botschaft auf die Kommunikation mit Ihrem Kind hat. Redet das Kind mehr mit Ihnen, wenn Sie positive Bemerkungen machen? Hört es Ihnen dann besser zu?
2. Wählen Sie eine Sache aus, die Ihr Kind trotz ständiger Ermahnungen nie erledigt. Warten Sie auf einen guten Zeitpunkt, wenn Sie beide entspannt sind, und sprechen Sie dann mit Ihrem Kind darüber. Sagen Sie ihm, dass Sie glauben, es habe bestimmt einen Grund dafür, diese eine Sache nicht zu tun – vielleicht glaubt es, es sei ungerecht, dass es diese Aufgabe übernehmen soll – und dass Sie gern wüssten, was es darüber denkt. Wenn Sie Glück haben und Ihr Kind sich öffnet, hören Sie einfach nur zu. Beenden Sie das Gespräch nicht damit, dass Sie ihm noch einmal die Regeln klarmachen.
3. Was sind die schlimmsten zwei Dinge, die Ihnen passiert sind, als Sie noch ein Teenager waren? Haben Sie es Ihren Eltern erzählt? Warum oder warum nicht? Was waren die Konsequenzen?
4. Denken Sie an einen Konflikt, den ein Elternteil mit einem Teenager haben könnte. Schreiben Sie etwas auf, was ein Elternteil eventuell sagen könnte, das in jede der folgenden Sparten passt:

Kritik	Anklage
Belehrung	Befehle
Drohung	Belehrung
Vergleiche	Moralpredigt
Beschimpfungen	Sarkasmus
Beschämung	Untergangsprophezeiungen
Schuldzuweisung	Märtyrertum

5. Achten Sie ein paar Tage lang besonders auf die Interaktionen zwischen Ihnen und Ihren Kindern. Schätzen Sie nach diesen Gesprächen in Prozent ein, wie lange Sie Ihren Kindern zugehört und wie lange Sie selbst gesprochen haben, und vergleichen Sie die Werte.

   Wenn Ihre Kinder nicht mit Ihnen reden möchten, ist es deren eigene Schuld. Sehen Sie? Sie sind fein raus!

KAPITEL 13

»»»»»»»»»»»»»»»»»»»»»»»»»

„ICH WUSSTE, DASS DU MICH VERSTEHEN WÜRDEST!“

Wie Sie Freunden und Kollegen zuhören

Freunde sind die besten Zuhörer. Vielleicht lieben sie uns nicht so sehr, wie unsere Familien es tun, aber sie verlangen und brauchen auch weniger von uns – und das macht sie zu unbefangeneren Zuhörern. Auch wenn uns unsere Freunde sehr nahestehen, bewahren wir uns doch immer einen gewissen Grad an Unabhängigkeit. Dadurch können wir ihnen zuhören, ohne den Drang zu verspüren, sie kontrollieren zu wollen oder uns selbst schützen zu müssen.

Warum Freunde die besten Zuhörer sind

Sandy war gerade von einer Weiterbildung im Bereich Schülerberatung zurückgekehrt und traf nun ihre Freundin Roberta zum Mittagessen. Hätte Sandy nicht vollkommen auf Robertas Unterstützung vertraut, wäre sie womöglich etwas zögerlicher damit gewesen, etwas zu tun, was ihrem mittäglichen Treffen ein Ende hätte bereiten können. Die Freundinnen unterrichteten schon neun Jahre lang an derselben Schule Französisch.

Jetzt hatte sich Sandy entschlossen, ein Aufbaustudium zu beginnen und einen Abschluss als Vertrauenslehrerin anzustreben. Diese gleichermaßen beängstigende wie aufregende Entscheidung war keine Kleinigkeit, und Sandy brauchte jemanden, mit dem sie darüber reden konnte.

Roberta war von Sandys Plan nicht begeistert. Sie empfand es als sehr riskant, eine sichere Stellung aufzugeben und wieder zu studieren. Woher wusste Sandy überhaupt, ob sie die Tätigkeit als Vertrauenslehrerin mögen würde? Übernahm sie sich damit nicht? Abgesehen davon konnte Roberta sich auch nicht vorstellen, wie sie an der Schule ohne ihre Freundin zurechtkommen sollte. Sandy war der einzige vernünftige Mensch in dieser Einrichtung. Doch wie sehr Roberta Sandys Entscheidung innerlich auch in Frage stellte – Sandy hatte sich dafür entschieden, und Roberta konnte sehen, wie begeistert sie über ihren neuen Traum sprach. Also hörte sie einfach nur zu.

Sandy brauchte weitere zwei Tage, um das Thema zu Hause mit ihrem Mann zu besprechen. „Ich kann kaum glauben, dass du überhaupt über so etwas nachdenkst!“, rief Gordon. „Bist du verrückt? Du hast doch einen wunderbaren Job! Und wie sollen wir dein Aufbaustudium überhaupt bezahlen?“ Sandy überlegte kurz, zu protestieren, war aber zu verletzt, um sich darauf einzulassen. Das Paar beendete das gemeinsame Abendessen schweigend.

Robertas Fähigkeit, Sandy zuzuhören, stand in direktem Kontrast zu Gordons Unfähigkeit, seiner Frau Gehör zu schenken. Roberta konnte zuhören, weil sie sich durch Sandys Plan nicht bedroht fühlte, oder jedenfalls nicht so *stark* bedroht.

Für Gordon stand eindeutig mehr auf dem Spiel, wenn Sandy noch einmal studieren würde. Seine Sorgen waren berechtigt. Vielleicht hätten sie sich ja zu einem gemeinsamen Entschluss durchringen können. Doch seine Unfähigkeit, sich ihren Plan anzuhören, verhinderte nicht nur, dass Sandy ihre Überlegung laut weiterdachte, sondern führte auch dazu, dass sie nun weitaus weniger bereit war, bei ihrer endgültigen Entscheidung auf seine Gefühle Rücksicht zu nehmen.

Geld, Kinder, Schwiegermütter – in jeder Familie gibt es hoch explosive Themen. Eine Frau wird mit ihrer erzkatholischen Verwandtschaft nicht diskutieren, ob sie eine Abtreibung vornehmen lässt oder nicht. Dieselbe Frau wird es vielleicht auch nicht riskieren, ihrem Mann zu sagen, sie könnte deutlich besser schlafen, wenn sie getrennte Betten hätten, da sie Angst davor hätte, ihn mit diesem Anliegen tödlich zu beleidigen. Er wird ihr vielleicht nichts von einem Problem bei seiner Arbeit erzählen, da er fürchtet, dass sie sofort ihren unerbetenen Rat beisteuert. Vielleicht möchte er nicht, dass sie sich Sorgen wegen ihrer finanziellen Lage macht (oder seine Entscheidungen beeinflusst). Bei all diesen Dingen geht es nicht darum, Geheimnisse vor anderen zu haben, auch wenn fast alle Familienmitglieder das eine oder andere für sich behalten. Es ist einfach nicht leicht, mit den Menschen, mit denen man zusammenlebt, über alle Themen zu sprechen. Bei Freunden hingegen gibt es nur sehr wenige Dinge, die man lieber ausklammert.

Kleine Missverständnisse unter Freunden können während der Pausen, in denen man sich nicht sieht, schnell großzügig vergessen werden. Menschen, die zusammenleben, können über Meinungsverschiedenheiten aber nicht so einfach hinwegsehen.

Eine Beziehung zwischen Freunden ist freiwillig. Wenn wir keine Lust mehr haben, können wir sie beenden. Das macht es einfacher, ehrlich zueinander zu sein. Wir können miteinander über schmerzhafte oder peinliche Themen reden, Selbstzweifel offenbaren, unsere verschiedenen Persönlichkeitsteile zum Vorschein kommen lassen und wirklich sein, wer wir sind.

Mit der Qualität ihres Zuhörens zeigen uns andere Menschen ihr liebevolles Interesse und ihren Respekt.

Freunde, die uns zuhören, geben uns das Gefühl, interessant zu sein. Ihr Interesse motiviert uns dazu, noch mehr interessante Dinge zu sagen. Ihre Empfänglichkeit verändert uns: Indem sie uns aufmerksam zuhören, fühlen wir uns selbstsicherer und lebendiger. Das ist das Wunderbare an Freundschaften.

Ein wahrer Freund ist jemand, mit dem Sie über fast alles reden können. In solchen Freundschaften dienen wir uns gern wechselseitig als Selbstobjekte. Wir sind für eine Zeit bereit, uns völlig in diese Freundschaft zu

xxxxxxxxxxxxxxxxxxxxxxxxxxxxxxxxxxxxxxxxxxxxxxxxxx

Ein guter Freund ist ein guter Zuhörer

Fragen Sie bei einem Gespräch mit einem Freund oder einer Freundin auch erst nach, wie es ihm oder ihr geht, bevor Sie darüber reden, was Ihnen durch den Kopf geht? Diese weit verbreitete Höflichkeitsgeste führt häufig zu oberflächlichem Zuhören. Sie haben gefragt, Sie haben es sich kurz angehört … und jetzt sind Sie endlich dran.

Die meisten Menschen denken mehr darüber nach, was sie sagen wollen, als darüber, was gerade zu ihnen gesagt wird. Wenn Sie ein guter Freund oder eine gute Freundin sein wollen, lernen Sie, besser zuzuhören. Versuchen Sie, sich vorzunehmen, beim nächsten Treffen mit einem Ihrer Freunde herauszufinden, was ihm oder ihr auf dem Herzen liegt, und hören Sie länger und aufmerksamer als gewöhnlich zu.

xxxxxxxxxxxxxxxxxxxxxxxxxxxxxxxxxxxxxxxxxxxxxxxxxx

xxxxxxxxxxxxxxxxxxxxxxxxxxxxxxxxxxxxxxxxxxxxxxx

„Ich wünschte, ich hätte mehr Freunde.“

Schreiben Sie die fünf wichtigsten Dinge auf, die Sie in den nächsten sieben Tagen vorhaben.

Gehört gemeinsame Zeit mit Ihren Freunden auch dazu? Oder vielleicht der Beginn einer Freundschaft mit einem Kollegen oder einer Kollegin oder jemandem aus dem Fitness-Studio? Oder das Stärken einer bereits bestehenden Freundschaft?

xxxxxxxxxxxxxxxxxxxxxxxxxxxxxxxxxxxxxxxxxxxxxxx

vertiefen und bedingungslos für den anderen da zu sein. Je offener wir zueinander sind, umso mehr wächst unsere Freundschaft, und umso mehr wachsen auch wir selbst. Die Anteilnahme, die unsere Freunde uns zeigen, wenn sie unseren Erfolgsberichten und Sorgen zuhören, gibt uns Stärke; ihr Verständnis bewahrt uns vor Einsamkeit und hilft uns dabei, uns selbst zu verstehen.

Freundschaft vertieft unsere Beziehung zu anderen und zu uns selbst, und sie vergrößert unseren Erfahrungshorizont. Durch Freundschaften erweitern wir unsere Definition von uns selbst und können ungeahnte Möglichkeiten wachrufen; Möglichkeiten, die nicht Teil der eng begrenzten Rollen sind, die wir in unserem Familiensystem übernehmen. Mit vielen verschiedenen Freunden können wir die vielen Facetten unserer eigenen Persönlichkeit zum Vorschein kommen lassen. Die Vertrautheit, die in unseren Freundschaften herrscht, die miteinander geteilten Erfahrungen und auch die Bestätigung und Anerkennung, die uns zuteilwird, stärken uns. Die Gegenseitigkeit der Freundschaft und das gemeinsame miteinander Teilen bereichert unser Leben.

Wenn wir mit unseren Freunden zusammen sind, fühlen wir uns wohl und sind entspannt. Doch leider ist es nicht immer einfach, Zeit für unsere Freundschaften zu finden. Als ich mehrere Menschen fragte, was sie am meisten davon abhält, sich mit ihren Freunden zu treffen und auszutauschen, war die weitaus häufigste Antwort: „Ich bin zu beschäftigt.“ In unserem überlasteten und hektischen Alltag drängen endlose Verpflichtungen alles an den Rand, was wir gern freiwillig tun, wie z. B. Zeit mit unseren Freunden zu verbringen. Es stimmt natürlich, dass viele von uns in der heutigen Zeit alle Hände voll zu tun haben. Wenn Freundschaften einrosten, ist daran trotzdem mehr als nur ein Mangel an Zeit schuld.

Wenn Freunde Partei ergreifen

Nach ihrer Scheidung suchte Maggie bei ihren Freundinnen Trost. Sie halfen ihr, den Schock der Trennung und die schmerzhaften Monate danach zu überstehen. Obwohl sie sich oft hilflos fühlte, war sie aber wenigstens nicht allein.

Maggies Freundin Liz war ebenfalls geschieden und ziemlich ernüchtert. Sie wusste, was es bedeutete, wieder Single zu sein, ganz von vorn anzufangen und mit zahlreichen neuen Demütigungen und Missverständnissen konfrontiert zu sein. Die beiden Frauen kannten sich nun schon seit neun Jahren, seit sie sich bei einer Tagung getroffen hatten (eigentlich seit sie beide einen Tagungsnachmittag geschwänzt und sich dann zufällig in der Kunstgalerie in der Innenstadt über den Weg gelaufen waren).

Liz fiel es leicht, neue Freundschaften zu knüpfen. Sie beeindruckte Maggie mit ihrer Wärme, ihrer Intelligenz und ihrem wachen Auge für alles Falsche und Gekünstelte. Sie trafen sich oft zum Mittagessen oder auf einen Drink nach der Arbeit und sprachen über alles Mögliche: ihre Arbeit, Familie, Freunde, darüber, was sie gerade lasen, wie sie sich fühlten ... Falls es ein Thema gab, das in irgendeiner Weise zu heikel war, um es zu besprechen, hatten die beiden es noch nicht entdeckt.

Maggie traf Dominic drei Jahre nach ihrer Scheidung. Wie es der Zufall wollte, wohnte er im selben Gebäude wie Liz, sodass Maggie ihm mehrere Male in der Lobby begegnete. Sie fand ihn sehr attraktiv, traute sich aber nicht, ihn anzusprechen, da er ihr unerreichbar schien. Umso größer war ihre Überraschung, als er sie eines Samstagnachmittags ansprach und sie schon nach den ersten fünf Gesprächsminuten zum Ausgehen einlud. Es überraschte sie selbst, dass sie zusagte.

Wenn Gegensätze sich tatsächlich anziehen, waren die beiden das perfekte Paar. Maggie hatte den rötlichen Teint und die emotionale Zurückhaltung ihrer schottischen Vorfahren geerbt, während Dominic griechische Wurzeln und daher dunkles Haar, olivbraune Haut und ein feuriges Temperament hatte. Sie mochte, wie er dachte, wie intuitiv er handelte und wie selbstsicher er war. Was für eine wunderbare Abwechslung nach all den blassen Langweilern, mit denen ihre Freundinnen sie hatten verkuppeln wollen.

Die Leidenschaft, die Maggie für Dominic empfand, war aufregend. Nur musste sie leider bald herausfinden, dass diese einen hohen Preis forderte, nämlich viele ebenso leidenschaftlich geführte Auseinandersetzungen. Dominic war eifersüchtig – auf ihre Freizeit, ihre Freundinnen, eigentlich auf ziemlich alles in ihrem Leben. Obwohl er selbst mitunter tagelang beschäftigt und nicht erreichbar war, erwartete er von ihr, sofort alles stehen und liegen zu lassen, wenn er sie sehen wollte. Tat sie das nicht, waren stürmische Eifersuchtsausbrüche die Folge.

Als Maggie ihren Freundinnen von ihren Problemen mit Dominic erzählte, zeigten diese viel Mitgefühl. Liz wurde wütend. Sie fand, dass Dominics besitzergreifende Eifersucht viel zu weit ging und glaubte, dass Maggie sich das nicht bieten lassen sollte. „Ich würde niemals zulassen, dass *mich* ein Mann so behandelt!“, sagte sie.

Nach einem weiteren besonders heftigen Wutausbruch entschied Maggie, Dominic eine Weile lang nicht mehr zu sehen. Solange Maggie und Dominic sich regelmäßig trafen, hatte Liz versucht, den größten Teil ihrer harschen Kritik für sich zu behalten. Doch jetzt, als Maggie überlegte, sich von Dominic zu trennen, brach es aus Liz heraus. Es würde Maggie wesentlich besser ohne ihn gehen, erklärte sie. Mit dieser Auffassung stand Liz nicht allein da. Maggies Freundinnen waren alle dieser Meinung: Wenn Dominic sie so unglücklich machte, sollte sie ihn verlassen.

Leider steht unser Mitgefühl unserer Empathie manchmal im Weg. Maggies Freundinnen konnten ihren eigenen emotionalen Impuls, die Freundin aus ihrer unglücklichen Lage zu befreien, nicht unterdrücken, und drängten sie dazu, die Beziehung zu beenden, unter der sie so litt. Das ist etwas, das unsere Freunde sehr häufig tun, wenn wir uns bei ihnen über etwas beklagen: Sie ergreifen für uns Partei und drängen uns zum Gegenschlag.

Es ist eine Sache, das Recht einer Freundin auf privates Glück zu würdigen. Weitaus schwieriger ist es, zu respektieren, dass sie auch ein Recht auf ihr eigenes Unglücklichsein hat, wenn sie sich dazu entschließt, um ihre Liebe zu kämpfen.

Die Unterstützung ihrer Freundinnen gab Maggie Halt, doch zugleich fühlte sie sich von deren Drängen, sich von Dominic zu trennen, unter Druck gesetzt. Es ist tröstlich, wenn jemand da ist, mit dem wir unsere Gefühle teilen können. Allerdings ist es weniger tröstlich, wenn uns gesagt wird, wie wir unsere Probleme zu lösen haben.

Nach einer Weile sprach Maggie mit ihren Freundinnen nicht mehr über Dominic. Sie war ja nicht nur wütend auf ihn; sie liebte ihn auch. Wir selbst dürfen die Menschen, die wir lieben, kritisieren. Es ist aber ein Fehler, wenn Freunde das tun. Unsere Gejammer drückt nur eine Seite unserer zwiespältigen Gefühle aus, lässt uns aber die Wahl, selbst zu entscheiden, was wir mit unseren Beziehungen tun. Doch wenn ein Freund oder eine Freundin mit uns darin übereinstimmt, dass jemand, der uns sehr wichtig ist, ein schlechter Mensch ist, stellt dies eine Grenzverletzung dar.

Es gibt kein Patentrezept für richtige empathische Antworten. Vielleicht hilft es Ihnen aber, daran zu denken, dass jeder Konflikt zwei Seiten hat. Verständnis oder Empathie heißt daher oftmals, die emotionale Zerrissenheit des anderen anzuerkennen. Wenn ein Mensch scheinbar noch nichts dafür getan hat, ein bestimmtes Problem zu lösen, gibt es dafür sehr wahrscheinlich einen Grund.

Liz hätte erwidern können: „Du klingst sehr unglücklich, und es scheint, dass du nicht genau weißt, was du tun sollst.“ Doch stattdessen sagte sie: „Dominic ist nicht gut genug für dich. Wenn du jetzt zu ihm zurückgehst, wirst du dich später dafür hassen.“

Es gibt Dinge, die in Freundschaften keinen Platz haben. Dazu gehören Bewertungen und Urteile.

Wenn wir unseren Freunden unsere Empathie zeigen, heißt das nicht nur, dass wir mit ihnen mitfühlen. Es heißt auch, dass wir uns ihren Standpunkt anhören, ganz unabhängig davon, ob wir diesen mit ihnen teilen oder nicht. In einer Freundschaft muss nicht alles neutral hingenommen oder widerspruchslos akzeptiert werden. Wahre Freunde hören erst richtig zu, bevor sie ihr Veto einlegen oder gute Ratschläge geben.

Das folgende Beispiel aus Paul Austers Roman *Leviathan* handelt von einem Freund, der sich bemüht, Empathie zu zeigen. Peters Freund Sachs erzählt ihm von seinem Unfall, bei dem er von einer Außenfeuerleiter im vierten Stock eines Wohngebäudes stürzte. Er versucht ihm zu erklären, warum er glaubt, selbst dafür verantwortlich gewesen zu sein: Hätte er nicht mit einer Frau flirten wollen, wäre er gar nicht erst aus dem Fenster heraus und auf diese Feuerleiter geklettert.

> „Ich hatte einige Fragen, unterbrach ihn aber nicht. Sachs bekam seine Geschichte nur mühsam heraus, er sprach wie in Trance, zögernd und mit verlegenen Pausen, und ich fürchtete, ein überstürztes Wort von mir könnte ihn aus der Bahn werfen. Ehrlich gesagt, begriff ich nicht ganz, was er da eigentlich zu sagen versuchte. Zweifellos war der Sturz ein schreckliches Erlebnis gewesen, doch mich verwirrte, wie sehr er sich damit plagte, die kleinen Ereignisse im Vorfeld zu schildern. Die Sache mit Maria kam mir reichlich banal vor, ohne echte Bedeutung, ein abgedroschenes Sittenstück, nicht der Rede wert. Sachs jedoch sah einen direkten Zusammenhang. Das eine hatte das andere ausgelöst; daher betrachtete er den Sturz nicht als Unfall oder einfach als Pech, sondern eher als eine groteske Form von Strafe. Ich wollte ihm sagen, dass er sich irrte, dass er allzu streng gegen sich sei – aber ich tat es nicht. Ich saß nur da und hörte mir an, wie er sein Verhalten analysierte.“[1]

Es heißt oft, dass Männer und Frauen verschiedene Erwartungen an Freundschaften stellen: Frauen ginge es in erster Linie um Verbundenheit, Männern hingegen um Unabhängigkeit. Daher mag es sein, dass es Männern schwerfällt, zuzuhören, wenn es um Themen wie Abhängigkeit und

Bindung geht, während Frauen vielleicht eher ein Problem damit haben, wenn eine Freundin sich entschließt, ihren eigenen Weg zu gehen. Das mag im Allgemeinen wohl stimmen, doch sollten wir nicht vergessen, dass Beziehungen nicht „im Allgemeinen" existieren; sie entstehen und entwickeln sich zwischen Individuen. Diese Individuen mögen mit unterschiedlichen Erwartungen großgeworden sein. Dennoch hängt das Schicksal unserer Beziehungen nicht von konditionierten Charaktereigenschaften ab, sondern davon, wie wir miteinander umgehen.

Anderen Menschen gegenüber authentisch zu sein und sie so zu nehmen, wie sie sind, und nicht so, wie wir sie gern haben wollen, ist nicht immer einfach. Diese Fähigkeit basiert darauf, dass wir uns als eigenständige, autonome Individuen sehen, die anderen eigenständigen, autonomen Individuen näherkommen, indem sie einander zuhören und Verständnis füreinander haben.

Die Freundschaft von Maggie und Liz beruhte auf gemeinsamen Interessen. Als Maggie begann, andere Interessen und Gefühle zu haben, begann diese Freundschaft zu bröckeln. Die beiden Frauen wussten nicht, wie sie die Meinungsverschiedenheiten tolerieren sollten, die zwischen ihnen entstanden. Wenn Maggie glücklich war, hatte sie das Gefühl, Liz zu hintergehen. Keine von beiden wusste, wie sie miteinander über diese neuen Gefühle sprechen sollten. Liz fühlte sich von Maggie im Stich gelassen. Ihre Meinungsverschiedenheiten und ihre Unfähigkeit, sich darüber auszusprechen, ließ den Graben zwischen den beiden immer tiefer werden. So passierte, was häufig der Fall ist, wenn Freude nicht über ihre Differenzen sprechen können: Sie entfernten sich immer mehr voneinander.

Als Maggie und Dominic ihre Probleme schließlich gelöst hatten, traf Maggie sich gar nicht mehr mit Liz. Jahre später erwähnte sie in einem Gespräch mit jemandem nur beiläufig: „Ach, wir haben uns irgendwie aus den Augen verloren."

Wie Sie Konflikte mit Freunden lösen können

Warum konnte Maggie, die es schaffte, sich wieder mit ihrem eifersüchtigen und fordernden Partner zusammenzuraufen, nicht die Differenzen mit ihrer gleichgesinnten, verständnisvollen Freundin überwinden? Das ist die Ironie des Zuhörens in Freundschaften:

Die Freiheit dieser Beziehungen, die es Freunden erlaubt, offen und frei über zahllose Themen zu sprechen, führt auch dazu, dass sie weitaus weniger offen Probleme ansprechen, die zwischen ihnen selbst existieren.

Familiäre Bindungen funktionieren anders: Durch die unausweichliche Nähe zueinander sind Familienmitglieder eher dazu gezwungen, unangenehme Dinge aus- und anzusprechen. Auch Freunde beschweren sich mitunter über die eine oder andere Kleinigkeit, die sie am anderen stört. Ernstere Themen wie Neid, Eifersucht oder Verbitterung kommen aber kaum zur Sprache. Da freundschaftliche Bande uns zu weniger verpflichten als familiäre, haben wir auch mehr Angst davor, unsere Freunde zu verlieren, wenn wir sie zu stark kritisieren. Wenn solche negativen Gefühle sich anstauen und nicht geäußert werden, kann es häufig geschehen, dass Freundschaften zerbrechen.

Wenn Sie ein Problem mit jemandem haben, der Ihnen nicht wichtig ist, vergessen Sie es einfach. Wenn Sie aber etwas belastet, das mit einem Menschen zu tun hat, der Ihnen viel bedeutet, sollten Sie einen Weg finden, dies anzusprechen.

Menschen, die ungern das ansprechen, was sie stört, glauben oft, alle anderen seien einfach mutiger und selbstsicherer. Mag sein. Doch die meisten Menschen, die meines Wissens ihren Freunden gesagt haben, dass sie etwas an ihrer Beziehung zu ihnen stört, hatten genauso viel Angst davor wie diejenigen, die lieber still blieben. Was sie dazu brachte, diesen Schritt zu wagen, war nicht nur ihre Selbstachtung und der Respekt vor ihren eigenen Gefühlen, sondern auch der Respekt vor ihrer Freundschaft – und ihren jeweiligen Freunden.

Je länger Sie es aufschieben, einem Freund zu sagen, dass Sie etwas an seinem Verhalten stört – vielleicht wünschten Sie, er oder sie würde zu Ihren Treffen nicht ständig eine dritte Person mitbringen –, umso stärker werden Sie sich mit diesem Problem beschäftigen. Wahrscheinlich überlegen Sie innerlich, wie Sie Ihr Anliegen am besten formulieren, um Ihren Freund oder Ihre Freundin davon zu überzeugen. Der effektivste Weg, scheinbar unlösbare Differenzen anzusprechen, ist jedoch, sich gedanklich in die Position unserer Freunde hineinzuversetzen.

Wenn wir den Standpunkt unserer Freunde anerkennen, erlösen wir sie von unangenehmer Grübelei und machen sie empfänglicher für unsere Sicht der Dinge.

Nehmen wir an, es bleibt immer an Ihnen hängen, ein Treffen mit einer bestimmten Freundin in die Wege zu leiten. Sie gehören natürlich nicht zu den Erbsenzählern, die akribisch Strichlisten führen, aber es wurmt Sie trotzdem, dass Ihre Freundin nie auf die Idee kommt, sich bei Ihnen zu melden. Sie beginnen sich zu fragen, ob ihr wirklich etwas an Ihnen liegt. Gleichzeitig trauen Sie sich nicht, sie direkt zu fragen, weil sie sich dadurch angegriffen fühlen könnte. Was sollen Sie also tun? Ihr all dies frei heraus sagen. Versuchen Sie vorher, sich dank Ihrer Empathie in Ihre Freundin einzufühlen und sich vorzustellen, wie sie eventuell reagieren könnte. Sie könnten z. B. sagen: „Mich stört da etwas, aber irgendwie sträube ich mich dagegen, es anzusprechen, weil ich nicht möchte, dass du dich dadurch angegriffen fühlst. Vielleicht hat das Ganze ja auch mehr mit meiner eigenen Unsicherheit zu tun… “

Manchmal kann ehrliche Kritik eine Freundschaft retten.

Michelle war es leid, sich ständig Arlenes Gejammer anzuhören – über den Widerling von einem Chef, den sie hatte, ihre zahlreichen Wehwehchen und Zipperlein und vor allem über ihr kaum überblickbares Repertoire an vertrackten Beziehungskisten. Aber sie wollte trotzdem nichts sagen, da sie Angst hatte, Arlenes Gefühle zu verletzen. (Ist das nicht immer unsere Ausrede, wenn wir nicht möchten, dass jemand wütend auf uns wird?) Also schwieg sie lieber, machte sich rar und antwortete nicht mehr auf Arlenes Anrufe, bis die Freundschaft dahinwelkte und schließlich ganz verdorrte.

Wenn Freunde nicht darüber sprechen, was sie aneinander stört, nagt dieser heimliche Verdruss an ihrer Freundschaft. Auch wenn sich ein Konflikt nicht völlig lösen lässt, hilft es doch viel, sich den Standpunkt des anderen anzuhören. Am besten sprechen Sie ein Problem an, indem Sie nicht sofort Ihre Sicht der Dinge darlegen, sondern zuerst überlegen, was Ihr Freund oder Ihre Freundin wohl fühlt, und Sie dies in einer Weise anerkennen, dass er oder sie sich dazu ermutigt fühlt, ausführlicher mit Ihnen darüber zu reden.

Die meisten Freundschaften halten nicht sehr lange, wenn sich einer ständig über irgendetwas beschwert. Wir alle haben mit Problemen zu kämpfen. Dennoch sollten wir daran denken, dass das Zuhören eine Belastung sein kann – vor allem dann, wenn wir uns endlose Klagen anhören müssen. Wenn Sie mit jemandem befreundet sind, der Ihre Bereitschaft zuzuhören schamlos ausnutzt und sich nie dafür erkenntlich zeigt, können Sie diese Bürde auf sich nehmen, bis Sie endgültig genug davon haben und die Freundschaft beenden. Oder Sie sagen vorher etwas.

Einer meiner Freunde beschwerte sich stets über seinen Stiefsohn und die Probleme, die er mit ihm hatte. Ich hörte ihm voller Anteilnahme zu und gab ihm ab und an den einen oder anderen Rat. (Ich darf das, ich habe eine Lizenz.) Wenn mein Freund länger als nur ein paar Minuten über seine Probleme redete, wurde er verlegen (vielleicht gerade *weil* ich eine Lizenz habe) und entschuldigte sich. Dann erinnerte ich ihn daran, dass unsere Beziehung durch ein Geben und Nehmen geprägt war. Es störte mich nicht, seinen Problemen zuzuhören, weil ich dankbar für die Zeit war, in der er sich meine anhörte.

Wenn zwei Menschen ihren Groll voreinander verbergen, entkommen sie dieser Sackgasse am besten, wenn einer das Thema anspricht, indem er sich nach den Gefühlen des anderen erkundigt. Dies ist besonders dann wichtig, wenn es sich um Missverständnisse auf beiden Seiten handelt. Platzen Sie nicht gleich mit Ihrer Sicht der Dinge heraus. Konzentrieren Sie sich vor allem bei einem größeren Problem erst darauf, dem anderen zuzuhören. Heben Sie sich Ihre verletzten Gefühle für später auf. Sollte Ihr Freund Sie aber verletzt haben, ohne dass es ihm bewusst ist, sollten Sie dies durchaus irgendwann zur Sprache bringen, bevor Ihr Ärger darüber Ihre Freundschaft zu vergiften droht.

Alice und ihr Mann waren beide unabhängige Menschen und verabredeten sich auch oft getrennt zu Abendessen oder Kinobesuchen mit ihren Freunden. Alices Freundin Marie hingegen ging nicht so gern ohne ihren Mann aus. Also trafen sich die beiden Freundinnen ab und zu allein, doch häufiger unternahmen sie Dinge zu viert. Beide verstanden die Vorliebe der anderen, und doch hatten sie das Gefühl, sich jeweils zu stark den Wünschen der Freundin anzupassen. Von da an trafen sie sich immer seltener.

Marie war verletzt. Sie war enttäuscht, dass Alice nicht mehr Verständnis für sie aufbrachte. Je seltener sie sich sahen, umso mehr grübelte Marie über ihre verletzten Gefühle nach. Je mehr sie grübelte, umso besser konnte sie sich vorstellen, Alice darauf anzusprechen. Und vielleicht sah Alice das Ganze ja genauso wie sie, nur aus entgegengesetzter Sicht? Bisher hatte Marie sich diese Frage nie gestellt, doch nun war sie bereit, ein Risiko einzugehen, um ihre Freundschaft zu retten.

Marie rief Alice an und sagte, sie könne sich vorstellen, dass es frustrierend sei, immer nur als Paar auszugehen. Alice war erleichtert, dass Marie ihre Gefühle akzeptierte, und stimmte ihr zu. Insgeheim fürchtete sie aber, dass Marie nur deshalb nichts mit ihr allein unternehmen wollte, weil ihr die Freundschaft einfach nicht so viel bedeutete.

Nachdem Marie durch die Anerkennung von Alices Gefühlen das Eis gebrochen hatte, konnten die beiden Freundinnen offen über ihre Missverständnisse und Enttäuschungen reden – über all die Gefühle, die ihnen oft zu bedrohlich erschienen, als dass sie sie hätten zur Sprache bringen wollen. Das Grundproblem verschwand dadurch nicht – Alice zog es weiterhin vor, etwas allein mit Marie zu unternehmen, und Marie fiel es weiterhin schwer, ohne ihren Mann auszugehen – aber es nagte nicht mehr an ihrer Freundschaft. Die beiden Freundinnen verstanden einander nun besser, und ihre Freundschaft blieb bestehen.

Wie Sie konstruktive Kritik an Freunden üben können

Manchmal gibt es Momente, in denen es sich falsch und unehrlich anfühlt, einem Freund oder einer Freundin nur zuzuhören – nämlich dann, wenn wir das Gefühl haben, dass er oder sie gerade einen riesigen Fehler macht. Wenn Sie in solch einer Situation das dringende Bedürfnis haben, Ratschläge zu geben, fragen Sie am besten vorher nach, ob Ihr Freund oder Ihre Freundin diese auch hören will:

„Möchtest du meinen Rat dazu hören?“
„Bist du an einer zweiten Meinung interessiert?“
„Hast du dich schon endgültig entschieden ...?“

Ratschläge lassen Kritik durchblicken, und Kritik kann mitunter ordentlich nach hinten losgehen. Sie möchten nur ehrlich sein oder haben vielleicht unüberlegt etwas gesagt, und schon fühlt sich Ihre Freundin durch Ihre Kritik angegriffen. Wenn Sie jemandem vorschlagen, etwas zu ändern, das er oder sie nicht ändern will, lässt dies bei dieser Person negative Gefühle und Verdruss entstehen.

Ab und an empfinden wir es auch als Ablehnung, wenn ein Freund oder eine Freundin unserem Rat nicht folgt.

„Warum möchtest du meinen Rat hören, wenn du ihn sowieso ignorierst?“

Einen Rat einholen heißt, ihn in Erwägung zu ziehen, nicht notwendigerweise, ihm zu folgen. Die besten Ratschläge sind die, an die keine Bedingungen geknüpft sind. Ein guter Zuhörer erlaubt seinen Freunden, seinen Rat anzunehmen oder zurückzuweisen, ohne gekränkt zu reagieren.

Beobachten Sie, wie Ihre Freunde auf Ihre Äußerungen reagieren, bevor Sie fortfahren. Lassen Sie sich nicht so stark von Ihrem Drang bestimmen, Ihre Freunde von der Richtigkeit Ihres Standpunkts zu überzeugen, wenn es letztendlich *deren* Entscheidungen betrifft. So verdrängen Sie nur, dass Ihre Freunde ein Recht darauf haben, sich individuell so zu entscheiden, wie sie es selbst möchten. Reagiert ein Freund ablehnend auf einen Ihrer Ratschläge, ziehen Sie sich zurück und lassen Sie Ihren Freund reden.

Auf Ihrem eigenen Standpunkt sollten Sie nur dann beharren, wenn Sie sich mit Ihren Freunden über das uneinig sind, was Sie selbst tun sollten – und nicht umgekehrt.

Wenn Sie sich unsicher sind, was Ihre Freundin oder Ihr Freund von Ihrem Rat hält, fragen Sie nach:

„Was meinst du dazu?"
„Möchtest du, dass ich noch mehr dazu sage, oder lieber nicht?"
„Soll ich weitersprechen, oder hast du dich im Prinzip schon entschieden?"

Leben sich Freunde auseinander, oder vergessen sie nur, einander zuzuhören?

Für nicht wenige Menschen ist die Geschichte ihrer Freundschaften auch eine Geschichte abgebrochener Beziehungen. Der Verlust von Freunden mag nicht ganz so schmerzhaft sein wie der Verlust eines Menschen, mit dem man zusammengelebt und seinen Alltag und seine Zukunftspläne geteilt hat, doch der Prozess verläuft ganz ähnlich. Freundschaften entstehen während bestimmter gemeinsam geteilter Lebensabschnitte – zum Beispiel beim Studium, beim Beginn einer neuen Arbeit oder wie bei Maggie und Liz durch die gemeinsame Erfahrung einer Scheidung. Mit der Zeit verändert sich einer oder beide, ein neues Lebenskapitel beginnt und die Freundschaft lässt sich nicht mehr ganz so leicht am Leben halten.

Die Gründe, weshalb wir vielleicht mit etwas über zwanzig Jahren heiraten, sind nicht dieselben, warum wir später mit über dreißig oder mit über sechzig Jahren noch mit unserem Partner zusammen sind. Unter Freunden bestehen weniger feste Verbindungen und auch weniger große gegenseitige Verpflichtungen. Daher bemühen wir uns in Freundschaftsbeziehungen nicht so sehr wie in Paarbeziehungen darum, unsere Verbindung mit dem anderen auch während größerer Lebensveränderungen aufrechtzuerhalten. Das Pflegen einer Freundschaft hat viel damit zu tun, die Unterschiede zwischen uns zu respektieren und dem anderen auch dann zuzuhören, wenn es uns ganz und gar nicht leicht fällt.

Gil und Roy waren schon seit High-School-Zeiten gute Freunde. Beide waren gute Schüler und spielten im Basketball-Team der Schule, also fanden sie wie von selbst zueinander. Ihre Freundschaft basierte auf gemeinsamen Interessen und dieser typischen flapsigen Großtuerei, mit der sich Halbstarke gegenseitig aufziehen. Ihre Art, einander zuzuhören, wenn man es überhaupt so nennen möchte, bestand darin, abwechselnd voreinander herumzuprotzen.

Je älter sie wurden, umso ärgerlicher fand Gil Roys ständiges Imponiergehabe, auch wenn es manchmal ganz erfrischend war. Andere waren davon einfach nur genervt. Als beide bereits über dreißig Jahre alt waren, gingen sie zusammen zu einem Basketballspiel. Roy hatte zu diesem Zeitpunkt bereits ein paar Bier intus. Es war um die Zeit herum, als der Spieler Lew Alcindor seinen Namen in Kareem Abdul-Jabbar geändert hatte. Er wurde nun zur Zielscheibe von Roys aggressivem Humor. Jedes Mal, wenn Jabbars Wurf nicht gelang, brüllte Roy: „Hey *Lew*, netter Wurf, *Lew*!" Die Zuschauer neben Roy wurden immer zorniger, doch Gil sagte nichts. Nach dem Spiel fingen ein paar Typen Roy ab, bezeichneten ihn als Arschloch und schlugen ihm die Brille aus dem Gesicht. Später, als Gil ihn wegen dieses Vorfalls aufzog, wurde Roy sehr wütend, und die beiden Freunde sprachen nicht mehr miteinander.

Einige Jahre später rief Roy Gil an, und die beiden belebten ihre Freundschaft wieder, die aber nach Gils Empfinden recht oberflächlich blieb. Roy schien sich immer noch wie ein pubertierender Halbstarker aufzuführen. Ständig musste er sich aufplustern und schien nur auf eine Gelegenheit für einen dummen Spruch oder einen Seitenhieb zu lauern.

Die beiden besuchten zusammen ein Klassentreffen anlässlich ihres zwanzigjährigen Abschlussjubiläums. Gil erinnerte sich daran, wie er teilweise von Erinnerungen und Gefühlen überwältigt war, während Roy einfach derselbe alte Sprücheklopfer zu sein schien. Nach dem Treffen gingen sie zusammen mit Gils Ex-Freundin Janice auf einen Drink in eine Bar. Janice war noch genauso umwerfend schön wie früher und entfachte die alte Rivalität zwischen den beiden Freunden, die sich in der Bar eine Stunde lang mit boshaften Witzeleien bekriegten. Gil hatte das Gefühl, dass Janice von dieser Show nicht besonders beeindruckt war. Das Ganze war ihm später recht peinlich.

Wesentlich später fand er heraus, dass Roy Janice an diesem Abend mit nach Hause genommen hatte und die beiden eine Affäre begonnen hatten. Dies erfuhr er nur deshalb, weil Roy ihn völlig am Boden zerstört anrief, um ihm zu sagen, dass Janice sich von ihm getrennt hatte. Gil war wütend. Roys Verhalten kam ihm furchtbar hinterhältig und böswillig vor: Er hatte nicht nur ein grausames Spiel daraus gemacht, Gils frühere Freundin zu erobern, sondern dies auch noch absichtlich vor ihm geheim gehalten. Wenn wirklich nichts Gehässiges an der Sache war, warum hatte er ihm nie davon erzählt? Doch als Roy sich Gil anvertraute und darauf hoffte, er würde ihm in seinem Schmerz beistehen, zeigte Gil Großmut und vergab ihm, wie es Freunde eben tun.

Das nächste Mal trafen sich die beiden zum alljährlichen Betriebsfest von Gils Firma, zu dem er Roy einlud. Roy, der wieder einmal ordentlich mit Bier vorgeglüht hatte, begann laut Witze über einige von Gils Kollegen zu reißen und bediente sich dabei der Informationen, die Gil ihm vor längerer Zeit unter vier Augen im Vertrauen erzählt hatte. Gil war das Ganze entsetzlich peinlich. Er versuchte, Roy zum Schweigen zu bringen, hatte damit aber nur wenig Erfolg. In der darauffolgenden Woche schrieb Gil Roy einen Brief, in dem er ihm erklärte, dass er ihm nicht mehr vertraue, nicht vorhabe, ihn wiederzusehen, und auch nicht wolle, dass Roy sich wieder bei ihm melde.

Gil (der sich später mit seiner Ehefrau auseinanderlebte und scheiden ließ) fand diesen Schritt – in vollem Bewusstsein eine Beziehung zu beenden, die zu einer Belastung geworden war – sehr befreiend. Er hatte das Gefühl, nur seine Selbstachtung behauptet zu haben. Wenn er über das Ende dieser Freundschaft nachdachte, kam ihm Woody Allen in den Sinn, der einmal sagte, dass die Dinge, die uns auf dieser Welt am meisten bedeuten, und die Dinge, die uns am meisten Freude bereiten, ganz von allein geschehen. Man kann nicht auf sie hinarbeiten.

Diese Meinung mögen wir alle manchmal teilen, doch wird sie deswegen nicht zu einem unbestreitbaren Fakt. Wenn wir noch Kinder sind, mögen Freundschaften wie von selbst entstehen. Doch wenn wir älter werden, müssen wir uns mehr um unsere Freundschaften bemühen. Es mag uns nicht gefallen, viel Energie in das Knüpfen und Aufrechterhalten unserer Freundschaften zu stecken, aber das gilt für viele Dinge in unserem Leben, die unsere Mühe auf jeden Fall wert sind. Gils Freundschaft mit Roy mag eine dieser Beziehungen gewesen sein, die nur noch aus Gewohnheit bestehen, obwohl sie einem eigentlich mehr als lästig sind. Doch auch festere Freundschaften, die auf einem solideren Fundament gebaut sind, müssen ab und zu repariert und instandgehalten werden. Damit unsere Freundschaften mit uns mitwachsen, müssen wir uns auch etwas um sie bemühen.

Wenn Sie so viel Gehör bekommen wollen, wie Sie verdienen, müssen Sie Beziehungen aufbauen, die auf wechselseitigem Austausch beruhen. Das bedeutet auch, offen für das Knüpfen neuer Beziehungen zu sein und sich von denen zu verabschieden, die Ihre Anstrengungen nicht wert sind. Um eine Beziehung zu vertiefen, braucht es ein ausgeglichenes Verhältnis zwischen Selbstoffenbarung und aufmerksamem Zuhören, das man dem anderen schenkt. Oft aber haben wir das Gefühl, in Beziehungen mit Menschen festzustecken, die uns nicht gut zuhören können. Statt deswegen verbittert zu sein oder eine fatalistische Sichtweise einzunehmen, ist es doch besser und auch durchaus möglich, diesen Menschen beizubringen, bessere Zuhörer zu werden – indem wir selbst mit gutem Beispiel vorangehen und sie, wenn nötig, darum bitten, es uns gleichzutun.

Wer Freunde hat, muss sich Zeit für sie nehmen. Wenn unsere Freunde immer erst an zweiter Stelle kommen und wir zu sehr mit unserer Arbeit beschäftigt sind, um uns mit ihnen zu treffen, warum haben wir dann welche? Freunde zu haben bedeutet, auch etwas Arbeit in unsere Beziehungen zu ihnen zu investieren. Nicht immer und überall, doch wenigstens von Zeit zu Zeit sollten wir also zuhören, auch wenn es uns schwerfällt, und den Mund aufmachen, wenn es wirklich nötig ist.

Damit sich eine Freundschaft entwickeln kann, müssen wir ihr Priorität einräumen, das heißt Zeit füreinander finden und uns wirklich Mühe geben, einander zuzuhören. Am Arbeitsplatz gibt es hingegen Wichtigeres als Beziehungen. Oder etwa nicht?

Wie Sie sich am Arbeitsplatz behaupten

Als Marianne sich bei einem kleinen Verlagshaus um eine Stelle bewarb, waren Marshall, der Verlagsleiter, und Steve, der Cheflektor, durch und durch charmant zu ihr. Sie fragten sie die üblichen Dinge nach ihrer Ausbildung und ihrer Arbeitserfahrung, verbrachten aber die meiste Zeit damit, ihr zu versichern, was für ein angenehmes Arbeitsklima bei ihnen im Verlag herrsche. Sie brauchten nicht viel Überzeugungsarbeit bei Marianne zu leisten. Jedes kleine Verlagshaus wäre besser als diese riesigen Konzerne, wo die Lektoren nur auf Basis von Gewinn- und Verlustrechnungen arbeiteten und wirklich gute und anspruchsvolle Bücher misstrauisch beäugt und ironisch belächelt wurden.

Marianne hatte das Gefühl, dass sie sehr viel von Marshall und Steve lernen könnte. Sie wusste, dass sie das Zeug zu einer guten Lektorin hatte, aber ihre bisherige Erfahrung als von ihren Kollegen sehr geschätzte Assistentin in einem großen Betrieb hatte sie nicht darauf vorbereitet, Verträge auszuhandeln oder andere Geschäftsprozesse souverän abzuwickeln.

Marianne war begeistert, als sie eine Woche später die Zusage für die Stelle erhielt. Sie hatte lange auf diesen Moment hingearbeitet und endlich erreicht, was sie sich zum Ziel gesetzt hatte.

Marianne war überrascht, wie schnell ihre Verantwortung wuchs und dabei auch ihre Arbeitsbelastung größer wurde. Wer hätte schon gedacht, dass so viele der jungen und talentierten Autoren (sowie auch einige ältere), die sie dem Verlag zuführte, derartig viel Aufmerksamkeit brauchten und bei fast allem an die Hand genommen werden wollten?

Marshall und Steve schienen froh darüber zu sein, sie an ihrer Seite zu haben. Doch Marianne begriff schnell, dass sich die beiden Männer als das Führungsteam und sie nur als eine Untergebene ansahen. Sie waren auf oberflächliche Weise freundlich, dachten aber nie daran, sie wirklich einzubeziehen. Zwischen verschiedenen Meetings und Terminen sprachen sie miteinander, nicht aber mit ihr. Sie redeten über Leute, die nur sie beide kannten, und rissen Insiderwitze. Ihre ständige Angeberei, mit der sie andere wohl unterhalten und beeindrucken wollten, gaben Marianne das Gefühl, dass sie lediglich auf der Suche nach einem Publikum waren.

Als sie hörte, dass die beiden jeden Mittwoch zum Mittagessen gingen, ohne sie mit dazu einzuladen, war sie schockiert und fühlte sich gedemütigt. Außerdem fand sie heraus, dass die beiden Männer vom Aufsichtsrat des kleinen Verlags dazu gezwungen worden waren, eine Frau als Lektorin einzustellen. Marshall und Steve waren empört über diese Entscheidung, die ihnen wie ein völlig ungerechtfertigter Eingriff in ihr angestammtes Revier erschien.

Marianne fühlte sich zusätzlich ausgeschlossen, weil Marshall und Steve eng miteinander befreundet waren; so eng, dass die meisten von ihnen nur als „Marshall-und-Steve" sprachen, als wären sie ein unzertrennliches Paar oder eine verschworene Einheit. Die Leute luden Marshall-und-Steve zu Partys ein, Buchverkäufer baten Marshall-und-Steve, in ihren Ausschüssen mitzuarbeiten, Autoren und Buchagenten bezeichneten Marshall-und-Steve als die geistreichsten und engagiertesten Leute in diesem Geschäft. Dass die beiden sowohl bei Autoren wie auch bei Literaturagenten und anderen Leuten aus der Bücherszene so beliebt waren, führte dazu, dass Marianne sich noch isolierter fühlte.

Ein Grund für ihre Beliebtheit war ihre Offenheit und Zugänglichkeit. Sie liebten es, Bücher zu publizieren, sie liebten Bücher, und sie liebten es, wie ihre Autoren zu ihnen aufschauten – mit dem unerschütterlichen Vertrauen, das Menschen, deren Identität ganz mit dem Schreiben verwoben ist, zu jenen haben, die ihre Arbeit zu schätzen wissen. Umso verwirrender fand es Marianne, wie sie darauf reagierten, als sie sie wegen eines Manuskripts, mit dem sie Probleme hatte, um Hilfe bat. Marshall und Steve gaben sich Mühe, vorzugeben, dass sie ihr zuhörten und runzelten in anteilnehmender Besorgnis die Stirn wie ferngesteuerte Bürokraten, stellten aber keinerlei Fragen. Als sie ausgeredet hatte, meinten die beiden nur, sie solle doch einfach wie gewohnt mit ihrer guten Arbeit weitermachen.

Nach solchen „Besprechungen" fühlte Marianne sich nicht nur enttäuscht, sondern auch gedemütigt. Doch anstatt wütend zu werden, schämte sie sich nun, um Hilfe zu bitten. An sich brauchte sie diese auch nicht; alles, was sie sich erhoffte, war ein bisschen Unterstützung. Weitaus mehr als nur kollegialen Rat wünschte sie sich eine harmonische Zusammenarbeit – jenes tröstliche Gefühl gemeinsam bearbeiteter und durchgestandener Projekte, das sie über die harten Jahre ihrer Ausbildungszeit im Verlagswesen gerettet hatte.

Nachdem sie sozial isoliert und als unwürdig abgestempelt worden war, nur weil sie um Hilfe gebeten hatte, nahm Marianne ihren Kollegen gegenüber eine kalte und feindselige Haltung ein. Da sie den beiden nicht die Genugtuung geben wollte, zu sehen, wie stark ihr die „Marshall-und-Steves-Ablehnung" zu schaffen machte, gürtete sie sich mit einem Panzer der Verachtung und bestrafte die beiden mit Schweigen.

Die Atmosphäre im Büro war so vergiftet, dass Marianne darüber nachdachte, ihre Kündigung einzureichen. Doch als alleinerziehende Mutter konnte sie sich diesen Luxus einfach nicht leisten.

Um diesen Zeitpunkt herum lernte Marianne einen Verleger eines anderen Hauses kennen, einen großen, geistreichen und großherzigen Mann mit grauen Augen. Quinn war einfühlsam, geduldig und ebenfalls geschieden. Die beiden ließen es anfangs sehr vorsichtig angehen. Doch dann kam die Liebe ins Spiel, und Mariannes arbeitsbezogene Sorgen wurden zweitrangig.

Marianne konnte nun erkennen, dass sie von Anfang an sehr viel von Marshall und Steve erwartet hatte. Beim Vorstellungsgespräch hatte sie deren charmante Höflichkeit als Freundschaftsangebot verstanden. Als dieses Versprechen nicht erfüllt wurde, fühlte sie sich hintergangen und war verbittert. Außerdem erwartete sie von beiden, dass sie sie einerseits als kompetente Kollegin wahrnehmen, sie gleichzeitig aber unter ihre Fittiche nehmen würden, weil sie in einigen Gebieten noch eine Anfängerin war. Dass diese beiden Erwartungen einander widersprechen, macht sie nicht automatisch unvernünftig. Mariannes Verbitterung war zu einem Teil ihren eigenen überzogenen Erwartungen geschuldet und zum anderen Teil der Tatsache, dass ihre Kollegen zu stark in ihr eigenes Leben eingebunden waren, um sich einer neuen Kollegin zu öffnen.

Die Situation im Verlag änderte sich, als Marianne anfing, sich gedanklich weniger mit ihrer Beziehung zu Marshall und Steve zu beschäftigen. Jetzt, da sie ein wesentlich erfüllteres Privatleben hatte, war sie weniger an deren Freundschaft und auch nicht mehr so stark an größerer Anerkennung interessiert. Mit ihrer gewachsenen Selbstsicherheit war sie nun auch nicht mehr länger willens, offenkundige Ungerechtigkeiten einfach schweigend hinzunehmen.

Als Marshall bei sie bei der jährlichen Mitarbeitereinschätzung als „mittelmäßig" bewerten wollte, weigerte sich Marianne, den Personalbogen zu unterschreiben. Sie sagte ihm frei heraus: „Ich will mit Ihnen darüber sprechen." Als Marshall einwandte, er habe keine Zeit, bestand sie darauf. „Sie *müssen* mit mir reden. Nehmen Sie sich die Zeit irgendwie." Er seufzte theatralisch, gab aber schließlich nach.

„Sie *wissen*, dass ich mir eine gute Bewertung verdient habe!", erklärte Marianne, als das Gespräch schließlich stattfand. „Was ist das eigentliche Problem?"

Marshall, schon im Aufstehen begriffen, erwiderte: „Ich schätze nur das ein, was ich sehe."

„Bitte setzen Sie sich", sagte Marianne. „Wir müssen das ausdiskutieren."

Und das taten sie. Marianne räumte ein, dass sie wohl zu viel erwartet hatte, als sie die Stelle antrat. Sie erklärte aber auch, dass sie von den beiden wie ein Mensch zweiter Klasse behandelt worden war, und davon die Nase gründlich voll hatte. Sie müssten nicht gleich Freunde werden, aber dennoch lernen, miteinander auszukommen. Sie brachte ihren Standpunkt beherrscht und würdevoll, aber auch mit Nachdruck zur Geltung.

Als Marianne ausgesprochen hatte, was sie beschäftigte, entschuldigte sich Marshall. Er änderte den Bewertungsbogen, und nach jenem Gespräch begannen er und Steve, Marianne respektvoller zu behandeln. Marianne verzichtete im Gegenzug auf ihre feindselige Haltung, war aber auch nicht länger bereit, einfach überhört zu werden.

Warum gingen Mariannes Chefs so lange so respektlos mit ihr um? Warum änderte sich plötzlich alles und sie begannen, ihr zuzuhören? War das Ansprechen des Problems wirklich schon alles, was dafür nötig gewesen war?

Marshall und Steve hatten es zugelassen, dass sich ihre Empörung über die erzwungene Einstellung einer Frau in einen tief sitzenden Groll gegen Marianne verwandeln konnte. Da sie es nicht wagten, *ihren* Chefs Paroli zu bieten, ließen sie ihren ganzen Ärger an Marianne aus, grenzten sie aus und behandelten sie wie jemanden, den man zwar ertragen, aber nicht anhören muss. Sie vergaßen dabei, dass solche Animositäten im Büro völlig fehl am Platz sind.

Wenn Sie an Ihrem Unmut gegenüber Menschen festhalten, mit denen Sie zusammenarbeiten müssen, bestrafen Sie sich selbst genauso wie die anderen.

Es mag sich wie ein abgedroschenes Klischee anhören, doch wer zusammenarbeitet, bildet ein Team, in dem alle an einem Strang ziehen müssen. Damit das gesamte Team reibungslos funktionieren kann, müssen wir über unsere persönlichen Gefühle hinwegsehen.

Marianne hatte zwar versucht, sich zu beschweren, doch waren ihr dabei ihre übersteigerten Erwartungen in die Quere gekommen. Sie wollte, so wie wir alle, gemocht und vielleicht sogar als Freundin anerkannt werden. Es ist schön, wenn so etwas passiert. Marianne räumte diesem Wunsch aber Priorität vor ihrer Arbeit und vor ihrer Selbstachtung ein. Es ist um einiges schwieriger, dem Vorgesetzten die Stirn zu bieten, wenn man gemocht werden möchte, als wenn man nur auf Respekt pocht.

Da sie sehr unsicher war und sich eigentlich davor scheute, das Thema auf den Tisch zu bringen – da Marshall und Steve sie sonst vielleicht nicht gemocht hätten – sprach Marianne mit ihnen auf eine sehr nervöse und zaghafte Weise. Wer mit lauter und schriller Stimme einfordert, was er sich erhofft, wird so nicht wirklich mehr Respekt gewinnen. Marianne wurde von niemandem speziell darauf vorbereitet, das letzte entscheidende Gespräch auf genau diese Weise zu führen. Die Selbstsicherheit, die sie aus ihrer Beziehung zu Quinn gewonnen hatte, half ihr dabei, weniger schrill und dafür wesentlich direkter zu kommunizieren. Sie wollte nicht nur ihre Gefühle zum Ausdruck bringen; sie wollte, dass sich etwas ändert.

Am „Tag der Sekretärin" überreichten Marshall und Steve der Rezeptionistin ohne Mariannes Wissen einen Nelkenstrauß mit einem Kärtchen, auf dem nur sie beide unterschrieben hatten. Marianne war empört. Steve und Marshall erwiderten, dies sei doch nur eine nette zwischenmenschliche Geste gewesen, und sie könnten schließlich tun, was sie wollten. Sie konterte, sie befänden sich in einem Büro und nicht draußen in irgendeinem „zwischenmenschlichen Raum", und sie würde es nicht hinnehmen, so ausgeschlossen zu werden. Am nächsten Tag entschuldigten sich die beiden bei ihr.

Es ist ein Unterschied, ob wir auf eine ungerechte Behandlung mit Trotz oder mit Widerspruch reagieren. *Trotz* heißt, den Standpunkt des anderen anzugreifen. *Widerspruch* heißt, für den eigenen Standpunkt einzutreten. Es ist der Unterschied zwischen „Du hast unrecht" und „Ich denke aber so darüber".

Trotz ist eine kontraphobische Reaktion auf den Drang, sich selbst unterzuordnen. Eine gegensätzliche Meinung wird viel besser wahr- und angenommen als eine trotzige.

Marianne wusste nun, dass sie das Recht hatte, angehört zu werden. Wenn es um wichtige Angelegenheiten ging, bestand sie auch darauf. Die Gewissheit, dass sie es nun schaffte, für sich selbst einzustehen, machte sie entspannter. Allein dadurch war fand sie es seltener nötig, sich zur Wehr zu setzen. Sie dürstete nicht mehr nach Marshalls und Steves Anerkennung. So, wie sich ein Kind von seinen Eltern löst, löste sich auch Marianne von ihrer Abhängigkeit und ihrem Wunsch, anderen zu gefallen, und wurde zu einem weitaus unabhängigeren Menschen. Das Verlagshaus publizierte auch in jenem Jahr wieder viele ausgezeichnete Bücher, und einer der Autoren, den Marianne ins Boot geholt hatte, brachte dem Verlag sowohl bei den Kritikern als auch im Handel großen Erfolg ein. Zusammen mit Marshall und Steve organisierte sie für den Autor eine wunderbare Feier, und alle verbrachten den Abend mit aufrichtig geteilter Freude und Zufriedenheit.

Mariannes unglückliche Anfangserfahrungen im Büro sind aus zweierlei Gründen hilfreich. Erstens verdeutlichen sie einen der größten Fehler, der älteren und erfahreneren Kollegen bei der Arbeit unterläuft: Sie hören ihren Untergebenen nicht zu. Zweitens führte dieser Mangel an Sensibilität dazu, dass Marianne sich versucht sah, die Opferrolle einzunehmen und ihr Leiden trotzig den Schurken anzulasten, die sie dafür verantwortlich machte. Dass Marianne als Frau von zwei Männern abschätzig behandelt wurde, verstärkt noch die Überzeugung derjenigen, die Männer tendenziell als Tyrannen und Frauen tendenziell als Märtyrerinnen einordnen. Sehen wir uns all diese Punkte also noch einmal der Reihe nach an.

Gute Vorgesetzte sind gute Zuhörer

Von Vorgesetzten wird erwartet, dass sie Menschen gut führen und anleiten können. Leider werden die meisten von uns aber befördert, weil wir unseren bisherigen Job gut gemacht, und nicht, weil wir uns bereits als gute Vorgesetzte oder Manager unter Beweis gestellt haben. Die meisten steigen getreu dem Peter-Prinzip so lange auf, bis sie das Niveau ihrer Inkompetenz erreicht haben. Das Ergebnis ist, dass die meisten Manager dem Produkt mehr Aufmerksamkeit widmen als den Menschen, die es produzieren – zum Nachteil beider.

Erfolgreiche Vorgesetzte sind vorausschauende Zuhörer. Sie warten nicht darauf, dass ihre Mitarbeiter zu ihnen kommen; sie bemühen sich, vorher herauszufinden, was ihre Leute denken, indem sie sie danach fragen.

Wer sich regelmäßig mit seinen Mitarbeitern zusammensetzt, bleibt informiert und, was noch wichtiger ist, zeigt Interesse an ihnen.

Eine Politik der offenen Tür ermöglicht den Mitarbeitern einen einfacheren Zugang, kann aber nicht das aktive Bemühen ersetzen, als Chef selbst auf die Menschen zuzugehen und ihnen zuzuhören. Wer als Vorgesetzter keine Fragen stellt, kommuniziert damit Desinteresse. Wer darüber hinaus auch nicht zuhört, signalisiert dem anderen „Ich bin nicht für dich da." Auch wenn ein Vorgesetzter sich gegen einen bestimmten Vorschlag eines Mitarbeiters entscheidet oder seiner Forderung nach einer Gehaltserhöhung nicht nachkommt, zeigt sein aufmerksames Zuhören dennoch Respekt und vermittelt dem Mitarbeiter das Gefühl, dass er wertgeschätzt wird.

Als Marshall und Steve Marianne einstellten, waren sie beeindruckt von ihrer persönlichen Reife. Sie hielten sie für eine selbstständige Frau, die eine Menge Verantwortung schultern könnte. Man sollte meinen, dass die beiden als alte, erfahrene Hasen einfühlsamer auf eine neue junge Kollegin reagieren und ihr Bedürfnis nach Unterstützung erkennen würden. Diese

xxxxxxxxxxxxxxxxxxxxxxxxxxxxxxxxxxxxxxxxxxxxxxxx

„Ja, Herr."

Je mächtiger der Chef ist und je mehr er bewundert wird, umso stärker behalten die meisten von uns ihre Meinung für sich, um nicht den zu verärgern, der am längsten Hebel sitzt.[2]

Gute Vorgesetzte sorgen dafür, dass alle Mitarbeiter sich trauen, ihre Ideen einzubringen und ihre Meinung zu äußern – auch wenn diese Ideen den Vorgesetzten selbst falsch erscheinen oder im Widerspruch zu ihren eigenen Überzeugungen stehen. Mit dieser Offenheit erreichen sie zwei Dinge: Die Menge der verfügbaren Informationen vergrößert sich, wodurch bessere Entscheidungen getroffen werden können, und die Mitarbeiter haben das Gefühl, in den Entscheidungsprozess mit einbezogen zu werden. Je größer die verfügbare Informationsmenge ist, umso ausgereifter fällt die finale Entscheidung aus. Und je mehr Menschen an der Entscheidungsfindung beteiligt sind, umso eher sind sie auch bereit, die aus dieser Entscheidung resultierenden Aufgaben auszuführen.

xxxxxxxxxxxxxxxxxxxxxxxxxxxxxxxxxxxxxxxxxxxxxxxx

beiden erzielten ihre eigentlichen Arbeitserfolge aber leider außerhalb des Büros. Wenn sie sich um einen Agenten bemühten oder einen Autor unter Vertrag bekommen wollten, waren sie äußerst einfühlsam.

Marshall und Steve wollten Marianne nicht mehr Unterstützung anbieten, weil *sie selbst* nie welche bekommen hatten. Ihnen entging dabei völlig, dass ihre Freundschaft all die Jahre das Bedürfnis nach Unterstützung ausgeglichen hatte. Ihr Fehler war, dass sie in Marianne nur die Mitarbeiterin, nicht aber den Menschen sahen. Unter Gleichgestellten entsteht schnell ein Interesse füreinander. Ältere Vorgesetzte dürfen es aber auch nicht versäumen, menschliches Interesse an ihren jüngeren Kollegen zu zeigen – schließlich sind sie es in der Regel, die den Großteil der Arbeit leisten.

Kommunikation per Kurznachrichten und E-Mails kann einen persönlichen Kontakt nicht ersetzen, weil sie keine Möglichkeit zum Zuhören bietet.

xxxxxxxxxxxxxxxxxxxxxxxxxxxxxxxxxxxxxxxxxxxxxxxxx

Durch Zuhören Potenzial freisetzen

Ein Institut für Familientherapie berief sechs Therapeuten, die alle Koryphäen auf diesem Gebiet waren, in seinen Beirat. Bei ihrer ersten Sitzung machten fünf der sechs Therapeuten Vorschläge, wie das Institut seine programmatische Arbeit verbessern könnte. Der sechste Therapeut verfolgte einen völlig anderen Ansatz: Er fragte alle anderen Beiratsmitglieder, was sie gern erreichen würden und wie er sie dabei unterstützen könne – eine äußerst erfolgreiche Methode, um die besten Ideen seiner Kollegen zu sammeln.

xxxxxxxxxxxxxxxxxxxxxxxxxxxxxxxxxxxxxxxxxxxxxxxxx

Sich einfach nur mit Mitarbeitern zu treffen genügt aber nicht. Wer nur vorgibt, zuzuhören, kann damit niemanden täuschen. Fehlender Augenkontakt, scharrende Füße, unruhige Hände und beiläufige Antworten wie „Das ist interessant" und „Ach so?" verraten unser Desinteresse. Dieses Desinteresse unaufrichtiger Vorgesetzter im Gespräch deutet auf ein weitaus größeres Problem hin – auf deren Desinteresse an der Person, mit der sie sprechen.

Versagtes Zuhören ist nicht unbedingt das Ergebnis böser Absichten oder völlig fehlenden Einfühlungsvermögens. Ängste, Sorgen und Druck können die Aufmerksamkeit eines guten Zuhörers ebenfalls verringern. Letztlich ist es so, dass das Zuhören im Arbeitsumfeld wie auch in jedem anderen Lebensbereich einiges an Anstrengung erfordert.

Erfolgreiche Vorgesetzte entwickeln eine Routine, in der Zeit für die Kommunikation mit ihren Mitarbeitern einen festen Platz hat. Sie treffen sich mit ihrem Team und stellen Fragen. Sie entscheiden nichts, bevor sie nicht alle Fakten zusammengetragen haben. Wenn sie nicht wissen, was ihre Leute denken und fühlen, fragen sie nach – und hören zu.

Was tun, wenn der Chef nicht zuhört?

Wenn wir das Thema „Zuhören am Arbeitsplatz" an dieser Stelle abschließen wollten, wären wir versucht, einen komplexen Sachverhalt auf eine simple Formel zu reduzieren: Vorausschauende Vorgesetzte hören ihren Mitarbeitern zu. Doch was ist mit den Menschen, denen nicht zugehört wird?

Wenn wir das Gefühl haben, dass unsere Vorgesetzten nicht wahrnehmen, was wir sagen, geben die wenigsten von uns sofort auf. Wir schreiben noch einmal eine kurze E-Mail, bitten um ein Gespräch und versuchen, unsere Bedürfnisse oder unseren Standpunkt noch einmal deutlich zu machen. Erst danach geben wir auf. Irgendwann tun wir dasselbe wie Marianne: Wir beschweren uns bei anderen.

Als Marianne zu der Überzeugung gelangte, dass ihre beiden Vorgesetzten desinteressiert und unerreichbar für sie waren, begann sie, sich bei der Rezeptionistin Luft zu machen.

Lästern ist eine Form der moralischen Erniedrigung, die sehr einfache Spielregeln hat: Die Spieler dürfen jede/n niedermachen, der gerade nicht im Raum ist. (Heißer Tipp: Verlassen Sie lieber nicht den Raum, wenn Sie selbst gerade dieses Spiel spielen.)

Die Triangulierung – wenn Konflikte nicht zwischen den zwei betroffenen Parteien ausgetragen werden, sondern Gefühle von Frustration und Verbitterung mit einem Dritten geteilt werden – nimmt gerade im Arbeitsumfeld oft epidemische Ausmaße an. Es ist völlig menschlich, Dampf abzulassen, indem wir uns bei anderen Leuten über diejenigen beschweren, die uns unserer Meinung nach schlecht behandeln. Allerdings führt ein gewohnheitsmäßiges Beschweren über unsere Vorgesetzten dazu, dass wir uns selbst zur Passivität und Verbitterung verdammen. Vielleicht haben wir es bereits aufgegeben, zu diesen Mistkerlen durchzudringen, aber wir lassen uns bestimmt nicht verbieten, darüber zu sprechen, was wir über diese Typen denken – solange sie nicht in Hörweite sind.

Ich arbeitete einmal in einer Klinik mit sechs anderen Psychotherapeuten. Jeden Tag gingen wir alle – bis auf den Direktor – zusammen Mittag essen. Jetzt raten Sie mal, was unser Lieblingsthema war? Der Direktor natürlich, dieser verbohrte Zeitgenosse. Und was tat unsere Gruppe? Wir beschwerten uns untereinander, als wären wir eine kleiner Haufen Widerständler und er der böse Diktator.[3]

Jetzt denken Sie vielleicht: Gut und schön, aber mein Chef ist *wirklich* absolut unzugänglich! Ich habe ja *versucht*, mit ihm zu reden, aber er hört mir einfach nicht zu!

Das bezweifle ich nicht. Menschen steigen nicht auf, weil sie gute Zuhörer sind. Sie werden befördert, weil sie gute Arbeit leisten, oder auch, weil sie sich gut darzustellen wissen. Darüber hinaus fördert eine gehobene Autoritätsposition den Teil unserer menschlichen Natur, der gern Anweisungen gibt – zu Lasten unserer Empfänglichkeit für die Wünsche und Bedürfnisse anderer. Der Fehler, den wir begehen, wenn wir zu desinteressierten Vorgesetzten durchdringen wollen, ist derselbe, der uns im Umgang mit anderen komplizierten Menschen in unserem Leben unterläuft: Wir versuchen, sie zu ändern. Wenn das nicht funktioniert, geben wir auf.

Beziehungen verbessern wir nicht, indem wir die anderen ändern, sondern indem wir uns selbst im Verhältnis zu ihnen ändern.

Fangen Sie damit an, dass Sie Ihre eigenen Erwartungen überprüfen. Was wollen Sie, und wie wollen Sie es erreichen? Erhoffen Sie sich wie Marianne, dass Ihre persönlichen Bedürfnisse im Arbeitsumfeld gestillt werden können? Arbeiten Sie hart und warten Sie geduldig darauf, dass Ihr Chef oder Ihre Chefin Ihnen sagt, Sie würden das ganz großartig machen, als wären Sie noch ein kleiner Junge oder ein kleines Mädchen? Suchen Sie nach Beachtung, indem Sie eher durch Cleverness als durch Kompetenz auffallen, oder durch Ihr nettes Wesen statt durch Ihre Produktivität?

Unser Arbeitsplatz ist nicht dasselbe wie unser familiäres Umfeld. Dennoch verhalten sich viele von uns ihren Vorgesetzten gegenüber so, als seien sie unsere Eltern. Eine andere Herangehensweise wäre, wenn wir uns als zwei sich selbst respektierende Individuen ansähen, die im Büro eine unterschiedliche Stellung und Funktion innehaben. Marianne wollte von Marshall und Steve ernst genommen werden, nahm sich aber selbst nicht ernst.

Wenn wir uns zu sehr darum bemühen, unseren Vorgesetzten zu gefallen, damit diese unseren Wert erkennen, zeigt dies, dass wir uns selbst nicht genug Achtung entgegenbringen.

Der Vorsitzende der psychiatrischen Abteilung beklagte sich einmal bei mir darüber, dass bestimmte Mitarbeiter auf ihn reagierten, als wäre er ihr Vater. Ich musste lachen.

Wer eine Position mit viel Verantwortung innehat, wird automatisch zum Objekt der Autoritätsgläubigkeit anderer Leute. (Ich glaube, das nennt sich Übertragung.) Vorgesetzte sollten das im Hinterkopf behalten, wenn sie mit ihren Untergebenen sprechen. Wenn Angestellte zum Gespräch mit dem Chef gebeten werden, erwarten sie wahrscheinlich einen Rüffel und keine offene Gesprächsrunde – denn warum würde der Chef sie sonst sehen wollen? Vorgesetzte müssen diese Barriere durchbrechen, indem sie Fragen stellen, die aufrichtiges Interesse zeigen. Und sich dann die Antworten ihrer Mitarbeiter anhören.

Die Grenzen des Zuhörens

Leslie zeigte Verständnis, als die Sekretärin ihr von den Problemen zu Hause erzählte. Und sobald Donna bemerkte, was für eine geduldige Zuhörerin Leslie war, begann sie, immer ausführlicher über ihre Probleme zu sprechen. Schließlich sorgten Donnas Schwierigkeiten dafür, dass ihre Arbeit in Mitleidenschaft gezogen wurde und sie nicht mehr all ihre Aufgaben erfüllte. Leslie war verärgert. Sie wollte weiterhin Verständnis zeigen, aber deswegen nicht in eine Mutterrolle gedrängt werden. Was sollte sie tun?

Wenn Sie mit einer Arbeitskollegin ein gutes Verhältnis haben und sie ein persönliches Problem hat, kann Ihre Bereitschaft, zuzuhören, ein wenig den Druck von ihren Schultern nehmen. Einige Leute aber stecken so tief im Strudel ihrer Probleme fest, dass sie jede Gelegenheit ergreifen, um sich ausführlich der ersten Person zu offenbaren, die ihnen bereitwillig zuhört. Wenn persönliche Gespräche dazu führen, dass Ihre Arbeit darunter leidet, unterbinden Sie diese höflich, aber mit Nachdruck.

> „Ich würde gern noch zuhören, aber ich muss wieder an die Arbeit."
> „Das hört sich alles sehr belastend an. Ich hoffe, Sie haben jemanden, mit dem Sie darüber reden können."
> „Pardon, ich glaube, meine Mutter ruft gerade an."

Im Arbeitsumfeld ist das Zuhören wichtig, weil es uns hilft, einander besser zu verstehen, miteinander auszukommen und unsere Arbeit effektiv zu bewältigen. *Nur*: Lassen Sie es nicht zu persönlich werden. Lassen Sie nicht zu, dass Ihr Mitgefühl (oder Ihr Wunsch, wertgeschätzt zu werden) dazu führt, dass sich die Gespräche mit jemandem, der persönliche Probleme hat, negativ auf Ihren Arbeitsablauf auswirken. So etwas kann schnell passieren, wenn Sie der einzige Mensch sind, bei dem diese Person ihr Herz ausschütten kann, oder wenn die- oder derjenige das Gespräch nur als Vorwand benutzt, um sich vor anfallender Arbeit zu drücken. Gute Vorgesetzte versuchen, die (geschäftlichen) Kommunikationskanäle offen zu halten und auf die Aufgaben zu konzentrieren, die erledigt werden müssen, indem sie sich häufiges Feedback darüber einholen, wie es gerade (bei der Arbeit) läuft.

> „Was gefällt oder missfällt Ihnen bisher an Ihrer Arbeit hier?"
> „Gibt es etwas, das wir ändern sollten, damit die Sachen reibungsloser funktionieren?"
> „Wie denken Sie über ...?"
> „Was ist Ihre Auffassung zu...?"

Denken Sie daran, dass manche Mitarbeiter sich nicht richtig trauen, Kritik zu üben oder Vorschläge anzubringen. Wenn Sie möchten, dass diese sich sicher genug fühlen, um sich zu äußern, sollten Sie ihnen zeigen, dass Sie ihre Meinung wertschätzen.

„Ich freue mich, dass Sie dieses Thema angesprochen haben."
„Danke, dass Sie mich darüber informiert haben."
„Das war mir nicht klar. Danke, dass Sie es mir erklärt haben."

Wenn wir den Menschen in unserem Arbeitsumfeld zuhören, bedeutet das nicht, dass wir gleich Freundschaft mit ihnen schließen müssen. Viele Leute befürchten, dass es Probleme verursachen kann, wenn man zu enge Beziehungen zu Kollegen und Kolleginnen knüpft. Wer aber glaubt, dass eine effektive Zusammenarbeit nichts mit Zuhören zu tun hat, sondern nur damit, dass die Dinge erledigt werden, irrt. Wenn wir nicht angehört und verstanden werden, fühlen wir uns abgewertet – als Mitarbeiter und als Mensch.

Übungen

1. Achten Sie beim nächsten Gespräch mit einem ihrer Freunde darauf, wie schnell Ihre Aufmerksamkeit schwindet, während er noch spricht. Wie stark müssten Sie sich anstrengen, um sich darauf zu konzentrieren, ihm noch genau zwei weitere Minuten aufmerksam zuzuhören? Wie viel Mühe ist Ihnen diese Freundschaft wert?
2. Erstellen Sie eine Liste mit den Menschen, zu denen Sie Ihre Freundschaft gern vertiefen möchten. Schreiben Sie neben jeden Namen, was diese Person gern tut. Suchen Sie sich einen Freund oder eine Freundin heraus und schlagen Sie vor, diese Lieblingsaktivität zusammen zu unternehmen.
3. Werden Sie ein vorausschauender Zuhörer. Wenn Sie Vorgesetzter, Manager, Lehrer, Therapeut, Elternteil oder eine andere Art von Autoritätsperson sind, nehmen Sie sich in der nächsten Woche Zeit, um Ihre Mitarbeiter oder Schutzbefohlenen zu fragen, welche Gedanken und Ideen diese in Bezug auf die gemeinsame Arbeit oder Ihre zwischenmenschliche Beziehung haben, die sie bisher noch nicht ansprechen konnten. Zeigen Sie diesen Menschen Ihre Wertschätzung, wenn sie sich Ihnen gegenüber öffnen. Sagt die jeweilige Person, dass ihr nichts in den Sinn kommt, erwidern Sie „Gut, wenn dir/Ihnen später noch etwas einfällt, würde ich es sehr gern hören."
4. Denken Sie an einen schwierigen Kollegen oder Vorgesetzten. Wie verlaufen Ihre Interaktionen normalerweise? Was tun Sie? Versuchen Sie bei Ihrem nächsten Treffen, sich mehr darauf zu konzentrieren, was er oder sie sagt, und seinen bzw. ihren Standpunkt herauszufinden. Schätzen Sie nach dem Gespräch ein, wie gut Sie dieser Person zugehört haben, und wie sich dies auf Ihre Beziehung zu ihr ausgewirkt hat.

NACHWORT

»»»»»»»»»»»»»

Das Nachwort ist der Ort, an dem viele Autoren sich noch einmal philosophisch geben dürfen. Ich könnte Ihnen also jetzt erzählen, dass besseres Zuhören nicht nur ihre privaten und beruflichen Beziehungen stärkt (was es tut), sondern auch dazu führt, dass die Kluft zwischen den Geschlechtern endlich überbrückt, Rassenkonflikte überwunden, die gigantische Schere zwischen Arm und Reich verkleinert und sogar Kriege zwischen verschiedenen Nationen verhindert werden können. Das mag vielleicht sogar stimmen, aber wenn ich mich hier schon der Versuchung hingebe, unverdient Moral zu predigen, sollte ich mich wohl besser auf das kleinere private bzw. familiäre Umfeld beschränken. Ich bin schließlich Psychologe und kein Philosoph.

Wenn Sie es mit dem Lesen bis hierhin geschafft haben, wurden Sie wahrscheinlich an einige Dinge erinnert, die Sie bereits wussten, haben aber vielleicht auch erkannt, dass das Zuhören wichtiger, aber auch weitaus schwieriger ist, als die meisten Menschen glauben. Das Bedürfnis, Gehör zu finden, ist so stark, dass wir selbst beim Zuhören meist nicht so sehr die Absicht haben, den anderen zu verstehen, sondern eher die, ihm zu antworten. Und als wäre aufmerksames Zuhören allein nicht schon schwer genug, müssen wir uns gerade in Konfliktsituationen noch zusätzlich bemühen, unseren Drang zu einer emotionalen Überreaktion in Schach zu halten, der uns so angespannt werden lässt, dass wir uns nicht mehr in unseren Gesprächspartner einfühlen können.

Nur wenige andere Dinge können so viel für das wechselseitige Verständnis in Beziehungen bewirken wie das responsive Zuhören – das Anhören und Anerkennen der Gedanken und Gefühle des anderen, bevor Sie Ihre eigenen äußern. Sie können responsives Zuhören zu einer positiven Angewohnheit werden lassen, doch braucht dies wie alles andere natürlich Übung.

Eine der Bemerkungen, die mir am meisten gegen den Strich geht, kommt oft von Menschen, die durch die Therapiesitzungen bei mir ihre Beziehung retten möchten. Sie beschweren sich. Ich höre ihnen einfühlsam zu. Daraufhin empfehle ich ihnen Wege und Strategien, wie sie das Verständnis geben und bekommen können, nach dem sie sich sehnen. Dann kommt die berüchtigte Bemerkung: „Warum muss das alles so gekünstelt sein? Warum können wir nicht einfach normal miteinander reden?“ Ich hasse das! Sie haben ja „normal“ miteinander geredet, und gerade das hat nicht funktioniert.

Es ist ärgerlich, wenn Menschen meinen, es sei etwas Unnatürliches, ihre eigene Meinung so lange für sich zu behalten, bis sie anerkannt haben, was der andere gesagt hat. Dieser Einwand erscheint mir verbohrt und kontraproduktiv. Wirklich stört mich aber an dieser Bemerkung, dass sie zutrifft: Gutes Zuhören geschieht nicht einfach automatisch oder „ganz natürlich“.

Aufmerksames Zuhören ist eine Kunst. Sie muss genau wie jede andere Kunst geübt werden, damit sie sich entwickeln und verbessern kann. Wir können das Zuhören nun also so betrachten, als sei es eine Leistung, die wir erbringen müssen, oder aber wir versuchen, es auch auf eine andere Art und Weise zu verstehen: als eine natürliche Manifestation unserer Liebe, unserer Anteilnahme und unserer Fürsorge für andere Menschen.

* * *

Interesse für andere Menschen ist nichts, worüber wir lange nachdenken müssen; es ist etwas, das wir fühlen. Wenn uns andere etwas bedeuten, sind wir fast automatisch darauf programmiert, ihnen mit Rücksicht zu begegnen. Diese Rücksicht ist nicht ganz selbstlos, da Anteilnahme und Fürsorge für einen anderen Menschen bedeuten, dass unser Wohlergehen mit seinem Wohl verknüpft ist. Wenn jemandem, den Sie lieben, etwas Schlimmes zustößt, widerfährt dies auch Ihnen. Doch zu *zeigen*, wie viel Ihnen der andere bedeutet, indem Sie ihre eigenen Prioritäten zurückstellen und sich ganz auf ihn einstellen, ist nicht immer leicht.

Ein bisschen aufmerksamer zuhören – etwas mehr, als wir es automatisch tun, und uns dabei auch etwas mehr anstrengen – ist eine der besten Möglichkeiten, wie wir einander Gutes tun können. Wir müssen uns nur ein kleines bisschen mehr anstrengen, um besser auf andere Menschen einzugehen, ihre Gefühle anzuerkennen und ihren Standpunkt in Betracht zu ziehen.

Aufmerksam zuhören und dadurch Anteilnahme zeigen heißt nicht, dass wir völlig selbstlos durchs Leben gehen und für alle Menschen da sind, die unseren Weg kreuzen. Es heißt vielmehr, dass wir die Situationen wahrnehmen, in denen jemand, der uns nahesteht, unser offenes Ohr braucht.

* * *

Ironischerweise können wir gerade den Menschen nicht gut zuhören, die uns am meisten bedeuten. Auseinandersetzungen, Gewohnheiten und der Druck unserer Gefühle lassen uns besonders dann zu schlechten Zuhörern werden, wenn unser Verständnis am meisten gefragt ist. Sobald wir das familiäre Umfeld verlassen und uns den Menschen zuwenden, die uns wichtig sind, die aber nicht mit uns zusammenleben, fällt es uns wesentlich leichter, offener, empfänglicher und auch flexibler zu sein. Es stimmt nicht, was uns oft vorgeworfen wird – dass unsere Freunde uns wichtiger sind als unsere Familie. Unser entspannterer Umgang mit unseren Freunden rührt daher, dass unsere Beziehungen zu ihnen weniger Auseinandersetzungen und Verbitterung aushalten müssen.

Wenn wir uns anstrengen, bessere Zuhörer zu werden, sind wir schnell mit dem Problem unserer eigenen emotionalen Reaktionen konfrontiert. Ein aufmerksameres Zuhören erfordert nicht nur, dass wir unseren Gesprächspartnern gegenüber offener sind, sondern auch, dass wir unser eigenes Verhalten besser wahrnehmen. Drücken wir uns manchmal in einer Weise aus, die unsere Zuhörer angespannt und defensiv werden lässt? Was können wir dagegen unternehmen, wenn dies der Fall ist? (Wenn Ihre Antwort darauf „Nichts" ist, können Sie davon ausgehen, dass sich genauso viel an dem Verständnis ändern wird, das man Ihnen entgegenbringt.) Welche Umstände führen dazu, dass Sie emotional reagieren, schnell Ihren guten Rat loswerden, Ihr Gegenüber unterbrechen oder Witze reißen, statt zuzuhören?

* * *

Unsere Sorge um andere Menschen und unsere Anteilnahme an deren Leben ist ein instinktiver Ausdruck des besten Teils unserer menschlichen Natur. Leider bringen uns frustrierende Erfahrungen zu Hause und ein Gefühl der Hilflosigkeit und Verlorenheit im großen Chaos dieser Welt dazu, nicht immer großzügig und einfühlsam miteinander umzugehen.

* * *

Überall um uns herum werden wir ermutigt, in unserer Opferrolle und unserer Verbitterung zu verharren, da wir ja ein Recht darauf haben. Dieses Gefühl von verletztem Stolz können wir als Produkt ungenügender emotionaler Fürsorge verstehen. Menschen, die nach Aufmerksamkeit dürsten, werden schweigend erduldet, ausgegrenzt oder beschämt. Andere Menschen lassen sie auf die eine oder andere Art unmissverständlich wissen, dass ihr Bedürfnis nach einem offenen Ohr und einer Schulter zum Ausweinen übertrieben und lästig ist. Wie fühlen sich diese Menschen dann? Sie dürsten noch mehr nach Aufmerksamkeit. Und so ist das Problem mit dem Zuhören wie alle anderen menschlichen Probleme eines, das in einem Teufelskreis endet: Zu wenig Wertschätzung lässt uns unsicher und anderen gegenüber verschlossener werden. Man hört uns nicht zu, also hören wir anderen auch nicht zu.

Weil wir die Aufmerksamkeit, nach der wir uns so sehnen, nicht bekommen, fühlen wir uns hilflos – ein Gefühl, das durch unser Leben in einer durch Wirtschaftskrisen, Kriminalität, Umweltverschmutzung und bürokratisches Versagen geprägten Welt nur noch verstärkt wird. Kein Wunder, dass wir das Vertrauen in uns selbst und in unsere Fähigkeit verloren haben, viele Dinge zu verbessern. Von der weltweiten Politik desillusioniert und von unserem Privatleben enttäuscht, fühlen wir uns ausgezehrt und entmutigt, ausgenutzt und hintergangen. Es ist also nur logisch, dass wir unsere Verbitterung nach außen und unser Mitgefühl nach innen richten.

Wenn wir uns bedrängt und unsicher fühlen, ist es eine ganz natürliche Reaktion, dass wir entscheiden, zunächst nur auf uns selbst Rücksicht zu nehmen. Doch Selbstabsorption ist ein Selbstbetrug. Gefangen in unserer eigenen narzisstischen Welt werden wir feindselig und verbittert. Und unsere Wut und Verzweiflung bewirken dabei leider nur, dass wir uns noch weniger um unsere Mitmenschen scheren und in einer Sackgasse landen, in der wir uns nur noch mit uns selbst beschäftigen.

Ein Missverständnis lässt sich nicht einfach rückgängig machen. Trotzdem können wir erkennen, dass Beziehungsprobleme oft einem Kreislauf folgen, und dass sich so ein Kreislauf durchbrechen lässt – wenn ein Beteiligter bereit ist, den ersten Schritt zu tun.

Wir gewinnen durch unser Zuhören mehr Offenheit, mehr Großzügigkeit und eine größere Verbundenheit mit anderen und ihrem Leben und bereichern einander dadurch. Einfühlsames Zuhören lässt Sprecher und Zuhörer wachsen und stärkt die Beziehung zwischen ihnen.

Dass besseres Zuhören unser eigenes Wohlergehen erhöht, ist eine natürliche Sichtweise der Psychologie, die die Gesamtheit des menschlichen Verhaltens als etwas ansieht, was durch die Prioritäten des Selbst motiviert wird. Doch wenn wir zwischenmenschliche Beziehungen auf eine Ansammlung verschiedener Selbst reduzieren und das Selbst auf eine Frühkonditionierung des Kindes, bleiben uns am Ende nur schablonenhafte Charaktere, auf die wir für immer festgelegt sind.

Es scheint ein Dogma des modernen Lebens in westlichen Gesellschaften zu sein, dass alle unsere Handlungen durch Eigennutz motiviert sind. Doch dieses Dogma ist falsch. Unsere Tendenz, unser Leben auf diesem Planeten aus der Perspektive des Individualismus zu betrachten, versperrt uns den umfassenderen Blick auf das größere Ganze und die Erkenntnis, dass wir Teile von Subsystemen innerhalb größerer Systeme sind: unserer Familie und Verwandtschaft, unserer Gemeinde, unserer Region, unseres Landes – alles Teile eines riesigen Netzwerks verschiedener gesellschaftlicher Vereinigungen. Tatsächlich wird uns unsere Selbstreflexion nur einen Teil der Antwort auf die Frage liefern, warum wir uns leer und unerfüllt fühlen.

Sollte die Idee des Eigeninteresses das Interesse für andere mit einschließen? Ja. Wohlwollendes Eigeninteresse geht Hand in Hand mit dem

Interesse für andere Menschen. Doch geschieht dies nur im Falle eines „erleuchteten“ oder aufgeklärten Eigeninteresses?

Gegenleistungen haben einen festen Platz in unserer Lebensführung. Allerdings würden wir viel zu viel von der Geschichte menschlicher Beziehungen ausklammern, wenn wir unsere Beziehungen zu anderen nur aus dem Blickwinkel des Utilitarismus betrachten.

Unsere Fürsorge für andere Menschen, die sich in politischer Gerechtigkeit, der Linderung des Leidens anderer und der Liebe zu unserer Familie und unseren Freunden ausdrückt, ist ein grundlegender Teil unseres Selbstverständnisses und dessen, wer wir sind und was unser Leben ausmacht. Die inneren und äußeren Zwänge, die diesen Impuls blockieren oder behindern, lassen uns innerlich schrumpfen und fügen uns sogar ernsten Schaden zu.

Respekt vor der menschlichen Würde heißt nicht nur, dass wir Mitgefühl für andere empfinden oder etwas für sie tun. Es heißt auch, andere Menschen genügend zu respektieren, um ihnen zuzuhören und ihre Stimme wahrzunehmen und anzuerkennen, bzw. sie als Individuen zu sehen, die es wert sind, angehört zu werden, und nicht nur als Objekte unserer Bedürfnisbefriedigung.

Es ist ein ethisches Gut, anderen zuzuhören, ein Teil dessen, was es heißt, gerecht und fair miteinander umzugehen. Das Zuhören ist Teil unserer gegenseitigen moralischen Verpflichtung.

* * *

Es fällt uns leichter, den Menschen zuzuhören, die uns am nächsten stehen, wenn wir uns daran erinnern, dass wir alle voneinander unabhängige Individuen sind. Offenheit und Autonomie hängen miteinander zusammen. Wenn wir den Mut haben, wir selbst zu sein, und fest mit den Füßen auf dem Boden stehen, müssen wir akzeptieren, dass auch die anderen ein Recht auf ihre eigene Meinung haben. Es geht nicht darum, sich von anderen Menschen abzuspalten, sondern diese sie selbst sein zu lassen, während auch wir wir selbst bleiben.

Wenn wir lernen, besser zuzuhören, müssen wir uns auch mit dem Paradox der Selbstbeherrschung auseinandersetzen: Einerseits müssen wir lernen, uns selbst zu kontrollieren, und andererseits, mehr Kontrolle über die Beziehung abzugeben. Es ist ein bisschen so, als würden Sie jemand anderen Ihr Auto fahren lassen. Wer zuhören will, muss loslassen können.

Es erfordert einige Mühe, zu versuchen, den Standpunkt eines anderen Menschen besser zu verstehen. Es geht hierbei aber nicht nur um eine Kunst, die erlernt und geübt werden will. Jemanden anzuhören heißt zeigen, dass er uns wichtig genug ist, um ihm unser Gehör und unser Verständnis zu schenken.

Eines der Dinge, die ich mit diesem Buch erreichen möchte, ist, dass wir wieder ein Gefühl für ein ausgewogeneres Gleichgewicht in unseren Beziehungen entwickeln. Wenn wir zum einen unsere Beziehungen als Prozess ansehen, der von beiden Parteien gestaltet wird, können wir das, was wir herausbekommen, ändern, indem wir etwas anderes hineinstecken. Und wenn wir zum anderen anerkennen, dass wir in einem Netz aus Beziehungen leben, die unserem Leben Bedeutung und Erfüllung schenken, inspiriert uns dies vielleicht dazu, anderen Leuten großherziger und fürsorglicher zu begegnen.

Hört sich das Gerede von Beziehungen, die ins Gleichgewicht gebracht werden sollen, und der Wiederentdeckung unserer Fürsorge für andere etwas frömmlerisch an? Schließlich haben Sie sich dieses Buch wohl besorgt, um ein bisschen mehr über das Zuhören zu erfahren, und nicht, um eine Abhandlung über die menschliche Güte und Fürsorge zu lesen. Pardon. Vielleicht müssen wir uns aber daran erinnern, die Empathie und die Fürsorglichkeit, mit der wir geboren wurden, anderen Menschen von Zeit zu Zeit auch einmal zu zeigen.

Wir alle glauben an Gerechtigkeit und daran, dass die Rechte anderer Menschen respektiert werden müssen. Wir glauben auch an Mitgefühl und dass jeder das Recht hat, angehört zu werden. Natürlich werden diese Grundsätze tagtäglich mit Füßen getreten. Dennoch bleiben sie genau dies: gültige Grundsätze. Und sie schaffen es, uns von Zeit zu Zeit zu mobilisieren – z. B. in Momenten, in denen es uns gelingt, mitten in einem heftigen Streit zuzuhören anstatt zu kontern, oder wenn wir uns ein bisschen mehr Zeit dafür nehmen, uns anzuhören, was im Leben eines Freundes gerade vor sich geht.

Die Verpflichtung, zuzuhören, kann manchmal eine Belastung sein – wir alle empfinden das von Zeit zu Zeit so. Weit mehr als eine belastende Verpflichtung ist das Zuhören aber dann, wenn wir von dem Gefühl geleitet werden, dass die Menschen in unserem Leben es einfach *wert* sind, angehört zu werden – einem Gefühl, das ihre Würde und ihrem Wert in den Vordergrund stellt. Es gibt eine Sache, von der wir alle ein bisschen mehr zeigen könnten: Verständnis. Respekt, Mitgefühl und Fairness – das sind die grundlegenden Werte, die wir unserem Gegenüber durch unser Zuhören vermitteln.

* * *

Wie ich bereits zu Beginn sagte, sehnen wir uns deshalb so stark nach einem offenen Ohr, weil wir niemals dem Bedürfnis entwachsen, das zu kommunizieren, was in unserer eigenen separaten Erfahrungswelt vor sich geht. Leider gibt es kein ebenso großes Bedürfnis, anderen zuzuhören. Vielleicht liegt es ja daran, dass aufmerksames Zuhören ein so rares Gut ist: Zuhören ist keines unserer Bedürfnisse; es ist ein Geschenk, das wir anderen machen.

ÜBER DEN AUTOR

Dr. Michael P. Nichols ist Professor für Psychologie am *College of William and Mary* und Autor zahlreicher Ratgeber wie „Familie – Kraft der positiven Bindung" und „40 werden". Der bereits seit Jahrzehnten international renommierte Familientherapeut ist ein beliebter Vortragsredner.

REFERENZEN

Kapitel 1: Hast du gehört, was ich gesagt habe?

1. Heinz Kohut, *The Analysis of the Self* (New York: International Universities Press, 1971). [Deutsche Version: Heinz Kohut, *Narzißmus.* Eine Theorie der Behandlung narzißtischer Persönlichkeitsstörungen. Frankfurt am Main, 1973].

Kapitel 2: Danke fürs Zuhören

1. Harry Stack Sullivan, *The Interpersonal Theory of Psychiatry* (New York: Norton, 1953). [Deutsche Version: *Die interpersonale Theorie der Psychiatrie,* Frankfurt am Main 1980].

2. Carl Rogers, *Client-Centered Therapy* (Boston: Houghton-Mifflin, 1951). [Deutsche Version: *Die klientenzentrierte Gesprächstherapie,* München 1976].

3. Daniel Stern, *The Interpersonal World of the Infant* (New York: Basic Books, 1985). [Deutsche Version: *Die Lebenserfahrung des Säuglings,* 4. Aufl., Stuttgart 1994].

4. Margaret Mahler, Fred Pine und Anni Bergman, *The Psychological Birth of the Human Infant* (New York: Basic Books, 1975). [Deutsche Version: *Die psychische Geburt des Menschen,* Symbiose und Individuation, Ungekürzte Ausg., Frankfurt am Main 1993].

5. Aiden Macfarlane, *The Psychology of Childbirth* (Cambridge, MA: Harvard University Press, 1977). [Deutsche Version: Die Geburt, Stuttgart 1978].

6. R. D. Laing, *The Politics of Experience* (New York: Pantheon, 1967). [Deutsche Version: Phänomenologie der Erfahrung, Frankfurt am Main 1969].

7. Ernest Wolf, "Developmental Line of Self-Object Relations", in Arnold Goldberg, Hrsg.,

Advances in Self Psychology (New York: International Universities Press, 1980).

8. Daniel Stern, *Diary of a Baby* (New York: Basic Books, 1990). [Deutsche Version: Tagebuch eines Babys. Was ein Kind sieht, spürt, fühlt und denkt. München 1998].

9. Arnold Sameroff und Robert Emde, Hrsg., *Relationship Disturbances in Early Childhood* (New York: Basic Books, 1989), S. 47.

10. Alan Sroufe, "Relationships, Self, and Individual Adaptation", in Arnold Sameroff und Robert Emde, Hrsg., *Relationship Disturbances in Early Childhood* (New York: Basic Books, 1989), S. 88-89.

11. Ruthellen Josselson, *The Space Between Us: Exploring the Dimensions of Human Relationships* (San Francisco: Jossey-Bass, 1992). [Deutsche Version: *Was uns zusammenhält.* Zur Psychologie der menschlichen Beziehungen, München 1994].

12. Kohuts zwei große (wenn auch leider sehr kompakte) Arbeiten sind *The Analysis of the Self* (New York: International Universities Press, 1971) und *The Restoration of the Self* (New York: International Universities Press, 1977). [Deutsche Fassung: *Narzißmus. Eine Theorie der Behandlung narzißtischer Persönlichkeitsstörungen.* Frankfurt

am Main 1973 und *Die Heilung des Selbst.* Frankfurt am Main 1979].

13. Anthony Storr, *Solitude: A Return to the Self* (New York: The Free Press, 1988).

14. In unserem digitalen Zeitalter ziehen sich viele einsame Menschen in die Kommunikationsforen sozialer Medien zurück, um dort den Meinungsaustausch mit einem als ungefährlicher betrachteten Publikum zu üben.

Kapitel 3: Warum hören die Leute nicht zu?

1. John Gottman, Cliff Notarius, Jonni Gonso und Howard Markman, *A Couples Guide to Communication* (Chicago: Research Press, 1976).

2. Manchmal ist auch die direkteste Aussage darüber, was Sie wirklich wollen, nicht ganz aufrichtig und klar. Menschen, denen es schwerfällt, Nein zu sagen, ist mit einem „Ich würde sehr gern, aber ich kann nicht" in der Regel weitaus mehr geholfen als mit dem Versuch zu erklären, warum sie etwas nicht tun wollen.

3. Jürgen Ruesch und Gregory Bateson, *Communication: The Social Matrix of Psychiatry*, New York 1951. [Deutsche Version: *Kommunikation: Die soziale Matrix der Psychiatrie*, Heidelberg 1995].

4. Diejenigen, die sich darüber ärgern, dass andere im Kino reden, vergessen, dass schon das Aufkommen von DVDs dazu geführt hat, dass die Menschen nicht mehr klar zwischen Kinosaal und heimischem Wohnzimmer unterscheiden. Sie vergessen ebenfalls, dass es situationsbedingte Prioritäten gibt, die ein Gespräch im Kino verständlich und nachvollziehbar machen. Ja, sogar Menschen, die im Kino quatschen, haben Verständnis verdient und sollten nicht zu hart dafür gerügt werden.

5. Jean Baker Miller, *Toward a New Psychology of Women* (Boston: Beacon Press, 1976). [Deutsche Version: *Die Stärke weiblicher Schwäche.* Zu einem neuen Verständnis der Frau. Frankfurt am Main 1977].

6. Carol Gilligan, *In a Different Voice* (Cambridge, MA: Harvard University Press, 1982). [Deutsche Version: *Die andere Stimme.* Lebenskonflikt und Moral der Frau, München 1996].

7. Nancy Chodorow, *The Reproduction of Mothering: Psychoanalysis and the Sociology of Gender* (Berkeley: University of California Press, 1978). [Deutsche Version: *Das Erbe der Mütter.* Psychoanalyse und Soziologie der Mütterlichkeit, München 1985].

Kapitel 4: Wann bin ich dran?

1. Aber mein Vater nervt wirklich *noch mehr.*

2. Deborah Tannen, *You Just Don't Understand* (New York: William Morrow, 1990). [Deutsche Version: *Andere Worte, andere Welten.* Kommunikation zwischen Frauen und Männern, Frankfurt am Main 1997].

3. Tannen, S. 208 (im Original).

4. Tannen, S. 77 (im Original).

5. Tannen, S. 77 (im Original).

6. Tannen, S. 201 (im Original).

Kapitel 5: Du hörst nur, was du hören willst!

1. Der Begriff *Objektbeziehungen* mag gefühlskalt klingen, weil er sich doch auf menschliche Interaktionen bezieht. Diese sogenannten *Objekte* meinen jedoch die geistigen Abbilder anderer Menschen, die das Zielobjekt unserer Handlungen sind, und nicht die Menschen selbst.

2. Melanie Klein, „Notes on Some Schizoid Mechanisms" *International Journal of Psycho-Analysis*, 1946, *27*, S. 99–110.

3. W. Ronald D. Fairbairn, *An Object-Relations Theory of the Personality* (New York: Basic Books, 1952).

4. Henry A. Murray erklärt: „Eine Persönlichkeit gleicht einem ganzen Kongress verschiedener Redner und Interessengruppen, von Kindern, Demagogen, solchen, die sich für Machiavelli, Caesar und Christus halten", aus „What Should Psychologists Do about Psychoanalysis?", *Journal of Abnormal and Social Psychology*, 1940, *35*, S. 160–161.

Eric Bernes Transaktionsanalyse wies Freuds Über-Ich, Ich und Es eine Personifizierung als Eltern, Erwachsener und Kind zu. *Transactional Analysis in Psychotherapy* (New York: Grove Press, 1961).

In der Literatur finden wir Werke wie Pirandellos *Sechs Personen suchen einen Autor* und Stevensons gepeinigten *Dr. Jekyll und Mr. Hyde*.

Es gibt diverse Autoren, die über Persönlichkeitsteile oder Subpersönlichkeiten schreiben. Ich finde Richard Schwartz' Modell des Inneren Familiensystems zu diesem Thema besonders hilfreich. Richard Schwartz, *Internal Family Systems Therapy* (New York: Guilford Press, 1995). [Deutsche Version: *Systemische Therapie mit der inneren Familie*, München 1997].

5. Heinz Kohut, *The Analysis of the Self* (New York: International Universities Press, 1971). [Deutsche Version: *Narzißmus*. Eine Theorie der Behandlung narzißtischer Persönlichkeitsstörungen, Frankfurt am Main 1973].

Kapitel 6: Warum reagierst du immer so heftig?!

1. Thomas Fogarty, „The Distancer and the Pursuer", *The Family*, 1979, *7*, S. 11–16.

Kapitel 8: Ich hatte ja keine Ahnung, wie du dich fühlst!

1. übersetztes Zitat aus Wilfred Bion, *Transformations* (New York: Jason Aronson, 1983). [Deutsche Version: *Transformationen,* Neuauflage, Gießen 2016].

Kapitel 9: Ich sehe, dass dich das sehr mitnimmt

1. Wenn „aufmerksamer zuhören" Ihnen zu abstrakt erscheint, versuchen Sie einfach, länger zuzuhören.

2 Eine meiner Patientinnen erzählte mir einmal ganz ohne Ironie, ihr Vater „könnte ein wunderbarer Mensch sein, wenn er nur anders wäre".

3. Übersetzung des Zitats aus S. J. Perelman, *The Swiss Family Perelman* (New York: Simon & Schuster, 1950), S. 4-5.

4. Übersetzung des Zitats aus Perelman, S. 16-17.

5. Wenn Sie sich vorstellen, dass Sie *mit* Ihrem Publikum sprechen und nicht nur einfach *vor* ihm, wird Ihnen dies helfen, sich zu beruhigen und Ihre Aufmerksamkeit von sich weg und auf Ihre Zuhörer zu lenken.

Kapitel 10: Wir reden nicht mehr miteinander

1. Beim Redigieren der früheren Auflage fiel mir an dieser Stelle eine Freud'sche Fehlleistung auf: Zuvor schrieb ich „er *braucht* Zeit für sich", während sie die Nähe *will*. Entschuldigen Sie mich für einen Augenblick, meine Frau versucht mir etwas zu sagen, und ich muss mir schnell die Ohren zuhalten und laut vor mich hin summen.

2. Sehen Sie, ich bin nicht der Einzige!

3. Wenn Sie ein Verfolgertyp sind, erwarten Sie wahrscheinlich, dass ich etwas über das Verhalten Ihres Partners oder Ihrer Partnerin sagen werde. Geben Sie es zu!

4. Philip Guerin, Leo Fay, Susan Burden und Judith Kautto, *The Evaluation and Treatment of Marital Conflict* (New York: Basic Books, 1987).

Kapitel 11: Niemand hört mir hier zu!

1. Salvador Minuchin und Michael P. Nichols, *Family Healing* (New York: The Free Press, 1993). [Deutsche Version: *Familie.* Die Kraft der positiven Bindung/ Hilfe und Heilung durch Familientherapie, München 1995].

2. Die meisten Menschen hegen immer noch einen archaischen Groll gegen alle Mütter.

Kapitel 12: Von „Muss ich wirklich?" bis „Das ist nicht fair!"

1. Diese Metapher verdanke ich Alfie Kohn, *The Brighter Side of Human Nature: Altruism and Empathy in Everyday Life* (New York: Basic Books, 1990).

2. Ein Großteil der Ausführungen in diesem Kapitel stammt aus meinem Buch *Stop Arguing with Your Kids* (New York: Guilford Press, 2004).

3. Cherie L. Bayer und Donald J. Cegala, "Trait Verbal Aggressiveness and Argumentativeness: Relations with Parenting Style," *Western Journal of Communication*, 1992, *56*, S. 301-310.

4. Carol Gilligan, Nona Lyons und Trudy Hanmer, Hrsg., *Making Connections: The Relational Worlds of Adolescent Girls at Emma Willard School* (Cambridge, MA: Harvard University Press, 1990).

5. Gilligan, Lyons und Hanmer, S. 265.

6. Ich bevorzuge Strategie Nr. 2: Wenn jemand meine Gefühle verletzt, gehe ich einfach weg. Ich werde plötzlich sehr schweigsam und behalte dies zwei oder drei Tage lang bei. Diese Strategie, die gemeinhin auch als „Schmollen" bezeichnet wird, funktioniert – wie sollte es anders sein – natürlich einwandfrei; schließlich habe ich sie noch in der guten alten Zeit perfektioniert, als ich ungefähr vier Jahre alt war.

7. Sharon Rich, „Daughters' Views of Their Relationships with Their Mothers", in Carol Gilligan, Nona Lyons und Trudy Hanmer, Hrsg., *Making Connections: The Relational World of Adolescent Girls at Emma Willard School* (Cambridge, MA: Harvard University Press, 1990), S. 268.

Kapitel 13: Ich wusste, dass du mich verstehen würdest!

1. Paul Auster, *Leviathan* (Hamburg: Rowohlt Digitalbuch, Juni 2012)

2. Das ist ein Grund dafür, warum einige Präsidenten den furchtbarsten Schaden anrichten: Sie korrigieren ihre fehlgeleitete Politik nicht, weil ihre Ratgeber sich in die Quere kommen und darum wetteifern, dem Boss zu gefallen. Wenn dieses Anbiedern die Form einer politischen Entscheidung annimmt, wird diese, wie fatal sie auch sein mag, nicht mehr in Frage gestellt (siehe Vietnam- und Irakkrieg).

3. Als ich Direktor einer ambulanten psychiatrischen Abteilung wurde, erinnerte ich mich an diese Lektion. Ich beraumte ein wöchentliches Treffen an, bei dem wir den ersten Teil damit verbrachten, uns über die Patienten auszutauschen. Der zweite Teil war dafür reserviert, dass meine Kollegen die Dinge zur Sprache bringen konnten, mit denen sie unzufrieden waren, und Vorschläge oder andere Dinge ansprachen, die ihre Arbeit ihrer Meinung nach bereichern würden. Das Ergebnis war ein starkes Team mit einem guten Zusammenhalt.

INDEX

W

Z

Greg McKeown

Essentialismus

Die konsequente Suche nach Weniger

304 Seiten, kart., € 19,80

Sich nicht zu verzetteln und mit ganzem Herzen das zu verfolgen, was wirklich wichtig ist: Das ist der Weg des Essentialisten. Der Google-Coach und Bestseller-Autor Greg McKeown teilt in diesem Buch seine Erfahrungen im Umgang mit den Top-Managern der erfolgreichsten Unternehmen dieser Welt, um zu zeigen, wie man mit Weniger sehr viel mehr erreichen kann. Die Strategie von McKeown, der Weg des Essentialisten, hat schon viele aus dem Griff der Belanglosigkeiten und konstanten Überforderung befreit. Die Geheimformel: Weniger, aber besser!
In vier praktischen Schritten zeigt McKeown, der nach der Promotion in Stanford eine Firma für Strategie und Leadership im Silicon Valley gegründet hat, wie man aussortiert, die richtigen Fragen stellt und die Energie auf das lenkt, was wirklich zählt. Dabei ist sein Buch keine neue Zeitmanagementstrategie oder Produktivitätstechnik. Es geht vielmehr darum, das Wesentliche vom Unwesentlichen zu unterscheiden und mit Disziplin das zu verfolgen, was die eigene größte Stärke ist.
Der schöne Nebeneffekt: endlich wieder glücklich sein, mehr Freude am Arbeitsplatz haben und auch privat erfüllter leben. Statt tausend Belanglosigkeiten eine wesentliche Sache bewegen. Und Entscheidungen treffen, die neue Maßstäbe setzen – entspannt statt ausgebrannt. Eine Schatzkiste für den Weg zurück zu einem selbstbestimmten, erfüllten Leben!

Trudy Scott

Ängste überwinden durch Anti-Stress-Nahrung

Welche Nahrungsmittel die Stimmung aufhellen, ausgeglichen machen und Heißhungerattacken besiegen

240 Seiten, kart., € 19,80

Dieses Werk revolutioniert die Angsttherapie. Nicht durch weitere Medikamente, sondern durch eine spezifische Ernährung mit hochwirksamen Mineralstoffen und Vitaminen.
Trudy Scott, Ernährungsberaterin und einst selbst von Ängsten betroffen, konnte bereits Tausenden helfen, Schlafstörungen, Depressionen und Angstzustände durch ihre Anti-Angst-Diät spürbar zu mildern oder sogar komplett zu heilen.
Die Erfolgsautorin zeigt, dass es einen direkten Zusammenhang gibt zwischen dem, was wir essen und wie wir uns fühlen. So erfährt der Leser, warum Gluten bei Angststörungen und anderen psychischen Problemen besonders häufig mit im Spiel ist, wie eine gute Verdauung gegen Panikattacken und Depressionen helfen kann und wie die richtige Zufuhr von bestimmten Mineralstoffen und Vitaminen einen positiven Einfluss auf die emotionale Verfassung hat. So helfen Zink und Vitamin B6 bei Angst vor Menschenmengen oder Vitamin C bei Nervosität. Mithilfe von Fragebögen wird der Leser dabei unterstützt, den persönlichen Nährstoffbedarf zu erkennen und abzudecken. Durch die von Scott entwickelten vier Anti-Angst-Diäten kann jeder seine passende Ernährung finden und gezielt die Nährstoffmängel ausgleichen.

Dr. Ben Lynch

Schmutzige Gene

Ein revolutionärer Ansatz, Krankheiten an der Wurzel zu behandeln und Ihre Gesundheit typgerecht zu optimieren

416 Seiten, geb., € 24,80

Unser genetisches Schicksal ist nicht festgelegt! Im Gegensatz zu dem, was allgemein verbreitet wird, besitzen wir die Fähigkeit, Tag für Tag unser genetisches Erbe neu zu schreiben und dafür zu sorgen, dass wir gesund und nicht krank sind. Wir müssen nur wissen, wie!
In dem Wall-Street-Journal-Bestseller SCHMUTZIGE GENE geht Dr. Ben Lynch, Zell- und Molekularbiologe sowie Arzt für Naturheilkunde, dem Geheimnis der Epigenetik, des Prozesses der Aktivierung und Deaktivierung von Genen, auf den Grund. Er beschäftigt sich in diesem Buch mit den „Super-Sieben", den sieben wichtigsten „schmutzigen" Genen, die weitreichende Auswirkungen auf unseren Körper haben und zu Allergien, Fettleibigkeit, aber auch zu Angstzuständen, Depressionen sowie Diabetes und Krebs führen können. Nach jahrelanger Forschung und Recherchen mit Tausenden von Patienten ist es ihm gelungen, ein leicht anwendbares „Saubere-Gene-Programm" zu entwickeln, das in nur vier Wochen ermöglicht, durch eine Kombination von gesunder Ernährung, Stressabbau, Bewegung, ausreichendem Schlaf sowie durch die Reduzierung von Umweltgiften seinen genetischen Code und somit seine ererbte Neigung zu Krankheiten umzuschreiben. Dieses Buch bietet durch einen individuell erstellbaren Gesundheitsplan eine praktische Hilfe, nicht zuletzt dank „Reinigungslisten", die bestimmen, welche unserer Gene gereinigt werden müssen. Das Ganze wird durch eine Reihe von Kochrezepten für saubere Gene abgerundet, die mit dem Hinweis versehen sind, welche Gene sie genau unterstützen.

Dr. Michael Greger

How Not To Die

Entdecken Sie Nahrungsmittel, die Ihr Leben verlängern und bewiesenermaßen Krankheiten vorbeugen und heilen

512 Seiten, geb., € 24,80

Dr. Michael Greger, international renommierter Arzt, Ernährungswissenschaftler und Gründer des Online-Informationsportals Nutritionfacts.org, lüftet in seinem weltweit außergewöhnlich erfolgreichen Beststeller das am besten gehütete Geheimnis der Medizin: Wenn die Grundbedingungen stimmen, kann sich der menschliche Körper selbst heilen.
In How Not To Die analysiert Greger die 15 häufigsten Todesursachen der westlichen Welt, zu denen z. B. Herzerkrankungen, Krebs, Diabetes, Bluthochdruck und Parkinson zählen, und erläutert auf Basis der neuesten wissenschaftlichen Forschungsergebnisse, wie diese verhindert, in ihrer Entstehung aufgehalten oder sogar rückgängig gemacht werden können.
Darüber hinaus erklärt er auf verständliche und enorm fesselnde, aber stets wissenschaftlich fundierte Weise, welche Lebensmittel besonders wertvoll und gesund für die verschiedenen Organe und Funktionen des menschlichen Körpers sind, und wie diese am besten kombiniert und verzehrt werden können. Sein »Tägliches Dutzend« fasst in einer so übersichtlichen wie praktischen Checkliste all die Lebensmittel zusammen, die eine optimale Gesundheit unterstützen.

Prof. Dr. George Jelinek

Multiple Sklerose überwinden

Das weltweit bewährte 7-Schritte-Programm für ein gesundes und aktives Leben

376 Seiten, geb., € 24,80

Dieses Buch gibt allen, die von Multiple Sklerose betroffen sind, Hoffnung – viel Hoffnung. Einst bedeutete die Diagnose MS unausweichlich eine schwere Erkrankung mit fortlaufender Verschlechterung bis zur Invalidität. Mit dem revolutionären 7-Schritte-Behandlungsprogramm von Prof. Dr. Jelinek konnten Tausende von Betroffenen in der ganzen Welt den Verlauf ihrer Erkrankung zum Besseren wenden und ihre Gesundheit optimieren.
Prof. Dr. George Jelinek begann dieses Programm auf der Grundlage einer gründlichen Analyse medizinischer Forschungen zu entwickeln, als bei ihm 1999 MS diagnostiziert wurde. Weiterentwickelt wurde es durch wichtige klinische Studien, die unter seiner Leitung laufend im internationalen Maßstab durchgeführt wurden und in denen er die Lebensweise Tausender MS-Patienten aus aller Welt sowie deren gesundheitliche Folgen untersuchte.
Das Buch erklärt anschaulich das Wesen und die Verlaufsformen der MS und erläutert Faktoren, die den Fortschritt der Krankheit beeinflussen. Ein großes Kapitel bespricht alle gängigen Medikamente und klärt detailliert über die entsprechenden Vor- und Nachteile sowie Risiken auf. Die große Bedeutung einer gezielten Ernährung und geeigneter Nahrungsergänzungsmittel bei MS wird auf Grundlage von wissenschaftlichen Forschungen beleuchtet. Jelineks Buch bietet viel Hintergrundwissen, zum Beispiel zur Relevanz von Vitamin D und Sonnenlicht verbunden mit vielen praktischen Ratschlägen, ohne dabei dogmatisch zu sein. Auch der Zusammenhang mit Stress, Depressionen und familiärer Vorbelastung wird klar dargestellt.

Dr. Neal D. Barnard

Powerfoods für das Gehirn

Der wirkungsvolle 3-Punkte-Plan für ein leistungsstarkes Gehirn und zum Schutz vor Alzheimer

327 Seiten, geb., € 24,80

Jeder weiß, dass gesundes Essen unverzichtbar für einen gesunden Körper ist. Doch wissen Sie auch, dass Sie mit Essen Ihr Gehirn wirksam schützen und wesentlich leistungsfähiger machen können?
Der international renommierte Arzt, Wissenschaftler und Bestseller-Autor Dr. Neal Barnard präsentiert in diesem bahnbrechenden Buch die aktuellsten Forschungsergebnisse und verrät, mit welchen Lebensmitteln Sie Ihr Gedächtnis stärken, Ihre Denk-, Reaktions- und Problemlösungsfähigkeit verbessern und gleichzeitig das Risiko für Alzheimer, Schlaganfälle und andere ernste Risiken deutlich verringern können. Zusätzlich klärt Dr. Barnard darüber auf, welche Lebensmittel Ihrem Gehirn weitaus mehr schaden als nutzen, wie bspw. Fleisch- und Milchprodukte und die darin enthaltenen giftigen Metalle.
Mit seinem effektiven 3-Punkte-Plan können Sie die Theorie einfach und leicht in die Praxis umsetzen und Ihrem Gehirn eindrucksvoll auf die Sprünge helfen.

Ern hr ng

Fitness Sport

Nat rheilk n e

Hom opathie

Ak p nkt r

Mensch

Tier

In nserem ebshop

www. nime ica. e

fin en Sie nahez alle e tschen n eine mfangreiche A swahl an englischen erken z Hom opathie, Nat rheilk n e n ges n er Lebensweise. Z je em Titel gibt es a ssagekr ftige Leseproben. A ßer em stehen Ihnen ein großes Sortiment a sgew hlter Nat rkost-Pro kte sowie Nahr ngserg nz ngsmittel nserer Eigenmarke „Unime ica“ n viele S perfoo s z r erf g ng.

Unimedica

Bl menplatz 2 • D-79400 Kan ern • Tel: +49 7626 974970-0 • Fax: +49 7626 974970-9

info@ nime ica. e